노년기 상담

COUNSELING OLDER PEOPLE

| 김유숙 · 이현숙 공저 |

학지사

서문

한국 사회의 급속한 고령화는 개인적으로나 사회적으로 직면하고 있는 중요한 변화 중 하나이다. 의학의 발달과 생활 수준의 향상으로 평균수명이 길어지면서 고령자의 삶의 질에 대한 관심이 늘어나고 있다. 그러나 삶의 질 또는 안녕감(well-being)이 신체적 · 심리적 · 관계적 · 물리적 측면을 모두 포함하는 다면적인 것임을 고려할 때 고령자의 삶의 질은 과연 향상되었다고 말할 수 있을까? 심리적 건강 측면에서 본다면 과연 그럴지 의문스럽다. 한국 고령자의 자살률은 OECD 국가 중 가장 높은 수준이다. 노년기 우울증 환자는 다른 연령대에 비해 높은 수치를 보이는 데다가 점차 증가하고 있다. 현재 우리 사회에는 인생 후반에 삶의 질에 관심을 두고 의미 있는 삶의 모습을 추구하고 있는 고령자들이 많이 있지만, 변화에 적응하지 못하여 심리적 어려움을 겪는 고령자도 늘고 있음을 알 수 있는 대목이다.

우리가 상담자라는 말을 듣고 "저희 아버님 이야기를 전문적으로 들어 줄 상담자를 소개해 줄 수 있나요?"라고 부탁하는 사람도 있었다. 남의 이야기를 듣지 않고 그저 자신의 말만 하는 고령자의 표면적 행동에 시선이 모아져서 그 이면에 있는 그들의 불안이나 외로움을 충분히 이해하지 못하는 태도를 엿볼 수 있는 하나의 예이다. 상담자 역시 고령자 상담은 그저 이야기를 들어 주는 것이라고 오해할 수 있다. 고령자 상담에 있어서 들어 주는 것은 물론 중요하다. 그러나 수동적으로 듣기만 하는 것이 아니라, 고령자가 스스로 삶의 의미를 찾아갈 수 있도록 잘 듣는 것이 필요하다.

또한 당사자인 고령자뿐 아니라 그를 돌보는 가족에게도 상담적 도움이 필요할 수 있다. 고령자를 돌보는 일은 많은 경제적 · 신체적 · 심리적 어려움을 초래한다. 저자들 역시 연로한 가족을 돌보는 동안에 다양한 문제에 맞닥뜨리며 힘든 시간을 보냈던 경험이 있다. 우리가 보호자로서 여러 현장 전문가를 만날 때 그들은 우리를 돌봄의 자원으로만 여길 뿐, 우리의 부담감이나 불안에는 관심을 두지 않았다. 그러나 상담을 통해 가족이 고령자를 돌보는 과정에서 겪게 되는 어려움들을 다루어 돌봄을 효과적으로 수행하도록 돕는다면 가족의 소진을 예방하고 돌봄 대상자인 고령자의 삶의 질을 높일 수 있다고 느꼈다.

그에 따라 이 책에는 노년기에 대한 깊이 있는 통찰 및 노년기 상담의 구체적인 기법과 더불어 고령자를 돌보는 가족이 경험하는 어려움과 그 해결 방안을 담게 되었다. 이 책의 저자들은 50대에 지도교수와 제자로 만나 '존엄치료'라는 주제의 연구를 함께 하면서 노년 심리에 대한 이론이나 임상적 경험을 지속적으로 공유해 왔다. 몇 년 전까지만 해도 고령의 가족을 돌보던 저자들은 어느덧 '노년기'라는 단어가 어색하지 않은 나이가 되었다. 이에 오랫동안 몸담았던 상담 분야의 경험과 더불어 실제 삶의 경험을 토대로 노년기 상담에 관한 책을 저술하게 되었다. 우리의 입장을 대변하는 책인 만큼 하나의 용어를 선택하는 데에도 많은 고민이 있었다. 이 분야의 저서 대부분은 '노인'이라는 단어를 사용하고 있는데, '노인'은 노쇠함, 연약함을 암시하는 미묘한 형태의 연령 차별적 단어이므로 상담자와 내담자가 인간 대 인간으로 만나는 임상 과정에 쓰기에는 다소 아쉬움이 있다고 판단이 되었다. '노인'에 비해 '고령자'는 단순히 나이가 많다는 뜻의 비교적 중립적인 단어로 여겨져, 이 책에서는 노인 대신 '고령자'를, '노인 상담' 대신에 '노년기 상담'을 사용하기로 했다. 앞으로 고령자 관련 용어에 대한 많은 고민과 논의가 필요할 것으로 생각된다.

이 책의 목적은 상담을 통해 노년기 삶의 마지막 여정을 풍요롭게 만드는 것뿐만 아니라 함께 사회를 이루고 있는 구성원으로서 그들을 더욱 존중하고 이해하는 데 있다. 그에 따라 이 책을 통해 상담자들이 노년기의 심리에 대한 보다 깊이 있는 지식을 바탕으로 고령자들을 이해하고, 그들과 효과적으로 소통하며, 그들의 삶을 지원할 수 있도록 돕고자 하였다.

이 책은 총 4부로 구성되어 있다. 제1부의 '노년기에 대한 이해'는 노년기를 이해하기 위한 기초 지식으로, 노년기의 특성과 편견, 한국의 노년 세대가 살아온 삶과 심리 상담의 필요성 및 성공적인 노화를 다루고 있다. 제2부 '노년기 상담의 이해'는 노년기 정신질환, 노년기 상담의 이론적 접근, 노년기 상담의 주요 주제, 노년기 상담의 개입 유형을 포함하고 있다. 제3부 '노년기 상담의 실제'에서는 상담의 과정, 상담의 기법, 상담자의 자세를 구체적으로 다루고 있다. 제4부 '돌봄 제공 가족 상담'은 돌봄을 제공하는 가족을 위한 상담에 관련된 것으로서 돌봄 제공 가족 상담의 과정, 돌봄과 관련된 문제들 그리고 종말기와 돌봄을 담고 있다.

이 책의 특징은 노년기에 대한 주요 학술적 이론과 더불어 노년기에 적용할 수 있는 상담 이론 및 실제적인 기법을 다루고 있으며, 고령자를 돌보는 가족 등 돌봄 제공자들에 대한 이해를 포함하여 상담을 통해 그들을 도울 수 있는 구체적인 방법을 제시하고 있다는 점이다. 따라서 이 책은 고령자를 대상으로 하는 상담을 처음 접하는 상담자들뿐만 아니라, 이미 현장에서 활동 중인 임상가들에게도 유용한 지침서가 될 것이다. 이 책의 목적은 상담을 통해 노년기 삶의 마지막 여정을 풍요롭게 만드는 것뿐만 아니라, 함께 사회를 이루고 있는 구성원으로서 그들을 더욱 존중하고 이해하는 데 있다. 그러므로 고령자 대상의 상담자 외에도 고령자를 돌보는 가족, 사회복지사, 요양시설 관계자를 비롯하여 고령자의 복지에 관심이 있는 모든 사람이 이 책을 통해 도움을 얻기를 바란다.

노년기 상담에 관련된 저서의 필요성에 동의해 주고 출판을 독려해 주신 학지사의 김진환 사장님과 섬세하게 편집 작업을 해 준 박현우 선생님 덕분에 이 책이 세상에 나올 수 있었다. 두 분을 비롯하여 이 책이 나올 때까지 격려해 주신 모든 분께 감사드린다.

2025년 7월

저자 일동

차례

제3부 노년기 상담의 실제

제4부 돌봄 제공 가족 상담

제1부

노년기에 대한 이해

제1장 노년기의 특성
제2장 노년기와 사회적 편견
제3장 한국 노년 세대와 상담
제4장 성공적인 노화

제1장

노년기의 특성

세계보건기구(WHO)가 정의한 것에 의하면, 고령자는 65세 이상의 사람이다. 대부분의 국가에서는 이 같은 정의에 따라 현재 자신의 일을 활발히 하고 있는 65세의 사람이나 거동이 불편하여 와상 중인 90세가 넘은 초고령자의 경우를 모두 고령자로 지칭하고 있다. 따라서 고령자의 발달 단계는 다른 연령에 비해 폭이 상당히 넓다. 미국의 사회학자 뉴거튼(Neugarten, 1974)은 55~74세를 전기 고령자(young-old), 75세 이상을 후기 고령자(old-old)로 구분했다. 최근에는 초고령화 시대에 접어들면서 85세 이상을 초고령자로 구분하기도 한다. 그러나 이처럼 아무리 연령을 세분화하더라도 노년기는 신체적 · 사회적 · 인지적 삶의 가치 등의 측면에서 보면 다른 발달 단계에 비해 개인차가 크다. 제1장에서는 먼저 노년기의 발달 단계를 중심으로 노년기의 특징을 이해한 후에 신체적 변화, 심리적 변화, 사회적 변화에 대해 살펴보고자 한다.

1. 발달 단계로 본 노년기

인간이 태어나 성장하면서, 신체적 · 인지적 · 사회적 · 정서적으로 변화하는 과정을 발달 단계라고 하며, 영아기, 유아기, 아동기, 청소년기, 성인기, 노년기로 나눈다. 그리고 각 발달 단계마다 사회가 발달을 달성하기 위해 개인에게 요구하는 발달 과업이 있다. 이 같은 과제를 충분히 달성하지 못하는 개인들의 경우에는 어떤 단계에 고착되며, 이것은 다음 단계의 발달과제의 수행에 영향을 준다. 각 발달 단계에서 요구되는 개인의 발달과제가 달성되느냐의 여부는 그 개인의 정신건강에 커다란 영향을 준다. 이것은 기존의 출생부터 5, 6세까지가 개인의 인격을 형성한다고 보았던 결정론과는 달리, 인간은 전 생애에 걸쳐 끊임없이 변화한다는 생각을 지지하는 것이다. 이러한 관점은 인간의 정신적 성장에 대해 보다 낙관적이며 희망적인 가능성을 제공하는 것이기도 하다. 최근의 생활주기 이론은 성인기 이후 노년기까지의 인간의 생물학적 · 심리적 · 사회적인 변화를 그 이전의 발달 과정과 연결하여 보다 포괄적으로 보려는 것이다.

여기서는 전 생애를 유아, 아동, 청년, 성인, 노년 등의 8단계로 나누고, 각 단계마다 해결해야 할 심리사회적 과제가 있다고 주장한 에릭슨의 심리사회적 발달 이론과 인간 발달은 일생 동안 지속되며, 다양한 요인에 의해 영향을 받는다고 설명한 발테스의 생애 발달 이론을 중심으로 노년기의 발달 단계의 특성에 대해 살펴보고자 한다.

1) 에릭슨의 심리사회적 발달 이론

에릭슨(Erikson)은 전 생애를 통한 발달이 단순히 육체적 성장에만 국한된 것이 아니라, 심리적 · 사회적 요소가 중요한 역할을 한다는 점을 강조했다. 그는 인간이 발달해 가는 과정에는 문화적 · 역사적 영향에 초점을 두면서 개인의 환경으로의 관여와 사회와의 상호작용이 중요하다는 심리사회적 발달을 주장했다. 인간의 발달을 신생아부터 노년기까지에 걸쳐서 지속적으로 일어나는 과정이라고 보면서 8단계로 나누어 각 단계에 따른

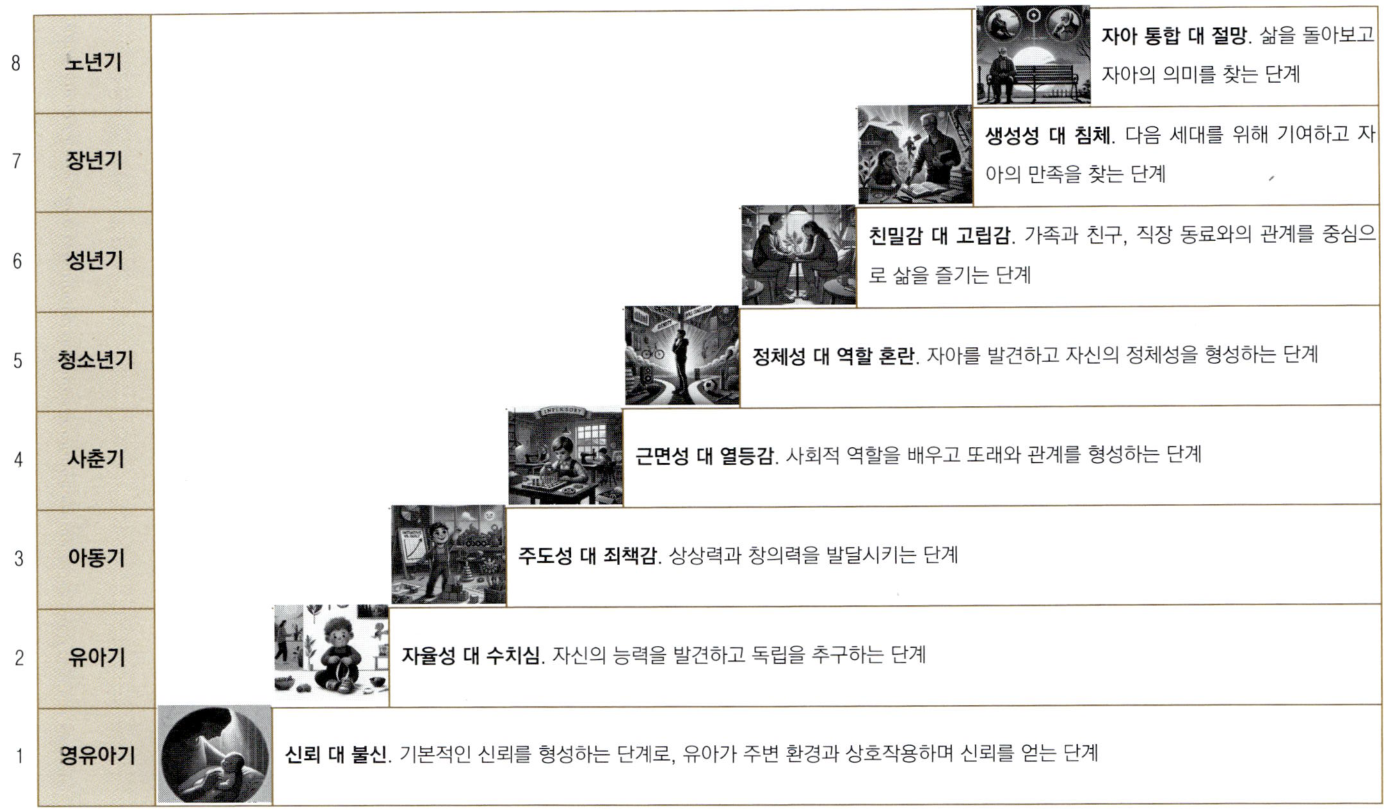

[그림 1-1] 에릭슨의 발달 단계

심리사회적 위기를 설명하였다([그림 1-1] 참조). 그리고 각 단계에서 특정한 심리적 위기를 어떻게 해결하느냐에 따라서 성격이 발달한다고 보았다. 이 이론에 따르면 개인은 각 단계에 따라 대인 관계적 특성과 사회활동의 기초가 되는 심리적 특성을 획득해야 한다. 8개의 단계는 심리사회적 과제와 위기, 그리고 과제를 성취함으로써 획득해야 하는 것들을 언급하고 있다.

에릭슨은 『유년기와 사회(Childhood and Society, 1950)』에서 생애 발달 주기를 언급한 이후, 『자아정체성: 청년과 위기(Identity: Youth and Crisis, 1968)』에서는 생의 여러 발달 단계 중 청년기에 특히 많은 관심을 가졌다. 동시에 노년기가 일생을 발달적으로 촉진하기 위한 마지막 단계라고 보면서, 이 단계의 과업인 자신의 삶에 대한 의의를 찾아내어 죽음을 수용하는 것에 실패하면 죽음의 공포에 짓눌린 상태가 된다고 설명했다. 펙(Peck, 1968)은 에릭슨의 7단계와 8단계를 통합하여 7단계 이론을 주장하였는데, 노년기에 이르는 과정을 보다 세분화하여 이 시기의 인간은 직업 상실, 신체적 기능의 상실, 죽음이라는 3가지의 현실에 직면한다고 보았다. 그리고 이러한 상황에서 성숙한 자아 분화가 잘 이루어져 있는 경우에 건강한 자아정체성과 함께 성숙한 노화 과정을 경험한다고 보았다.

펙이 강조한 발달 과업은 〈표 1-1〉과 같이 정리할 수 있다.

에릭슨도 1982년에 발간된 그의 말년 저서인 『생애 발달 주기의 완료(The Life Cycle Completed)』에서는 노년기를 강조하였다. 그는 전 생애에 걸친 8단계의 심리사회적 발달을 재검토하여 각 단계에서 인간이 직면하는 중요한 심리적 도전과 그 해결 방식에 대해 논의하면서 각 단계에서 긍정적 결과를 이루는 것이 건강한 성격 발달의 핵심이라는 점을 다시 한번 언급하였다. 노년기에 대해서는 삶을 돌이켜 보며 의미를 찾고, 자신이 살아온 여정을 받아들이는 시기로, 성공적으로 자아 통합을 이루면 평온함과 만족감을 느끼지만, 그렇지 않으면 절망을 경험하게 된다고 보면서 이 시기에 '지혜'라는 덕목을 획득하는 것이 중요하다고 강조하였다.

〈표 1-1〉 팩의 노년기 발달 과업

은퇴의 위기, 역할 상실 대 자아 분화	• 은퇴로 수입이 감소하거나 지금까지의 인간관계, 사회적 지위나 역할이 종료되거나 변화한다. • 자녀 양육이 종료됨과 동시에 역할의 상실과 그에 따른 끊임없는 불안에 매몰되지 않기 위해 새로운 역할을 하면서 지금까지 쌓아 온 경험을 발휘할 기회를 가질 필요가 있다. • 새로운 역할이나 인간관계, 가치를 폭넓게 발견하여 새로운 자기상을 만드는 것이 중요하다.
신체적 노화, 질병 등 건강의 위기 대 신체 초월	• 노화에 의한 신체 변화나 질병이 초래하는 부조화 등 신체적인 자기상의 변화를 받아들이지 않으면 안 된다. • 신체에 관심을 집중하게 되면 불안에 휩싸일 수 있다. • 신체적인 변화에 맞는 취미나 인간관계 등에서 인생의 즐거움과 행복감을 찾아 가면서 적응하는 것이 필요하다.
죽음의 예감, 죽음의 위기감 대 자아 초월	• 노년기의 마지막 과제는 죽음이다. • 나이가 들어감에 따라 죽음을 보다 가깝게 느끼게 된다. • 죽음에 대한 불안을 자녀, 손자녀, 사회, 문화를 위해 할 수 있는 역할을 하면서 자기실현으로 연결해야 한다.

출처: Peck (1968).

에릭슨의 아내이자 동료였던 조안 에릭슨(Erikson)은 남편의 사망 이후에 책을 보완하여 80세 이후에 해당하는 9단계 발달 이론을 추가했다. 이 단계에서 사람들은 노화에 따른 신체적·정신적 쇠퇴를 경험하며, 새로운 도전을 겪게 되는데, 이때 겸손과 지혜가 필요하다는 것이다. 이를 통해 이전 단계에서 이룬 성취와 관계가 마지막으로 삶의 통합을 이룰 수 있다고 보았다. 조안 에릭슨은 노화 과정에서 경험하는 9단계의 신체적·정신적 쇠퇴를 보다 정교하게 설명하면서 이 시기는 신체적인 쇠퇴가 더욱 두드러지기 때문에 또 다시 심리적 위기가 찾아온다고 주장하였다. 즉, 에릭슨의 8단계에서 자아 통합을 이루었다고 하더라도, 9단계에서는 신체적 쇠퇴로 인해 자율성이 감소되면서 각 단계에서 이루었던 발달적 성취가 다시 도전을 받는다는 것이다. 예를 들어, 육체적 약화, 경제적 어려움, 사회적 고립

등으로 신뢰를 다시 생각하거나 자율성 대 수치심, 주도성 대 죄책감 등 과거에 해결했던 과제가 또다시 위기감으로 다가올 수 있다고 본 것이다. 따라서 그녀는 노년기의 핵심 과제로서 영적 성숙과 겸손을 강조하면서 더 이상 성취나 외적 성공에 집착하지 않으며, 자신이 지금까지 이룬 것을 받아들이는 자세가 필요하다고 강조하였다. 이 같은 겸손과 지혜를 통해 자아 통합은 더욱 심화된다는 것이다. 에릭슨이 마지막 발달 단계에서 지혜를 주요 덕목으로 언급했다면, 조안 에릭슨은 지혜와 함께 자신의 한계와 죽음을 수용하고 평온함을 찾는 과정에서의 겸손에 관심을 가졌다(Erikson & Erikson, 1998).

2) 발테스의 생애 발달 이론

독일의 심리학자 발테스(Baltes)의 생애 발달 이론(life-span development theory, 1970)은 인간 발달이 전 생애를 걸쳐서 항상 성장하는 선형적인 과정이 아니라고 보았다. 그는 "발달이란 획득(성장)과 상실(쇠퇴)이 서로 보완해 가면서 공존하는 다차원적이며 복합적인 적응 과정이다."라고 정의했다. 또한 발달은 각 개인의 생활 조건이나 경험에 따라 나름의 방식으로 적응하기 때문에 역사적 · 문화적인 조건과 그 변화에 의해 영향을 받는다고 하였다. 이러한 관점에서 보면 노년기는 상실과 쇠퇴만 존재하는 것이 아니라, 지혜와 같은 가능성이 함께 공존한다. 즉, 고령자에게는 획득과 상실이 빛과 그림자처럼 앞뒤로 함께 공존하면서 정신건강에 영향을 미친다. 사람의 탄생부터 죽음에 이를 때까지의 생애 전 과정에서 개인의 변화와 안정성, 연속성이 존재한다. 이처럼 인간 발달은 특정 시기에만 집중된 것이 아니므로 보다 포괄적이고 역동적으로 바라보면서 성인기와 노년기의 발달을 중시했다.

발테스는 생에 영향을 미치는 요소로 3가지를 들었다. 첫째, 생물학적 요인이다. 사람들은 사춘기나 결혼, 퇴직 등 어떤 표준적인 연령 단계에서 유사한 경험을 하게 된다. 이것은 연령에 의한 신체의 성숙에 동반된 영향력이다. 청소년기에는 이러한 생물학적 요인의 영향을 크게 받지만, 노년기가 되면 그 영향력은 점차 줄어든다. 둘째, 어떤 특정의 시대에 같은 지역에서 살고 있는 사람들이 공통으로 경험하는 사건이다. 전쟁, 테러, 유행, 천재지변, 유행성 질병 등의 역사적 요인을 들 수 있다. 우리가 겪었던 코로나나 세계 곳곳에서 일어나고 있는 전쟁을 예로 들 수 있다. 역사적 요인은 그 시대를 살아가는 사람들에게 인생의 목표나 생활 양식, 건강 문제 등 여러 가지 점에 영향을 미친다. 그리고 그러한 경험은 전 생애를 거쳐서 강한 영향력으로 자리매김할 수 있다. 때로는 대중매체나 세대 간의 차이로 인한 자극이나 영향도 받을 수 있다. 셋째, 개인이 생활을 영위하면서 경험하게 되는 사건이다. 질병이나 이혼, 실업, 전직, 사별 등과 같이 연령과 무관하게 영향을 받는 것이다. 이 같은 생활 사건은 젊었을 때보다 나이가 들수록 더 많이 경험하게 된다. 결혼이나 취직을 통해 인생에서 무언가를 획득하기도 하고, 이별이나 사별, 퇴직으로 무언가를 상실하게 되기도 한다. 이러한 경험들을 생애 발달 사건이라고 말한다. 이런 요인들이 서로 상호작용하면서 발달에 영향을 미치는데, 그 영향력은 발달 단계에 따라 다르다.

발테스에 의하면, 생애 발달은 이처럼 획득과 상실, 성장과 쇠퇴가 혼합되어 다차원적(multidimensionality)이며 다방향적(multidirectionality)인 특성이 있다. 즉, 발달은 신체적 · 인지적 · 사회적 발달이 서로 영향을 주고받으면서 한 방향이 아닌 여러 방향으로 진행된다. 그리고 발달 과정은 '성장과 쇠퇴'를 이어 가면서 일어난다. 이를 위해 사람들은 나이가 들면 특정 영역에서 능력을 최적화해 가면서 다른 영역에서 감소하는 능력을 보상하기 위한 전략을 사용한다. 즉, 나이가 들면서 신체적 능력이 감소하면 기술이나 지식을 통해 이를 보완해 간다. 발테스는 신체적 능력은 나이가 들면서 감소하지만, 인지 능력 중 지혜는 나이가 들면서 증가할 수 있다는 예를 들었다. 발달은 이처럼 '성장, 유지, 손실의 보완'이라는 3가지 목표를 가지고 진행한다. 따라서 발달 과정이란 항상 진보를 의미하는 것이 아니라, 다양한 변화와 적응을 포함한다고 주장하였다. 그는 발달이 가진 가변성을 고려하면 적응과 변화가 가능하기 때문에 발달은 학습과 경험을 통해 변화할 수 있다는 점을 강조하였다. 개인의 발달은 역사적·문화적 맥락(historical and cultural context)에도 영향을 받는다. 같은 연령대라고 해도 다른 시대나 문화에서 자란 사람들은 그 발달 과정이 다를 수 있다. 그러므로 생애 발달 연구는 심리학, 사회학, 인류학 등의 다양한 학문의 지식을 종합한 다학제적 접근이 중요하다. 그의 공적은 인간 발달을 보다 종합적이고 포괄적으로 이해하려고 했던 점이라고 말할 수 있다(Damon & Lerner, 2006).

2. 노년기의 신체적 변화

인간은 나이가 들어가는 동안에 여러 가지 신체의 변화에 동반된 증상이나 질병이 발생하기 쉽다. 노년기는 쇠퇴하는 시기로, 기능적으로 저하하여 병에 대한 저항력이 감소되므로 질병에 걸리기가 쉽다. 또한 신체가 스트레스나 손상에 대응하고 회복할 수 있는 능력인 예비력과 적응력의 감소로 회복도 빠르지 않다. 1가지 예로, 인간은 성장, 발달기까지에는 세포의 수가 증식하여 전체 세포 수가 60조 개가 된다. 그러나 나이가 들면 세포의 수는 점차 감소하기 시작한다. 신체 각 기관의 무게도 감소하면서 축소한다. 성인은 신체의 수분 양이 전체의 60%인데, 나이가 들면 수분량이 감소하여 50%까지 내려간다. 그때문에 고령자는 수분 섭취량의 저하와 수분 배출량의 증가로 인해 탈수가 되기 쉽다. 그런데 고령자는 탈수 상태가 되어도 증상이 명확하지 않아서 발견이 늦어지며 회복도 빠르지 않다. 이처럼 나이가 들면서 동반되는 신체적 특징과 증상, 질병, 신체적인 기능 저하와 더딘 회복이 나타나기 시작한다. 이것을 노화현상이라고 부르는데, 여기서는 먼저 노화에 따른 신체적 변화를 살펴본다.

다음의 〈표 1-2〉는 모든 의학 분야의 주제를 포괄적으로 다루고 있는 MSD 매뉴얼(일반인용)에서 노화와 함께 발생하는 신체 변화를 요약하여 정리한다.

고령기의 신체는 노화라는 자연적인 변화가 나타난다. 노화는 질병과 다르게 고통을 수반하거나 신체의 기능이 상실되는 것은 아니다. 그러나 장

〈표 1-2〉 노화에 따른 신체 기능의 저하

호흡 기능
- 폐의 탄력성 저하나 기도의 섬모운동이 감소하여 폐렴을 일으키기 쉽다.
- 폐 안의 폐포가 감소하거나 손상되어 호흡이 곤란해지는 폐기종을 유발할 수도 있다.

심장 기능
- 동맥경화로 혈압이 상승하여 고혈압이 생기거나 심근경색과 뇌경색의 발병 원인이 되기도 한다.
- 심장의 펌프 기능, 심근 수축력 등의 기능 저하로 심부전을 일으키기 쉽다.

소화/흡수 기능
- 소화액의 분비 저하로 소화 흡수 능력이 저하된다. 특히 탄수화물과 단백질의 다량 섭취는 설사를 유발할 수도 있다.
- 대장의 연동운동 저하에 따라 변비를 일으키기 쉽다.

배설 기능
- 방광의 용적이 감소하여 방광 내에 많은 소변을 담아 두기 곤란해져서 빈뇨가 되기 쉽다.
- 방광의 탄력성이 저하하여 요실금과 같은 요의에 대한 문제가 생긴다.
- 수분 섭취 부족은 방광이나 요도의 감염을 유발하기 쉬워서 방광염, 신우신염 등으로 이어질 수 있다.
- 남성의 경우에는 호르몬 변화로 전립선 비대증을 유발하기도 한다.

운동 기능
- 뼈: 뼈조직을 형성하는 칼슘 등이 부족하여 골밀도 저하와 관련이 있는 골다공증이 초래되기 쉽다.

- 관절: 관절의 연골이 딱딱해지거나 얇아지는 변화가 생겨서 관절염을 일으키기 쉽다.
- 근육: 근육량의 감소로 넘어질 위험성이 높아진다.

감각 기능

- 시력: 눈의 조절력, 시력, 동공 반응, 빛의 반사 등의 저하가 일어난다. 또한 수정체가 탁해지면서 백내장이 생긴다.
- 후각: 코의 내벽이 얇고 건조해지며, 코의 신경 말단이 퇴화하여 냄새를 맡는 능력이 저하된다.
- 미각: 적은 침이 생성되어 구강 건조가 되면서 음식을 맛보는 능력이 감소된다. 특히 미뢰의 민감성이 떨어지면서 짠맛과 단맛의 감각이 저하된다.
- 감각 역치의 변화: 통증이나 온도 등에 대한 감각이 둔해져서 저온 화상이나 열사병이 발병하기 쉽다.

신경 기능

- 뇌의 변화: 신경세포의 축소나 뇌혈류량의 감소로 뇌의 기능이 축소되거나 치매로 이어질 가능성이 있다.
- 뇌의 혈관에 문제가 생기면 뇌졸증(뇌출혈, 뇌경색 등)이 일어날 수도 있다.
- 척추의 변화: 촉각, 위치나 진동 감각 등의 저하를 초래할 수도 있다.
- 신경계의 변화: 신경세포 수가 줄어들어서 신경전달 속도의 저하로 인해 운동 기능이 저하될 수 있다.

면역 기능

- 질병에 대한 저항력이 떨어져서 질병에 걸리기 쉽고 회복의 속도도 느리다.
- 세균 감염에 취약하여 각종 감염증에 걸리기 쉽고, 때로는 패혈증으로 발전할 수도 있다.
- 조혈 기능: 혈액은 척추의 조혈 수로 만들어지는데, 사춘기 이후에 조혈 수의 면적이 감소되어 70세부터는 그 면적이 절반으로 줄어든다. 조혈 기능의 저하는 빈혈을 유발하기 쉽다.

기나 근육의 세포가 서서히 감소되기 때문에 신체 기능의 효율성이 떨어지거나 근력이 저하된다. 세포의 질은 성인기와 차이가 없음에도 불구하고 신체 기능이 질적으로 저하하는 경우가 적지 않다. 노화에 따른 신체적 변화에 가장 두드러진 것은 다른 여러 가지 기능의 변화도 동반한다는 것이다. 특히 생명을 유지하는 데 필요한 예비력과 회복력의 저하에 대하여 고려해야 한다. 이것은 질병에 걸린 후에 회복까지에는 많은 시간이 필요하거나 때로는 완치가 어려운 경우를 초래하기도 한다. 따라서 예비력을 높이기 위해 신체적 · 인지적 · 심리사회적 측면에서의 다각적 노력이 필요하다.

노년기에 기능이 전반적으로 서서히 저하되는 것은 부인하기 어려운 객관적 사실이지만, 노화를 동반한 증상의 출현에는 개인차가 있다. 고령자의 경우에는 자신의 신체적 질병과 관련된 증상을 잘 알지 못하거나 무증상인 경우도 많다는 특징이 있다. 한 예로, 건강이 나빠졌지만 발열 등의 증상이 없는 경우도 종종 있다. 따라서 노년기에는 고령자 본인과 주위의 돌보는 사람들은 갑자기 식욕이나 활력이 없는 등 일상생활에서 변화가 보이면 신체적 증상을 파악해 보는 것이 중요하다.

또한 자신을 보호하기 위한 힘이나 적응력이 저하하여 새로운 환경에 순응하기 어렵다. 따라서 신체적 기능의 저하로 입원하거나 시설에 입소하는 등 새로운 환경으로 변화해야 할 경우에 고령자의 입장에서는 상당한 부담감을 느낄 수 있다는 점을 간과해서는 안 된다. 고령자들은 환경의 변화가 일어나면 일시적으로 흥분 상태가 되거나 불면증을 호소하는 경우도 종종 있다. 따라서 질병의 치료를 위해 환경을 변화시켜야 하는 경우에는 이 같은 고령자의 특성을 고려하여 섬세하게 진행하는 바람직하다.

3. 노년기의 심리적 변화

의욕적으로 살아가는 사람들은 약해지는 기능을 아직 건강한 기능으로 보완하며 마치 나이가 들지 않은 것처럼 신체 기능의 질을 유지하려고 한다. 그러나 노화가 진행되면 신체적 기능은 떨어질 수밖에 없으며, 동시에 예비력도 감소한다. 따라서 활발한 노년기를 보내는 고령자라고 해도 어느 시점이 되면 일상생활을 유지하기가 버거워지면서 신체적인 어려움을 경험할 수밖에 없다. 동시에 적응력도 저하되기 때문에 이전과 같은 생활 양식을 유지하기가 어렵다는 것을 깨닫는 시기가 도래한다. 지금까지 활발하게 활동을 해 온 고령자라면, 예비력이나 적응력의 저하로 자신의 기대만큼 활동하지 못하게 될 때 우울 증상이 나타나며 자신감을 상실하게 된다.

이처럼 고령기의 심리 문제는 노화에 의한 신체적 변화가 관여하고 있는 경우가 많다. 특히 늙는다는 것이 곧 쇠약해지는 것이라는 선입관이 강한 사람에게는 노화를 받아들이는 생활로 전환하지 못하면서 정신적으로 어려움을 겪는 경우가 많다. 고령자의 심리적 어려움은 크게 정신 기능과 인지 능력으로 나눌 수 있다.

1) 정신 기능

정신 기능의 노화는 개인차가 크다는 특징이 있다. 이것은 나이가 들면서 충추신경계가 변화해 갈 때 거기에 심리적 · 신체적 · 환경적인 요인이 더해지면서, 그 결과로서 정신 기능의 증상이 나타나기 때문이다. 나이가 들면서 심리적으로 여러 가지 변화를 동반한다. 고령자는 일반적으로 노화와 함께 고집이 세지고 보수적인 경향이 강해진다는 것이다. 또한 타인에게 너그러움을 보이지 못하고 쉽게 의심하게 되는 경향도 나타난다. 또한 죽음에 대한 불안 때문에 자신의 건강 상태에 대한 관심이 지나칠 정도로 높아진다. 그런데 이러한 고령자의 심리적 특징은 나이에 국한되지 않고 여러 질병과 밀접하게 관련되어 있다는 점도 인식하는 것이 필요하다.

고령자의 정신 기능의 저하에는 여러 가지 원인이 있다. 그중에서도 상실 경험을 가장 많이 언급한다. 사람은 누구라도 나이가 들면 친구, 형제, 배우자와 사별을 경험하면서 상실감을 느끼게 된다. 이러한 상실감은 삶의 의욕을 저하시킬 뿐 아니라, 스스로 주위로부터 고립을 초래하는 경우도 있다. 그 밖에도 퇴직으로 인한 경제적 능력의 감소는 물론 사회적 역할의 상실감도 경험한다. 그리고 신체적 질병의 합병증이나 신체 기능의 저하와 관련된 상실 경험도 한다. 이처럼 다양한 형태의 상실 경험은 정신 기능의 저하를 초래하는 원인이 된다. 그리고 젊은 사람의 정신 기능 저하는 원인이 명확한 경우가 많은 것에 비해, 고령자의 경우에는 여러 가지 요인이 복잡하게 얽혀 있다. 특히 정신 기능의 저하가 우울증을 유발할 가능성이 높다고 알려지고 있다. 고령자의 인구 중 14%가 우울증을 앓고 있으며(국가정신건강정보포털, 2023), 고령화가 진행될수록 그 비율은 매년 증가할 것이다.

정신 기능 저하를 막기 위해서는 타인과의 연결이 중요하지만 고령자는 가까운 사람과의 사별로 자신을 이해해 줄 수 있는 대상을 잃게 되고, 신체 기능의 저하로 활동이 제한되면서 타인과의 교류가 점차 줄어들게 된다. 이 같은 고령자의 고립이나 사회적 상호작용의 감소는 우울증, 불안감 등의 정신건강 문제로 이어질 수 있다. 이를 막기 위해 타인과의 적극적인 교류가 필요하다. 따라서 가족끼리 소통하거나 지역사회로의 적극적인 참여를 하면서 가정이나 사회에서의 역할을 찾아내는 것이 중요하다. 또한 삶의 의미를 찾는 것도 정신적 문제를 예방하는 지름길이다.

래빈(Levin)은 어떤 것을 이루기 위해 동료끼리 힘을 합하여 그 과제를 수행하면서 생기는 힘을 집단역학이라고 했는데, 이러한 활발한 상호작용은 노년기의 심리적 안녕에 긍정적 영향을 미친다(이현서, 정영숙, 2021). 노년기의 사회적 지지는 단순한 관계 유지를 넘어서 정서적 지지, 도구적 지원 그리고 자아존중감을 강화시키는 중요한 자원으로 작용한다. 특히 타인에게 지지를 제공하는 활동을 할 때 자신이 사회에 필요한 존재임을 느끼게 되고, 이는 고령자의 삶의 의미와 만족도를 높이는 주요 요인이 된다. 따라서 집단 내에서의 사회적 지지와 상호작용이 고령자의 정신적 · 신체적 건강에 중요한 영향을 미친다.

2) 인지 능력

노년기에 이르면 기억력, 문제 해결력이나 지혜 등과 같은 인지에도 변화가 수반된다. 인지 능력과 관련된 중요한 변화로 기억력의 저하를 들 수 있다. 단기기억의 기능 저하로 종종 최근의 사건을 잘 생각해 내지 못하는 경험을 하게 된다. 그런데 기억이 부호화 과정, 저장 과정, 인출 과정을 통해 일어난다는 점을 감안하면 고령자의 기억력 저하에 대해 보다 세분화하여 생각할 필요가 있다. 고령자들의 기억 능력이 떨어지는 것은 기억의 재료를 적절히 조직하는 부호화 과정의 어려움과 관련이 있다. 이것은 나중에 정보를 인출하기 위해 효과적으로 조직하지 못하는 것과 관련이 있다. 그러므로 고령자라고 해도 저장 과정에서의 능력이 떨어지는 것이 아니다. 즉, 감각기억이나 단기기억에는 차이가 없다. 단지 연령이 증가하면서 어떤 기억을 인출하는 과정에서 느려지기 때문에 시간이 걸리게 된다. 따라서 노화는 저장 능력이 아니라 정보처리 과정과 관련이 있다는 점을 염두에 두어야 한다.

또한 노년기에는 주의력이나 집중력의 유지가 어려워진다. 지적 능력의 면에서 보면, 고령자의 경우에는 계산이나 기억과 같은 단순 작업이나 지적 작업의 능력은 저하한다고 알려져 있다. 그러나 언어적 이해 능력처럼 경험이나 지식에 연결되어 판단하는 능력은 비교적 오랫동안 유지된다. 그러므로 기억력이 쇠퇴해도 이해력이 그것을 보완하기 때문에 고령자라도 새로운 것을 학습하거나 우수한 능력이나 창조성을 발휘할 가능성이 있다.

노년기의 경우에 지능의 저하에 대한 개인차는 노화와 관계가 밀접하다. 클레마이어(Kleemeier, 1962)는 노년기 말기의 인지 기능은 사망에 가까워질수록 급격히 저하한다는 최종적 급강하 가설(terminal drop hypothesis)을 주장했다. 특히 지적 능력은 사망 직전 5년 정도가 될 때 확연히 저하된다고 보았다. 따라서 어휘력, 수리력, 지각 속도와 같은 인지 능력의 급강화 현상은 사망이 임박했음을 알려 주는 자료이며, 인지적 수행의 저하는 개인의 죽음과 관련된 인자로 생각했다(Piccinin et al., 2011에서 재인용). 한편, 60세 이상의 사람들을 대상으로 한 20년간의 종단 연구를 한 팔모아

(Palmore, 1976)는 정상 노인은 죽음 직전의 종말 저하기에 들어가기 전까지는 상당히 안정된 수준으로 인지 기능의 대부분을 유지한다고 보았다. 특히 문제 해결력은 성인기로부터 지속적으로 발달한다고 보았다(Palmore & Cleveland, 1976). 문제 해결력이란 갈등 상황에서 해결 방향을 찾아가는 복잡한 과정을 의미하는데, 고령자의 문제 해결이 느리고 덜 효과적이라는 사실이 곧 무능력을 의미한다고 보지 않았다. 그들의 문제 해결은 조심성, 경직성, 구체적 탐색, 그리고 자신의 경험에 의존하여 가설과 개념을 형성하는 데 보다 많은 시간을 필요로 할 뿐이었다. 이처럼 새로운 상황에 적응을 하기 위한 유동적 지능은 나이가 들면서 점점 쇠퇴해 가지만, 과거의 경험 등에 근거한 결정적 지능은 오히려 노년기가 최고의 상태라고 보았다.

지능은 논리적 · 추상적으로 사고하는 능력이지만, 지혜는 역설에 대한 이해, 모순에 대한 화해 및 타협의 능력이다. 발테스 등(Baltes et al., 1990)은 지혜를 인간 발달에서 중요한 덕목으로 보면서, 지혜를 구체화하는 기준을 5가지로 제시했다. 그것은 삶의 여러 측면에 대한 깊고 넓은 사실적

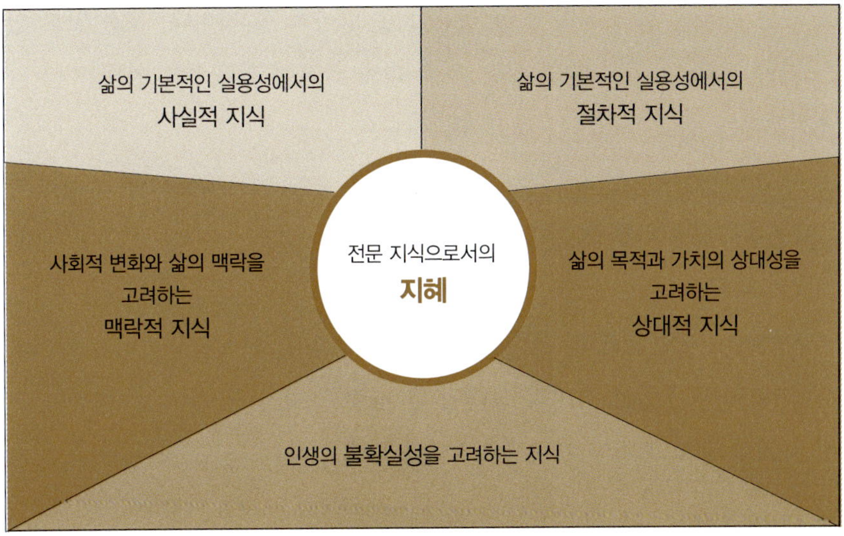

[그림 1-2] 지혜의 5가지 준거

지식, 문제 해결 과정에서 효과적인 전략을 포함하는 절차적 지식, 삶의 사건을 시간적·문화적 맥락에서 이해하는 맥락적 지식, 다양한 가치와 관점이 존재한다는 사실을 인정하고, 타인의 신념과 가치를 존중하는 상대적 지식, 예측 불확실성에 대한 인식이다. 그들은 이러한 지혜가 단순한 지식이나 경험이 아니라, 깊은 이해와 통찰을 바탕으로 한 복합적인 특성이라는 점을 강조했다(Gerstorf & Ram, 2013 재인용). 따라서 지혜로운 사람은 [그림 1-2]와 같이 5가지 측면을 모두 고려하여 갈등 상황을 분석하는 한편, 지식의 습득과 그 지식의 본질적 한계를 인식하는 것 사이에서 균형을 이루고 있었다.

지적인 기능에 대해서 말하자면, 기억력이나 계산력 등의 유동적 지능은 저하지만 언어 기능과 관련된 종합적인 판단력이나 통찰력과 관련이 있는 결정적 기능은 나이가 들어도 쇠퇴하지 않았다. 또한 오래전부터 나이 든 사람은 지혜롭다는 인식을 가지고 있다. 그것은 고령자가 새로운 정보를 끊임없이 받아들이지 않아도 오랜 경험에서 비롯된 깊은 지혜를 잘 활용하고 있음을 보여 준다. 따라서 고령자가 지혜로운 사람이 되기 위해서는 알고 있는 사실을 실제 상황에 잘 적용할 줄 알아야 할 것이다. 또한 알고 있는 것이 적고, 자신이 알고 있는 것에 대해 확신이 적을수록 지혜가 더 잘 발휘된다는 점도 명심하는 것이 필요하다.

3) 노년기의 사회적 변화

노년기는 사회적 관계, 사회적 역할이나 사회적 참여에서 변화가 일어나는데, 이것은 개인의 심리적 상태에 큰 영향을 미친다. 이 같은 변화는 크게 사회적 관계 축소와 가정생활에서의 역할 변화를 들 수 있다.

(1) 사회적 관계의 축소

노년기의 사회적 관계의 축소는 자연스러운 현상이다. 앞에서도 언급한 것처럼 신체적 · 정신적 건강의 악화, 경제적 여건의 변화, 자녀의 독립, 때로는 배우자, 형제, 친구 등 가까운 사람의 죽음을 경험하면서 사회적 관계는 축소된다. 그리고 경제적 어려움도 현실적으로 사회적 활동에 제약을 주는 중요한 요인이다. 경제적 능력이 감소하면 외출이나 모임에 참여하는 빈도를 줄이게 된다. 또한 가까운 지인의 사망 등으로 인한 정서적 지지망의 상실도 사회적 고립을 초래한다. 그러나 사회적 관계에 영향을 주는 주요 요인은 은퇴이다. 직장에서 은퇴하게 되면서 직업적인 정체성이 사라지고 심리적 적응의 어려움을 야기할 수 있다. 노년기에는 지금까지 수직적 관계에서 가질 수 있었던 사회적 지위와 영향력이 수평적 관계로 변화할 수밖에 없다. 어떤 고령자는 이것을 사회로부터 충분한 존중을 받지 못한다고 느끼면서 자아존중감에 부정적인 영향을 받을 수도 있다. 그리고 이로 인해 사회적 고립이 가중될 위험성이 높아지며, 외로움이나 우울감으로 이어질 수도 있다. 건강 문제, 경제적 또는 이동의 제약과 같은 현실적인 어려움으로 노년기에는 사회적 참여가 줄어들면서 고립으로 이어진다. 따라서 과제는 지금까지 쌓은 신뢰 관계를 손상하지 않으면서 어떻게 사회적 관계의 축소에서 경험하는 상실 경험을 수용하느냐이다.

최근 기술의 발전은 노년기의 사회적 변화를 촉진하는 데 중요한 역할을 하고 있다. 스마트폰, 소셜미디어, 영상통화 등의 기술은 노인들이 멀리 떨어진 가족, 친구와 연결될 수 있게 해 주며, 사회적 고립을 줄이는 데 도움이 된다. 동시에 이처럼 발달된 기술을 잘 활용하면서 활발한 사회적 활동을 이어 가는 경우와 달리 이 같은 기술 사용에 어려움을 겪는 고령자들은 상대적인 사회적 고립감이 더욱 심화될 수 있는 개연성도 있다.

(2) 가정생활에서의 역할 변화

조부모, 자녀, 손자라는 3세대가 함께 살던 전통적인 가족 구성이 변화하여 고령자의 가구 형태는 노인 독거와 노인 부부 가구로 계속적으로 변화하였다. 노인실태조사 결과(한국보건사회연구원, 2023)에 의하면, 2008년에는 66.8%였는데, 2020년에는 78.2%로 증가하였다. 이 중에서도 70~74세의 노인 단독 가구의 비율이 높았다. 자녀들과 동거하는 경우, 별거를 하고 있지만 좋은 관계를 가지는 경우, 전혀 교류가 없거나 자녀가 없는 경우 등 가족 구조가 다양해졌지만, 어떤 경우라도 노년기가 되면 가족 내의 역할은 점차 변화하지 않을 수 없다.

① 가정 내의 역할 축소

은퇴하여 고정적인 소득이 없어지면서 가계의 경제적 기여도가 감소하거나 신체적 · 정신적 건강이 약화되면서 가정생활의 결정권을 자녀나 배우자가 대신하게 되는 경우도 생긴다. 이 같은 이유로 가정 내에서 주요 의사결정에 참여하는 비중이 줄어들게 되면 동시에 가정 내의 역할도 축소된다. 그러나 노년기의 가정 내에서의 큰 변화는 자녀들이 독립하게 되고, 부양자 역할은 줄어들게 되다가 중년에 접어든 자녀가 있으면 가정 내의 중심적인 역할을 그들에게 이양한다는 점이다. 시간이 지나면서 자녀들이 부모를 돌보는 주체가 되는 경우가 많아 고령자의 역할은 수혜자로 전환하게 된다. 이것은 고령자의 자아존중감과 자립에 영향을 미칠 수 있다.

따라서 이 시기의 가정생활에서는 가족 내의 각종 권한이나 지도력을 원만하게 이행하도록 노력하는 것이 중요하다. 노년기를 맞이한 부모 세대는 자녀 세대에게 의존하면서 그들이 보다 중심적인 역할을 수행하도록 도와주는 것이 바람직하다.

초고령기에 접어들면 자녀나 가족에게 더 많은 의존을 할 수밖에 없어서 경제적 또는 일상생활의 도움을 받아야 하는 시기가 온다. 이때는 죽음과 상실을 수용하면서 준비를 할 필요가 있다. 죽음에 대한 정서적 · 정신적 준비와 함께 어떻게 하면 가족과 더 나은 관계를 유지할 수 있는지에 대한 방안을 찾아야 한다. 이와 함께 상속, 유산 정리, 법적 문제 등 죽음 이후의 재정적 · 법적 문제를 미리 계획하고 가족과 논의하는 것도 중요하다.

② 가족 내의 역할의 재구성

고령기의 가정생활에서 역할은 축소되거나 변화를 겪지만, 그 과정에서 새로운 관계 형성이나 역할 재구성의 기회가 생기기도 한다. 이 시기에는 자녀가 성인이 되어 독립함에 따라 부모의 역할은 줄어들어 부부만 남게 되기 때문에 부부 관계의 재정립이 필요하다. 배우자와 함께하는 경우라면 그들은 지금까지의 패턴에서 벗어나 새로운 일상생활 형태가 필요하기 때문에 부부간의 친밀감을 회복하는 노력이 필요하다. 부부가 자녀를 키우는 동안에 미뤄 둔 취미나 활동을 함께하거나 새로운 목표를 설정함으로써 부부 관계를 강화할 수 있다.

자녀와 동거하는 가구가 감소하여 따로 사는 가구가 늘어나면서 새로운 형태의 자녀나 손주와의 관계가 노년기의 중요한 가정생활의 변화로 등장하였다. 물론 노인 단독가구를 형성하면서 자녀와의 관계가 소원해지거나 물리적으로 멀어지면서 어려움을 겪는 고령자도 있다. 그러나 요즘은 손주 양육에 참여하면서 자녀 및 손주와의 관계가 강화되는 조부모로서의 역할을 재정립하는 경우가 늘고 있다. 이것은 고령자가 자녀를 대신해 손주를 돌보는 역할을 맡으면서 부모 세대가 경제활동에 집중할 수 있게 돕는 현실적인 이점도 있다. 또한 부모 역할에서 조부모 역할로 전환하는 것은 가족 내에서 여러 가지로 긍정적인 효과가 있다. 고령자의 경우에는 부모가 연장자로서의 지혜와 경험을 가족 체계 속에서 적절히 살릴 수 있는 기회가 되어 노년기에 새로운 의미와 목적을 가질 수 있다. 대부분의 조부모는 손주와의 교류를 통해 자신의 어린 시절을 회상하는데, 이것은 그들에게 커다란 즐거움을 줄 수 있다. 또한 손주와의 관계는 부모-자녀 관계와는 달리 긴장이나 갈등이 없으므로 양가적인 감정을 초월한 애정 관계를 맺을 수 있다는 이점이 있다. 손주와의 관계는 새로운 형태의 가족 관계를 형성할 수 있는 기회가 되지만, 이것은 개인의 신체적 · 경제적 · 사회적 변화와 연관되어 있기 때문에 개인차가 크다는 점을 염두에 두어야 한다.

결론

에릭슨에 의하면 발달 주기에서 본 노년기의 주요 발달 과제는 자아 통합 대 절망으로, 노년기에는 자신의 삶을 돌아보고 수용하면서 인생에 대한 만족감을 찾는 자아 통합에 도달할 때 만족감과 평온함을 느낄 수 있다고 보았다. 한편, 발테스는 발달은 전 생애에 걸쳐서 획득과 상실이 동시에 일어나는 과정으로, 유연하고 다차원적이며 다양한 요인에 의해 영향을 받는다고 주장하였다.

노년기는 생물학적 · 정신적 · 사회적으로 여러 가지 변화가 일어나는 시기임을 부인할 수 없다. 노년기에 접어들면 시력이나 청력, 근력, 면역력 등의 저하가 나타나며, 당뇨병, 심장질환과 같은 만성질환의 발병 위험도 증가한다. 또한 관절의 유연성과 근육의 강도가 줄어들어 일정 시기가 지나면 걷기나 일상 활동에서 불편함이 생길 수 있다. 정신적인 면에도 변화가 있어서 기억력, 정보처리 속도, 주의 집중력 등 인지 기능이 저하될 수 있다. 다만 이러한 변화는 개인차가 크며, 많은 고령자에게는 일상생활에서 정상적인 인지 기능을 유지하면서, 삶에 대한 지혜가 깊이를 더하는 시기이기도 하다. 사회생활에서도 은퇴로 인해 직장에서의 역할을 잃게 되고, 자녀들이 독립하면서 부모로서의 역할이 달라져서 사회적 지위가 변한다. 이처럼 노년기는 인간관계에서 상실의 경험이 자주 발생하는 시기이므로 가정이나 사회생활에서 경험하는 상실이나 역할 변화에 대한 적응이 필요하다.

노년기는 변화의 시기이기는 하지만, 이 시기를 잘 준비하고 적응하면 신체적 · 정신적 · 사회적으로 풍요롭고 만족스러운 삶을 살 수 있는 시기라는 점도 이해하는 것이 중요하다.

제2장
노년기와 사회적 편견

노년기에 대한 사회적 편견, 즉 연령 차별에 의하여 고령자에 대해 부정적인 고정관념이나 차별적인 태도를 가지는 것은 우리 주위에 의외로 많다. 이러한 편견은 사회적 · 문화적 요인과 관련이 있는데, 이것은 고령자를 사회의 주류에서 배제시키거나 그들의 가치와 능력을 과소평가하게 만든다. 이 장에서는, 먼저 연령 차별에 관한 역사적 흐름을 살펴본 후에 현재 우리 사회의 고령자는 어떤 연령 차별을 받고 있는지를 정리했다. 우리 사회에서 고령자에 관한 인식이 어떻게 달라졌는지를 이해하고 임상 현장에서 여전히 벌어지고 있는 차별에 대해서도 알아보았다. 마지막으로, 사회에 퍼져 있는 연령 차별을 뛰어넘으려 노력하는 활동적인 고령자들의 움직임에 대해서도 살펴보았다.

1. 연령 차별

한국 사회는 짧은 시간 내에 인구 고령화가 급속도로 진행된 '압축적 고령화'로 인한 사회적 파장이 크다. 인구 구조의 변화로 가족 체계는 약화되었는데, 이를 보완할 경제적 · 사회적인 정책 측면은 미비하다. 또 다른 어려움은 고령인구의 증가로 그들의 삶이 다양해졌지만, 고령자와 관련된 적절한 지식이나 실태가 제대로 파악되지 않고 있다는 점이다. 이 같은 노년문제와 관련된 무지는 편견이나 차별로 이어진다. 사람들은 고령화라는 단어를 들으면, 대부분 침상에서 거동을 못한 채 와병 중이거나 치매를 앓고 있는 고령자를 떠올린다. 그리고 연이어 이들을 돌봐야 하는 여러 가지 어려움을 생각하면서 물리적 · 경제적 · 심리적 부담감으로 이어진다. 그런데 노년기가 되면 모든 사람이 거동을 하지 못하거나 치매가 되는 것은 아니다. 그럼에도 불구하고 고령화라는 이미지로 인해 가지는 고령자에 대한 편견이나 고정관념은 사회 곳곳에 존재한다. 1969년에 미국 국립노화연구소의 초대 소장인 버틀러(Butler)는 1960년대의 미국 사회 노년층의 삶을 사회적 · 경제저 · 심리적으로 분석하여 다음과 같이 언급했다.

> 노년은 절망과 곤경, 고독 그리고 언어로 표현할 수 없는 심한 분노를 느끼면서 살아가는 시기이다. 그런데 노후의 비극은 우리 모두가 언젠가 늙고 죽는다는 사실이 아니라, 나이가 들 때 어떤 길을 걸어야 할지에 대한 자각이 없거나 무지하기 때문에 불필요한 것까지 고통, 후회, 무기력, 고독으로 몰아넣어 버리는 것에서 비롯된다.
>
> –버틀러의 『왜 살아남는가? 미국에서 늙는 삶(Why Survive?: Being Old in America)』(1975)에서 인용

버틀러는 자신의 저서에서 연령 차별(ageism)이라는 개념을 언급했다. 사실 연령 차별은 고용 관계에서 사용된 경제적 의미의 용어였다. 1927년 9월 27일에 『뉴욕타임즈』에는 젊은 여성이 직장을 구하는 기사를 다루면서 연령의 변수보다는 일하는 사람의 개성이나 능력을 중시해야 한다는 점을 강조한 것이 시초였다. 버틀러는 이것을 연령과 관련된 차별을 지칭하는 용어로서 차용하였다. 미국에서는 19세기에는 인종 차별(racism)이, 20세

기에 들어서면서는 성차별(sexism)이 크게 대두되었다. 이처럼 어떤 목적을 가지고 피부의 색이나 성별을 조직적으로 묶어서 차별하는 것에 –ism을 붙인다면, 그는 나이와 관련된 차별에도 유사한 이름을 붙일 수 있다고 생각했다. 넓은 의미에서는 모든 연령층에 해당하지만, 연령 차별은 고령자가 사람들로부터 받는 편견이나 여러 종류의 차별로 인식되어서 '고령자 차별, 노인 차별'로 번역된다. 고령자가 최근 들어 사람들의 이름을 자주 잊어버린다고 호소할 때 "그 나이이니까 기억력이 떨어지는 건 당연하지요."라고 대답하는 것은 우리 주위에서 흔히 볼 수 있는 편견의 예이다. 때로는 나이가 들어서 폐지를 줍는 노년층의 이미지를 가지고 길거리에서 남루한 복장의 고령자를 보면, 무조건 경제적 빈곤자로 보면서 무시하는 풍조도 들 수 있다. 방송매체에서 고정관념에 휩싸여 고령자를 '꼰대'와 같은 조롱하는 듯한 언어적 묘사를 하는 것 역시 연령 차별로 볼 수 있다.

1990년에 팔모어(Palmore)는 고령자에 대한 사회적 태도와 인식에 관한 연구에서 고령자에 대한 최대의 연령 차별의 예로 고령자끼리 결혼을 할 때 보이는 가족의 반응을 들었다.

그는 가족이 나이가 들면 성적인 만족은 필요하지 않다는 식으로 고령자의 연애나 성에 대하여 편견과 차별을 가지고 있다고 주장하였다. 팔모어에 의하면, 고령자에 대한 편견은 부정적 고정관념과 부정적 태도, 긍정적 고정관념과 긍정적 태도로 나뉜다. 그리고 이러한 편견은 개인적, 또는 제도적 차별로 이어진다. 부정적 고정관념에는 질병, 성적 불능, 추악함, 정신적 나약함, 정신질환, 도움이 되지 않음, 고립, 빈곤, 우울의 9개의 핵심 단어를 들었다. 또한 긍정적 고정관념으로는 친절하며, 지혜가 있고, 의지가 되며, 여유가 있고, 정치력이 있으며, 자유롭고, 영원한 젊음을 가지고 있으며, 행복하다는 8개의 이미지를 언급하였다. 팔모어는 고용차별로 인해 젊은 노동자가 고령의 노동자보다 많은 이익을 받는 경우와 정반대로, 고령 노동자를 우대하여 사회보장제도 등으로 지출되는 자금이 고령자에게 이익을 주는 경우를 예로 들면서, 상황에 따라 어느 한쪽은 이익을 얻는 자가 존재하기 때문에 연령 차별은 없어질 수 없다고 지적하였다. 그는 이처럼 개인이 가진 개성이나 인간성을 무시한 채, 연령에 따른 고정관념이나 연령 규범에 근거한 개인 또는 어떤 일정의 연령 집단을 획일적으로 취급하는 것을 연령 차별로 보았다. 그러나 연령 차별의 경우에는 차별받는 대상이 고정적이지 않고 시간이 지남에 따라 차별하는 측이 차별을 받는 입장으로 바뀔 가능성이 높다는 특징이 있다. 그렇기 때문에 이를 해결하기 위해서는 나이가 든다는 사실에 대한 다각적인 지식을 가지면서 자신이 가진 부정적인 고정관념을 줄여 나가려는 노력이 필요하다.

그 후 팔모어는 긍정적 연령 차별이라는 개념을 담은 그의 저서 『연령 차별(Ageism)』(2판, 1991)에서 지금까지 언급해 왔던 개인 간에 벌어지는 차별적인 견해를 넘어선 부정적 사회제도에 대해서 언급하였다. 예를 들면, 개인의 능력과 무관하게 일정한 나이가 되면 자동적으로 고용 관계가 종료되는 정년 제도나 일정 연령을 넘어서면 운전면허를 반납해야 하는 제도를 지적했다. 동시에 의료비의 무상지원, 교통카드나 공공 문화시설에서 시행되는 경로 할인처럼 연령을 기준으로 고령자가 우대되는 긍정적 사회제도도 재조명했다. 그는 이러한 것이 우리 주위에서 흔히 볼 수 있는 긍정적 연령 차별의 예라고 지적했다(Palmore, 1999). 한국의 경우에는 경로의 날, 회갑연처럼 고령자를 존중하는 문화가 계승되고 있기 때문에 서구 사회에 비해 긍정적 연령 차별이 강하다고 볼 수 있다. 그런데 설령 그것이 긍정적 연령 차별이라고 해도 각 개인이 이러한 제도를 받아들이는 것이 다양할 수 있기 때문에 모두에게 긍정적일 것이라는 획일적인 사고를 지양할 필요가 있다.

칼리시(Kalish) 역시 '새로운 연령 차별(New Ageism)'이라는 개념을 전개했다. 이것은 전통적인 연령 차별 개념을 확장하는 접근으로, 전통적으로 연령 차별은 주로 고령자에 대한 부정적 고정관념이나 편견을 의미했다면,

긍정적 연령 차별 역시 고령층에게 부담을 줄 수 있다고 강조하면서 다음과 같은 것을 언급하였다.

첫째, 고령자에 대한 긍정적인 고정관념으로 인해 발생할 수 있는 차별이다. 예를 들어, 고령자를 현명하고 경험이 많은 사람으로 인식하는 긍정적인 생각이다. 그러나 이러한 고정관념이 모든 고령자에게 해당된다고 생각하면, 그렇지 못한 고령자를 만나게 될 때 사람들은 그들을 더 폄하할 개연성도 있다. 이것은 고령자의 개별적인 차이를 무시하고 그들에게 과도한 기대를 할 수 있는 위험성을 내포한다.

둘째, 활동적인 고령자의 이미지이다. 현대사회에서는 활동적이고 건강한 고령자의 이미지를 이상적으로 여긴다. 칼리시는 이러한 이미지는 자칫하면 건강에 어려움이 있거나 장애를 지닌 고령자를 배제하거나 그들에게 심리적 부담을 줄 수 있다는 점을 지적했다. 다시 말하면, 다양한 노년의 모습을 인정하는 데 방해 요소가 될 수 있다.

셋째, 세대 간 갈등과 오해를 들 수 있다. 예를 들어, 젊은 세대는 노년 세대가 경제적 자원에서 우위를 차지하고 있다고 인식하거나, 반대로 고령자 세대는 아직 안정되지 못한 젊은 세대가 자신들을 존중하지 않는다고 생각할 수 있다. 이것은 새로운 형태의 연령 차별이다.

넷째, 정책이나 제도적 측면에서 드러나는 연령 차별도 지적하였다. 고령자를 대상으로 하는 정책이 지나치게 그들을 보호하려고 한다면, 오히려 고령자가 스스로 결정할 수 있는 자율성을 저해할 수도 있다. 이것은 고령자가 사회 구성원의 일원으로서 동등한 역할을 하고자 할 때 방해 요인이 될 수도 있다.

"연령 차별의 범위는 사회적·경제적 변화에 따라 그 양상이 다양화된다."라는 칼리시의 주장에 근거하여 오늘날의 변화하는 사회적 현상과 고령층이 직면하는 다양한 차별적 요소를 정리해 보면 다음과 같다.

첫째, 첨단 기술이나 디지털 사용에 관한 것이다. 대부분의 고령층은 새로운 기술이나 디지털 환경에 익숙하지 않아 이로 인해 발생하는 차별이다. 고령층은 젊은 세대에 비해 첨단 기술과 디지털 환경에 대한 접근성이 떨어지며, 이는 경제적·사회적 참여에 불이익으로 작용할 수 있다는 연구 결과도 있다(Friemel, 2016). 예를 들어, 실생활에서 고령자들이 새로운 기술을 배울 기회가 없어서 인터넷 이용, 온라인 뱅킹, 스마트폰 사용 등에 어려움을 겪는 경우가 많다. 그리고 일상의 어려움을 넘어서 첨단 기술이나 디지털의 격차는 경제적인 활동을 자유롭게 하지 못하는 경우도 종종 볼 수 있다. 이러한 변화들은 고령자의 고용 기회를 축소시킬 수 있는 원인이 될 수 있기 때문에 새로운 형태의 연령 차별을 초래하고 있다.

둘째, 현대사회가 생산성 위주로 움직여지면서 고령자를 노동시장에서 배제하는 것이다. 현대에 자본주의 사회는 생산성과 효율성을 중시하기 때문에 일률적으로 나이가 들수록 생산성이 낮아진다고 보는 경향이 있다. 이 같은 사회적 추세는 고령층이 사회적으로 소외되거나 경제적으로 불리해질 수 있다(Taylor & Walker, 1998). 이로 인해 고령자들은 노동시장에서 배제되거나 조기 은퇴를 강요당하는 경우가 많다. 이것 역시 연령에 따른 차별적 고용 관행이라고 볼 수 있다.

셋째, 건강 불평등과 의료 서비스 접근성에 관한 것이다. 나이가 들수록 만성질환이나 여러 가지 건강 문제로 의료 서비스에 대한 필요성이 높아진다. 그런데 의료기관에서는 고령자이 호소하는 증상을 '노화의 자연스러운 결과'로 치부하는 경우가 종종 있다. 이것은 나이에 따라서 건강 상태를 단순화하는 것으로, 고령자가 보다 질 높은 의료 서비스로부터 소외될 가능성이 크다. 예를 들어, 나이가 많은 환자들은 젊은 환자들에 비해 우선적인 치료에서 배제되거나 덜 적극적인 치료를 받을 수도 있다. 이 같은 고령자에 대한 차별적인 의료 제공이나 서비스 제공 순위에서 뒤로 밀리는 것 역시 의료 서비스의 영역에서 볼 수 있는 차별이라고 생각한다.

2. 고령자에 대한 사회적 편견

고령자에 대한 사회적 편견은 이들에 대해 부정적이거나 고정된 관념을 가지는 것을 의미하며, 이러한 편견은 여러 사회적 · 문화적 요소에서 기인한다고 이미 언급하였다. 이러한 고령자에 대한 편견은 그들의 능력, 가치, 사회적 역할에 대한 왜곡된 인식에서 비롯되는 것인데, 우리가 흔히 가질 수 있는 사회적 편견을 다음과 같이 정리하였다.

1) 무능력과 관련된 편견

고령자는 신체적 또는 정신적인 쇠약으로 인해 더 이상 일을 잘할 수 없거나, 기술적 변화에 적응하지 못한다고 생각하는 경향이 있다. 일반적으로, 고령자의 무능력과 관련된 요소로 자주 떠올리는 것은 신체적인 것과 인지적인 부분이다. 고령자는 무조건 신체적으로 약하고 활동성이 떨어진다고 여기는 경향이 있는데, 이것은 고령자의 신체적 건강을 더 빠르게 저하시키는 계기가 될 수 있다. 또한 나이가 들면 누구나 인지 능력이 떨어지지만 모든 고령자가 치매나 기억력 문제를 겪는 것은 아님에도 불구하고, 경제적 자율성을 제한하거나 재정 관리를 다른 사람에게 맡겨야 하는 상황이 발생하기도 한다. 그 밖에 새로운 기술에 대해서 무지하다거나 어떤 중요한 의사결정을 할 때 능력이 떨어진다는 편견을 가지고 있다. 예를 들면, 최신형 컴퓨터를 사러 매장을 방문했을 때 고령자의 사용 용도 등을 알지 못하면서 판매 직원이 "그건 어르신에게는 필요 없는 사양일 것 같은데요."라고 말하는 경우가 있다. 그리고 병원에서 자주 벌어지는 일인데, 중대한 수술을 앞두고 의료진이 고령자 본인이 아닌 가족에게 설명하거나 의사결정을 요구하는 경우가 있다. 고령의 환자는 자신의 삶과 관련된 중대한 의료적 선택에서 제외되고 있다고 생각하여 "내가 결정을 내려야 하니 직접 설명해 주세요."라고 요청을 해도 고령자에게 심리적 부담을 주지 않고 싶은 의료진에 의해 외면당하는 경우도 종종 있다.

2) 변화에 저항한다는 편견

일반적으로, 고령자는 새로운 것을 받아들이기까지 많은 시간이 걸리거나 변화에 대해 강한 저항이 있다고 본다. 그런데 이것은 개인적인 성향이나 그들의 능력 부족에서 비롯되는 것이 아니라, 심리적 · 사회적 · 신체적 원인이 복합적으로 작용한 결과이다. 고령자가 보이는 이러한 저항은 기술 혁신이나 생활 방식이 급격하게 변화하고 있는 상황과 그 같은 사회 변화에 대한 고령자 특유의 감정적 · 신체적 · 경험적 요인이 맞물려서 초래되는 것이다.

첫째, 첨단 기술을 받아들이는 것에 대한 저항을 들 수 있다. 대다수의 고령자는 새로운 것을 배울 때 두려움이나 불확실성이라는 감정을 느끼는 것은 일반적이다. 특히 과거에 경험해 보지 못한 디지털 기술에 대한 적응은 매우 부담스러울 수 있다. 자신이 이러한 기술을 다루지 못할 것이라는 실패에 대한 두려움이 저항의 주요 원인이 되는데, 특히 완벽주의적 성향을 가진 고령자라면 그러한 두려움은 더욱 클 것이다.

둘째, 새로운 생활 방식으로 변화하는 것에 대한 저항이다. 고령자에게 오랫동안 해 온 생활 습관을 바꾸는 것은 매우 힘든 일이다. 과거의 경험에서 형성된 생활 방식이 자신에게 잘 맞는다고 확신하면서 새로운 방식이 낯설고 불편하게 느끼면서 변화를 수용하지 않으려고 하는 경우가 많다. 때로 새로운 방식은 실질적인 효과를 발휘하지 못할 것이라고 믿는다. 예를 들어, 고령자가 온라인 은행 업무을 보거나 식이요법이나 운동 같은 새로운 처방을 받아들이지 않으려는 것처럼 오랫동안 유지해 온 생활 습관을 바꾸기 싫어한다. 이것은 나이가 들수록 고령자들은 안정성과 예측 가능성을 중요시하기 때문이다. 따라서 새로운 변화가 그들의 안정된 생활 패턴을 위협한다는 심리적 불안감으로만 설명하는 데에는 한계가 있다. 인지적 · 신체적 기능 저하 역시 변화에 대한 저항 요인이 된다. 즉, 신체적으로는 시력, 청력, 운동 능력이 감소하고, 인지적으로는 기억력이나 학습 능력이 저하되면서 변화에 대한 저항이 심해지기도 한다.

셋째, 새로운 환경에 대한 거부이다. 임상 현장에서는 건강이 악화되어 자녀들이 지속적인 의료적 케어가 가능한 요양기관 입소를 권유해도, 집을 떠나지 않겠다고 고집하는 고령자들에 대한 가족의 고민을 많이 듣게 된다. 나이와 상관없이 사람들은 대부분 익숙한 환경에서 새로운 장소로 이동하는 것을 두려워한다. 특히 고령자의 경우에는 정서적으로 안정된 환경에 집착하는 경향이 있기 때문에 돌보는 가족은 새로운 곳에서의 생활이 스트레스가 될 수 있다는 점을 간과해서는 안 된다.

3) 사회적 역할 축소나 고립에 대한 편견

고령자는 더 이상 사회에 기여할 수 없고, 생산성이 떨어져서 가치가 없다는 편견도 널리 퍼져 있다. 또한 고령자는 종종 생산적이지 않거나 사회적 기여도가 낮다는 고정관념에 시달리기도 한다. 예를 들어, 은퇴 후에도 일을 하고 싶어 하는 고령자에게 "이제는 쉴 때입니다."라는 말을 하며 그들의 의지와 능력을 과소평가하기도 한다. 고령자는 개인적 차원의 고립뿐 아니라, 정치적 결정이나 경제적 정책에서 중요한 목소리를 내지 못한다고 생각하여 때로는 과격하게 참여하기도 한다. 이것은 고령자를 시대의 흐름에서 뒤처진 사람으로 보는 인식에서 기인한다고도 볼 수 있다. 고령자들은, 특히 변화로 인해 자신이 더 외로워지거나 사회적으로 고립될 것을 두려워한다. 따라서 사회적 관계가 줄어들거나 주변 환경이 급격히 변화하는 상황에서는 이러한 불안감이 더욱 가중된다. 그렇기 때문에 고령자의 사회적 역할을 축소시키는 결과를 초래하지 않도록 배려하는 것이 필요하다. 즉, 많은 고령자는 경험, 지혜, 사회적 기여를 통해 여전히 중요한 역할을 수행하고 있으며, 특히 자원봉사나 멘토링 등을 통해 사회에 공헌할 기회를 제공하는 것이 중요하다.

3. 고령자에 대한 인식의 변화

고령자에 대한 인식이 어떻게 달라졌는지를 이해하기 위해서 한국 사회의 가족제도의 변화와 그에 따른 노부모의 부양에 관한 변화를 살펴보고자 한다.

1) 해방 이전의 가족제도와 고령자 인식

해방 이전에는 부모에 대한 효 사상 등 유교적인 계몽이 있어서 노부모 부양 의식이나 경로사상은 당연한 것으로 여겼다. 경로사상이나 연로한 사람을 소중히 여기는 인식의 저변에는 효 사상이 있다. '효'란 자녀가 부모에게 순종하는 것으로 나타난다. 효의 실행, 부모를 존경하는 사상이 스며들기 위해서 고령자를 존중하는 것이 강조되는 시대였다. 또한 가족제도의 측면에서 본다면, 해방 전의 가족제도는 효나 경로사상을 기반으로 부모 부양을 지지하는 체계로 이루어졌다. 이 같은 인식은 1958년 한국의 「민법」이 제정될 때 가부장제도를 중심으로 가정 존속의 가치를 강조하는 것에 영향을 미쳤다. 주로 장남은 재산이나 가업을 계승하며, 동시에 부모와 동거하면서 부양의무도 가졌다. 자녀는 태어나 성장하면서 부모에게 여러 가지 은혜를 입었기 때문에 그들에게 효도로 보상하는 것이 당연하다고 보았다. 가장, 며느리, 손주 등 각각의 입장은 가족을 구성하는 위계를 나타내며, 나이 든 부모를 돌보는 것은 며느리의 몫이라는 가족 규범도 존재했다. 이 같은 '집안'이라는 체계 속에서 영위되는 생활에서는 고령자에게 안정된 지위를 보장하였다. 그리고 집안의 연장자로서 지위를 유지하면서 노년기까지의 축적된 지식과 경험을 나누며 자손들로부터 존경을 받는 것도 가능했다.

2) 1970년 이후의 고령자에 대한 인식 변화

가부장적 요소들이 현대적 가치와 충돌하면서 가부장적 가치에 기반한 「가족법」은 여러 번의 개정을 거듭하면서 결국 폐지되었다. 특히 2005년에 호주제도가 폐지되면서 현재의 「민법」은 성별에 관계없이 가족 구성원 모두가 평등한 권리를 가진다는 의식을 심어 주었다. 이런 새로운 인식은 가족 중심의 가족에서부터 부부 중심의 가족으로의 변화를 초래하였다. 새로운 「민법」을 토대로 한 새로운 가족에 대한 인식이 뿌리내리면서 가족주의적 인식은 점차 희박해졌다. 결혼은 이전의 집안끼리의 결합이 아닌 개인과 개인의 만남으로 이해하게 되었다. 그리고 이렇게 형성된 가족에서는 모든 것이 부부 중심으로 운영될 수밖에 없다. 이로 인해 사람들이 지금껏 소중히 여겨 왔던 집안을 중심으로 한 가족 규범은 무너지고 개인들의 관여 방법을 존중하는 형태로 바뀌었다. 무엇보다 큰 변화는 집안의 연장자와 관련된 중요한 가치였던 효도나 경로사상이 흔들리게 된 점이다. 이러한 인식 변화 이면에는 사회적으로 1970년대와 1980년대의 고도의 경제성장이 영향을 미쳤다. 이 시대에는 인구가 도시로 집중화하면서 부모 세대와 별거하는 핵가족화가 급속히 진행되었다. 조부모 세대와 물리적으로 함께할 수 없는 자녀 세대는 자신의 부모가 조부모와 상호작용하면서 집안의 어른으로서 고령자를 어떻게 공경하는지를 경험하지 못한 채 성장한다.

이러한 가족 안에서의 흔들리는 고령자의 권리를 보완하기 위해서 사회복지의 필요성을 인식하여 1981년에 「노인복지법」이 시행되었다. 「노인복지법」의 기본 개념은 노인의 인간다운 생활을 영위할 권리를 보호하고 노인의 존엄성을 유지하며, 노인의 생활 안정을 보장하는 데 있다. 이 법은 고령자는 오랫동안 사회의 발전에 기여했으므로 존경받아야 한다는 경로사상과 생활 보장을 포함한 윤리적인 요소가 그 배경에 존재했다. 「노인복지법」의 기본 개념에 이 같은 가치가 포함할 수 있었던 것은 고령화에 따른 돌봄의 문제가 사회적으로 그다지 심각하지 않았던 시대적 분위기와 관련이 있다. 즉, 1960년대에 2.9%였던 한국의 고령화율은 1980년대에는 5%였다. 증가하는 고령화로 인해 거동이 어려운 고령자가 늘어나는 등 이전에는 큰 문제가 되지 않았던 돌봄의 문제에 사회적 관심이 드러난 것이다. 이를 계기로 인구 변화에 따라 고령자에 대한 인식도 빠르게 변화해 갔다. 그 예로 1979년의 「특별양로원 설치 및 운영에 관한 법률」의 시행을 들 수 있다. 이 법에 근거하여 생활이 어려운 고령자들에게 주거와 보호를 제공하는 특별양로원이 늘어나기 시작하면서 고령자는 '사회적 약자'라는 수식어가 붙게 되었다. 역설적으로, 고령자를 위한 복지정책은 사람들에게 오히려 사회적 약자라는 인식을 확대시키면서 고령자는 능력이 부족하거나, 결핍되며, 무능력하다는 이미지를 각인시켰다. 즉, 고령자들이 지난 시간에 보였던 능력이나 업적을 강조함으로써 현재의 고령자들은 무능력하거나 약자라는 인식을 강조한 셈이다. 이처럼 경로사상을 강조하려는 것과는 달리 일반인에게는 경시 의식이나 무관심을 침투시키는 결과를 초래했다. 현대사회는 기술 혁신이나 젊은이 중심의 가치 체계, 소비생활, 개인생활 중시의 경향, 죽음과 연결된 고령자의 질병이나 죽음에 대한 혐오감 등을 가지게 하였다. 표면적으로는 경로사상이 존재하지만, 실제로는 그것이 희박해졌다. 따라서 경로사상을 몸소 실천해 온 고령자와 그러한 의식이 희박해진 젊은 세대 사이에 여러 가지 견해의 차이를 드러내고 있다.

3) 고령자에 대한 젊은 세대의 인식

우리나라에서는 대중문화가 급격하게 발전되면서 부수적으로 청년문화의 영향력이 커지며 가치관에서도 젊음은 긍정적인 것으로 인식되었다. 상대적으로 젊음의 반대편에 있는 나이 듦에 대해서는 부정적으로 보는 경향이 있다. 이 같은 사회적 분위기 속에서 젊은 세대는 고령자를 어떻게 인식하고 있는지 살펴보려고 한다.

젊은 세대는 고령자를 우호적으로 보지 않는 것 같다. 수업에서 대학생들에게 '고령자' 하면 떠오르는 이미지가 어떤 것인지 묻자, '지식이나 지혜가 풍부, 아는 게 많다, 경험이 풍부하며, 인생의 선배, 따뜻하다'와 같은 긍정적인 이미지와 '체력의 쇠약, 고집, 느림, 잔소리, 외로움'이라는 부정적 이미지를 떠올렸다. 수업 시간에 진행된 대면 질문이라는 점을 감안해 볼 때 비대면 조사를 실시했다면, 고령자에 대한 이미지를 호의적으로 말하는 비율이 그다지 높지 않을 것으로 추론된다. 인상적인 것은 조부모와 교류가 많지 않은 학생이 교류가 많았던 학생에 비해 보다 더 부정적이었다. 이를 뒷받침하는 연구 결과가 있는데, 조부모와 교류가 있는 젊은이의 고령자에 대한 이미지는 호의적인 것에 반해, 교류가 적은 젊은이의 이미지는 부정적이었다(나은영, 김현숙, 2018). 이 같은 결과의 사회적 배경으로는 핵가족화에 의한 고령자와의 교류 감소, 부양 의식의 변화를 들 수 있다. 해방 이후에 꾸준히 핵가족화가 진행되었는데, 이것은 사람들의 취업 형태와 관련이 있다. 일자리 때문에 가족과 함께 살던 고향을 떠나면서 가족과 동거가 어려운 사람들이 늘어났다. 연장자를 부양한다는 관점에서 보면 동거가 효율적인데, 그럴 수 없는 상황이 생기면서 동거나 부양과 관련된 의식에도 변화가 일어났다. 점차 세대 간의 가치관 차이나 사생활의 문제 등으로 각각의 독립된 생활을 존중하는 의식이 강해졌다. 이러한 시대적 변화와 맞물려서 고령자와 젊은이의 교류는 점점 줄어들었다. 가족 상담을 진행했던 경험을 통해 보자면, 초등학생과 고등학생의 경우에는 동거하면서 잔소리를 하는 조부모보다 비동거를 하면서 가끔 만나서 귀여워해 주는 조부모를 더 좋아하는 경향이 있었다. 유사한 연구에 의하면, 조부모 역시 손주와 함께 살고 있지 않은 경우가 손주를 돌봐 주는 것에 대해 호의적이며 상호작용도 긍정적이었다(이영숙, 2011). 그러나 조부모와 동거하는 경우에도 이점이 많다. 일상생활을 함께하면서 구체적인 고령자 생활을 경험하기 때문에 보다 깊은 이해도 가능하여 긍정적 애착 관계가 형성될 수 있다. 그리고 조부모와 동거하고 있는 가정에서 양육한 아동이 조부모와 비동거하는 가정에 비해 자신의 부모가 나이가 들면 부모와 동거하면서 돌봐 주겠다는 경향이 강했다. 연구 결과에 의하면, 고령자의 노후에 대해서는 가족보다 국가가 책임을 져야 한다는 생각이 강했다. 이것은 과거와는 달리 청소년들이 노인 부양을 가족의 문제뿐 아니라 점차 사회 문제로 인식하고 노인복지에 대한 정부 책임을 확대해야 한다고 생각하는 경우가 많아졌음을 보여 주는 것이다(나은영, 김현숙, 2018).

간호학 전공의 학생과 비전공 학생의 노인의 이미지나 고정관념에 관련된 연구에 의하면, 간호학 전공의 대학생들은 노인에 대한 신체적 이미지가 가장 부정적이었으며, 그 밖의 영역에서도 전반적으로 부정적이었다. 이것은 간호학 전공의 대학생들은 실습 등을 통해 상대적으로 건강하지 못한 고령자를 많이 경험했기 때문인 것으로 사료된다. 또한 대학생들의 노인에 대한 고정관념에 해당하는 인식은 전반적으로 부정적이었다. 이는 젊은이들이 세대 간의 단절로 인해 나이 든 사람과 긍정적인 관계를 맺을 기회가 거의 없고, 사회가 젊은 세대를 중심으로 구성되면서 고령자는 사회가 부양해야 할 존재로 보는 경향이 높아지고 있기 때문일 것이다(권명순 외, 2015). 그러나 대학생들을 대상으로 한 또 다른 조사에 의하면, 그들은 노인 세대와의 관계를 심각한 갈등 관계로 인식하지 않았다. 젊은 세대는 고령자의 가족 돌봄, 경제성장 기여에 대해 긍정적으로 인식하였다. 그렇지만 세대 간 재분배를 둘러싼 구체적인 정책에서는 청년 세대와 노인 세대 간의 갈등이 발생할 가능성이 있다고 인식하고 있었다(최유석 외, 2015). 또한 젊은 세대는 미디어에서 고령자 차별이 심하다고 느낄수록 고령자들에 대해서 더 심한 낙인을 보였다(박채리 외, 2018). 여러 조사 결과를 볼 때 고령자와의 긍정적인 접촉의 기회를 넓혀서 고령자에 대한 긍정적인 인식을 강화할 필요가 있다. 이를 위해 청소년 시기부터 조부모 등의 가까이에 있는 고령자와 우호적인 관계를 갖는 것에서 고령자에 대한 긍정적 이미지를 심어 주는 것도 필요하다.

4. 임상 현장에서의 연령 차별

고령자를 돌보기 위한 전문 인력들은 고령자가 보다 건강한 삶을 영위하도록 다양한 형태의 서비스를 제공하고 있다. 예를 들어, 고령자의 사회적 요구를 파악하고 연결하는 사회복지사, 고령자의 복합적인 건강 문제를 진단하기 위한 노인의학 전문의, 의료적인 돌봄을 제공하는 간호사, 고령자의 일상생활을 지원하는 요양보호사 그리고 고령자의 정서적 돌봄을 위한 상담자까지 다양한 전문 인력이 있다. 이들은 각자의 임상 현장에서 연령에 의한 고령자 차별을 무의식적으로 드러내는 경우가 있다. 가장 흔히 하는 차별은 고령자의 건강 문제나 삶을 맥락적으로 이해하지 못하고 단순히 노화의 자연스러운 결과로 치부하는 경우이다. 의료 현장에서 고령자는 종종 나이를 이유로 적절한 치료를 받지 못하거나 그들의 증상이 나이 탓으로 간주되어 진지하게 다뤄지지 않는 경우가 있다. 고령자의 건강 문제는 '노화의 자연스러운 과정'으로만 이해되어 필요한 검사나 치료가 생략되거나 적극적인 치료를 기피하는 경향이 나타난다. 노년기 상담에서도 정신적 · 정서적 문제를 호소하더라도, 이 문제가 단순히 나이와 관련된 자연스러운 현상으로 간주되어 충분한 상담과 지원을 받지 못하는 경우가 있다. 특히 우울증이나 불안장애 같은 정신적 문제는 고령자에게서 과소평가되기 쉽다. 양로원이나 노인센터 같은 돌봄 시설에서는 고령자의 자율성이 제한되거나 그들의 선택권이 존중받지 못하는 경우가 발생할 수 있다. 직원들이 고령자의 의견을 무시하거나 그들의 일상생활에서 스스로 결정을 내릴 기회를 제공하지 않는 경우가 많다. 이것은 결과적으로 고령자들이 무력감을 느끼게 하고, 삶의 질을 저하시키는 요인이 될 수 있다. 이를 방지하기 위해서 각 분야마다 필요한 자격요건이나 윤리 규준을 가지고 있으면서 전문성은 물론 윤리적 기준도 제시하고 있다. 그러나 실제 임상 현장에서는 의식하지 못한 채 일어나는 여러 가지 차별이나 편견이 여전히 존재한다.

상담자의 경우에도 전문적 상담을 제공하기 위해 따라야 할 지침과 규범에 대해 언급한 대부분의 윤리강령에는 내담자의 권리보호와 내담자의 다양성에 관한 존중이 포함되어 있다. 상담자는 다양한 문화적 배경을 가진 내담자를 이해하고 존중해야 하며, 다양성을 인정해야 한다는 점을 강조하고 있다. 로저스(Rogers)도 상담자가 내담자와의 관계에서 무조건적인 긍정적 존중, 진정성 또는 일치성, 공감적 이해라는 3가지 자세를 강조하였다. 이것은 내담자가 안전하고 수용적인 환경에서 자신의 문제를 탐색하고, 자기 자신을 더 깊이 이해하고 변화를 경험할 때 필요한 부분이라고 강조하였다. 이처럼 상담자는 자신의 선입관이나 편견을 배제하여 내담자를 있는 그대로 수용하는 것이 중요하다. 이것은 내담자를 어떤 특성에 대해서도 선입관이나 편견을 가지지 않는 것으로, 내담자를 있는 그대로 받아들인다는 의미이다. 이러한 다양성의 존중과 내담자의 수용에 관해서는 상담자들도 이미 익히 알고 있는 윤리이며 상담 태도이다. 그러나 실제 임상 현장에서는 내담자에 대한 편견이 표면적으로 드러나지는 않지만, 잠재되어 있는 경우가 많다. 연령 차별 역시 임상 현장에 존재하여 개입 방법에서 고령자의 능력을 과소평가하고 있는 것을 부정할 수 없다. 한 연구(Lederman & Shefler, 2023)에 의하면, 고령의 내담자가 젊은 내담자보다 치료를 위한 관계 형성이 더 어려울 것이며, 치료를 하더라도 예후가 좋지 않을 것이라는 편견이 있었다. 고령층과 함께 일한 경험이 많은 상담자의 경우에도 연령 차별에 의한 치료적 편견과 행동이 유발될 가능성이 있었다. 임상 현장에서 고령의 내담자에 대해서 '잘 못할 것이다, 금방 잊어버리고 말 것'이라는 편견으로 그들을 점점 의존적인 존재로 만드는 경우도 어렵지 않게 발견할 수 있다. 임상 현장에서 폭언이나 위압적 태도, 멸시적 발언 등의 심리적 학대 또는 폭력이나 방임처럼 표면적인 학대는 드러나지 않아도 무의식적으로 가지는 연령 차별의 문제는 비일비재하다.

팔모어에 의하면, 임상 실천가들의 연령 차별로 다음과 같은 것을 들었다. 임상 현장에서 활동하는 사람들은 특히 고령자와 의사소통하는 방식에 일정한 패턴이 있다고 생각하기 때문에 고령자와 의사소통할 때 망설이는 경우가 많다. 이러한 패턴은, ① 단순화, 즉 말을 느리게 하거나 단순한 단어를 사용하는 경우, ② 명료화, 즉 한 단어 한 단어 끊어서 말하거나 단순한 문장 구조의 사용, ③ 비하하는 듯한 정서적 구조, ④ 고양된 듯한 말투, ⑤ 어린아이의 단어로 이야기하는 것이다. 이러한 대화 패턴은 지팡이나 휠체어와 같은 보조 기구를 사용하는 고령자와 의사소통할 때 더욱 두드러졌다. 어린아이에게 쓰는 단어까지는 아니더라도 경어를 사용하지 않고 친구같은 느낌의 단어로 이야기하는 장면은 임상 현장에서 자주 목격된다. 그러나 이러한 의사소통의 방식은 고령자에 대한 보건 · 의료 · 복지 지원 정책을 제공하는 데에도 영향을 미친다. 이 같은 편견은 질적 연구(김보미, 김지현, 2022; 장세철, 김경민, 2018)에서도 나타났다. 한국과 일본의 대학생들을 대상으로 한 연구에서는 고령자에 대한 편견이 학생들의 연령 차별과 관련이 깊었다. 또 다른 치매 노인에 대해 가지는 태도와 사회적 거리감에 대한 연구에서는 치매 노인에 대한 부정적인 태도를 가지고 있으며,

이것은 학생들의 공감 능력 저하 및 사회적 거리감을 증가시키는 주요 원인이 되었다. 즉, 이 같은 연구 결과를 통해 대학생들은 고령자는 지속적으로 상실을 경험하고 새로운 것을 습득하기 어려우며, 관계 형성이 어렵다는 등의 이유로 앞으로 임상 현장에서 그들과 관계를 맺기 원하지 않았다. 특히 실습 등의 과정에서 중도의 장애를 가진 고령자와 만날 기회가 있었던 경우에는 고령층 전체에 대해 부정적인 이미지를 가지게 될 개연성이 높다. 따라서 임상 현장에서 종사하게 된 대학생들은 장애를 가진 고령자를 많이 만나게 되는 직업적 특성을 인식하면서 부정적 편견에서 벗어나려는 노력을 할 필요가 있다.

고령자와의 접촉 경험이 적은 젊은 임상가들이 드러내는 차별이나 부정적 인식은 현장에서 고령자를 만남으로써 그들의 '건강한' 때의 모습을 그려 내기 어렵기 때문에 발생한다고 생각한다. 따라서 임상 현장에서 연령차별을 없애기 위해서는 임상가들은 자신이 현재 만나고 있는 고령자의 단편적인 부분만을 바라보면서 그들을 판단하고 있지는 않은지에 대한 자기점검을 하는 것이 중요하다. 그리고 그들이 살아온 삶의 역사를 이해하려는 노력을 하는 것도 바람직하다. 현장 전문가들은 이와 관련하여 다음과 같은 구체적인 노력이 필요하다.

첫째, 질병이 있거나 돌봄의 대상인 고령자를 무시한 채 가족이나 간호하는 사람에게만 이야기를 하지 않는 것이 중요하다.

둘째, 자신이 돌보고 있는 고령자들을 대할 때 어린아이에게 사용하는 언어로 접촉하지 않으며, 고령자에게 귀찮은 태도를 보이거나 그들에게 상처 주는 말을 하지 않는 노력이 필요하다. 고령사회는 다양한 고령자의 시대라고도 말할 수 있다. 그러나 임상 현장에 있는 전문가들은 아직 이러한 다양성이란 것을 그들의 업무에 반영하고 있지 못하다. 긍정적인 고령자의 인식은 제공하는 서비스 질의 향상을, 부정적인 고령자의 인식은 서비스 질의 저하를 초래할 수 있다.

5. 연령 차별을 넘어선 노년

시대에 따라 나이 듦을 받아들이는 방식도 많이 변했는데, 고령자를 바라보는 사람들의 태도와 고정관념은 잘 변하지 않는 것 같다. 사람들은 고령자라고 하면 자동적으로 떠오르는 몇 가지의 모습이 있다. 예를 들어, 함께 이야기를 나눌 때 "나 때는 말이야……."라는 끊임없는 과거의 회상에 빠져들거나 자신들이 경험했던 기억이나 사건을 통해 유추해 낸 생각에 집착하면서 자기 중심적 사고만을 고집한다는 이미지일 것이다. 이것은 나이가 들면서 가정이나 사회에서 자신의 위치가 중심에서 주변인이 되어 간다고 느끼는 불안과 관련이 있다. 그러나 노년기에 접어든 모든 사람이 이 같은 고령자의 특성을 드러내는 것은 아니다. 나이가 들어 간다는 사실을 적극적으로 받아들이면서 그에 맞춰서 스스로 미래지향적으로 변화하려고 노력하는 고령자들도 있다.

최근의 실태조사에 의하면 한국에서도 건강한 고령자가 증가하고 있을 뿐만 아니라, 경제적으로도 안정된 노년을 맞고 있는 고령자들은 독립적이고 자율적인 삶을 영위하는 경우가 많아졌다(보건사회연구원, 2023). 이러한 현상은 교육 수준이 훨등히 향상되고, 경제적으로 절대 빈곤을 벗어난 현재의 노년 세대가 기본적인 생존을 넘어서 자신의 노후를 안락하고 풍요롭게 영위하려는 요구를 표출하고 있음을 드러낸다. 이러한 상황을 반영하듯 노화에 대한 부정적인 시각에서 탈피하여 고령자를 능동적인 삶의 주체로 보고, 독립적이고 생산적인 노년기에 대한 새로운 관점을 추구하는 '성공적 나이 들기(successful aging)'의 담론이 활발하게 전개되고 있다. 여기서는 고령자 스스로가 연령 차별에 도전하여 자신의 잠재력을 높임으로써 삶의 질의 향상을 도모하는 것에 대해서 언급하려고 한다.

우리나라에서는 고령시회에 접어들었음에도 불구하고 연령 차별의 문제가 충분히 다루어지지 않고 있지만, 세계적으로는 나이 듦에 대한 방지

(anti-ageing)에 관심이 높아지고 있다. 예를 들면, 젊게, 아름답고 건강하게와 같은 이미지를 추구하는 것이다. '나이를 의식하지 않는(ageless)'이라는 용어가 사용되는데, 이 단어는 버드(Bird)의 저서 『좋은 시절: 21세기의 당신의 삶(The Good Years:Your Life in the 21st Century)』(1983)에서 처음 언급되었다. 이 책에서 지금까지 노년기를 언급할 때 어두운 것이나 비관적인 것이 많았는데, 앞으로의 시대에서 나이 듦은 그 의미가 전혀 다를 것이라고 예견했다. 시카고대학교의 뉴거튼(Neugarten) 역시 나이가 들었지만, 여전히 활발하게 사회적 · 신체적 활동을 지속하면서 소비뿐 아니라 생산의 주체로도 적극적으로 참여하며, 삶의 질을 유지하려고 하는 고령층을 지칭하여 '활동적인 노년층(active senior)'이라고 불렀다. 이들의 예견처럼 최근에는 은퇴 이후에도 적극적으로 여가와 소비활동을 즐기면서 자기계발에 힘쓰는 고령층이 늘어나고 있다. 이들의 특징은 다음과 같다.

생활 의식	미래지향적
노년기에 대한 인식	자아실현의 기회
삶의 태도	즐김, 여유, 다양한 취미
사회참여도	활발한 사회활동
노후설계	계획적
가치관	실속과 합리적 선택을 선호
소비관	자기를 위한 소비

물론 아직 사회에는 주체적으로 사회적 역할을 이끌어 가기 어려운 고령자들도 존재한다. 이들은 퇴직 후 생활을 보장받고 살 곳을 제공받기 위해 절실하게 일자리를 갈구한다. 이들은 사회참여나 삶의 의미 같은 여유로운 단어를 떠올릴 여유도 없는 생활을 이어 갈지 모른다. 이처럼 노년에 대한 개인적 의식의 변화, 제도적 대책이 정비되어도 여전히 힘든 삶을 이어 가는 어려운 고령자도 다수 존재한다. 이 장에서는 이들의 문제를 간과한 것

이 아니라, 연령 차별을 극복하는 노령층의 움직임을 소개하여 고령화에 대한 다양성을 강조하고자 했다. 이것은 임상 현장에서 활동하고 있는 전문가들이 아직 이러한 노년층의 다양성이란 것을 각자의 영역에서 필요한 원조에 반영하고 있지 못하기 때문이다.

결론

우리는 깨닫지 못하는 다양한 형태의 연령 차별이 있다. 연령에 의한 차별은 일상생활뿐 아니라, 의료, 상담, 돌봄의 여러 영역에서 자주 경험할 수 있다. 임상 현장에서도 연령 차별은 쉽게 찾아볼 수 있는데, 상담자는 상담 과정 내에서 연령 차별의 징후를 지속적으로 파악하고 역전이가 일어나지 않도록 훈련과 실습을 하는 것이 필요하다. 이 같은 편견은 고령자들의 자존감과 삶의 질에 부정적인 영향을 미칠 수 있기 때문이다. 고령자에 대한 편견을 극복하기 위해서는 고령자의 다양성과 개개인의 능력을 존중하고, 이들이 사회에 기여할 수 있는 가능성을 인정하려는 노력이 필요하다. 또한 차별과 관련된 사람들의 인식을 이해함으로써 상담자는 고령자에 대한 긍정적 또는 부정적 고정관념에서 벗어나려고 노력할 필요가 있다. 연령 차별을 해소하기 위해서는 개별적 차이를 존중하며, 다양한 형태의 노년기의 모습을 인정하는 것이 선행되어야 한다. 또한 세대 간의 이해와 협력을 증진하기 위한 노력도 필요하다.

고령자의 삶을 바라볼 때, 다양화, 개별화라는 변수와 더불어 고령자의 생활 전체를 고려해 가면서 그들의 삶의 질을 향상시키려는 노력이 필요하다. 현대사회에서는 고령화, 고령사회라는 말이 난무하고 있다. '노년기=고령화'라는 사고방식에는 고령자 각 개인에게 초점을 맞추면서 한 인간으로 보려는 배려가 없다. 단지 연령이나 인구, 인구 구성이나 비율과 같은 통계자료로 취급될 뿐이다. 그러나 통계자료는 다양한 사회의 한 측면에 불과하다. 상담자가 고령자를 통계자료로만 생각해 버리면서 고령화, 고령사회와 같은 단어에 매몰된다면 인간은 그 누구도 같을 수 없는 유일한 존재라는 인간의 존엄성을 의식하지 못할 수 있다.

제3장

한국 노년 세대와 상담

1. 노년기의 심리적 어려움

앞에서 이미 언급된 내용이지만, 노년기의 심리적 특성에 대해 간략하게 정리해 보려고 한다. 인간은 노년기에 접어들면서 여러 가지 심리적인 어려움에 직면한다. 노화의 진행에 따라 쇠퇴하는 신체 기능과 건강에 대한 위협은 심리적 위축을 불러오고 자신감과 자존감에 부정적인 영향을 주게 된다. 감각 기능이 쇠퇴하고 각종 질병 및 통증이 찾아옴에 따라 불안, 우울, 절망 등의 심리적 문제를 경험할 수 있다. 아울러 노년기에는 가족 구조의 변화에 따른 스트레스에 직면하게 된다. 자녀의 독립, 부모-자녀 관계의 재설정(부모는 자녀를 돌보는 위치로부터 자녀의 돌봄을 받는 위치로 변화), 다양한 변화에 따른 가족 간의 갈등, 배우자를 비롯한 중요한 대상의 상실 등은 슬픔, 혼란, 무력감, 절망, 좌절 등의 고통을 가져다준다. 게다가 노년기가 되면 사회적 역할이 축소되고 대인 관계가 감소함에 따라 무가치감, 소외감, 외로움, 권태감 등을 경험할 수 있다. 노년기에는 수입이 줄어 경제적인 어려움이 발생할 수 있으며, 그로 인해 염려, 불안, 우울감이 찾아오기도 한다. 또한 죽음을 앞두고 자신의 삶을 돌아보면서 회한과 삶의 무의미함을 느끼게 될 수 있다. 개인에 따라 다르고 정도의 차이는 있겠지만 노년기에는 대부분 이와 같은 심리적 어려움을 경험하게 된다.

노화 과정에서 이 같은 어려움을 겪으면서도 다양한 자원과 전략을 사용하여 문제를 해결하고 안녕감을 유지할 수 있다. 고령자들은 대체로 어려움들을 잘 해결하고 만족스러운 노년기를 보내고 있는 것으로 보인다. 오늘날 한국 사회에는 점차 학력 수준, 소득 수준이 높고, 건강 수준 역시 담보된 노년층이 늘고 있으며, 노년층의 삶에 대한 주체적인 인식이 커지고 삶의 만족도도 증가하는 추세이다. 이에 따라 활기차고 만족스러운 노년기를 보내고 있는 고령자가 많이 있다. '활동적인 노년층'과 같은 용어에서 볼 수 있듯이, 경제력을 바탕으로 문화 · 소비 생활에 적극적이며 인터넷이나 모바일 환경에도 익숙하고 매우 활동적인 삶을 누리고 있는 이들도 존재한다. 그들은 일터나 가정에서 짊어졌던 짐을 내려놓고 여가를 즐기며 여유롭고 행복한 노년기를 보내고 있다.

그러나 경제적 · 신체적 · 심리적 · 관계적으로 어려움을 겪는 고령자들도 있다. 활동적인 노년층 그룹과 사회적 돌봄을 필요로 하는 취약계층의 삶으로 극명하게 나뉠 가능성도 있으며, 이러한 상황에서 집단 내에서의 상대적 박탈감의 문제가 발생할 수 있다. 또한 활기찬 삶을 누리던 노년층에게도 언젠가는 많은 것을 상실하게 되는 날이 찾아온다. 우리가 만나는 고령의 내담자들은 다양한 심리적 어려움을 겪으며 위기에 처해 있는 사람들이다. 그들을 효과적으로 돕기 위해서는 먼저 그들을 잘 이해하는 것이 필요하다. 현재 한국의 노년 세대가 노년기의 일반적인 어려움과 더불어 어떤 특수한 문제들을 가지고 있는지 알기 위해서는 그들이 살았던 시대적 배경과 더불어 그들의 현 상황에 대해 이해할 수 있어야 한다. 상담자들은 고령의 내담자들보다 대체로 나이가 젊으며, 그들과는 다른 세대에 속해 있으므로 그들이 어떤 상황에서 어떻게 살아왔는지 잘 알지 못한다. 이것은 상담자들이 고령의 내담자를 부담스러워하는 중요한 이유 중 하나이다.

우리는 앞서 노년 문제에 대한 사회적 편견을 살펴보았다. 포프(Pope)는

"조금 아는 것은 위험한 것이다."라고 말했다. 편견은 어떤 정보를 철저하게 검증하지 않은 결과라고 할 수 있다. 우리는 상담자로서 고령의 내담자들이 살았던 시대에 어떤 일들이 있었는지 그리고 그들이 어떤 삶을 살았는지를 충분히 알고 있어야 한다. 그래야만 편견에서 벗어나 그들을 제대로 이해하고 존중하는 마음으로 대할 수 있다. 상담자가 고령자에 대하여 어떠한 태도를 가지고 있는가는 매우 중요하다. 우리의 이해, 존중 및 인정의 태도는 노년기에 자칫 상처받기 쉬운 자존감을 회복시키고 삶의 의미를 확인시켜 주며, 고령자들이 자신 안에 다음 세대에게 전해 줄 소중한 자산이 있다는 것을 깨닫게 할 수 있다. 우리가 열린 마음으로 겸손하게 그들을 대할 때 그들을 좀 더 효과적으로 도울 수 있으며, 나아가 우리 또한 그들로부터 배우게 될 것이다. 이제 우리가 만나게 될 고령의 내담자들이 어떠한 시대적 상황 가운데에서 어떻게 살아왔는지 살펴본 후에 80대, 70대, 60대 고령자의 사례들을 제시하려고 한다([그림 3-1] 참고, p. 64). 이 사례들은 저자가 실제로 접했던 몇몇 사례를 토대로 구성한 것이다.

2. 한국 노년 세대가 살아온 삶

우리가 만나는 고령의 내담자는 60대부터 90대에 이르기까지 연령의 범위가 넓다. 학자마다 견해가 다르기는 하지만, 사회학에서는 대체로 15년 단위로 세대를 구분한다. 이에 따르면, 우리의 내담자들은 산업화 세대(1940~1954년 출생)와 베이비붐 세대(1955~1969년 출생)에 속해 있다고 할 수 있다. 두 세대의 시대적 배경은 겹치는 부분이 많다.

1) 산업화 세대(1940~1954년 출생)

산업화 세대는 일제 말기부터 6 · 25 전쟁 직후 사이에 태어난 사람들이다. 현재 대략 70대와 80대로서 그들은 광복(1945년)과 6 · 25 전쟁(1950년)을 겪었으며, 이후 정치적 · 경제적으로 엄청난 격변의 시기를 거쳤다. 이들은 어린 시절에 광복을 맞이했고, 전쟁의 참상을 목격했으며, 전쟁으로 부모를 잃었다. 혹은 홀어머니 밑에서 자라거나 친척 집에 맡겨지기도 했다. 또한 가난과 굶주림을 경험했고, 어려서부터 가장 역할을 하며 가족을 부양하기도 했다. 부모가 있는 경우에는 생계를 책임지느라 바빴던 부모들은 자녀들에게 충분한 관심을 기울이기가 어려웠다. 그러나 그런 중에도 부모들은 교육이 가난을 벗어나고 안정된 삶을 얻기 위한 수단이라고 믿었기 때문에 자녀를 가르치는 일에 안간힘을 썼다. 이에 따라 이 세대는 어린 시절에 입시와 교육 압력에 짓눌려 살았으며, 성인이 된 후에는 맹렬하게 일해야 했다. 이들은 베이비붐 세대와 더불어 한국 산업화 시대의 주역이었다. 탄광에서, 혹은 공장에서 땀 흘리며 일하고, 고속도로를 닦았으며, 새마을운동(1970년)이나 민둥산에 나무 심기 등 국가적 운동에도 힘을 모았다. 이들은 열악한 환경 속에서 치열한 삶을 살았다. 돈을 벌기 위해 죽음을 무릅쓰고 베트남 전쟁에 참여하고(1964~1973년), 독일에 광부(1963~1977년)와 간호사(1966~1977)로 파견되어 극한 상황 속에서 일했던 이들도 있었다. 아끼고 절약하는 것이 미덕이었던 시절에 그들은 '안 먹고 안 쓰며' 살았다.

산업화 세대의 여성들은 성차별로 인해 대부분 제대로 된 교육을 받지 못했다. 가난 때문에 어려서부터 공장 등 일터로 보내지거나 남의 집에 보내져서 임금도 없이 보조 가사도우미로 일해야 하는 경우가 많았다. 맏딸이 오빠나 남동생의 학업 뒷바라지를 위해 희생하는 것이 당연시되던 시대였다. 공부를 하고 싶어도 하지 못하고 오빠나 남동생의 대학 등록금을 벌기 위해 일해야 했던 여성들이 많았다. 간혹 고등교육의 특권을 누렸던 여성들도 당시에는 취업 대신에 결혼을 우선시했으며, 취업을 한 경우에도 출산 후에는 육아를 위해 직장을 그만두는 것이 일반적이었다. 여성들은 대가족 안에서 시부모를 섬기며 육아 및 가사 업무를 전담하거나 시부모와 함께 살지 않더라도 며느리로서 책임을 다해야 했다. 그 당시에는 남녀평등 의식이 이미 싹트고 있었던 터라 여성들은 더욱 성차별에 대한 억울함과 분노를 느꼈으며, 자신들의 딸은 자신과 같이 살지 않기를 간절히 바랐다.

산업화 세대는 4 · 19 혁명(1960년)의 중심에 있었으며, 5 · 16 군사 정변(1961년)도 겪었다. 6 · 25 전쟁 이후 남북 대치 상황 속에서 한국 사회에서는 반공 민주 정신과 애국 애족을 강조했다. 경제발전을 앞세운 강력한 이념공세에도 불구하고, 이 세대는 독재와 부패에 맞서 민주화운동의 기반을 일구었다. 주로 학생들을 중심으로 이승만 정부의 독재와 부정부패에 항거하여, 또한 박정희 정권의 유신체제에 대항하여 일어났다. 소위 '운동권' 학생들은 회유당하거나 고문을 받기도 했다. 이 세대의 노동자들 역시 노동인권의 사각지대에서 우리 사회의 산업 민주화운동을 전개했다. 민주화운동은 베이비붐 세대에 이르러 더욱 격렬해졌다. 베이비부머들 중 많은 이가 학생 신분으로 5 · 18 민주화운동(1980년), 6 · 10 민주항쟁(1987년)을 거치며 희생을 치렀다. 산업화 세대 및 베이비붐 세대 중 많은 이가 이러한 과정에서 좌절감, 분노, 가치관의 혼란, 신체적 · 심리적 외상 등의 고통을 겪어야 했다.

2) 베이비붐 세대(1955~1969년 출생)

베이비붐 세대는 6 · 25 전쟁 후 출산율 상승 시기에 태어난 세대로서 우리 사회에 큰 영향을 미쳤다. 이들은 산업화 세대와 더불어 우리나라 경제의 주요 동력이었고, 우리 사회의 발전에 기여하였다. 또한 이 세대는 가족 구조의 변화에 직면하였다. 이 시기에 이르러 기존의 전통적인 가족 모델에서 벗어나 새로운 가족 개념과 형태가 만들어지기 시작했다. 또한 여성들은 사회 진출이 늘어나고 다양한 직업에 종사하게 되었다. 전쟁으로 인해 남편을 잃는 등 다양한 상황 때문에 여성들이 이미 생업 전선에 뛰어들었고 생계를 위해 어쩔 수 없이 경제활동을 해야만 하는 경우도 많았지만, 점차 여성들을 위한 교육의 기회와 적성을 살려 일할 수 있는 기회가 증가했다. 그러나 여전히 가부장적인 사회 풍토 속에서 여성들은 직장 일과 가사 일이라는 이중 역할로 인해 갈등을 겪어야 했다.

산업화 세대와 베이비붐 세대는 1997년 IMF 외환위기와 2008년 미국발 금융위기 사태를 겪으면서 경제활동의 어려움에 직면하게 되었다. 대규모의 파산과 정리해고가 속출하면서 온 국민이 충격에 휩싸인 가운데 경제활동의 중심에 있었던 이들의 고통이 컸다.

3. 한국 노년 세대의 오늘

산업화 세대나 베이비붐 세대에게 세상은 급속한 변화의 연속이었다. 산업화와 도시화의 영향으로 핵가족화가 급격하게 이루어지고, 가족 및 결혼에 대한 가치관이 크게 달라지고, 경제, 정치, 기술과 과학 등 모든 분야에서 상상할 수 없었던 변화가 일어났다. 1960년대까지만 해도 전화기와 TV는 일반 가정에서 보기 어려웠다. 그 당시에는 오늘날 인공지능까지 등장하는 세상이 오리라고는 꿈도 꾸지 못했다. 산업화의 주역은 새로운 문명에 의해 뒤로 밀려났다. 한때는 변화에 앞장서던 이들이었는데, 이제는 뒤처진 구세대가 되었다.

바빠서 허둥대며 지내던 이들이 늙어 은퇴하니 긴 멈춤 가운데에서 지루함과 외로움을 느낀다. 이제 자신을 필요로 하는 곳이 없다고 생각하면 자신이 쓸모없는 인간이 된 것 같다. 처지고 주름 잡힌 얼굴, 희게 변해 가는 머리털, 작아진 키, 변한 몸매 때문에 거울을 보기가 싫어진다. 여기저기 아픈 몸을 걱정하며 앞으로 어찌 살아야 하나 문득문득 겁이 난다. 하루, 일주일, 한 달, 한 해가 금방 지나가고 또다시 생일이 찾아온다. 언제 이렇게 가족 안에서 최고령자가 되고, 어떤 모임에 가든 어르신 대접을 받게 되었는지 알 수가 없다.

마음은 그대로인데 몸은 예전 같지 않다. 빨리 걸으면 숨이 차고 계단을 내려가기가 무섭다. 이것저것 자꾸만 잊어버리고 어이없는 실수를 하면서 때로는 혼자 웃는다. 혹시 치매가 온 건 아닐지 걱정이 될 때가 있다. 부모님이 앞서거니 뒤서거니 세상을 떠나고, 친구도 하나둘 먼저 가면서 슬픔과 더불어 불안을 느낀다. 자신은 또 언제 어떻게 세상을 등지게 될지 몰라 두려워하며 고통 없이 떠나고 싶다는 바람을 가져 본다. 정리해야 할 일이 많은데, 무엇부터 해야 하나 따져 보기도 한다.

시부모를 섬기는 것을 당연한 도리로 여겼던 여성들은 부모-자녀 관계의 변화로 인해 억울함과 허탈감을 느끼며 때로 갈등에 직면한다. 그러나 성인이 된 자녀를 존중하는 태도를 애써 배우고 있다. 남성들에게는 가부장적 가치관에서 벗어나는 것이 쉽지 않다. 가족을 '먹여 살리느라' 고군분투했던 가장들은 은퇴한 후에 가정에서나 사회에서 설 자리가 없다고 느낀다. 남자가 부엌에 들어가는 것조차 금기시했던 문화에서 자랐던 그들 대부분은 밥 한 끼도 스스로 차려 먹지 못한다.

결혼과 출산을 당연한 것으로 여겼던 이 세대는 결혼하지 않고 일만 하며 혼자 살거나, 결혼 없이 동거를 선택하며 아기를 낳지 않는 자녀 세대를 걱정한다. 또한 애국, 애족과 절약을 중시했던 이 세대는 국익에는 관심이 없고, 물자들을 낭비하며, 자신들이 살던 때에 비해 엄청나게 발전된 사회에서 살면서도 불평이 많은 젊은이들을 이해하기 어렵다. 그러나 고령자들은 대체로 자신들의 가치관과 생활 방식을 벗어나 새로운 문화에 적응하기 위해 노력하고 있다. 디지털 세상에 적응하기 위해서도 안간힘을 쓴다. 또한 노후에 자녀들에게 부담을 주지 않으려고 시니어타운, 노인요양시설 등에 관심을 두고 미리 준비하기도 한다.

4. 한국 노년 세대의 심리적 어려움

과거에는 인간의 수명이 지금보다 짧았고, 대가족제도 가운데서 공동체적 삶을 살았다. 가족, 친척, 이웃의 돌봄과 지지는 노년기의 심리사회적 필요를 채워 주는 중요한 자원이었다. 오늘날 인간의 수명은 점점 더 늘어나고 있고, 도시화로 인해 핵가족제도와 개인주의, 능력주의 문화가 자리 잡았다. 고령자로 살아야 하는 시간이 길어지고 노화가 점점 더 진행되는 가운데 모든 기능이 쇠퇴함에 따라 노인들은 자기가치감이 줄고 무력감, 소외감, 외로움 등의 심리적 어려움에 더욱 취약해졌다.

이전에는 부모가 늙어 감에 따라 자녀들로부터 섬김과 돌봄을 받는 것이 자연스러운 일이었다. 그러나 부모 부양에 대한 인식이 바뀌었으며, 많은 고령자가 노후의 삶도 스스로 책임져야 하는 상황에 이르게 되었다. 자녀의 교육 기간이 길어지고, 경제적 자립이 늦어지고 있으며, 자녀가 결혼이나 자립 이후에도 부모의 도움이 필요한 경우가 많아 부모는 자녀 돌봄에 더 많은 책임을 지게 되었다. 이에 따라 부모는 준비하지 못한 채 노후를 맞게 될 수 있다. 그런 경우에 부모 돌봄의 부담은 자녀에게 돌아간다. 현대사회의 젊은 세대 역시 쉽지 않은 삶을 이어 가는 상황에서 부모를 부양해야 하는 무거운 책임을 지게 됨에 따라 경제적 · 신체적 · 심리적 어려움을 겪게 될 수 있다. 가족원 모두가 위기를 맞게 되는 셈이다. 이에 따라 가족의 묵은 갈등이 소환되고 새로운 갈등이 발생하기도 한다.

한국의 고령자들은 조금씩 변화하고 있기는 하지만 여전히 가족, 특히 자녀를 중시하는 경향이 있다. 가족 간에 갈등이 있고, 자녀와의 관계가 좋지 않거나 자녀로부터 대접을 받지 못한다고 느끼게 되면 심리적으로 심각한 타격을 받게 된다. 자괴감에 빠지고 삶의 의미마저 잃을 수 있다. 특히 가족 관계가 단절되고 열악한 환경에서 혼자 살아가는 고령자는 빈곤과 외로움 가운데서 살다가 결국 지켜보는 이 없이 혼자 세상을 떠나기도 한다. 또한 익숙한 환경이 아닌 요양원 또는 요양병원에서 돌봄을 받게 된 고령자들은 새로운 환경에 적응해야 하는 문제와 더불어 죽음에 대한 두려움, 지난 삶에 대한 회한, 단절감과 고립감, 자녀로부터 버림받은 느낌 등으로 생의 마지막 시간을 채우게 될 수 있다. 현재 우리 사회에서는 자신이 고령자임에도 불구하고 연로한 부모나 병약한 배우자를 돌보아야 하는 경우도 늘고 있으며, 이러한 상황에 처한 고령자들은 몸과 마음의 소진과 함께 절망과 우울감에 빠지게 될 위험이 있다.

급격한 과학기술의 발전에 적응이 어려운 노년 세대는 생활 속에서 대응하기 힘든 여러 상황에 맞닥뜨리기 쉽다. 곳곳에 설치된 무인 기계 앞에서 노인들은 당황하기 일쑤이다. 다른 사람에게 폐를 끼치는 것이 미안하고 자신이 바보가 된 것같이 느껴져서 부끄럽기도 하다. 일상생활에서 자녀나 다른 사람의 도움 없이 고령자가 스스로 처리할 수 없는 일들이 점점 더 많아짐에 따라 고령자의 자신감이나 자기효능감이 위협을 받게 된다.

현재 한국에서 진행되고 있는 '고령화의 압축화'는 노년 세대의 심리적 문제를 가중시킬 위험이 있다. 한국은 2010년 후반부터 출산율이 크게 감소했고 고령화가 가속화되어 2024년 12월, 65세 이상 인구가 전체 인구의 20%에 도달하며 초고령사회에 진입하였다. 고령자의 인구는 계속 증가하여 인구 피라미드는 점차 65세 이상이 두터워지는 역삼각형 구조로 변화할 것으로 보인다. 예상치 못할 정도로 빠른 고령화의 진행 속도는 노년 세대의 삶의 형태나 방식, 가치관 등에 큰 변화를 초래하게 될 것이며, 그 과정에서 필연적으로 심리적 부적응을 경험하는 많은 사람이 나타날 것이다.

한국의 노년 세대는 이미 엄청난 사회적 변화를 거쳐 왔는데, 또다시 새로운 변화에 직면하여 고전할 수 있다. 게다가 고령자 부양이 젊은 세대가 떠안아야 할 부담이며, 미래 세대의 짐이라는 사회적 인식이 커지면서 고령자 전반에 대한 적대감까지 형성되고 있다. 고령자들은 자신이 쓸모가 없을 뿐 아니라 가족과 사회에 피해를 주는 존재로 취급받는 것에 대해 참담함을 느끼며 자신의 존재 가치에 대한 회의가 커질 수 있다.

1940 일제 말기	김정옥(1941)		
1945 광복	4세		
1948 정부 수립	7세	박수철(1947)	
1950 6 · 25 전쟁 발발	9세	3세	
1953 휴전	12세	6세	조성규(1958)
1960 4 · 19 혁명	19세	13세	2세
1961 5 · 16 군사 정변	20세	14세	3세
1970 새마을운동	29세	23세	12세
1979 12 · 12 군사 반란	38세	32세	21세
1980 5 · 18 민주화운동	39세	33세	22세
1987 6 · 10 민주항쟁	46세	40세	29세
1997 IMF	56세	50세	39세
2008 미국발 금융위기	67세	61세	50세
2024	83세	77세	66세

[그림 3-1] 산업화 세대와 베이비붐 세대(3인의 사례)

1) 사례

사례 1 —— 80대 김정옥 씨

정옥 씨는 현재 80대 중반으로, 노인 요양원에 거주하고 있다. 그녀는 뇌졸중을 앓은 후 거동이 불편한 상태이다. 그녀는 일본에서 태어났는데, 3세에 어머니를 잃었다. 해방이 되자 그녀는 아버지 등에 업혀서 한국으로 돌아왔다. 그런데 얼마 지나지 않아서 아버지도 돌아가시는 바람에 정옥 씨는 작은아버지 집에 얹혀서 살았다. 작은아버지는 정옥 씨를 무척 아끼고 사랑해 주었다. 그래서 작은어머니가 정옥 씨를 더 미워했던 것 같다. 공부하고 싶었지만, 작은어머니의 눈치가 보여서 학교에 보내 달라고 할 수가 없었다. 학교에 다니지 못해 글을 배우지 못한 것이 두고두고 한이 되었다.

정옥 씨는 일찍부터 공장에 다니며 사탕 싸는 일을 하다가 작은아버지가 골라 준 남편을 만나 결혼하여 네 명의 자녀를 낳았다. 그런데 남편이 노름꾼이어서 한 번 나가면 며칠 또는 몇 달씩 집에 들어오지 않았다. 집에 쌀이 떨어지면 하는 수 없어 작은아버지의 도움을 받아야 했다. 죽어 버리고 싶은 적이 많았지만, 자신이 부모 없이 자랐는데 자식들에게 같은 설움을 겪게 하면 안 된다는 생각에 죽을 수가 없었다. 정옥 씨에게는 아들이 셋, 딸이 하나 있었다. 그녀는 자식들과 먹고 살기 위해 보따리 장사를 시작했다. 젖먹이를 업고 보따리를 머리에 이고 다니며 포목을 팔았다. 글을 몰라서 기억에만 의지해 장사를 하다 보니 외상값을 못 받는 일도 허다했다. 그래도 열심히 일을 하니 돈이 좀 모였다. 그러나 그 돈을 집 안에 감춰 놓으면 남편이 들어와서 구석구석 뒤져서 다 가지고 나갔다.

힘들게 키운 자식 넷 중에서 둘을 잃었다. 군대에 갔던 막내아들이 휴가를 나와 친구를 만나러 나갔다가 교통사고로 죽었고, 딸은 신장병이었는데, 병원에 가도 병명을 찾아내지 못해 제대로 치료를 못 받고 20대에 몸이 썩은 무처럼 되어 죽었다. 아들 둘은 착하게 컸고, 공부도 잘했다. 정옥 씨는 못 배운 한을 풀고 싶어서 주변의 만류에도 불구하고 아들 둘을 모두 대학까지 공부시켰다. 정옥 씨는 아들 둘이 다 좋은 대학을 졸업해서 사각모자를 엄마 머리에 씌워 줬을 때 고생한 보람을 느꼈고 날아갈 듯이 기뻤다. 그러나 큰아들이 결혼해서 아들 며느리와 같이 살게 되자 며느리와의 갈등이 시작되었다. 정옥 씨는 며느리 편을 드는 아들이 몹시 서운하고 원망스럽기만 했다. 뇌졸중으로 거동이 불편해지자 더욱 서럽고 외로웠다. 하루는 운동을 하려고 지팡이에 의지하여 동네를 걷다가 집 근처의 요양원을 발견하였다. 그녀는 그 즉시 요양원에 들어가 상담을 한 후에 스스로 입소를 결정했다.

사례 2 —— 70대 박순철 씨

순철 씨는 현재 70대 후반으로, 파킨슨병을 앓고 있다. 그는 지난주에 어머니와 함께 피난 갔던 동네를 찾아가 봤다. 순철 씨가 3세부터 초등학교 졸업할 때까지 살았던 그곳은 너무 변해서 어디가 어딘지 알 수가 없었다. 순철 씨의 부모님 고향은 평안북도 정주였다. 6·25 전쟁이 발발하자 아버지는 어머니에게 아들 둘을 딸려 먼저 피난을 보냈는데, 결국 아버지는 이북에서 나오지 못했다. 어머니는 혼자서 아들 둘을 키우며 고생을 많이 했다. 어머니는 아들들에게 늘 이북에 있는 고향 이야기를 해 주었다. 순철 씨는 어머니가 해 준 고향 이야기를 낱낱이 기억하고 있다. 통일만 되면 꼭 고향을 찾아가 볼 생각이다.

순철 씨는 고생하는 엄마를 보며 빨리 돈을 벌어야겠다고 생각했다. 그래서 고등학교를 졸업하자마자 생활 전선에 뛰어들었고, 돈을 벌기 위해 안 해 본 일이 없었다. 그러다가 건축업을 해서 돈을 많이 벌었는데, IMF 외환 위기를 맞아 다 잃게 되었다. 그래도 맨주먹으로 다시 시작해서 돈을 모아 부동산을 여러 개 취득했다. 그러나 미국 금융위기 때 그걸 또 다 잃었다. 열심히 일해서 일군 재산을 다

잃고 나니 몹시 허망했다. 파킨슨병까지 얻어 슬프고 우울하지만, 그래도 순철 씨는 포기하고 싶은 생각이 없다. 몸이 좀 불편하긴 해도 일만 있으면 얼마든지 할 수 있을 것 같은데, 일할 곳을 구하지 못했다. 일을 할 수 없게 되니 스스로가 폐인이 된 것 같이 느껴진다. 순철 씨가 일을 찾으려고 애쓰는 것을 보면 자녀들은 그 나이에 무슨 일을 하냐고 하면서 일은 그만하고 쉬라고 한다. 자녀들은 잘 자라서 좋은 직장에 다니고 있다. 그런데 순철 씨는 자녀들이 걱정이다. 예전에 순철 씨는 버스값을 아끼려고 몇 시간씩 걸어 다녔고, 여름에 길을 가다가 목이 말라도 길에서 파는 얼음물 한 번 안 사 먹었다. 그런데 자녀들은 자꾸 외식하자고 하고, 한 끼 식사할 수 있는 돈으로 커피 전문점에서 커피를 사 먹는다. 순철 씨가 보기에는 자녀들이 돈을 아낄 줄 모른다. 순철 씨는 멀쩡한 물건을 내다 버리고, 국경일에 태극기도 달지 않는 한국 사회가 못마땅하다.

사례 3 —— 60대 조성규 씨

성규 씨는 60대 중반이다. 3남 2녀 중 막내로 태어났다. 부모님은 일하느라 늘 바빴고, 나이 차이가 많은 형과 누나들은 공부하느라 바빴다. 내성적인 성규 씨는 늘 집에서 혼자 놀았다. 부모님은 자녀들이 자신들처럼 고생 안 하고 잘 살기를 바랐다. 그러려면 좋은 대학을 나와 좋은 직장을 얻어야 한다는 생각에 자녀 교육에 온 힘을 쏟았다. 성규 씨는 말썽 한 번 안 부렸고, 공부도 잘해서 일류 대학에 합격했다. 고등학교 시절에 보았던 영화의 대사 한마디에 충격을 받아 성규 씨는 자신의 운명을 스스로 만들어 가기로 결심했다. 그는 법관이 되어 세상을 정의롭게 만드는 데 이바지하고 싶었다.

신군부가 정권을 차지했을 때 그는 대학생 신분으로 민주화운동에 참여했다가 경찰에 붙들려 심문을 받았다. 경찰은 그를 때리며 위협했다. 그는 고문이 두려워서 고분고분하게 굴었으므로 며칠 만에 풀려났다. 그 이후로 자신과 세상에 환멸을 느낀 성규 씨는 아무렇게나 살기로 마음먹었다. 그는 이전에는 크리스천이었지만 이제 하나님은 없다고 생각했다. 마음의 고통을 잊기 위해 술과 카드 게임에 빠져 지냈다. 대학을 졸업하자 법관의 꿈을 이미 내려놓은 성규 씨는 취직하고 결혼도 했다. 그러나 성규 씨는 일에 흥미를 느끼지 못했고 사는 게 재미가 없었다. 성규 씨는 자꾸 화가 났고, 아내에게 종종 분노를 폭발했다. 그러나 경제적으로 넉넉하지 않은 중에서도 도움이 필요한 사람을 그냥 지나치지 않았으며 정직하게 살려고 노력했다.

그럭저럭 직장에 다니다가 50대에 구조조정으로 퇴사하게 되었다. 하나 있는 딸이 음악 전공으로 미국 유학 중이었으므로 돈이 많이 필요한 시기였다. 성규 씨는 인력풀에 등록하고 새로운 직장을 얻기 위해 동분서주했다. 일자리를 얻긴 했으나 직장이 문을 닫아서 그만두기도 했고, 예전에 성규 씨에게 신세를 졌던 사람이 자기 사업을 도와달라고 하여 몸담았던 회사에서는 할 일도 없는데, 월급만 받는 것이 눈치가 보여 나와 버렸다.

그동안 이런저런 직장에 다녔는데, 지금은 쉬고 있다. 딸은 공부를 마치고 미국에서 자리를 잡았으므로 학비는 더 이상 보내지 않아도 되지만, 성규씨는 돈을 더 벌어야 한다고 생각하고 있다. 현재는 노인 일자리를 알아보는 중이다. 성규 씨는 앞으로 젊은이들이 꿈을 이룰 수 있도록 돕는 일을 하고 싶다. 성규 씨는 젊을 때부터 종종 집에 도둑이 들어오는 꿈을 꾸곤 했다. 요즈음도 가끔 그런 꿈을 꾸면서 소리를 지르면 아내가 옆에서 흔들어 깨운다.

당신은 과연 노년 세대가 살아온 옛이야기 듣기를 좋아하는가? 일제 식민지에서 해방되고 1950년대까지만 해도 세계에서 가장 가난한 나라 중의 하나였던 우리나라가 오늘에 이르기까지 전쟁, 도시화, 산업화, 민주화 등의 급격한 변화를 거치며 살아온 사람들이 어떤 어려움을 겪었는지 알고 있었는가? 그들로 하여금 고난을 견디며 앞으로 나아가게 만든 것이 무엇이었는지 발견하였는가? 그들이 살아온 이야기 중에 감동적이거나 가슴이 아픈 부분은 없었는가?

세 사례의 주인공들은 모두 전쟁, 가난, 사별, 폭력 등의 상황적 위기를 겪었으며, 노년기에 이르러 자신의 인생이 덧없다고 느끼는 실존적 위기 앞에 놓여 있다. 힐(Hill)의 ABC-X 모델에서는 사건으로 인한 역경(A)이 가족의 위기 대처 자원(B) 및 가족이 사건에 부여하는 의미(C)와 상호작용하여 위기(X)를 낳는다고 보았다. 즉, 스트레스 요인이 되는 사건이 반드시 스트레스 상황을 초래하는 것은 아니며 거기에 매개적 변수(B, C)가 개재된다는 것이다. 정옥 씨는 부모 없이 자란 자신의 아픔을 자녀에게 물려주지 않겠다는 강한 의지와 더불어 작은아버지의 사랑과 지원에 힘입어 수많은 역경을 이겨 냈고, 결국 아들 둘을 대학에 보내는 등 성공적으로 키워 냄으로써 자신의 고생에 의미를 부여하였다. 그러나 노화와 질병, 가족제도의 급격한 변화 및 가족 갈등으로 인해 정옥 씨는 삶의 의미를 상실할 위기에 처했다. 순철 씨는 어머니의 사랑과 희생에 보답하고자 고향에 돌아가고 싶어 했던 어머니의 소망을 이뤄 드리고 싶다는 일념으로 당시의

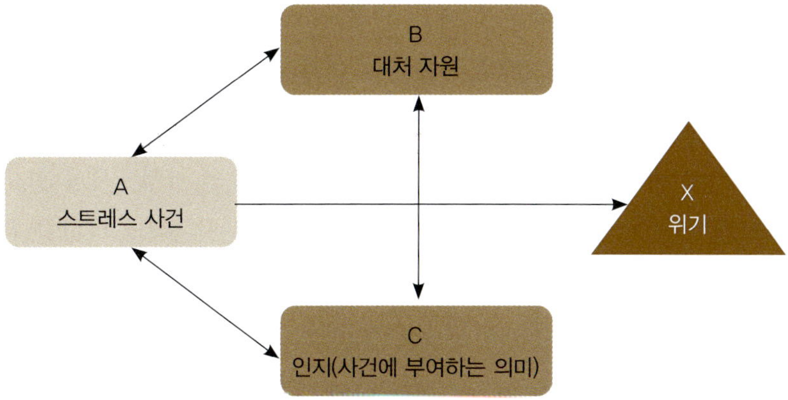

[그림 3-2] 가족 스트레스 ABC-X 모델

출처: Hill (1958).

불안정한 경제 상황 속에서 넘어졌다가도 오뚝이처럼 다시 일어났다. 그러나 어머니와 시대 상황이 가르쳐 준 가치들이 흔들리고 건강과 경제 능력을 잃어버리게 된 지금 그는 자신의 가치를 의심하고 있다. 성규 씨는 심리적 외상을 남긴 폭력으로 인해 인생의 목표를 도둑맞았다. 그 목표를 되찾고자 하는 내면의 힘은 그를 살아남게 했다. 그러나 원했던 꿈을 이루고 삶에 의미를 부여하는 노년기의 과제를 완수하지 못한다면 그의 인생은 절망으로 끝날지도 모른다.

이들은 심각한 상황적 위기 가운데에서 살아남은 사람들이다. 노년 세대가 살아온 시대적 배경과 그들이 겪은 사건들을 이해하게 됨에 따라 우리는 노년기 내담자들을 따뜻한 눈으로 바라보고 인정과 존중의 마음으로 대할 수 있다. 또한 그들이 살아남을 수 있게 했던 자원과 의미 부여(매개적 변수)를 찾아냄으로써 현재의 위기를 성장의 기회로 삼도록 도울 수 있다. 우리는 그들의 아픔에 공감하며 "어떻게 이렇게 잘 살아낼 수 있었는지요?"라는 말을 먼저 건네야 한다.

2) 고령자의 정신건강 문제와 심리 상담의 필요성

한국에서는 고령자 대상의 학대가 증가하고 있다. 보건복지부(www.mohw.go.kr)의 2022년 노인학대 현황에 따르면, 2022년 학대 사례로 판정된 것은 6,807건으로 2021년의 6,774건보다 0.5% 상승하였으며, 2013년의 3,520건에 비하면 약 1.93배 증가하였다. 장소로는 가정에서의 학대가 가장 많고(86.2%), 시설과 병원에서도 발생하고 있는 것으로 나타났다. 노인 학대 행위자 중에서 배우자의 수가 2,615건으로 가장 많고, 아들이 2,092건으로 그 뒤를 이었다. 학대 유형으로는 정서적 학대(43.3%)와 신체적 학대(42.2%)가 가장 많으며, 그 외의 학대 유형으로는 방임, 경제적 학대, 성적 학대, 자기 방임, 유기가 있다.

학대 피해 고령자 중 치매 진단을 받은 사례는 1,170건인 것으로 나타났다. 치매가 있는 고령자는 학대 피해를 당하기가 쉽다. 그러나 치매가 아니더라도 건강이 나쁘고 의존성이 높으며 사회적으로 고립되어 있을수록 학대받을 가능성이 커진다. 신체적 · 심리적으로 취약한 상태에서 학대를 경험한 고령자의 피해는 심각하다. 그것도 가장 의지하는 대상인 가족으로부터 학대를 당한 경우에는 피해자에게 치명적인 상처를 남긴다. 학대 가해자는 배우자와 아들이 각각 1위와 2위로 보고되었다. 학대 경험은 학습된 무기력, 소외감, 불신, 수치심, 불안, 공포심을 초래하며, 외상후 스트레스장애(PTSD)로 이어질 수 있고, 심지어 자살에 이르게 할 수 있다.

한국에서는 고령자의 자살도 큰 이슈가 되고 있다. 한국 노인의 자살률은 OECD 37개 국가 중에서 압도적 1위를 차지하고 있다. 한국의 65세 이상 자살률은 인구 10만 명당 72명으로 OECD 평균인 22명보다 3.27배나 높다. 고령자가 자살을 선택하는 것은 이미 설명한 다양한 어려움이 복합되어 나타나는 결과라고 볼 수 있다. 우울 등 심리적 요인뿐 아니라 인지 능력의 감소로 인한 판단력과 감정 조절 능력의 저하 및 충동성의 증가도 자살을 선택하게 하는 원인이 될 수 있다. 또한 건강보험심사평가원의 2021년 진료 통계에 따르면, 전체 우울증 환자의 35.69%가 60대 이상으로 나타났다. 인구 1천 명당 우울증 환자 수도 60대가 20.7명, 70대가 31.9명, 80대 이상이 31.6명으로 전체 인구 1천 명당 환자 수(18.1명)보다 훨씬 많았다. 2024년 12월 초고령사회로 진입한 현재, 고령자 문제의 해결 및 나아가 삶의 질 증진에 대한 관심이 더욱 필요하다.

개인의 안녕은 다면적인 것으로서 신체적 · 심리적 · 관계적 · 물리적 측면을 모두 포함한다. 각 측면은 밀접하게 연결되어 있고 서로 영향을 미친다. 특히 심리적 건강성은 자신이나 타인에 대한 견해, 소통하는 능력, 변화에 대처하는 능력 등에 영향을 주기 때문에 신체 건강과 안녕감에 있어서 매우 중요하다. 심리적 건강은 성공적인 노화에 있어서 결정적인 요인이라고 할 수 있다. 그러므로 노년기에 직면하는 심리적인 어려움들을 적절하게 다루지 못한다면 많은 고령자의 삶이 피폐해질 수 있다. 또한 고령자 당사자뿐 아니라 고령자를 돌보아야 하는 가족에게도 많은 경제적 · 신체적 · 심리적 어려움을 초래할 것이다. 이에 따라 고령자의 문제는 사회적으로도 해결해야 할 심각한 문제로 부상할 수 있다. 특히 초고령사회에 접어든 상황에서 고령자를 위한 심리적 돌봄은 시급한 과제임이 틀림없다.

5. 노년기 상담의 현황과 과제

고령자의 복지를 위해 국가적으로 다양한 노인 관련 제도와 정책을 확립하고 법을 제정하는 등의 노력을 기울이고 있는 가운데 고령자의 상담을 위해서 특별자치도와 시 · 군 · 구에 노인복지상담원을 두도록 법으로 규정되어 있다(「노인복지법」 제7조: 노인의 복지를 담당하게 하기 위하여 특별자치도와 시 · 군 · 구에 노인복지상담원을 둔다). 현재 우리나라에서 고령자에게 상담을 제공하고 있는 기관으로는 서울시 어르신상담센터, 경기도 노인 종합상담센터, 한국 노인의 전화, 노인 학대 상담센터가 있다. 그러나 이들 기관에서조차도 노인 상담 전문가가 아니라 다른 분야의 상담자나 간단한 훈련을 거친 고령층의 또래 상담자가 일하고 있는 형편이다. 아동, 청소년, 성인 등 다른 연령층에 비해서 고령자를 위한 상담 분야는 불모지에 가깝다.

노년기 심리 상담이 활성화되지 못한 이유로 상담학계의 고령자 상담에 대한 관심의 부족을 들 수 있다. 특화된 노년기 상담 모델과 상담자 훈련 프로그램이 부재하고 고령자 상담 전문 인력이 육성되지 못했다. 상담자들은 대체로 고령자 상담의 효과에 대해 부정적이다. 고령자의 인지적 · 신체적 한계로 인해 상담 효과가 제한적이라고 보며, '노인은 고집이 세고 자기 중심적이며, 변화하기 어렵다.' 등의 편견을 가지고 있을 수 있다. 또한 노년기 상담 전문가로서의 지식이 부족하고 직간접적인 실제 삶의 경험이 없는 상담자는 더욱 고령자 상담을 꺼리게 될 것이다. 젊은 나이의 상담자에게는 노년기 내담자가 특히 부담스러울 수 있다. 상담자로서의 위치와 나이 많은 내담자를 향한 존중 사이에서 힘의 균형을 잡기가 힘들게 느껴지기 때문이다.

사회 전반적으로 노년기 심리 상담에 대한 인식이 부족하다는 문제도 있다. 사람들은 대체로 노년기의 심리적 어려움을 나이가 들면 나타나는 자연스러운 현상이라고 여기고 당연시한다. 고령자들은 대체로 심리적 어려움을 신체화하는 경향이 있으므로 신체 증상을 이유로 신체 관련 전문의를 찾는 경향이 있다. 신체 관련 의사들 역시 신체 건강에는 이상이 없다는 검사 결과가 나와도 고령자를 정신과나 심리 상담에 의뢰하는 경우가 많지 않으며, 필요한 경우에는 직접 우울이나 불안 관련 약물을 처방해 주곤 한다. 해외에서는 의사가 자기 환자의 정서적 스트레스를 감지하고 심리적 돌봄이 필요하다고 판단하는 경우에 '따뜻한 의뢰(warm handoff)'를 수행할 수 있다(Patterson et al., 2021). 이는 의사가 자신의 환자를 진료소 안에 있는 정신건강 전문가에게 직접 의뢰하는 것을 말한다.

고령자들은 심리적으로 힘들어도 가족이 걱정할 것을 우려하여 표현하지 않고 혼자 참고 견디는 경향이 있다. 심리 상담은 현재의 노년 세대에게 매우 낯선 영역이다. 간혹 고령자 스스로 상담받는 것을 고려해 보더라도 그 효과성을 의심하며, 부정적인 낙인을 두려워하고, 자신이나 가족의 문제가 외부로 노출될 것을 염려할 수 있다. 고령자 자신이 상담을 원해도 가족이 같은 이유로 반대하는 일도 있다. 또한 상담이 필요하다는 것에 고령자 본인과 가족이 합의하는 경우에도 상담 관련 정보에 쉽게 접근할 수 없다는 것도 문제이다.

상담은 고령자의 심리적 문제를 다루어 고통을 감소시키고 삶의 질을 증진하는 데 있어서 매우 중요하다. 고령자의 어려움을 다루는 시기를 놓치게 되면 자칫 치명적인 결과를 초래할 수 있다. 현시대의 고령자를 위한 상담의 주요 목표는 그들의 필요에 따라 노년기의 변화 수용, 긍정적 자기 정체감의 회복, 가족 관계 및 대인 관계의 개선, 삶에 대한 의미 부여, 세대 간의 연결이 되어야 할 것이다. 또한 고령자 부양으로 어려움을 겪는 돌봄 제공 가족을 위한 상담도 필요한 상황이다. 그들도 우울과 불안에 취약할 수 있으며, 그것은 고령자의 삶의 질에도 막대한 영향을 주기 때문이다. 돌봄 가족의 고통을 이해하고 지지하며 정보 제공과 교육을 통해 고령자를 보다 효과적으로 돌볼 수 있도록 돕는다면, 가족의 고통이 줄고 고령자의 삶의 질이 향상되는 결과가 따라올 수 있다. 이러한 목표를 달성하기 위해서는 더 늦기 전에 국가적인 관심과 더불어 상담학계의 노력이 필요하다. 특히 상담학계에서는 노년기 심리 상담에 대한 관심을 증진시키고, 연구를 통해 한국의 고령자에게 효과적인 치료 모델을 확립하며, 전문가를 양성하고, 정책 수립에 관여하고, 노년기 상담의 홍보를 위해 힘을 기울여야 할 것이다.

현재까지는 한국의 노년기 상담에 대한 연구가 턱없이 부족한 상황이다. 먼저 어떤 접근법이 우리나라의 고령자들에게 적합하고, 사회의 인식 변화를 위해 어떤 노력이 필요하며, 심리 상담이 필요한 고령자들을 상담으로 끌어들일 방법은 무엇이며, 노년기 상담의 활성화를 위해 정책적으로는 어떤 변화가 필요한지 등을 주제로 충분한 연구가 이루어져야 한다. 그리고 그 결과를 토대로 노년기 상담 전문가를 훈련하고 육성하는 것이 우선되어야 할 것이다. 그런 노력이 있어야만 점점 더 증가하고 있는 노년기 상담의 필요성에 대처할 수 있을 것으로 보인다.

결론

한국의 노년 세대는 격동의 시대를 거치며 매우 고되고 힘든 삶을 살았다. 여러 가지 위기를 겪었으며, 급격한 사회 변화로 인해 많은 혼란을 경험했고, 현재도 변화에 직면해 있는 고령자들은 심리적 문제에 취약한 상황에 놓여 있다. 초고령사회로 진입한 현재, 고령자들의 안녕의 핵심이라고 할 수 있는 심리적 돌봄의 필요성이 매우 크다고 할 수 있다. 현장의 상담자들은 그 필요에 부응하기 위해 잘 준비되어야 한다. 특히 고령자들이 살아온 삶을 이해하고 존중하는 상담자의 태도가 매우 중요하다. 또한 고령자들에게 효과적인 상담 모델을 정립하기 위한 상담학계의 노력이 시급할 것으로 보인다.

제4장 성공적인 노화

성공적인 노년기가 어떤 모습인지는 노년학의 영역에서는 지속적인 관심의 주제이지만, 이것에 대한 사람들의 대답은 제각각이다. 그것은 '이상적' '행복한'이라는 단어 자체가 철학적인 의미를 포함한 지극히 주관적인 영역이기 때문일 것이다. 성공적인 노화에 대해서는 보건 의학, 사회학, 심리학, 경제학, 종교 및 철학 등 여러 분야에서 다양한 정의를 제시했다. 그런데 성공적인 노화에 대한 개념은 문화, 성격 특성, 교육, 나이, 성별 및 삶의 경험 등의 영향을 받아 형성되는 것으로서 사실상 사람마다 그것에 대하여 각기 다른 신념을 가지고 있다. 1960년대부터 이어지는 논의에서도 여전히 합의점을 찾지는 못했지만, 우리는 꾸준히 성공적인 노화의 요소에 대해 관심을 가지고 있다.

이 장에서는, 먼저 고령자들 스스로가 과거의 부정적인 노년기의 패러다임에서 벗어나 자신들의 권익 보호를 위해 애쓴 움직임에 대해 알아볼 것이다. 이후 성공적인 노화와 관련된 심리학 영역에서의 몇 가지 이론 중 대표적으로 로우(Rowe)와 칸(Khan)의 노화 모델을 중심으로 살펴보려고 한다. 그리고 성공적인 노화와 관련된 많은 연구가 주로 서구 사회를 중심으로 이루어져 왔기 때문에 한국의 고령자 특성을 고려하여 개인, 지역사회 등이 협력하여 어떻게 삶의 질을 높일 수 있는지에 대한 논의도 해 보려고 한다. 그리고 마지막으로, 상담자가 고령의 내담자를 만날 때 삶의 질을 높일 수 있도록 도움을 주는 가이드라인과 이를 사례에 적용해 보았다.

1. 고령자를 위한 권익 보호

1958년 은퇴 교사인 앤드러스(Andrus)에 의해 만들어진 '미국은퇴자 협회(American Association of Retired Persons: AARP)'는 1999년 '실질적인 가능성을 위한 동반자(An Ally for Real Possibilities: AARP)'라는 명칭으로 변경되었다. 이 단체는 "도움을 받기보다는 주라."라는 슬로건을 내걸면서 회원들의 다양한 자원봉사 활동을 지원하였다. 그 결과, 현재 미국에서 가장 영향력이 있는 고령자의 비영리 단체가 되었고, 자원봉사자를 위한 교육 프로그램을 운영하며 '자원봉사자 은행'을 통해 개인의 특성을 살릴 수 있는 봉사 장소나 역할을 하도록 안내한다. 한편으로는 노인의 권익을 위한 목소리를 내는 데에도 앞장서고 있다. 노인 권익을 위한 입법 운동을 펼쳐 미국에서 정년제도(연령을 이유로 하는 강제퇴직 제도)는 위헌이라는 판결을 이끌어 내기도 했다.

고령자를 위한 권익 보호를 위해서 다양한 움직임이 나타났다. 국제적 움직임으로는 1982년에 '국제 고령화 행동계획(International Plan of Action on Ageing)'과 1991년에 '고령자를 위한 UN원칙(United Nations Principles for Older Persons)'의 제정이 있었는데, 고령자를 위한 UN원칙의 내용은 〈표 4-1〉과 같다.

이 원칙들은 고령자들이 나이를 불문하고 존엄성과 인권을 유지하며, 건강하고 행복한 삶을 누릴 수 있도록 하는 데 중점을 두고 있다. 각 국가는 이러한 원칙을 바탕으로 고령자를 위한 정책과 프로그램을 개발하고 시행할 것을 권장했다. 2000년대에 들어서면서 유엔의 5개의 권리와 함께 고령자의 역할을 고려하여 모든 세대가 보람된 생활을 추구할 수 있는 사회를

〈표 4-1〉 고령자를 위한 UN원칙

자립(independence)	• 고령자는 소득, 가족과 지역사회의 지원 및 자립을 통하여 적절한 식량, 물, 주거, 의복 및 건강 보호에 접근, 일할 기회와 소득을 얻을 수 있는 기회에 접근할 수 있어야 한다. • 직장에서 언제 어떻게 그만둘 것인지에 대한 결정에 참여, 적절한 교육과 훈련 프로그램에 접근, 개인의 선호와 변화하는 능력에 맞추어 안전하고 적응할 수 있는 환경에서 살 수 있고, 가능하면 오랫동안 가정에서 지낼 수 있어야 한다.
참여(participation)	• 사회에 통합되고 복지에 직접 영향을 미치는 정책의 형성과 이행에 적극적으로 참여할 수 있어야 한다. • 지식과 기술을 젊은 세대와 함께 공유, 지역사회봉사를 위한 기회를 찾고 개발, 흥미와 능력에 알맞은 자원봉사자로서 봉사 그리고 고령자들을 위한 문화적 · 종교적 · 사회적 활동에 참여할 권리가 있어서 사회운동과 단체를 형성할 수 있어야 한다.
돌봄(care)	• 각 사회의 문화적 가치 체계에 따라 가족과 지역사회의 보호와 돌봄을 받을 권리가 있다. • 신체적 · 정신적 · 정서적 안녕의 최적 수준을 유지하거나 되찾도록 도와주고 질병을 예방하거나 그 시작을 지연시키는 건강 보호에의 접근, 자율과 보호를 고양시키는 사회적 · 법률적인 서비스에 접근, 인간적이고 안전한 환경의 보호와 재활, 사회적 · 정신적 격려를 제공하는 적정 수준의 시설 보호를 이용, 보호시설이나 치료시설에서 거주할 때에도 존엄, 신념, 욕구와 사생활을 존중받고, 건강 보호와 삶의 질을 결정하는 권리도 존중받을 것을 포함하는 인간의 권리와 기본적인 자유를 누릴 수 있어야 한다.
자아실현(self-fulfillment)	• 고령자는 자신의 잠재력을 완전히 개발하기 위한 기회를 추구할 권리가 있다. • 사회의 교육적 · 문화적 · 정신적 그리고 여가에 관한 자원에 접근할 수 있어야 한다.
존엄(dignity)	• 고령자는 존엄과 안전 속에서 살 수 있어야 하며, 착취와 육체적 · 정신적 학대로부터 자유로워야 한다. • 고령자는 나이, 성별, 인종이나 민족적인 배경, 장애나 그 밖의 지위와 상관없이 공정하게 대우받아야 하며, 그들의 경제적인 기여와 관계없이 평가되어야 한다.

만들기 위한 의무를 생각하는 움직임도 늘어나고 있다.

세계보건기구에서도 의미 있게 나이 듦을 위해서는 건강한 신체와 사회로의 지속적인 참여, 안전하게 생활하는 기회가 중요하다고 정의하며, 이것을 실현하기 위한 과정을 '활동적인 노화'라고 명명하였다. 활동적인 노화의 목적은 건강 수명을 연장하기 위한 것에 그치지 않고 정신적인 면에서도 노후의 생활의 질을 향상시켜서 고령자에게 사회에 참여를 지속할 수 있도록 하는 것이다. 활동적인 노화를 실천하기 위해서는 고령자에게 사회에 참여할 수 있는 기회를 늘리도록 강조하였다. 이는 고령자들이 가진 지혜나 경험을 젊은 사람들과 나눌 수 있는 기회가 되며, 동시에 고령자는 존경받는 기회를 늘릴 수 있기 때문이다. 또한 사회참여는 건강을 위해서도 도움이 되어 돌봄이나 간호가 필요하지 않은 고령자가 늘어날 수 있다. 이는 결과적으로 의료비의 삭감으로 연결되며, 고령자 자신에게는 자립한 어른으로서 인생의 마지막까지 삶을 즐길 수 있다는 이점이 있다.

2. 심리학 영역에서 성공적인 노화

성공적인 노화에 대한 하나의 정답이 있는 것은 아니지만, 심리학의 영역에서는 지속적으로 몇 가지 이론을 확립해 왔다. 커밍(Cumming)과 헨리(Henry)는 『늙어가는 것: 이탈의 과정(Growing Old: The Process of Disengagement)』(1961)에서 '이탈 이론(disengagement theory)'을 제창하였다. 그들은 고령자가 되면 자신을 둘러싼 사회적 · 직업적 · 개인적 관계에서 물러나고자 하는 내적인 욕구가 발생한다고 보았다. 즉, 나이가 들수록 자신을 더 돌아보고, 외부로부터 받는 자극을 줄이려는 경향이 있다는 것이다. 따라서 노년기에 접어들면 사회적 역할에서 물러나고 젊은 세대가 그 자리를 채우는 것이 자연스러운 사회적 현상이라고 보았다. 이탈 이론은 노화에 대한 최초의 사회학적 시도로서는 중요하지만, 그 후 노화 과정을 더 폭넓게 이해하는 다양한 이론이 제시되었다. 하비거스트 등(Havighurst et al., 1968)은 이탈 이론을 부정하는 형태의 활동 이론(activity theory)을 주장하였다. 활동 이론에서는 생물학상의 변화 등이 불가피한 상황을 제외하고 고령자도 중년기와 같은 심리적 · 사회적 욕구가 있다고 강조하였다. 그들의 주장은 노년기가 되어도 가능한 한 지금까지의 활동성을 유지하면서 생활 영역의 축소를 최소화하려고 노력할 때, 고령자들은 비교적 생활 만족도가 높고, 적응에도 성공했다는 것이다. 따라서 슬기롭게 나이 드는 것의 필요조건은 이탈을 수용하면서도 연령에 관계없이 활약하는 것이라고 보았다. 마지막에 등장한 것이 앳츨리(Atchley, 1987)의 '계속 이론(continuity theory)'이다. 이것은 고령자들도 그들의 과거의 생활 방식, 성격, 활동, 역할을 계속 유지하려는 경향이 있다고 보았다. 즉, 나이가 들어도 개인은 자신의 삶에서 일관성 있는 패턴을 유지하려고 하는데, 이러한 연속성이 성공적인 노년기에 기여한다고 본 것이다(Tavel, 2008에서 재인용).

1980년대 중반에 미국의 맥아더 재단(MacArthur Foundation Research Network on Successful Aging)에서 노화의 긍정적 측면에 기여하는 요소들을 찾기 위해 1984년부터 약 7년간 생물학, 신경과학, 신경심리학, 현상학, 사회학, 심리학, 신경학, 생리학, 노인 과학의 다학제적 연구를 지원했다. 적극적 사회참여 모델을 추구하는 연구팀은 신노년학의 개념에 기초하여 기존의 질병의 유무로만 성공적인 노화의 개념을 설명하는 것은 불충분하다고 보았다. 즉, 질병이나 장애가 없다는 것은 성공적인 노화의 한 측면이 될 수 있으나 충분조건은 아니라는 것이다. 그리고 로우와 칸(Row & Kahn, 1987, 1997)을 중심으로 성공적인 노화의 중다차원적 구성개념을 제안하였다. 로우와 칸에 의하면, 성공적인 나이 들기는 "질병이나 그러한 위험성이 없어서 건강하고, 기능적으로 장애가 없고, 자립적이며, 사회참여를 통한 사회 공헌이 가능한 노후의 삶이다."이라고 정의하였다. 그들이 언급한 진정한 의미의 성공적인 나이 들기란 생애에 걸쳐서 사회에 지속적으로 참여하면서 사회적 존재로서의 가치를 느끼는 것이다. 이런 관점에서 60세 이후의 고용과 관련하여 개인의 욕구를 담아낼 수 있는 정책적 뒷받침으로 취업이라는 사회참여의 장이 넓어지면 고령자들이 사회에 공헌할 기회가 확대될 수 있다고 본 것이다. 아직 미미한 움직임이지만 개인뿐 아니라 제도적인 면에서도 상실과 저하에 주목하던 과거의 노년기에 대한 패러다임에서 벗어나려는 이러한 움직임은 고무적이다.

성공적인 노화의 대표적 연구자인 로우와 칸 그리고 발테스와 발테스(Baltes & Baltes)는 미국과 유럽에서 각기 주요한 흐름을 주도했다. 발테스와 발테스(1990)는 '보상을 수반한 선택적 최적화(selective optimization with compensation)'를 통해 노화의 상실에도 불구하고 주어진 능력에 적합한 활동을 선택하고, 개인이 보유한 기술을 최적화하여 상실한 것을 보상함으로써 성공적으로 나이 들 수 있다고 주장하였다. 이들은 감소된 능력에 집착하지 말고 현재의 능력을 최적화하여 주관적 만족을 이끌어 내라고 강조하였다. 반면에 로우와 칸(Row & Kahn, 1998)은 질병과 장애를 피하고 일정 수준의 기능을 유지함으로써 적극적으로 인생에 참여하라고 제안했다. 성공적 나이 들기란 개인의 선택과 노력에 달려 있다고 본 이들은 식습관, 운동, 자기계발 등 독립적이고 활기찬 삶을 위해 고령자들이 실행할 수 있는 다양한 전략을 소개하였다. 예를 들어, 서구 사회는 노년기에도 목표지향적이고 적극적이며 생산적 활동을 하는 등 개인적 요소들이 중요한 반면, 동양 사회의 고령자들은 과욕을 부리지 않고 순리대로 사는 것을 추구하면서 개인의 특성이 강조되기보다는 관계적 상황에서 조화를 이루는 것을 중요시한다고 보았다.

1) 로우와 칸의 성공적인 노화 모델

우리는 이미 앞에서 고령자에 대한 차별에 도전하는 여러 움직임을 살펴보았다. 이러한 움직임에서 성공적인 노화가 중심에 있다는 것을 알 수 있었다. 이 용어는 1961년에 미국노년학회(The Gerontological Society of America: GSA)가 처음 발행한 『노년학자(The Gerontologist)』라는 학술지에 하비거스트가 「성공적인 노화(Successful Aging)」라는 논문을 발표하면서부터 사용되었다. 1986년에 미국노년학회 연례 회의에서 이 주제가 재조명되면서 여러 연구가 이루어졌다. 그중에도 1987년에 로우와 칸이 『사이언스』에 「인간의 노화: 보편적 그리고 성공적(Human Aging: Usual and Successful)」이라는 논문을 발표하면서 이 분야의 대표 주자가 되었다. 그들은 생물학적 측면의 일상생활 활동이나 신체적 수행 정도를 중요시하는 것은 보편적인 노화(usual aging)이며, 이것은 성공적인 노화와는 다르다고 주장하였다.

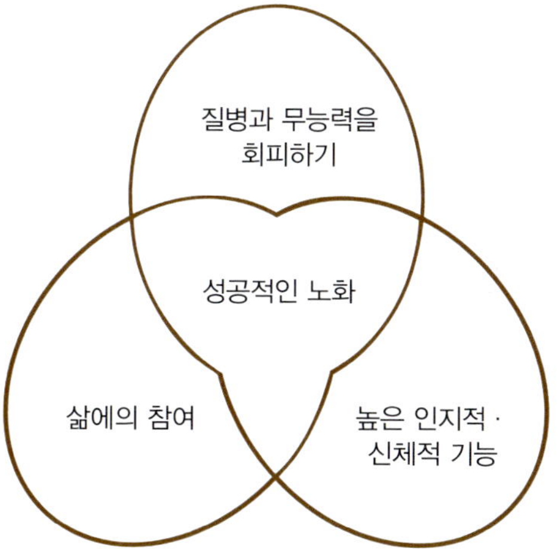

[그림 4-1] 성공적인 노화 모델

출처: Rowe & Kahn (1997).

초기 연구에서 그들은 성공적인 노화를 질병과 무능력의 회피로만 정의하려고 하였으나 이후 자신들의 개념을 확장하였다. 그리고 성공적인 노화의 조건으로, ① 질병 영역: 낮은 질병 발생과 질병 및 장애에 대한 위험요소 예방, ② 기능 영역: 신체적 · 정신적 기능의 유지, ③ 사회참여: 적극적인 삶의 참여라는 3가지 영역을 제시하였다. 그리고 3가지 영역 조건이 성취될 때를 성공적인 노화로 정의하였다. 그들은 성공적인 노화의 이러한 3가지 구성 요소가 위계적 순서를 이루고 있다고 주장하면서, 질병과 무능력이 없으면 정신적 · 신체적 기능이 유지되기 쉽고, 그것은 적극적인 인생참여를 가능하게 하여 인생 후반 삶의 질을 높인다고 설명하였다.

2) 크라우더의 성공적인 노화 수정 모델

크라우더 등(Crowther et al., 2002)은 성공적인 노화를 구성하는 3가지 요인 외에도 긍정적 영성(positive spirituality)이라는 개념이 첨가되어야 한다고 주장하면서 다음과 같은 수정 모델을 제안하였다.

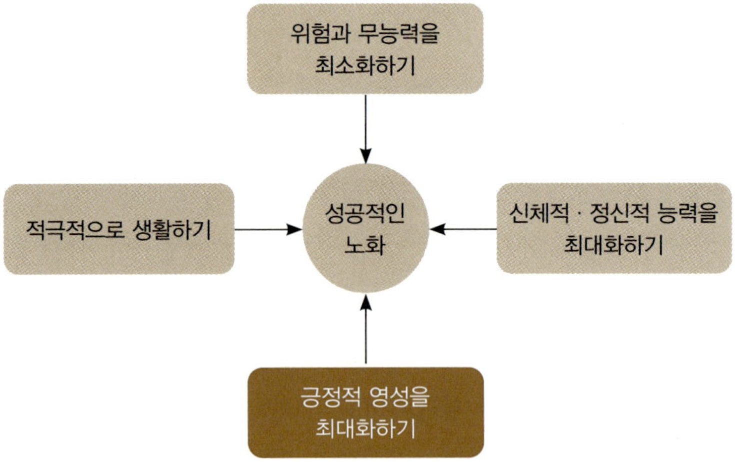

[그림 4-2] 크라우더의 성공적 노화 수정 모델

출처: Crowther et al. (2002).

크라우더 등이 제안한 긍정적 영성은 고령자들이 삶에서 의미를 찾고, 노년기에 직면할 수 있는 도전과 상실 속에서도 정서적 안정을 유지하면서 내적 성장을 하도록 돕는 것에 초점을 맞추고 있다. 따라서 여기서 말하는 영성이란 종교적 신념에 국한하지 않고 삶 또는 삶의 의미에 대한 궁극적 질문에 답을 찾으려는 개인적인 탐색과 관련이 있다. 그들은 긍정적 영성의 주요 요소로 다음의 4가지를 언급하였다.

첫째, 삶의 의미와 목적이다. 노년기의 삶의 의미를 재발견하고 과거의 경험과 지나온 삶의 여정을 반추하며, 앞으로의 시간을 긍정적으로 받아들이는 것이다.

둘째, 내적 평화와 수용이다. 고령자는 노화로 신체적 저하나 질병, 상실 등을 경험하게 되는데, 종교적 신앙이나 명상 등과 같은 긍정적 영성은 이러한 어려움을 수용하고 내적 평안을 가질 수 있도록 돕는다.

셋째, 관계와 연결이다. 영성은 자신을 넘어 타인, 자연, 우주와 연결된다는 감각을 포함하는 것이다. 고령자들이 가족, 친구, 지역사회 또는 더 넓은 사회나 영적 세계와의 긍정적 관계를 유지하는 것이 중요하다고 보았다.

넷째, 희망과 낙관주의로 미래에 대한 희망과 낙관적인 태도를 유지하는 것을 강조하였다. 이처럼 크라우더 등의 긍정적 영성은 고령자들이 신체적 건강뿐만 아니라 자신을 긍정적으로 바라보고, 내적인 성숙과 평안을 추구하도록 도울 수 있다고 보았다.

3. 성공적인 노화의 요인

1) 개인적 요인

성공적인 노화를 위한 개인적 요인은 다양한 측면에서 고려될 수 있다.

서구 사회에서는 오래전부터 이런 연구들이 이루어졌다. 연구를 통해 성공적인 노화의 요인들로서, 건강, 높은 수준의 신체적 기능, 활력, 활동, 생산성, 창의성, 회복탄력성, 높은 수준의 인지 기능, 사회참여와 의미 있는 대상과의 연결, 만족스러운 성생활, 타인에 대한 관심 및 돌봄, 젊은 세대에게 지혜 나누기, 재미와 유머, 자신감, 긍정적인 자기개념, 자신의 지혜를 인정하기, 독립성과 자율성, 영적 안녕, 안정된 재정 등의 다양한 요인이 언급되었다. 한국에서도 고령화사회에 접어든 2000년대부터 노년기의 삶의 질 향상에 대한 관심이 높아지면서 성공적인 노화에 관한 연구들이 등장하였다. 국내 연구가 제시한 성공적인 노화의 요인으로는 사회적 관계, 정신적 또는 신체적 건강, 경제력, 자율성, 자기효능감, 배우자의 존재 및 부부 관계, 자녀의 성공과 자녀와의 관계 등이 언급되었다. 여기서 알 수 있는 것은 독립성과 개별성을 중시하는 서구의 성공적인 노화 개념에 비해 한국 고령자들에게는 가족 관계가 중요한 요인이라는 것이다. 한국의 경우에도 잘 늙어 가는 것의 요인으로 본인의 건강, 경제적 안정, 자율성 등을 언급하고 있지만, 이런 요인도 이면에는 자녀 등 다른 가족에게 부담을 주지 않겠다는 뜻이 내포되어 있으므로, 궁극적으로는 가족 관계의 요인으로 볼 수 있다. 따라서 상담자들은 가족 요인이 한국 문화에서 나타나는 독특한 현상이라는 점을 인식하고 노년기 내담자와 상담할 때는 가족과의 관계와 그것의 복합적인 의미를 다루는 것이 바람직하다.

그러나 이처럼 한국 문화에서 가족 관계가 삶의 질을 높이는 데 중요한 요인이라고 여겼던 실상이 점차 변화해 가고 있다. 한국 사회의 성공적인 노화도 서서히 가족 중심에서 사회적 관계망의 확대로 전환되고 있다. 이것은 한국의 고령자들을 대상으로 한 2008년과 2020년의 실태조사를 분석한 결과(김세진, 2021)를 보면 알 수 있다. 연구 결과에 의하면, 지난 20여 년간 고령자의 삶에 대한 인식은 많은 변화를 보였다. 학력, 소득, 건강 수준이 점차 높아짐에 따라 자신의 삶에 대한 주체적인 인식이 증가하였다.

이에 따른 삶의 만족도도 긍정적으로 변화하였다. 자녀들과의 상호작용이 줄어드는 시대적 변화에 따라 노인 단독가구는 증가하여 실질적으로 자녀와의 연락 빈도도 감소했다. 고령자들은 자녀 역할 축소를 친구와 이웃과의 왕래를 활발히 하거나 사회참여 활동의 비율을 늘리면서 대체하고 있었다. 경제활동 참여율은 2014년 이후 계속 증가세를 보여 65~69세의 참여율은 55.1%로 타 연령에 비해 매우 높았다. 건강이나 경제활동의 만족도가 크게 상승하면서 배우자나 자녀, 지역사회와의 관계에 대한 만족도가 낮지 않았다.

일본의 아키야마(秋山弘子, 2010a)는 1987년부터 일본의 60세 이상의 5,715명을 무작위로 추출하여 3년마다 지속적으로 방문하여 면접을 하는 추적조사를 실시하였다. 그녀는 심리적 · 신체적 건강, 경제 능력, 인간관계가 나이가 드는 것에 따라 어떻게 달라지는지에 초점을 맞췄다. 그 결과 [그림 4-3]과 같은 '건강 수준 변화 경향(東京大学高齢社会総合研究機構編, 2017)'이라는 모형을 제시하였다. 즉, 70대 중반까지는 중년기와 변함없이 높은 자립도를 유지하는 1단계, 70대 중반부터 노화와 함께 완만하게 자립도를 낮추어 가는 2단계 본격적인 의료나 돌봄을 받으면서 살아가는 3단계로 나눌 수 있었다. 그리고 각각의 단계에 따른 고령자들의 고유한 요구도 파악했다. 아직 건강하게 활동할 수 있는 1단계에서는 '사회 속에서 지속적으로 활동하고 싶다'는 욕구가 컸다. 완만하게 자립도를 낮추어 가는 2단계에서 고령자의 욕구는 생활 속에서 이동이나 쇼핑 등의 불편이나 곤란함을 경험하기 시작하면서 주위 사람들에게 부담을 주지 않고 가능한 한 '자립적인 생활을 하고 싶다'는 것으로 변했다. 그리고 본격적인 의료나 돌봄이 필요한 3단계에서는 '생의 마지막을 지금까지 살아온 익숙한 곳에서 맞이하고 싶다'는 욕구가 있었다. 이처럼 만족스러운 노년기를 보내고 있는 사람들의 특징은 인생의 후반이 획일적인 것이 아니라, 시간이 지남에 따라 자연스럽게 겪게 되는 어려움과 함께 그에 따른 그들의 욕구도 달라

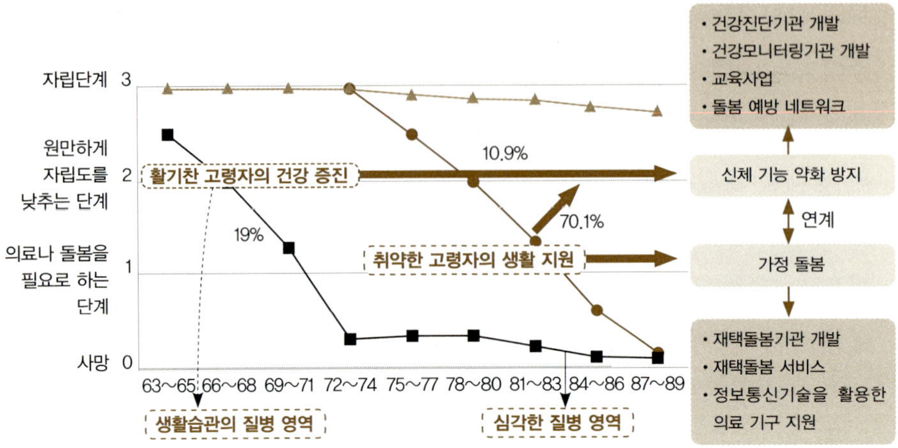

[그림 4-3] 건강 수준 변화에 따른 변화 패턴

출처: 秋山弘子(2010).

진다는 것을 알 수 있었다. 고령자가 각 단계에 따라 드러내는 욕구는 노년기가 쇠퇴와 이탈의 시기가 아니라 자신을 잘 돌보고 건강과 사회적 연결을 유지하려는 열망과 관련이 있었다.

이처럼 같은 노년기를 건강 상태나 사회와의 관계 등이 연령과 함께 변화하며, 이에 따라 일상생활의 과제나 욕구도 변화한다는 것에 주목하여 변화 패턴을 연구한 그룹이 있다.

따라서 연구팀은 노화를 쇠퇴로 보는 의학 모델과는 달리 이와 같은 입장을 지지하며 상담자는 노년기 내담자를 대할 때 각 단계에 따른 이들의 욕구를 어떻게 실현할 수 있는지에 대해서 함께 풀어 가는 것이 바람직하다고 판단하였다. 그림에서 알 수 있듯이, 이들은 일반적으로 고령자 모두 70세가 지나면 자립도가 완만하게 저하한다는 점에 착안하여 고령자 케어에서는 이 시점을 조금이라도 늦출 수 있도록 돕는 것이 중요하다고 보았다. 즉, 경제활동을 포함하여 고령자가 자립할 수 있는 기간을 늘림으로써 신체적 · 심리적으로 취약해지거나 홀로 남게 되더라도 높은 삶의 질을 유지하면서 익숙한 환경에서 계속해서 생활을 영위할 수 있는 환경을 조성하는 것이 성공적인 노화의 중요한 요인이라고 강조하였다.

2) 공적 개입

고령층이 성공적인 노년을 영위하기 위해서는 개인적 차원과 함께 국가적·사회적 차원에서의 고령화에 대한 새로운 지원이 필요하다. 개인이 건강하고 행복하게 나이 들어 가기 위해서는 사회적·경제적·의학적 측면에서 고령자의 삶의 질을 향상시키는 데 중점을 둘 필요가 있다. 성공적인 노화를 위한 공적 기관의 개입은 다음과 같은 것이 있다.

(1) 경제적인 측면

노년기에 안정된 생활을 유지할 수 있도록 연금제도를 강화하고, 고령자 빈곤층을 줄이기 위해 경제적 지원을 제공하는 정책이 필요하다. 즉, 기초연금이나 사회보장제도는 노년층의 경제적 안정을 도울 수 있다. 또한 지역사회 내에 고령자의 경제적 자립을 지원하기 위한 일자리 프로그램이나 재취업 교육을 제공할 수도 있다. 건강이 허락하는 한도 내에서 고령자가 생산적인 활동을 할 수 있는 기회를 제공하는 것은 그들의 자존감을 높이고 경제적 안정에도 도움을 준다.

(2) 건강 관리의 측면

공적 기관은 고령자들이 쉽게 접근할 수 있는 의료 서비스를 강화해야 한다. 고령층의 경우에 만성질환이나 퇴행성 질환에 노출될 가능성이 높기 때문에 이를 예방하고 관리할 수 있는 지속적이고 전문적인 의료 서비스가 필수적이다. 예를 들어, 지역 보건소가 노년층을 위한 예방 의료 프로그램, 정기적인 건강검진, 만성질환 관리 프로그램 등을 제공하면서 신체적 건강을 유지하도록 돕는다. 또한 운동 프로그램과 영양 교육을 제공하여 노년층이 건강한 생활 습관을 유지할 수 있도록 지원할 수도 있다.

(3) 사회참여의 측면

고령자가 사회적으로 고립되지 않도록 사회참여의 기회를 제공하는 것이 중요하다. 이를 위해 공적 기관은 지역사회에 노인복지관 또는 커뮤니티 센터를 설립하여 고령자들이 자유롭게 모일 수 있는 공간을 제공한다. 그리고 이러한 노인복지관, 지역 커뮤니티 센터 등을 통해 다양한 사회활동 프로그램을 운영하면서 사회적 연결을 지원하고, 정서적 지지를 받을 수 있는 환경을 조성한다.

(4) 주거 환경 개선의 측면

고령층이 안전하고 편리한 주거 환경에서 생활할 수 있도록 지원하는 것도 공적 기관의 중요한 역할이다. 주택 개조 프로그램을 통해 노년층에 알맞는 주거 환경을 마련하여 주택 환경 개선을 위한 보조금 제도를 시행하는 것이 필요하다. 이것은 고령자들이 자립적인 생활을 할 수 있도록 돕고, 주거 환경에서 발생할 수 있는 안전 사고를 사전에 예방할 수 있다.

더 나아가 고령자 전용 주택단지나 양로원 같은 시설을 마련하여 안전한 생활 환경을 마련하는 것이 필요하다. 또한 지역사회 내 응급 지원 시스템을 구축하여 필요시 신속한 의료 지원을 받을 수 있도록 한다. 지역사회 내에 고령자가 병원, 복지시설 등을 쉽게 접근할 수 있도록 하는 것도 중요하다.

(5) 심리적 지원의 측면

세대 간의 교류 프로그램을 통해 고령자들이 젊은 세대와 소통할 기회를 제공하는 것도 중요하다. 이것은 고령자가 다른 세대와 소통하고 지혜를 나눌 수 있는 중요한 활동이기 때문이다. 지역사회는 학교나 청소년 단체와 협력하여 멘토링이나 공동 프로젝트를 진행할 수 있다. 이를 통해 고령자는 사회적 역할을 수행하고, 젊은 세대는 고령자의 경험과 지식을 배우게 된다. 이를 통해 세대 간의 이해를 증진시키고, 고령자의 사회적 역할을 강조할 수 있다. 이 같은 세대 간의 상호작용은 서로에게 긍정적인 영향을 미치며, 고령자에게는 소속감을 강화시킨다. 공적 기관은 학교, 지역사회 단체와 협력하여 멘토링 프로그램이나 공동 프로젝트를 운영할 수도 있다. 또한 고령자가 신체적 변화뿐 아니라 심리적 변화에도 대처할 수 있도록 상담 서비스를 제공하는 것이 중요하다. 우울증, 외로움, 상실감 등을 겪는 고령자는 상담할 수 있는 프로그램을 통해 정서적 지원을 받을 수 있다.

이처럼 공적 기관은 다각적인 면에서 고령자들이 신체적 · 정신적 · 사회적 · 경제적 측면에서 성공적인 노화를 이룰 수 있도록 적극적인 지원을 제공해야 한다.

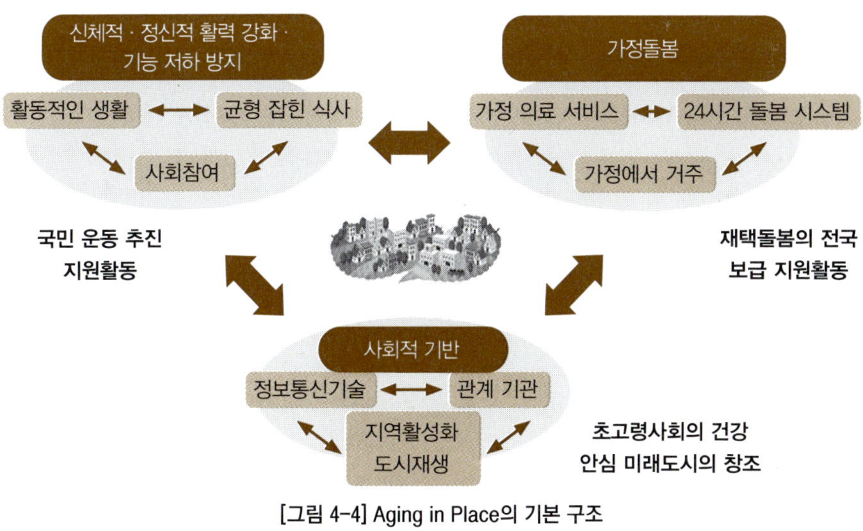

[그림 4-4] Aging in Place의 기본 구조

출처: 東京大学高齢社会総合研究機構編(2017).

주) Aging in Place: 고령자가 나이나 건강, 심신의 허약과는 상관없이 익숙한 주택이나 지역에서 가능한 한 오래도록 삶을 지속할 수 있도록 하는 것을 의미한다.

앞에서 언급한 아키야마의 연구 결과를 토대로 도쿄대학교에서는 2009년에 도시공학, 의학, 간호학, 심리학, 사회학, 법학, 경제학, 교육학 등의 연구자들이 다학제적 고령사회 종합 연구 기구를 조직하여 지바현 가시와시 도요시게대(千葉県柏市豊四季台) 지역에서 'Aging in Place(익숙한 지역에서 안심하고 자신답게 늙을 수 있는 사회)'를 키워드로, 고령자를 위한 마을 조성이라는 사회적 실험을 시도하였다. 이 지역은 일본의 고도성장기인 1960년대에 수도권으로 유입된 주민들에게 안정된 주택을 공급하기 위해 조성된 임대 단지이다. 그런데 반세기가 지나면서 낙후되기 시작하여 고령화율이 40%에 이르렀다. 건물도 노후화가 심해서 2004년부터 재건축사업의 논의를 하게 되었는데, 가시와시, 도쿄대학교 고령사회 종합 연구 기구, 도시재생기구(UR)가 함께 '가시와시 도요시게대 지역의 고령사회 종합 연구회'를 발족하여 그림과 같이 고령자가 자립할 수 있는 기간(기업과 연계하여 일자리 창출)을 연장하는 것, 병이 들어도 자신이 살고 있는 익숙한 마을에서 안심하고 생활(지역 의료시설이나 방문간호 등의 서비스)을 계속할 수 있으며, 인간관계를 연결하는 커뮤니티(고령자들의 사회봉사 연계)를 조성했다. 상권, 의료, 요양시설 이외의 기업과 연계하여 고령자의 취업시설 유치, 고령자들의 사회봉사 연계 체계 구축 등 고령자를 중심으로 한 지역사회를 구축하여 그 지역에 사는 고령자들의 성공적인 노화를 도왔다.

이러한 프로젝트에서 알 수 있듯이, 성공적인 노화는 개인적인 노력을 넘어선 고령자를 둘러싼 행정이나 지역사회 등의 체계적 변화, 기업 등의 사회의 인식 변화 등이 복합적으로 필요한 부분이다.

4. 성공적인 노화의 가이드라인

성공적인 노화가 사회 · 문화 · 심리 · 신체 · 환경 요인을 포괄하는 다차원적인 개념임을 살펴보았다. 각 요인은 서로 연관되어 있고 서로를 강화하는데, 이것은 개인적 요인에 있어서도 마찬가지이다. 즉, 신체적 · 정신적으로 건강하다면 자율성이 강화되고, 사회적 관계나 봉사나 배움 등의 의미 추구 활동도 활발하게 이어 갈 수 있을 것이며, 그것들은 다시 신체적 · 정신적 건강에 기여하게 될 것이다. 고령의 내담자를 만나게 되는 상담자의 경우에는 성공적인 노화의 요인을 염두에 두고 내담자들에게 시도해 볼 것을 권하는 것이 바람직하다. 따라서 여기서는 노년기에 접어든 사람들이 삶의 질을 높이기 위해 실행하면 도움이 되는 행동의 가이드라인을 제시하려고 한다.

1) 신체적 건강

신체적 건강은 성공적인 노화에 있어서 매우 중요한 요인으로 꼽히고 있다. 노년기에 이르러 젊은 시절의 활력을 그대로 유지할 수는 없겠지만 꾸준한 신체 관리를 통해 노화를 늦출 수 있다. 모든 종류의 규칙적인 운동은 신체적 건강뿐 아니라 전반적인 정신건강을 위해서도 중요하다. 운동과 여러 가지 신체 활동은 뼈와 근육의 강화, 당뇨나 심혈관계 질환의 위험 감소, 유연성 개선 및 낙상 방지, 체중 조절, 통증 감소 외에도 기억력 개선, 우울 및 불안 감소, 수면의 질 향상에 도움이 된다.

운동은 상담에서 벗어나는 주제라고 생각할 수 있겠지만, 상담을 통해 운동의 필요성에 대해 논의하고 신체 운동을 어느 정도까지, 어떤 방법으로 할 수 있을지를 결정하도록 도울 수 있다. 상담자는 내담자에게 자신의 능력과 한계를 고려하여 흥미에 잘 맞는 형태의 신체 활동을 생각해 보고 그것이 본인에게 적합한지를 의사나 물리치료사 또는 헬스 트레이너와 의논해 보도록 권할 수 있다. 자신에 맞는 수준에서 천천히 시작하여 점점 늘려 가며 꾸준히 하는 것이 필요하다는 점을 강조하는 것이 필요하다.

균형 잡힌 식사는 근육과 활력, 뇌 기능 개선에 중요하다. 특히 혼자 살거나 식욕이 없는 고령자들은 다른 사람들과 함께 식사하도록 권할 필요가 있다. 상담자는 내담자가 치아 문제나 손 떨림 혹은 음식을 흘리는 문제로 다른 사람과 식사하기를 꺼리는 경우가 있으며, 재정적 어려움으로 인해 충분한 영양 섭취가 어렵거나 식사 준비를 스스로 할 수 없는 경우도 있다. 상담자는 이와 같은 다양한 식사 관련 문제들을 점검하고 노인복지관이나 어르신 쉼터에서 다른 고령자들과 함께 식사하거나 지방자치단체와 지역 사회복지단체에서 제공하는 도시락 배달 서비스 등을 이용하도록 도와야 한다.

2) 인지 기능의 유지

인간의 뇌는 어떤 나이에도 새로운 뇌세포를 생산할 수 있다. 건강한 뇌에 도움이 되는 것은 신체 운동, 정기적인 지적 자극, 사회적 상호작용, 건강한 식생활, 충분한 수면, 스트레스 관리, 금연, 적당한 음주, 비타민 B_{12} 등이다. 단지 걷기만 해도 뇌 건강에 좋다. 지적 활동에 도전하는 것은 뉴런의 연결을 자극하여 인지 기능을 유지 또는 개선할 수 있다고 알려졌다. 그 같은 활동에는 악기나 외국어, 요리 배우기, 책이나 신문 또는 잡지 읽기, 혼자 또는 함께 노래하기, 바둑이나 장기 두기, 글자나 숫자 퍼즐 맞추기, 새로운 사람을 만나서 대화 나누기, 글쓰기 등 안전지대에서 나와 뭔가 새로운 일을 시도하는 것이 포함된다. 이때 흥미를 가지고 지속할 수 있도록 스스로 즐길 수 있는 활동을 찾는 것이 중요하다. 이러한 활동 중에는 뇌 건강에 도움이 될 뿐 아니라 사회적 상호작용과 신체 활동의 기회도 제공하여 신체적 건강과 정신건강에 기여하기도 한다. 혼자 하는 활동들 역시 외로움과 지루함을 줄여 준다. 상담자는 한국의 노년층이 선호하는 활동(부록 참조)에 대해 충분히 알고 있어야 내담자가 흥미를 느낄 수 있는 것을 찾을 때 도와줄 수 있다.

3) 즐거움과 재미

즐거움과 재미의 추구는 인간의 기본적인 욕구 중 하나이다. 즐거움과 재미는 노년기에 위축되기 쉬운 몸과 마음을 이완시키고 자유롭게 하며 활력을 준다. 또한 상실 등으로 인해 초래되는 부정적 감정의 해독제가 될 수 있다. 상담자는 내담자에게 예전에 재미있게 즐기던 활동들이 있는지, 그리고 여전히 그것을 하고 싶은지 질문한다. 내담자가 그렇다고 대답하면, 상담자는 창의적인 문제 해결 방법을 사용하여 지금 그것을 할 수 있는 방법을 찾고 계획을 세우도록 돕는다. 만일 여러 가지 제약으로 인해서 그것을 더 이상 할 수가 없다면 그것과 유사한, 또는 관련이 있는 활동이 무엇인지 찾아보게 한다. 예를 들어, 내담자가 예전에 춤을 즐겼다면 상담자는 그가 춤에서 좋아했던 점은 무엇인지, 지금은 왜 못하게 되었는지, 그리고 춤을 즐길 수 있는 다른 방법은 없는지, 마지막으로 춤을 추기 위해 현재 자신이 가지고 있는 자원은 무엇인지 질문한다. 이 같은 상호작용을 통해 춤을 추거나, 춤을 즐길 수 있는 다른 방법을 찾아낼 수 있다. 걷지 못한다면 음악을 틀어 놓고 의자에 앉아서, 침대에 누워서, 또는 휠체어를 밀어 주고 끌어 주는 누군가와 함께 춤을 출 수도 있고, 춤에 관련된 TV 프로그램이나 유튜브 영상을 즐길 수도 있다.

새로운 활동을 찾아보고 버킷리스트를 만들어서 계획을 세워 하나씩 실천에 옮기게 하거나 자연을 바라보는 즐거움을 느끼게 도울 수 있다. 그동안 당연시하였던 것들에서 기쁨을 느끼고 감사하며 의미를 찾게 하는 것도 중요하다.

4) 생산성과 창의성

노년기에도 사람들은 생산적이기를 원하며, 어딘가에 기여함으로써 만족감과 성취감을 느낀다. 노년기에도 생산적일 수 있는 방법이 많이 있다. 평생 습득한 방대한 양의 정보와 통찰력을 통합하여 이전보다 더욱 훌륭한 예술 작품을 남기기도 하고, 젊은이들을 이끌며, 사회를 위해 어른으로서의 역할을 감당할 수도 있다. 또한 자녀, 손자 등 가족을 위해서도 삶의 경험을 통해 배운 지식을 나눠 주면서 필요한 도움을 제공할 수 있다. 그러나 과거에 했던 것만큼 생산적일 수 없는 사람들은 슬픔, 분노, 죄책감, 좌절감을 느낄 것이다. 내담자가 어떤 특정 과제를 완수하지 못하게 된 경우에는 포기하지 말고 그 과제를 할 수 있는 다른 방법을 찾아보게 한다. 예를 들어, 어떤 내담자가 자신에게는 가족 관계가 매우 중요한데, 가족의 지원을 받을 수 없다고 호소하는 경우에는 주위의 지인 중에 자신을 소중히 여기고 지지해 줄 사람들이 있는지를 탐색하여 새로운 유사가족을 만들어 가도록 돕는다. 또한 신체 기능의 퇴화로 인해 예전에 하던 활동을 할 수 없게 되었다면, 그와 관련된 활동이나 내담자가 가치 있고 생산적이라고 여기는 다른 새로운 활동을 찾도록 돕는다. 더 나아가 누군가를 돕는 활동은 자신이 생산적이며 가치 있다고 느끼게 해 준다는 것을 알려 줌으로써 구호단체를 후원하거나 주변 사람들에게 작은 도움을 베풀 수 있도록 할 수도 있다. 이러한 때에도 창의적인 문제 해결 기술을 활용할 수 있다.

5) 회복탄력성

회복탄력성은 성공적인 노화와 관계가 깊다. 이는 크고 작은 다양한 역경과 시련을 발판으로 삼아 더 높이 뛰어오를 수 있는 마음의 근력을 의미한다. 회복탄력성이 있는 사람들은 어떠한 상황 속에서도 긍정적인 자존감과 신체적 · 심리적 건강을 유지하며 지속적으로 발전할 수 있다. 이들은 유연하며, 새로운 상황을 수용할 줄 알고, 유머가 있고, 역경에 긍정적인 의미를 부여하고, 역경을 성장의 기회로 삼는다. 아울러 문제 해결 기술이 있고 자신의 감정, 사고, 원하는 것을 인식하고 표현할 수 있다. 또한 도움을 청할 사회적 지지 체계를 가지고 있으며, 명상이나 이완 등의 전략을 사용하여 스트레스를 다룰 줄 안다.

노년기는 여러 가지 상실을 경험하고, 다양한 문제로 어려움을 겪는 시기이며, 때로 심각한 심리적 위기에 처하기도 한다. 상담자는 노년기 내담자가 회복탄력성과 관련된 태도를 발전시키도록 도와야 한다. 즉, 내담자에게 문제 해결 기술을 가르치고 대안을 찾도록 도우며, 힘든 상황에 압도되는 것이 아니라 할 수 있는 작은 것부터 실천하고, 변화할 수 없는 것은 수용하며, 위기를 성장의 기회로 보는 관점의 변화와 위기에 대한 의미 부여를 촉진한다. 또한 내담자가 자신의 감정, 사고, 원하는 것을 인식하고 표현하게 하고, 주변의 사람들에게 도움을 요청하고 받아들이도록 권한다. 때로는 내담자에게 호흡법 등 이완 방법을 가르쳐 주는 것이 유익하다. 또한 내담자가 자신이 가지고 있는 능력과 과거에 문제 해결에 사용했던 전략 등을 탐색하게 하여 현재의 문제에 적용하게 하며, 자신감을 회복하고 긍정적인 자기개념을 발전시키도록 도울 수 있다.

6) 가족 관계 강화

유교적 전통으로 인해 한국은 가족주의 가치가 강하며, 가족은 노년기 삶에 지대한 영향을 미쳐 왔다. 한국 노인의 성공적인 노화의 개념이 변화하고 있기는 하지만, 가족 관계는 여전히 성공적인 노화에 있어 중요한 위치를 차지하고 있다. 가족의 형태가 핵가족으로 변화하고 평균수명의 연장으로 노부부가 함께 지내는 기간이 길어짐에 따라 원만한 부부 관계가 노년기 삶의 만족도를 결정하는 중요한 요인이 되고 있다. 그러나 최근 들어서 노년기 이전부터 잠재되어 있던 부부 갈등이나 남편의 은퇴에 따른 생활이나 역할 변화에 대한 적응의 실패로 인하여 부부 갈등이 심각해지고,

졸혼 또는 황혼이혼이라는 용어가 등장할 정도로 사회적 관심사가 되고 있다. 또한 이혼이나 사별로 인한 노년기 재혼 사례도 늘고 있는 추세이다.

한국의 노인 세대는 격변의 시기에 수많은 어려움을 겪으면서도 자녀를 위해, 어떻게 보면 자녀 '때문에' 견디고 살아남았다고 할 수 있다. 그러므로 자녀는 그들에게 있어서 삶의 의미의 원천이기도 하다. 자녀들이 성공해서 가정을 이루어 행복하게 살며, 부모의 헌신을 인정하고 고맙게 여기고, 부모가 삶에서 가치 있게 여겼던 정신을 기억하고 이어 가는 것을 볼 수 있다면, 그들은 살아온 보람을 느낄 것이다. 즉, 자신의 삶에 의미와 가치를 부여하게 되고, 자신과 자녀가 연결되어 있고, 자신이 자녀를 통해 이어질 것을 믿으며 죽음을 수용할 준비를 하게 된다.

그러므로 상담을 통해 부부 갈등을 해결하고, 친밀한 부부 관계를 확립하며, 자녀들과 원만한 관계를 유지하도록 돕는 것이 중요하다. 한국의 가족은 대화가 부족하거나 대화를 하더라도 효과적으로 소통하지 못하는 경향이 있다. 즉, 대화가 주로 간접적 · 비언어적이며, 서로 비판하고 공격하며, 감정 반사적으로 반응하는 경우가 많다. 그러므로 가족 간에 갈등이 있다면 상담을 통해 내담자에게 효과적인 대화 방법을 교육하고 부부 또는 자녀와의 대화를 역할극을 통해 연습하게 하는 것이 필요할 수 있다. 때로는 상담에 가족을 초대하여 함께 대화하도록 코치할 수도 있다. 대화를 통해 서로를 이해하게 되면 가족이 함께 갈등의 해결책을 찾아볼 수 있다. 고령자인 내담자로 하여금 자신의 삶을 회고하며 배우자나 자녀에게 편지를 쓰게 하는 것도 좋은 방법이다.

7) 사회적 관계 강화

노년기의 가장 큰 어려움은 소외와 단절이라고 할 수 있다. 어떠한 형태이든 사회적 관계는 외로움을 줄이고 건강에도 긍정적인 영향을 줄 수 있다. 노년기에 이르면 본인의 신체적 제약뿐 아니라 중요한 대상들의 상실로 인해 사회적 관계가 감소한다. 가까운 친구 또는 친척은 이미 사망했거나 병석에 있을 수 있으며, 이동이 어려울 수 있기 때문이다. 상담자는 내담자가 기존의 관계를 잘 이어 가도록 격려할 뿐 아니라 그들 가까이에서 잠재적 관계망을 발견하도록 도울 수 있다. 게이트볼, 파크 골프 등의 가벼운 야외 체육 활동, 노인 학교, 각종 봉사 모임, 종교 모임, 그림이나 노래 교실 등 내담자의 관심과 흥미에 따라 다양한 모임에 참석하여 사람들과 교제하도록 권유할 수 있다. 만약 이동의 어려움 등으로 참여에 장애가 되는 문제가 있다면 해결 방법을 함께 논의할 수 있다. 내향성인 사람에게도 사회적 관계가 더욱 도움이 된다. 혼자 있는 것을 좋아한다고 해서 사람을 싫어하는 것은 아니며, 사회적 기술이 전혀 없는 것도 아니다. 내향성인 사람에게는 자신이 편하게 느낄 수 있는 몇몇 사람과 소규모의 만남을 갖도록 권할 수 있다. 가족이 없거나, 가족 관계가 단절되었거나, 가족과의 관계가 소원한 고령자에게는 사회적 관계를 통해 정서적 지지를 얻고 필요한 도움을 받는 것이 더욱 중요하다.

8) 삶의 의미와 가치

의미의 사전적 정의는 '어떤 사물이나 일, 행동 따위가 지니는 가치나 중요성' 또는 '어떤 일이나 행동 따위에 담겨 있는 뜻이나 의도'이다. 따라서 삶의 의미란 자신의 삶에 부여하는 가치 또는 중요성이라고 할 수 있다. 나의 삶이 중요한지, 또는 가치가 있는지, 무엇이 나의 삶을 중요하게 만드는지, 또는 가치 있게 만드는지에 대한 대답을 찾을 수 없다면 자신이 무가치하고 살아갈 이유가 없다고 느끼며 절망에 빠지게 될 것이다. 특히 노년기는 신체적 쇠약과 죽음을 앞두고 삶을 점검하는 시기로서 삶을 뒤돌아보면서 자신이 어떻게 살아왔는지 그리고 자신의 생애가 어떤 의미를 가지는지 스스로에게 질문하게 된다. 삶의 의미는 삶의 목적을 찾도록 돕고, 자기가치감을 증진하며, 의미를 공유하는 사람들과 공동체를 형성하고 교류하게 한다. 그러므로 상담자는 내담자가 자신의 인생에서 어떤 것을 중요하게 여기며 살아왔는지 확인하고, 그 가치를 위해 무엇을 해 왔는지 점검하며, 앞으로 무엇을 할 것인지에 대해 내담자와 논의할 수 있다.

9) 종교와 영성

노년기에 종교는 특히 중요하다. 왜냐하면 종교가 삶의 의미와 목적을 발견하게 하고, 공동체를 이루게 하며, 노화 과정에서 겪게 되는 여러 가지 상실과 어려움을 다루는 데 도움을 주고, 그들 앞에 놓인 죽음이라는 문제에 대해 대답해 주기 때문이다. 상담자는 내담자의 종교를 인정하고 경청함으로써 내담자를 도울 수 있다. 종교를 가지고 있는 내담자는 배우자 등 소중한 대상의 상실로 인한 애도 과정에 있을 때 기도가 도움이 될 수도 있다. 상담 시에 기도를 활용하는 것에 대해서는 상담자에 따라 의견이 엇갈린다. 그러나 내담자가 기도하기를 원한다면 조용히 앉아 경청의 기술을 사용하여 내담자의 기도를 들어 주고, 기도를 마치면 내담자가 기도 중에 표현한 생각과 감정을 요약해서 내담자에게 말해 주거나 명료화하고 반영해 주는 것이 좋다. 그러나 자신의 종교와 관련하여 내담자를 판단하거나, 지시하거나, 상담자의 생각을 강요하는 일은 삼가야 한다. 상담자는 자신의 종교 유무와 상관없이 내담자의 종교를 이해하기 위해 노력할 필요가 있다. 만일 자신의 종교적 가치와 상반된 부분으로 인한 어려움이 있다면 내담자와 같은 종교를 가진 상담자에게 의뢰하는 것이 좋다.

5. 사례

상담자들이 만나는 노년기 내담자들은 심리적 어려움을 경험하고 있는 사람들이다. 그들 역시 여러 가지 삶의 위협 가운데에서 살아남기에 성공하였으며, 그것이 무엇이든 간에 다양한 자원과 전략이 그들 안에 있다는 것을 기억해야 한다. 그들을 위한 상담의 핵심은 그 자원과 전략을 찾아내어 당면한 어려움을 해결하고 안녕감을 증진하여 더욱 '잘 늙어 가도록' 돕는 일이 되어야 할 것이다. 다음에 소개하는 몇 가지 사례를 통해 성공적인 노화 요인 중 어떤 부분에 어려움이 있으며, 상담자로서 어떻게 개입하는 것이 바람직한지에 대해 살펴보기로 한다.

사례 1 —— 아들의 죽음으로 삶의 의미를 잃고 즐거움을 느끼지 못하는 78세의 서혜경 씨

혜경 씨는 아들의 결혼 후, 남편과 둘이 살다가 6년 전에 남편과 사별하였다. 남편은 오랜 투병 생활을 했는데, 떠날 때까지 최선을 다해 남편을 돌보았다. 남편 사별 후에 혜경 씨는 한동안 힘든 시간을 보냈지만, 가족과 친구들의 위로와 여러 가지 취미 활동으로 이겨 냈다. 특히 남편이 떠난 후에 기러기 아빠인 아들과 함께 지내게 된 것은 상실을 극복하는 데 큰 힘이 되었다. 그런데 일 년 전에 아들이 교통사고로 사망하면서 모든 것이 바뀌었다. 아들을 잃은 자신을 걱정하며 찾아오던 지인들도 "사는 게 재미가 없다. 어서 빨리 죽어야 하는데……."라는 혜경 씨의 지속적인 넋두리에 지쳐서 발길을 끊은 지 반년이 다 되어 간다. 사실, 아들이 사망한 직후에는 지인들에게 아들과 함께 지내던 집에 혼자 남게 되면서 외로움과 상실감을 말하고 많은 도움을 받았다. 그런데 주위 사람들의 반응이 달라지기 시작했다. 처음에는 혜경 씨의 마음을 공감하는 듯했지만, 시간이 지나면서 "남겨 준 게 많은데 왜 그렇게 힘들어만 하느냐."라는 핀잔이 되돌아와서 그들과의 교류를 거의 하지 않게 되었다. 그래서 요즘은 일상적인 대화를 나누는 사람이 거의 없다. 외로움을 자주 느끼며, 혼자 있는 시간이 길어질수록 자신의 삶이 의미 없다고 느끼고 있다. 가족이나 친구들과 만나지 않게 되면서 이전에 즐기던 화초도 더 이상 돌보지 않아 베란다의 제라늄이 말라 비틀어졌다. 탐스러운 꽃을 피우던 제라늄의 시든 모습이 마치 현재 자신의 처지인 것 같아서 더욱 비참해진다.

Q. 서혜경 씨의 어려움은 무엇인가요?

- **상실감:** 아들의 사망으로 인한 상실감이 깊어져서 그 이후로 삶의 의미를 재발견하는 데 어려움을 겪고 있다. 이것은 고령자들에게 흔한 문제로, 가족이나 친지의 상실은 정서적 공허감과 연결된다.
- **사회적 고립:** 아들이 사망한 후에 외출이나 사회활동에 거의 참여하지 않고 집에만 머물고 있다. 이로 인해 친구나 이웃과의 관계도 단절되었고, 고립감이 더욱 심화되었다.
- **우울증:** 이러한 문제들은 우울감으로 이어졌으며, 이것이 서혜경 씨가 일상적인 활동에서 더 이상 즐거움을 느끼지 못하게 만드는 주요 원인이 되었다. 따라서 그녀는 종종 "이제는 더 이상 할 일이 없다."라며 무기력함을 호소하고 있다.

Q. 서혜경 씨를 어떻게 도와야 할까요?

- **정서적 지원:** 먼저, 서혜경 씨에게는 상실감과 우울감을 다룰 수 있는 정서적 지원이 필요하다. 상담 과정을 통해 자신의 감정을 나누고, 슬픔을 건강하게 표현할 수 있는 환경을 제공받는 것이 중요하다. 경우에 따라서는 우울증 치료를 위해 약물치료도 고려될 수 있다.
- **사회활동 참여:** 서혜경 씨가 사회적 고립에서 벗어나기 위해 지역사회에서 제공하는 고령자를 위한 프로그램이나 그룹 활동에 참여하도록 격려하는 것이 필요하다.

지역 복지관이나 어르신 센터에서 제공하는 활동은 사회적 관계를 회복하고, 새로운 친구를 사귀며 다시 삶의 즐거움을 찾는 데 도움이 될 수 있다.

- **삶의 의미 재발견:** 서혜경 씨가 다시 삶의 의미를 찾을 수 있도록 그녀의 과거 경험과 현재 상황을 반추하며 새로운 목표를 설정하도록 돕는 것이 중요하다. 예를 들어, 손자들과 시간을 보내거나 지역사회봉사 활동에 참여하는 등 자신의 삶에 다시 목적을 부여할 수 있는 활동에 참여하는 것이 도움이 될 수 있다.
- **취미 활동 재개:** 서혜경 씨가 과거에 즐겼던 취미나 새로운 관심사를 발견할 수 있도록 격려하는 것이 중요하다. 그녀가 이전에 좋아했던 독서나 화초 가꾸기 등의 취미를 재개하도록 돕거나 새로운 취미를 발견함으로써 삶에 대한 즐거움을 되찾도록 도와야 한다. 그것은 이런 것에서 느낄 수 있는 작은 성취감과 즐거움이 다시 일상에 활기를 불어넣을 수 있기 때문이다.

이 사례는 고령자가 상실과 고립 속에서 삶의 의미를 잃었을 때 정서적 · 사회적 · 정신적 지원이 필요하다는 점을 보여 준다. 정서적 · 사회적 지원이 이루어지고, 그녀가 다시 사회활동에 참여하게 된다면 서혜경 씨는 삶의 의미와 즐거움을 서서히 회복할 가능성이 크다. 상담이나 사회적 네트워크를 통해 우울감을 완화하고, 다시 긍정적인 목표와 관계를 형성하는 과정이 진행될 수 있다. 사회적 관계 회복과 일상의 즐거움을 찾는 과정에서 삶의 의미를 다시 발견할 수 있다.

사례 2 —— 이혼으로 홀로 지내면서 건강이 악화되어 정서적 고통을 느끼는 67세의 정태호 씨

정태호 씨는 7년 전에 은퇴한 후에 혼자 살고 있다. 10년 전 정태호 씨의 외도 문제로 아내와 이혼했는데, 이 과정에서 자녀들과의 갈등이 생겼고, 그 이후로 자녀들과의 연락이 거의 끊어졌다. 최근 들어 태호 씨는 자녀들이 이혼 이후에 자신을 지속적으로 비난하고 있다고 느끼며, 자신이 더 이상 자녀들의 삶에 필요 없는 존재라고 생각하고 있다. 그는 이 상황에 대해 큰 상실감과 배신감을 느끼고 있으며, 가족과의 소원해진 관계로 인해 깊은 외로움과 우울감을 겪고 있다.

사실 외로움을 달래기 위해 이혼 직후에는 술에 찌들어 살았다. 3년 전 정태호 씨의 무질서한 생활을 지켜보던 직장 동료의 권유로 교회에 다니게 되면서 술도 끊고 교회 생활도 열심히 하면서 나름대로 안정감을 얻었다. 그런데 6개월 전에 건강이 급격히 악화되어 병원에 갔더니 간암 3기라는 진단을 받았다. 간암으로 인해 신체적 고통도 크지만, 어느 날 홀로 죽을지도 모른다는 두려움 때문에 불면에 시달리고 있다. 이럴 때마다 자신이 기대했던 건강한 노년과는 다른 삶이라는 절망감에서 벗어날 수 없다. 그는 삶의 고통이 계속될수록 그동안 나가던 교회도 더 이상 위안을 주지 않는다고 느끼면서 단절했다. 요즘은 "왜 나에게 이런 일이 생겼는가."라는 질문을 하루에도 수십 번씩 하게 되면서 이전에 가지고 있던 내적 평화를 잃고 무기력함과 절망감에 빠져 있다.

Q. 정태호 씨의 문제점은 무엇인가요?

- **소원해진 가족 관계:** 정태호 씨는 자녀들과 거의 연락하지 않으며, 자녀들이 자신의 삶에서 점차 멀어져 간다고 느끼고 있다. 가족 간의 갈등은 화해되지 않은 상태로 남아 있으며, 정태호 씨는 자녀들이 자신을 필요로 하지 않는다는 생각에 고립감이 점점 심해지고 있다.
- **정서적 상실감:** 아내와의 이혼과 자녀들과의 관계 단절로 인해 큰 상실감을 겪고 있으며, 이는 그의 신체적 · 정신적 건강에 부정적인 영향을 미치고 있다. 그는 스스로의 삶에 대한 회의감을 느끼고 있으며, 더 이상 가족과의 관계를 회복할 수 없다고 생각하고 있다.
- **우울감과 무기력:** 정태호 씨는 가족 관계가 와해된 이후에 우울감과 무기력을 느끼고 있다. 그는 자신의 사회적 관계가 대부분 단절되었으며, 일상적인 활동에서

도 즐거움을 찾지 못하고 있다.

- **건강 상태의 악화:** 정태호 씨는 건강이 나빠지면서 교회 활동에도 참여할 수 없게 되면서 그동안 자제하던 술에 더욱 의존하여 자신의 건강 상태를 악화시키고 있다.
- **죽음에 대한 두려움:** 정태호 씨는 건강이 악화되면서 죽음에 대한 두려움도 커지고 있다. 신앙에 대한 의문이 생기면서 죽음 이후의 삶에 대한 확신이 사라졌고, 이로 인해 불안감이 더욱 커지고 있다.

Q. 정태호 씨를 어떻게 도와야 할까요?

- **정서적 지지와 상담:** 정태호 씨는 가족 관계뿐 아니라 건강의 상실로 인해 큰 정서적 고통을 겪고 있으므로 정서적 지원을 받는 것이 필요하다. 상담을 통해 자신의 감정을 나누고, 이혼과 자녀들과의 갈등을 극복할 수 있도록 돕는 것이 필요하다. 또한 건강의 회복에 대한 자신감을 가지도록 돕는 것도 중요하다. 먼저, 정태호 씨가 자신을 이해하고 감정적 치유를 시작할 수 있는 환경을 제공해야 한다.
- **우울증 및 정신건강 관리:** 정태호 씨는 가족 관계와 건강 문제로 인해 우울증 증세를 보이고 있으므로 이를 돕기 위해 전문적인 치료적 개입을 통해 우울증 증상을 완화시킬 필요가 있다. 적절한 치료가 이루어지면 그는 더 긍정적인 시각으로 삶을 바라보고 가족 문제를 해결할 힘을 얻게 될 것이다.
- **가족과의 관계 회복 시도:** 자녀들과의 소통을 회복하기 위한 노력도 필요하다. 상담자와 함께 자녀들과의 갈등을 완화하기 위해 시도할 수 있는 것이 무엇인지 탐색해 볼 수 있다. 이를 통해 정태호 씨가 먼저 용기를 내어 자녀들과 대화를 시작함으로써 오해를 풀고 관계를 회복할 기회를 마련하는 것이 중요하다는 것을 깨닫게 할 필요도 있다. 이때 자녀들과의 갈등이 취약한 의사소통에서 비롯된 것일 수 있으므로 이에 관한 구체적인 기술을 배울 수 있는 기회를 제공하는 것도 중요하다. 특히 정태호 씨는 다른 사람을 비난이 아닌 이해와 공감을 바탕으로 한 소통의 방법을 배우는 것이 필요하다.
- **건강 관리 프로그램:** 정태호 씨의 질병이 더 이상 악화되지 않도록 건강 관리를

할 수 있도록 도와야 한다. 또한 간암을 치료하기 위해 의사와 정기적으로 진료를 하면서 건강한 생활 습관을 유지할 수 있도록 지원하는 것이 중요하다.

- **신앙 공동체와의 재연결:** 정태호 씨가 교회 활동에 직접 참여하지 못하더라도, 신앙 공동체와 다시 연결될 수 있는 방법을 찾는 것이 중요하다. 교회 공동체의 일원들이 그를 자주 방문하거나 전화로 소통할 수 있도록 함으로써 그가 여전히 공동체의 일원으로서 중요한 존재임을 느낄 수 있도록 도와야 한다. 이를 통해 정서적 고립감을 완화하고, 영적 지지를 회복할 수 있을 것이다.
- **죽음에 대한 두려움 극복:** 정태호 씨가 죽음에 대한 두려움을 극복할 수 있도록 죽음과 삶의 의미에 대하여 대화하는 것도 중요하다. 이는 신앙의 회복과 함께 죽음 이후의 삶에 대한 새로운 관점을 제공할 수 있으며, 정태호 씨가 불안감을 줄이고 내적 평화를 되찾는 데 도움을 줄 수 있을 것이다. 종교적 신념을 바탕으로 한 지원뿐만 아니라, 죽음 준비와 관련된 실질적 정보와 지원도 도움이 될 수 있다.

이 사례에서는 고령자가 건강 악화와 상실로 인해 영적 혼란을 겪고 있다. 정태호 씨가 가족과의 관계 회복을 위해 작은 시도라도 시작한다면 자녀들과의 관계가 서서히 회복될 가능성이 있다. 또한 정서적 지지와 상담을 통해 그는 상실감과 외로움을 극복하고, 자신의 감정을 건강하게 다룰 수 있게 될 것이다. 사회활동과 정신건강 관리를 통해 외로움과 우울감을 완화하면 그는 다시 삶의 의미를 찾고 더 긍정적인 방향으로 나아갈 수 있을 것이다. 또한 정태호 씨가 정서적 · 영적 상담을 통해 자신의 혼란을 표현하고 다시 영적 평화를 찾을 수 있다면, 그는 삶의 의미를 회복할 가능성이 높다. 또한 신앙 공동체와의 재연결과 죽음에 대한 두려움 극복을 통해 정서적 안정감을 얻고, 신체적 건강도 더 나아질 수 있다.

결론

성공적인 노화는 노화 과정 중 신체적 · 정신적 · 사회적 측면에서 가능한 한 최상의 상태를 유지하며, 삶의 질을 높이는 것을 의미한다. 노년의 심리 상담 영역에서는 상담자 자신과 내담자의 성공적인 노화에 대한 개념이나 신념을 지속적으로 탐색해 왔다. 그것은 상담 과정을 통해 삶의 질과 관련된 생각이나 행동에 대한 정보를 내담자와 공유하면서 그들을 도울 수 있기 때문이다.

국제연합에서는 고령자의 삶의 질을 향상시키기 위해서 '고령자의 자립, 참여, 돌봄, 자아실현, 존엄'이라는 5가지의 가이드라인을 제시했다. 이후 심리학 영역의 연구에서는 질병과 무능력 회피하기, 삶에의 참여, 높은 인지적 · 신체적 기능, 긍정적 영성을 최대화하는 것이라고 보았다. 즉, 단순히 질병을 피하는 것이 아니라, 나이가 들어도 건강하고 의미 있는 삶을 영위하는 것이 성공적인 노화와 연결된다고 보았다. 또한 성공적인 노화는 개인적 요인뿐만 아니라 고령자가 사회적으로 활발히 참여하고, 안전하고 편안한 환경에서 생활할 수 있도록 지원하는 다양한 공적 개입도 필요하다고 주장하였다.

따라서 성공적인 노화는 단순히 신체적 건강을 유지하는 것에 그치지 않고, 정신적 · 정서적 · 사회적 측면에서 삶의 질을 향상시키는 것이 중요하다. 개인적 노력과 더불어 사회적 · 정책적 지원이 조화를 이룰 때 성공적인 노화가 가능하며, 이는 노년기의 행복과 삶의 만족도를 높이는 중요한 개념이다.

제2부

노년기 상담의 이해

제5장

노년기 정신질환

노년층의 인구가 증가하면서 고령자의 정신질환도 함께 늘고 있다. 건강보험심사평가원의 '노인 우울증 등 정신질환 관련 진료 현황' 자료에 따르면, 공황장애를 앓는 60세 이상의 노인은 2010~2019년 사이에 7,495명에서 3만 9,284명으로 약 5배 증가했다. 같은 기간 우울 관련 질환을 겪는 노인은 19만 5,648명에서 30만 9,749명으로 약 2배 많아졌다. 특히 90세 이상의 초고령층에서 정신질환자 수가 현저하게 늘고 있다(건강보험심사평가원, 2020). 이것은 고령인구의 증가라는 인구학적 원인뿐만 아니라, 고령자들이 노화에 따른 스트레스에 적응하는 것과도 밀접한 관련이 있다. 즉, 심리적 부담이 신체에 영향을 미쳐서 신체질환이 발생하는 경우도 있다. 반대로 신체질환에 의해 심리적 어려움으로 이어지기도 한다. 여기서는 노년기에 자주 나타나는 정신질환에 대하여 살펴보고자 한다.

1. 노인성 정신질환의 이해

고령자는 청력이나 시력 저하와 같은 생리적 신체 기능의 저하, 그 밖의 여러 가지 신체적 질병으로 어려움을 겪게 된다. 또한 가족이나 지인과의 이별이나 사별, 퇴직이나 정년에 따른 사회적 고립과 같은 상실 경험도 종종 하게 된다. 그리고 많은 고령자는 경제적 상황에 급격한 변화를 경험하는 경우가 많다. 따라서 노년기의 정신질환을 판단할 때는 증상의 배경에 담겨 있는 심리사회적 요인을 충분히 고려하면서 종합적인 평가를 해야 한다. 그런데 당사자인 고령자들은 노년기 초기에는 나이가 들면서 동반하는 신체 기능의 저하, 사회적인 역할 상실에서 비롯된 불안을 인정하지 않으려는 경향이 강하다. 이처럼 노년기에는 자신을 둘러싼 상황의 변화에서 비롯된 신체 기능의 저하나 심리적으로 취약한 부분을 받아들이지 않는 것과 관련되어 정신질환의 증상이 출현되는 경우가 적지 않다. 따라서 노년기의 질환을 판단할 때는 생활력이나 병력을 충분히 듣고 신체적 · 정신적 · 사회적 상황을 종합적으로 평가하는 것이 중요하다.

〈표 5-1〉 노년기 질환의 이해

신체적 이해	고령자의 질환이나 치료 상황, 생활 리듬이나 일상생활을 영위하는 방법, 수단적 일상생활 동작(IADL)과 같은 일상생활의 자립도 등을 이해한다.	• 고령자의 질환과 치료 상황 • 일상생활의 유지 방법 • 일상생활의 자립성
심리적 · 정신적 이해	생활 의욕, 생활에 대한 만족감, 생활에 대한 적응 상태, 성격, 우울 상태, 치매 상태 등을 이해한다.	• 생활에 대한 의욕 • 생활에 대한 만족감과 적응 상태 • 성격 • 우울 상태 • 치매의 유무
사회적 이해	생활사나 가족 관계, 일, 경제적 요인, 사회활동, 타인과의 교류, 주거 환경, 지역 환경 등을 이해한다.	• 생활사 • 가족 관계 • 일/경제적 요인 • 지역 환경/주거 환경 • 사회활동, 타인과의 교류

노인성 정신질환은 노년기에 발병한 정신장애의 총칭으로, 노년기 이전에 발병한 질환이 노년기까지 계속되거나 노년기에 접어들면서 재발한 질병은 포함하지 않는 것이 일반적이다. 미국정신의학회에서 발간한 『DSM-5-TR(정신질환의 진단 및 통계 편람 제5판 수정판)』에서는 노인성 정신질환이 신경인지장애 등의 각 질병군으로 분산되어 있다.

고령자의 심리적 문제는 크게 2가지로 나눌 수 있다.

첫째, 모든 연령대에서 흔히 나타나지만 주로 노화 과정과 관련되어 노년기에도 자주 나타나는 질환이다. 여기에 해당하는 것이 우울증, 불안장애, 물질관련 장애이다.

둘째, 뇌 이상으로 인해 일어나는 신경인지장애이다(Comer, 2016). 따라서 여기서는 노화 과정과 관련된 정신질환에 해당하는 노년기 우울증, 노년기 불안장애, 저장강박증, 노년기 알코올의존증과 신경인지장애에 해당하는 노인성 치매를 나누어 서술하고자 하고자 한다.

2. 노화 과정과 관련된 정신질환

1) 노년기 우울증

노년기에 접어들면 연령과 함께 여러 가지 것을 잃게 되는 '상실 경험'이 증가한다. 상실 경험으로는 신체적 건강의 상실, 경제적 기반의 상실, 사회적으로 익숙해지지 않는 상실, 삶의 목적의 상실 등을 들 수 있다. 이러한 상실 감정은 우울증의 배경이 된다. 대다수의 고령자는 노화로 인해 신체 기능이 저하되고, 고혈압, 퇴행성 관절염 등으로 삶의 질이 낮아지기 마련이다. 은퇴로 경제적 어려움을 겪거나 가족과 친구의 죽음으로 사회적으로 점점 고립되는 상황도 우울증 발병의 가능성을 높인다. 또한 높은 노인 빈곤율, 고령자에 대한 혐오 정서 확대 등의 사회적 요인도 노년기 우울증의 원인 중 하나로 꼽힌다. 이처럼 노년기 우울증 발병의 계기로는 질병이나 상실의 경험 등을 들 수 있기 때문에 지금처럼 고령화 시대에는 노년기의 우울증이 증가할 가능성이 높다.

그리고 노년기 우울증이 치매 등 다른 질병을 야기하거나 심할 경우에는 자살로 이어질 가능성이 높아서 더욱 주의를 기울여야 한다. 우울증은 자신이 처한 상황을 부정적이고 비관적으로 바라보게 만들어서 10~20%가 자살로 생을 마감한다. 한국은 전반적으로 모든 연령대에서 자살률이 높지만, 특히 노년기의 비율이 두드러진다. 그것은 고령층의 경우에 사회적·경제적으로 취약한 위치에 있어서 자살을 선택할 위험이 더 크다. 한국의 65세 이상의 노인 자살률은 OECD 국가들과 비교해 볼 때 인구 10만 명당 72명으로, 이것은 OECD 평균인 22명보다 3.27배나 높다. 이처럼 높은 자살률은 노인 빈곤, 사회적 고립, 건강 문제 등이 주요 원인으로 지목되고 있다(Ah-Young Kim et al., 2022).

건강보험심사평가원의 2021년 우울증과 불안장애 진료 통계에 따르면, 전체 우울증 환자의 35.69%가 60대 이상으로 나타났다. 같은 해 60대 이상 인구의 비율이 25.15%인 것과 비교하면 상대적으로 높은 수치이다. 인구 1천 명당 우울증 환자 수도 60대가 20.7명, 70대가 31.9명, 80대 이상이 31.6명으로 전체 인구 1천 명당 환자 수(18.1명)보다 훨씬 많았다.

(1) 진단 기준

노년기 우울증은 노년기에 발생하는 우울증으로, 고령자의 삶에서 경험하는 여러 신체적·정신적·사회적 변화와 밀접하게 관련이 있다. 그러나 다른 연령대에서 나타나는 우울증과 유사한 증상과 함께 노화에 따른 신체적·인지적 변화와 겹쳐 증상이 복합적으로 나타날 수 있기 때문에 진단을 할 때는 이에 대한 고려가 필요하다.

일반적으로, 노년기 우울증의 진단은 『DSM-5-TR(정신질환의 진단 및 통계 편람 제5판 수정판)』의 기준을 따른다.

다음의 증상 중 적어도 5가지 이상이 2주 이상 지속되고, 일상생활에 부정적인 영향을 미치는 경우에 우울증으로 진단된다.

거의 매일, 하루 대부분 우울한 기분(예: 슬픔, 공허감)을 느낀다.
일상생활에서 즐거움이나 흥미를 느끼는 활동에 대한 관심이 줄어든다.
체중 변화(식욕 감소 또는 증가로 인한 비자발적인 체중 감소 또는 증가)가 있다.
불면증 또는 과도한 수면을 경험한다.
피로감 또는 에너지 상실을 경험한다.
자신에 대한 부정적인 생각 또는 과도한 죄책감을 가진다.
집중력 저하 또는 결정을 내리는 데 어려움이 있다.
신체적 활동의 저하 또는 지나치게 불안한 행동을 한다.
죽음에 대한 반복적인 생각 또는 자살 생각이나 시도를 한다.

노년기 우울증은 다른 연령층과는 달리 다음과 같은 노년기의 특징에 의해 발생되는 경우도 많기 때문에 진단을 할 때 다음과 같은 부분도 고려할 필요가 있다.

신체적 증상의 호소	우울한 감정을 직접적으로 표현하기보다는 신체적 통증, 피로, 소화 문제 등으로 표현하는 경우가 많다. 만성질환이나 신체적 통증을 호소하는 고령자는 우울증에 걸릴 위험이 높다.
인지 기능의 저하	노년기 우울증은 치매와 유사한 기억력 저하, 주의력 저하 등의 인지 기능 저하를 동반할 수 있다. 이것을 가성치매(pseudo-dementia)라고도 부르는데, 실제 치매와는 다른 일시적인 인지 기능 저하이다.
의욕 상실 및 무기력감	활동에 대한 의욕이 떨어진다. 신체적 능력의 저하와 결합하여 일상적인 활동을 회피하는 경향이 커진다.
고립감	사회적 고립이나 외로움을 느끼는 경우가 많다. 배우자나 지인의 사망, 퇴직 등으로 인해 우울증이 악화될 수 있다.

노년기 우울증의 경우에는 신체 상태에 대한 고려와 치매와의 구별이 중요하다. 실제 치매 초기의 증상으로서 종종 우울 증상이 드러나는 경우도 있다. '노년기 우울증'과 '인지장애를 동반한 우울 증상'은 진단이나 치료가 다르기 때문에 구별하는 것이 중요하다. 우울증으로 인해 기억력이나 집중력의 저하가 나타나면, 이러한 인지 기능의 저하가 마치 치매처럼 보이는 경우도 있다. 치매와 우울증의 차이는 다음과 같다. 우울증 환자는 인지 기능 검사에서 자신의 문제를 인식하고 보고하는 경향이 있지만, 치매 환자는 자신의 인지 기능 저하를 잘 인식하지 못하는 경우가 많다. 그리고 우울증에 의한 인지 기능 저하는 치료가 가능하지만, 치매는 점진적으로 악화된다. 신경심리학 평가는 인지 기능을 측정하기 위해 개인에게 제공되는 일련의 행동적 · 인지적 검사로서 척도화한 표준회 검시를 사용하는데, 이것은 CT나 MRI 등 최첨단 영상학적 검사 결과만으로 얻을 수 없는 정보를 제공해 줄 수 있다. 이는 검사를 받는 환자의 행동 문제가 뇌 손상이나 대뇌와 관련된 신경학적 문제 때문인지, 정신장애로 인한 것인지를 구별해 줄 수 있다. 예를 들어, 고령의 환자가 호소하는 기억 문제가 치매나 인지장애의 양상인지, 아니면 우울증으로 인한 정보처리 효율성 저하로 인한 것인지는 신경심리학 평가를 통해 확인이 가능하다.

면담 과정에서 내담자나 가족, 돌봄 제공자로부터 다양한 정보를 확인하는 것 이외에 평가 척도를 활용하는 경우도 있다. 대표적인 노인성 우울증 평가 척도는 15문항 또는 30문항으로 구성된 자가 보고 설문지인 노인우울척도(Geriatric Depression Scale: GDS)를 들 수 있다. 우울 검사에 자주 사용되는 벡우울척도(Beck Depression Inventory: BDI)도 고령자에게 활용이 가능하다.

(2) 증상

① 불안과 초조감

노년기 우울증은 발병 당시 우울증의 핵심 증상인 기분의 저하보다는 불안이나 초조감을 호소하는 경우가 많다. 이것은 청소년기와 성인기 우울증과는 다른 점이다. 예를 들어, 슬픔에 대해 직접적으로 슬픈 감정을 표현하지 않으면서 우울하다고 호소하는 청소년들과는 달리, 노년기 우울증 환자들은 불안과 조바심을 강하게 드러낸다.

이처럼 노년기 우울증의 특징은 삶의 의욕이나 흥미를 잃었다거나 막연한 불안감을 호소하는 것이다. 노년기 우울증 발병의 계기와 증상은 그 사람이 살아온 역사와 관련이 있을 수 있다. 예를 들어, 퇴직 후 목표를 상실한 고령자를 상상해 보자. 지금까지 자신의 희생을 마다하지 않고 사회가 요구하는 역할을 열정적으로 수행해 오면서 좋은 평가를 받아 왔다면 앞으로도 사람들의 좋은 평판을 받고 싶다는 욕구가 클 것이다. 그러나 퇴직으로 삶의 목표를 잃게 되면, 불안과 초조함이 더욱 커질 수 있다. 이 같은 상실감에서 오는 불안과 초조가 우울증을 유발시킬 수 있다.

② 건강염려에 대한 호소

노년기 우울증의 경우에는 노화에 동반된 신체 기능의 저하가 전면에 대두되는 경우도 있다. 이것은 신체 상태의 변화, 즉 여러 가지 질병에 걸리거나 그것이 만성화하기 쉽다고 생각하는 것에서 시작된다. 특히 심각한 질병을 앓고 있다고 믿는 건강염려(hypochondriacal)와 관련된 사고에 집착하면서 머리가 무겁거나 현기증, 변비 등의 자율신경계 증상을 호소하기도 한다. 이처럼 심리적 증상보다 불면이나 식욕부진, 어지러움, 심한 피로감과 같은 신체적 증상을 강하게 호소하는 경우가 많다.

특히 초기 노년기에는 통증이나 불편감 등 다양한 신체적 불만도 증가한다. 이처럼 노년기 우울증에서 가장 두드러진 호소는 자율신경계에서 기인한 심장박동이나 두통 등의 신체 증상이다. 이는 실제 신체 증상 외에도 노화로 인한 신체 증상에 대한 과도한 집착, 다른 것에 대한 흥미 부족, 자신감 상실 등이 원인으로 우울증의 배경이 된다.

③ 인지 기능의 저하

노년기 우울증에는 기억기능의 저하, 판단 능력 결여나 집중력의 저하를 호소하는 경우가 많아서 '가성 인지장애'라고도 불린다. 물건을 잘 기억하기 어렵거나 자주 잊어버리는 경우가 있어서 치매로 잘못 판단할 수도 있다. 인지장애나 알츠하이머형 인지장애의 경우, 초기에는 명확한 인지 기능 장애가 드러나지 않으면서 기분의 저하, 불안, 흥미 혹은 관심의 저하나 의욕 저하를 호소하는 경우도 있다. 그 때문에 노년기 우울증과 초기 인지장애의 구별은 쉽지 않다. 사실 고령자의 우울증이 이후 치매로 진행되는 경우도 적지 않다.

	노년기 우울증	치매
질병의 진행 속도	어떤 계기로 갑자기 나빠짐	증상이 천천히 진행됨
초기 증상	우울 증상, 신체 증상 호소(현기증, 흔들거림, 메스꺼움, 두통, 몸이 아프다)	인지장애, 기분의 편차가 큼, 성격의 변화
하루 중의 변화	아침이 상태가 저조하고, 저녁이 되면 좋아지는 경우가 있음	해당사항 없음
망상	질병 망상, 빈곤 망상, 과도한 죄책감	도난과 관련된 망상, 성적 일탈행위
공격성	없음	공격적이 됨
기억 상실의 양상	단기기억(자각하고 있는 경우도 있음)	가까운 사람을 알아보지 못하거나 날짜나 이름 같은 기본적인 사실을 기억하지 못함

인지 기능의 저하는 망상이나 환각을 동반하는 경우가 많다. 망상의 내

용으로는 '괴롭힘을 당한다.' '누군가 집 안에 침입했다.' '물건을 도둑맞았다.'와 같은 피해에 사로잡힌 망상이 가장 많다. 그 밖에 자주 보이는 변화로 질투망상, 관계망상 등이 드러난다. 이른 시기에 발병하는 조현병과 비교하면 고령자에게서 보이는 망상의 주제는 현실적이며 구체적인 것이 특징이며, 그 사람의 일상생활에 관련된 내용이 자주 보인다. 또한 망상의 대상도 이웃이나 가족, 배우자 등 가까운 사람들에 관련된 것이 많다.

④ 자살의 위험성 증가

고령자의 우울증은 공허감이나 절망감, 자신은 쓸모없는 존재라는 인식에 따른 비관적인 감정이 강하여 심할 경우에는 자살을 시도하기도 한다. 배우자나 지인의 죽음, 사회적 역할의 상실 등의 경험, 경제적인 불안, 신체기능 저하 등도 자살에 영향을 준다. 심한 경우에는 죄를 받고 있다는 망상, 빈곤망상, 피해망상 등을 동반하면서 극단적인 선택을 하기도 한다.

또한 신체적 어려움으로 인한 정서적 불안정이 우울증으로 발전하는 경우도 있다. 이때 질병으로 거동이 불가능해져 와상 생활을 하는 등 신체적인 문제가 겹치면서 고령자의 정신상태가 매우 불안정해지고, 결국 자살의 가능성까지 높아질 수 있다. 또한 은퇴, 배우자 또는 지인의 사망, 자녀의 독립으로 고립감과 외로움을 느끼기 쉬운데, 이것이 악화되면 자살의 위험성이 높아진다. 만성질환이나 지속적인 통증은 노인의 건강에 부정적인 영향을 미칠 수 있는데, 때로는 자살 사고로 이어진다. 특히 나이가 들면서 삶의 의미를 찾기 어려워지거나 자신의 역할이 줄어든다고 느낄 때 자살의 위험성이 높아진다. 자살의 위험이 높거나 자살 염려로 인해 돌보는 가족이 지쳐 있다면 입원치료를 하는 것도 바람직하다.

(3) 개입 방법

노년기 정신질환에 대한 치료는 주로 항우울제에 의한 약물치료이다. 우울증 약은 우울 증상을 개선시키는 작용이 일어나기까지 1~2주 정도 걸리는데, 부작용(졸음, 변비, 목마름 등)이 먼저 나타나서 고령자의 경우에는 지속적인 복용을 힘들어한다. 이처럼 약물대사 능력이 저하되어 있는 고령자에게는 부작용이 일어날 가능성이 크기 때문에 적은 양에서 시작하는 것이 좋다. 최근 의학이 발달하면서 비교적 부작용이 적은 약물이 많이 개발되었지만, 주요 작용과 부작용의 균형을 내담자와 가족의 정보를 토대로 고려해 가면서 적절한 약물을 선택하는 것이 필요하다.

재발에도 주의를 기울일 필요가 있다. 좋아졌다고 해서 너무 성급하게 약물의 복용을 중단하는 것은 바람직하지 않다. 회복했다고 해도 일정 기간은 약물을 꾸준히 복용하면서 서서히 줄여 가는 것이 일반적이다.

상담자는 고령자가 호소하는 환각이나 환상을 무조건적으로 부정하지 않으면서도 그것에 동조하지 않는 태도를 유지하는 것이 바람직하다. 호소 내용의 진위에 초점을 두기보다는 내담자가 느끼고 있는 불안이나 의지할 데가 없다는 것에 공감적 이해를 하면서 경청할 필요가 있다. 내담자 자신은 그것이 증상이라는 자각이 부족하기 때문에 자발적으로 병원이나 상담기관을 방문하거나 약물복용을 원하는 경우는 적다. 따라서 이들을 돕기 위해서는 내담자와 내담자를 둘러싼 가족, 지인, 사례 관리자들과 신뢰 관계를 쌓는 것이 중요하다. 또한 사회적 고립 상황이나 경제적 상황의 악화도 발병 요인이 되기 때문에 가족과의 동거, 사회적 네트워크를 활용하는 등 새로운 환경을 조성하는 것이 필요하다.

또한 가성 치매의 경우에는 기억력이 좋지 않고 아무 생각도 할 수 없다고 호소하기 때문에 치매로 오인되는 경우가 많다. 이러한 증상은 일반적인 우울증 증상과 다르기 때문에 정신과까지 방문하는 데에는 시간이 걸릴 수 있으며 이로 인해 우울증 치료가 지연될 수도 있다. 우울증은 항우울제의 복용이나 상담이 효과적이기 때문에 조기 치료가 필요하다. 한편, 노년기 초기의 우울증은 우울 상태가 반복되거나 장기화될 경우에 치매로 발전할 가능성이 높다. 이 때문에 노년기 우울증이 치매의 전조 증상이라고 알려져 있다.

우울증의 경우에는 예방이 중요하다. 우울증을 예방하기 위해서는 정서에 밀접하게 관여하고 있는 자율신경을 자극하는 것이 중요하다. 예를 들면, 스트레스를 발산하거나, 적당한 운동이나 질 높은 수면으로 자율신경의 부담을 덜어 준다. 때로는 자율신경을 활성화시키기 위해서 독서를 하거나 상상력을 자극하는 것도 필요하다.

그러나 가장 좋은 예방법은 가족이나 돌보는 사람의 수용과 공감이다. 이때는 기본적으로 충분한 휴식이 필요하므로 무리하게 기분 전환을 강요하기보다는 천천히 회복할 수 있는 환경을 만들어 가는 것이 중요하다. 또한 중요한 결정을 하거나 스트레스를 받는 일은 피하고 활동을 재개할 때에도 서서히 하는 것이 중요하다. 치료가 길어져서 가족의 부담이 커지면 주간보호시설이나 방문간호와 같은 지역의 자원과 연계하여 이용하도록 돕는다.

2) 노년기 불안장애

불안장애는 고령자의 정신건강을 위협하는 문제 중의 하나이다. 고령자의 불안은 심리 증상보다 신체적 어려움에 대한 호소가 많아서 전형적인 불안장애의 증후로만 진단하기는 어렵다는 특징이 있다. 즉, 고령자의 불안장애는 단순히 정신적 어려움을 넘어서 전반적인 건강과 삶의 질과 관련이 있다. 불안장애는 사회적 활동을 감소시켜서 타인과의 상호작용을 감소시킬 위험성이 크다. 그리고 이것은 사회적 고립으로 이어져서 삶의 질을 저하시킨다. 2021년을 기준으로 한국의 고령층의 불안장애 유병률은 약 2.1%로, 전체 성인 인구의 불안장애 유병률과 비교하면 다소 낮다(건강보험심사평가원, 2021). 그러나 불안장애는 노년기에 가지고 있는 신체적 기저질환을 악화시킬 위험성이 크기 때문에 세심한 치료와 관리가 중요하다.

고령자의 불안장애의 위험 요인은 우울증이나 치매를 함께 앓고 있거나, 가까운 사람과의 사별 등의 생활 사건과 관련이 있다. 치매의 발생 가능성이 높은 초고령자의 경우에는 치매에 걸릴지 모른다는 공포가 지나치게 커서 주위 사람들은 이러한 불안에 어떻게 대응할 것인지에 대한 충분한 준비가 필요하다.

(1) 진단 기준

노년기 불안장애의 진단 기준은 일반적인 불안장애와 유사하지만, 노년기에는 신체 증상과 정신적 변화에 대한 고려가 필요하다.

먼저, DSM-5-TR에 따른 불안장애의 주요 진단 기준을 살펴보기로 하자.

과도한 불안과 걱정: 다양한 사건이나 활동에 대해 과도한 불안과 걱정을 느끼며, 이러한 불안은 6개월 이상 지속된다.
불안을 통제하기 어려움: 불안을 통제하려고 하지만 스스로 조절하기가 어렵다.
신체적 증상: 불안과 관련된 6가지 증상 중 최소 3가지 이상이 나타나야 한다. - 안절부절못함 또는 긴장한 느낌 - 쉽게 피로해짐 - 집중하기 어려움 또는 마음이 텅 빈 것 같은 느낌 - 과민성 - 근육 긴장 - 수면장애(잠들기 어려움, 자주 깸, 불면증)
일상 기능의 저하: 불안과 걱정으로 인해 사회적 · 직업적 또는 기타 중요한 기능이 현저히 손상된다.
다른 의학적 상태로 설명되지 않음: 불안 증상이 신체 질환(예: 갑상선 기능 항진증) 또는 약물의 영향으로 인한 것이 아니다.
다른 정신질환과의 구별: 불안 증상은 다른 정신질환, 예를 들어 공황장애, 사회불안장애, 또는 강박장애 등과 구별되어야 한다.

앞의 증상 중 노년기에는 다음과 같은 증상이 더욱 두드러질 수 있다.

신체 증상(예: 근육통, 피로, 소화 문제)과 관련된 불안이 자주 나타난다.
불안 증상이 우울증이나 치매와 구별하기 어려운 경우가 있다.
건강, 경제적 문제, 사회적 고립, 죽음에 대한 두려움 등으로 인해 불안을 더 자주 호소한다.

따라서 이러한 기준을 고려해 볼 때 노년기 불안장애는 신체적 · 정서적 · 사회적 요인을 종합적으로 고려하여 진단되어야 한다.

노년기 불안장애를 진단할 때는 일반적인 불안장애 평가 도구와 고령자에게 맞는 특수한 평가 도구가 사용된다. 이러한 도구들은 노인의 신체적 · 인지적 특성을 고려하여 불안의 정도를 객관적으로 평가할 수 있도록 설계되었다.

자주 사용되는 평가 도구로 노인불안척도(Geriatric Anxiety Inventory: GAI)와 벡불안척도(Beck Anxiety Inventory: BAI)가 있다. GAI는 노인층에 특화된 불안 평가 도구로, 20개의 문항으로 구성되어 있으며, 불안 증상을 쉽게 평가하도록 고안되었다. 이 도구는 노인의 불안 수준을 측정하는 데 적합하며, 신체적인 불편함을 최소화하면서도 정신적 상태를 평가할 수 있다. 한편, BAI는 불안 수준을 측정하는 데 자주 사용되는 도구로, 21개의 문항을 통해 신체적 · 정신적 불안 증상을 평가한다. 이 도구는 다양한 연령대에 적용 가능하지만, 노년층의 불안을 평가할 때에도 많이 사용된다. 병원에서 주로 사용되는 도구인 병원불안우울척도(Hospital Anxiety and Depression Scale: HADS)도 있는데, 14개의 문항으로 구성되어 있으며, 불안과 우울을 각각 평가한다. 이 도구는 신체 증상보다 심리적 증상을 집중적으로 평가하며, 특히 신체질환과 연관된 불안을 측정할 때 유용하다. 이러한 도구들은 종합적으로 사용되어 고령자의 불안 증상을 평가하고, 불안장애의 진단과 내담자에게 알맞은 치료 계획을 수립하는 데 도움을 준다.

(2) 증상

노년기 불안장애는 다른 연령대의 불안장애와 비슷한 특성을 보이지만, 노년기에는 특정한 신체적 · 심리적 · 사회적 변화가 더 두드러지며, 그로 인해 독특한 패턴으로 나타난다.

① 건강에 대한 과도한 걱정

노년기에는 신체 기능이 저하되고 만성질환이 늘어나면서 건강에 대한 불안이 주된 요인이 된다. 고령자들은 사소한 신체 증상에도 과도하게 걱정하거나 자신의 건강 상태에 대한 불안이 커져서 신체화 증상을 경험할 수 있다.

② 미래에 대한 불확실성

은퇴 후에 경제적 안정성, 의료비, 그리고 돌봄에 대한 불안이 커질 수 있다. 경제적 자원이 부족하거나 가족의 지원을 기대하기 어려운 경우에는 불안이 더욱 심해진다. 죽음에 대한 두려움도 노년기의 주요 불안 요인 중 하나이다.

③ 사회적 고립

배우자나 친지의 사망, 자녀와의 거리감, 퇴직 등으로 인해 사회적 관계가 줄어들면서 고립감과 외로움이 불안을 악화시킬 수 있다. 이는 우울증과 함께 발생하기 쉬우며, 우울과 불안이 복합적으로 나타나는 경우가 많다.

④ 신체 증상과 연관된 불안

노년기에는 불안이 신체 증상으로 나타나는 경우가 많다. 근육 긴장, 두통, 소화불량, 어지러움 같은 증상이 불안과 함께 나타나며, 이는 건강 상태에 대한 걱정을 더욱 악화시킬 수 있다. 또한 고령자들은 신체 증상을 주로 호소하며, 정신적인 불안감은 상대적으로 덜 표현한다.

⑤ 인지 기능 저하와 연관된 불안

인지 기능이 저하되면서, 특히 치매 초기 단계에서 불안이 심화될 수 있다. 기억력 저하와 혼란스러움이 불안을 유발하고, 이는 또다시 인지 기능 저하를 부추기는 악순환이 될 수 있다. 그렇기 때문에 치매와 불안을 구별하는 것이 중요하다.

⑥ 수면장애

불안장애는 수면에 큰 영향을 미칠 수 있으며, 노년기에는 불면증이 자주 동반된다. 수면의 질이 낮아지면서 불안이 더욱 악화되기도 한다.

이처럼 노년기 불안장애는 신체적 · 사회적 · 경제적 변화와 깊은 관련이 있으며, 복합적인 패턴으로 나타날 수 있기 때문에 종합적인 접근이 필요하다.

(3) 개입 방법

노년기 불안장애에 대한 개입은 신체적 · 심리적 · 사회적 요인을 모두 고려하는 종합적인 접근이 필요하다. 주요 개입 방법은 다음과 같다.

약물치료로서 항불안제인 벤조디아제핀 계열의 약물은 빠른 효과를 볼 수 있지만, 노년층에서는 중독 가능성과 인지 기능 저하의 위험이 있기 때문에 신중한 복용이 필요하다. 항불안제를 장기적으로 복용하는데 어려움이 있어서 세로토닌 재흡수억제제인 항우울제를 사용하기도 한다.

불안장애에 개입하는 심리치료로는 인지행동치료(Cognitive Behavioral Therapy: CBT)와 수용전념치료(Acceptance and Commitment Therapy: ACT)가 자주 사용된다. CBT는 불안장애에 널리 사용되는 심리치료 방법 중 하나이다. CBT는 노년층이 불안을 일으키는 부정적 사고 패턴을 인식하고 교정하는 데 도움을 준다. 또한 현실적인 문제 해결 능력을 강화하고, 긍정적인 대처 방식을 습득하도록 돕는다. 반면에 ACT는 불안을 완전히 제거하는 것이 아니라 불안과 함께 살아가는 방법을 배우는 치료로, 노년층에게 특히 효과적일 수 있다. 이것은 삶의 가치를 재설정하고, 불안에 대한 수용을 통해 스트레스를 줄이는 데 중점을 둔다.

규칙적인 운동과 같은 생활 환경 개선은 불안 증상을 줄이고, 신체적 건강을 증진시키는 중요한 요소이다. 특히 걷기, 요가, 태극권 같은 낮은 강도의 운동은 불안과 스트레스 감소에 효과적이다. 그리고 수면장애는 불안과 깊은 연관이 있기 때문에 규칙적인 수면 습관을 가지는 것이 중요하다. 충분한 수면을 위해 취침 전 카페인 섭취를 줄이고, 수면 환경을 개선하는 등의 노력이 필요하다.

사회적 고립은 노년기의 불안을 악화시키기 때문에 가족, 친구, 지역사회와의 연결을 유지하는 것이 중요하다. 사회적 활동을 통해 외로움을 해소하고 정서적 지지를 받을 수 있다. 또한 고령자를 위한 자원봉사 활동, 취미프로그램, 지역사회 모임 등 지역사회에서 제공되고 있는 프로그램에 참여하는 것도 불안을 완화하는 데 도움이 된다. 이는 노년층에게 삶의 의미를 찾는 기회를 제공한다. 또한 정신건강 교육 프로그램을 통해 불안과 스트레스에 대한 이해를 높이고, 스스로 대처할 수 있는 방법을 배우도록 돕는 것이 중요하다.

노년기 불안장애는 여러 가지 요인이 복합적으로 작용하므로 개인의 신체적 · 심리적 상태를 고려한 맞춤형 접근이 필요하다.

3) 저장강박증

저장강박증은 실제 가치와는 관계없이 물건을 과도하게 모으고, 그것을 버리지 못하는 강박적 행동을 하는 정신질환이다. 이들은 자신의 소유물을 버리는 것에 심한 고통을 받는다. 이처럼 소유물을 버리는 것이 곤란하여 활동을 위한 생활공간이 어질러져서 온통 물건으로 넘치며, 공간의 사용 목적이 완전히 손상될 정도로 물건으로 뒤덮혀 있다. 따라서 소유물을 쌓아 두어 물건이 넘치고, 그 공간이 본래의 목적으로 사용하기 곤란하게 되며, 때로는 안전하지 못한 경우도 생긴다.

저장강박증은 DSM-5부터 새롭게 편입되면서 강박장애의 하위 영역인 수집광(hoarding disorder)이라는 새로운 진단명으로 소개되었다. 청년기에는 경증으로 발병하는 경우가 많은데, 나이가 들면서 서서히 악화하여 임상적 의미가 있는 장애를 일으킨다. 전형적으로 저장강박증은 만성으로 진행되어 만성적 저장강박증으로 발전하고 있다. 미국의 조사에서 저장강박증의 유병률은 2~6%이며, 첫 발병 연령은 21세까지 68.1%를 차지하며, 그 중 73.1%가 만성적 경과를 거친다는 결과를 보고함으로써 이를 뒷받침하고 있다. 또한 다른 조사에서도 자연적으로 소실하는 경우는 거의 없어서 만성화하는 경향이 있다고 알려져 있다(Tolin et al., 2010; Frost et al., 2011)

(1) 진단 기준

DSM-5-TR에 따른 수집광의 주요 진단 기준을 살펴보기로 하자.

실제 가치와는 상관없이 소지품을 버리거나 소지품과 분리되는 것을 지속적으로 어려워한다.
이런 어려움은 소지품을 보관해야만 하는 인지적 필요나 이를 버리는 데 따른 고통에 의해 생긴다.
소지품을 버리기 어려워해서 결국 물건이 쌓이게 되고, 이는 소지품의 원래 용도를 심각하게 저해하여 생활공간을 어지럽히게 된다.
수집광 증상(자신과 타인을 위한 안전한 환경을 유지하는 것을 포함하여)은 사회적 · 직업적 또는 다른 중요한 기능 영역에서 임상적으로 현저한 고통이나 손상을 초래한다.
수집광은 뇌 손상이나 다른 정신질환과 같은 다른 의학적 상태로 인한 것이 아니다.

일반적으로, 노년기의 저장강박증은 특히 다음의 2가지의 경우를 중심으로 판단하면 도움이 될 것이다.

실제의 가치와는 관계없이 소유물을 버리거나 포기하는 것에 지속적인 어려움이 있다. 그리고 버리는 것의 어려움은 '언젠가는 이것이 필요할 것이다.'라는 생각과 관련이 있다.
쌓여진 소유물이 활동을 위한 생활공간(즉, 지하실이나 보관실이 아닌)에 넘칠 정도로 벌려져 있거나 그 공간의 사용 목적이 상당히 손상되어 있지만, 본인은 그것에 대한 불편함도 거의 느끼지 못한다.

저장강박증의 핵심 증상은 과잉 수집에 있다. 따라서 과잉 수집을 초래하는 병의 증상이 강박적으로 물건을 구매하는 행위나 도박중독과는 연관성이 적으며, 의사결정 능력이나 충동성 통제의 문제를 가진 병적 기호와도 다른 질병이다. 오히려 정상인과 비교하면 부주의, 과잉활동 경향을 보이며, 반응 시간이 느리고, 대상물을 정리하는 것과 밀접한 관계가 있는 공간적 주의력이 약하다. 그리고 저장강박증을 가진 환자의 20%가 주의력결핍과잉행동장애(ADHD)의 진단 기준을 충족하여 정보처리, 작업기억, 수행기능 등에 장애가 있어서 주의력이 지속할 수 없는 등 중증도와 관련이 있다는 결과에서 유추해 보면, 인지 기능의 문제가 저장강박증의 중요한 요인이라고 주장하기도 한다(Woody et al., 2014).

(2) 증상

저장강박증의 주요 증상은 물건을 과도하게 모으고, 이를 버리지 못하는 행동으로 인해 일상생활에 심각한 어려움이 발생하는 것이다. 이 경우에 단순히 물건을 수집하는 것과 달리 물건을 버리거나 정리하는 데 극심한 불안을 느끼면서 생활공간을 제대로 활용하지 못하게 된다. 저장강박증의 구체적인 증상은 다음과 같다.

① 물건을 버리지 못하는 강한 집착

불필요한 물건이라도 버리지 못하며 사용하지 않거나 가치 없는 물건임에도 불구하고, 이를 버리는 것에 대한 강한 거부감을 느낀다. '언젠가는 필요할지도 모른다'는 생각으로 물건에 지나치게 정서적 가치를 부여하면서 물건을 쌓아 둔다. 그리고 이것을 잃게 되는 것에 심한 불안을 경험한다.

② 과도한 물건 수집

실제로 사용할 계획이 없는 물건을 반복적으로 모은다. 거리에서 종이류나 옷, 가전제품 등 다양한 종류의 물건을 집으로 가져오는데, 이 중에는 실제 사용 가능한 물건은 거의 없고 대부분 쓰레기와 같은 쓸모없는 것이다. 그러나 물건을 수집하지 않으면 불안감을 느끼는 반면, 물건을 모을 때는 일시적인 안도감을 느끼는 감정적 혼돈을 경험하기도 한다.

③ 생활공간의 혼란

거실, 주방, 침실 등 집 안의 주요 생활공간이 물건으로 가득 채워져 있어서 그 공간을 제대로 활용할 수 없게 된다. 예를 들면, 침대에서 잠을 자거나 주방에서 음식을 만드는 등 일상적인 활동을 하기 어려울 정도로 물건이 쌓인다. 이로 인해 음식 준비나 위생 관리 등의 기본적인 생활 기능이 불가능해진다. 통로가 막히거나 위험한 상황이 발생할 수 있다. 이처럼 물건이 쌓이면서 집 안의 위생 상태가 나빠져서 청소가 불가능해지거나 곰팡이, 해충, 쥐 등의 위생 문제가 발생할 수도 있다. 집 안이 불결해지면서 호흡기 질환이나 기타 건강 문제로 이어질 수 있으며, 민원으로 인한 이웃 간의 분쟁으로 이어질 수 있다.

④ 물건에 대한 집착

물건을 버리는 것을 자신의 일부를 상실하는 것처럼 느끼기 때문에 물건을 정리하거나 버리는 상황에서 강한 불안, 스트레스, 때로는 분노의 감정까지 가진다. 이처럼 물건 하나하나에 대해 과도하게 집착하여 어떤 것을 버려야 할지를 결정하는 데 큰 어려움을 겪으면서 정리 자체가 불가능해진다. 또한 물건을 쌓아 두는 과정에서 불안과 스트레스를 느끼며, 이를 관리하는 데 어려움을 겪는다.

동물을 과도하게 많이 키우면서 적절히 돌보지 못하는 애니멀 홀더(animal hoarder)도 저장강박증의 일종이다. 예를 들면, 체중감소나 병에 걸린 동물을 적절한 치료 없이 방치하거나 극단의 밀폐된 상황이나 위생 상태가 엉망인 환경에서도 충분한 영양 섭취나 위생 대책, 동물에 대한 케어를 하지 않는 경우이다.

⑤ 사회적 관계의 어려움

저장강박증에 의하여 종종 사회적 기능, 직업 기능 또는 다른 영역의 기능에 지장을 초래하거나 널려져 있는 상태에 당황하기 때문에 다른 사람들은 물론 가족도 집 안에 들여 놓지 못하여 사회적 관계가 단절되는 경우가 있다. 또는 물건을 관리하고 정리하는 데 많은 시간을 할애하기 때문에 직업적인 업무나 일상생활을 유지하는 데 어려움을 겪기도 한다.

저장강박증과 단순히 일시적으로 쌓아 놓거나 나열하는 것은 구별되어야 한다. 저장강박증 환자는 쌓아 놓은 물건을 나누거나 처분하는 것에 저항을 한다. 그러나 서적이나 피겨 수집가는 저장강박증을 가진 사람들과 마찬가지로 많은 물건을 수집하여 보관하지만, 수집된 물건을 체계적으로 정리한다. 그들은 필요한 생활공간을 심하게 어질러 놓지는 않는다. 또한 사용 목적에서 벗어나거나 기능이나 가정 환경의 안전성을 위협하는 경우는 없다.

노년기에 저장강박증을 보이는 사람들은 DSM-5-TR에서 언급한 수집광으로 일컫는 저장강박증 장애와는 다소 다른 점이 있다. 노년기의 저장강박증은 크게 2가지로 구분하여 생각할 수 있다.

첫째는 물건을 정리할 능력이 없는 사람이다. 신체질환이나 치매, 우울증이나 조울증과 같은 기분장애, 조현병의 정신질환을 가진 사람이 많다. 생활을 책임지던 가족의 죽음처럼 생활사의 변화나 질병의 악화로 생활하는 방법이 저하되면서 발생하기 쉽다. 엉망이 된 생활을 보여 주거나 알리기 싫어서 결과적으로 저장강박에 이르는 것이다. 음식물 찌꺼기를 포함한 다양한 생활 쓰레기가 쌓이면서 주위에서 악취를 호소하거나 이웃과 갈등을 빚을 가능성이 있다.

둘째는 모아 놓은 소유물을 쓰레기라고 인식하지 않는 사람들이다. 특정의 물건에 집착하면서 애착이 있는 소중한 물건이기 때문에 버릴 수 없다고 주장하면서 정리하는 것을 거부한다. 그런데 이처럼 집착하는 대부분의 것은 버려진 것이 아깝다고 주변에서 가지고 온 물건들이다. 본인은 아무런 문제가 없다고 생각하기 때문에 정리할 동기가 적을 뿐만 아니라 의사소통은 어렵다. 이들은 다른 사람의 개입을 싫어하여 스스로 적극적으로 은둔형 외톨이가 되어 관계를 단절하고 있다. 이 경우에 이웃과 마찰이 더욱 심하다.

(3) 개입 방법

저장강박증은 강박장애 및 불안장애와 유사한 뇌 기능의 문제가 관련된 것일 수 있으므로 약물치료가 도움이 될 수 있다. 따라서 불안과 강박적인 행동을 줄이는 데 효과적인 세로토닌 재흡수억제제가 효과적일 수 있으나, 이미 약물복용을 많이 하고 있는 고령층에는 바람직하지 않다.

따라서 노년기의 저장강박증 치료에는 약물치료보다는 개별화된 CBT가 도움이 된다. 이러한 치료 방법은 내담자가 물건을 버리고 새로운 물건을 다시 손에 넣지 않도록 하거나 자신의 의사결정 능력을 향상시키도록 도움을 주는 것에 초점을 맞춘다.

주로 내담자가 물건에 대해 가지는 왜곡된 사고를 수정하는 인지 재구성과 노출 및 반응 방지(Exposure and Response Prevention: ERP) 기법을 사용한다. ERP는 내담자가 물건을 버리거나 정리할 때 느끼는 불안에 점진적으로 노출되도록 함으로써 그 불안을 다루는 능력을 기르는 기법으로, 이를 통해 불안이 극복되면 강박적인 행동 역시 완화될 것이라고 본다. 어떤 물건이 필요한지 아닌지를 판단하거나 정리할 때, 내담자가 불안을 느낀다면 버리기 힘들어하는 물건을 단계적으로 선택하여 버리게 한다. 또는 내담자가 어지러진 공간을 정리하는 것에 대한 불안을 느낀다면 작고 덜 중요한 공간부터 시작해서 점진적으로 정리 범위를 넓혀 나가거나, 특별하게 정서적 애착을 느끼지 않는 사소한 물건부터 정리하도록 한다.

내담자가 평소에 회피하는 특정한 상황에 노출되는 훈련으로 물건을 정리하는 것 외에도 특정 장소나 상황에 대한 불안감을 줄이는 상황 노출훈련도 저장강박증 치료의 중요한 부분이다. 예를 들어, 분리수거하는 요일의 저녁에 쓰레기 하치장을 지나는 것만으로도 불안을 느낀다면 처음에는 그곳을 지나치는 연습을 한다. 그다음은 그곳에 가서 버려진 물건을 구경하는 훈련을 한다. 이와 같은 점진적 방법으로 더 이상 새로운 물건을 집안에 들이지 않도록 자신을 훈련한다.

그러나 지나치게 강도 높은 노출 기법은 오히려 내담자의 불안을 악화시킬 수 있으므로 임상가들은 내담자의 불안 수준에 맞추어 점진적으로 적용해야 한다. 내담자의 불안이 지나치게 높아지지 않도록 주의를 기울일 뿐 아니라, 각 단계마다 목표를 설정하고 이를 달성했을 때 긍정적인 피드백을 주는 것이 중요하다. 목표는 작게 시작해서 점차적으로 확대해 가는 것이 바람직하다.

또한 가족이나 이웃이 저장강박증을 가진 내담자의 행동을 이해하고, 지원할 수 있는 방법을 배우는 것도 중요하다. 내담자가 물건을 버리도록 강요하거나 지나친 개입을 할 경우에는 오히려 불안이 심해질 수 있기 때문에 가족이나 이웃에게 적절하게 개입하는 것이 필요하다는 점을 이해시키는 것이 중요하다. 그리고 내담자가 정서적으로 불안할 때 의지할 수 있는 사람이 존재하는 것도 치료에 긍정적인 영향을 미친다. 저장강박증은 재발 가능성이 높기 때문에 추후 상담 등을 통해 증상을 지속적으로 관리하는 것이 중요하다.

4) 노년기 알코올의존증

세계보건기구에서는 20억 명의 사람들이 알코올을 섭취한다고 추정한다. 알코올 음료는 에틸 알코올을 함유하고 있는데, 이것은 혈관을 통해 흡수되어 중추신경계로 전달하여 다양한 신경작용에 관여하며 기능을 저하시킨다. 에틸 알코올은 판단과 억제를 통제하는 뇌의 영역을 이완시키기 때문에 사람들은 점점 긴장이 풀려서 편안해지고 행복감도 느낀다. 그러나 과도한 알코올 섭취는 중추신경계의 다른 영역까지 기능을 저하시켜서 음주한 사람의 판단력과 기억력도 약화시킨다. 그리고 만성적으로 많은 양의 음주를 계속하면, 알코올중독으로 이어지면서 감정 조절을 못하는 정서적 변화가 일어나거나 운동 기능의 장애나 사회적으로 문제를 일으키는 등의 행동 변화가 일어난다. 이 단계에 이르면 내성과 금단 증상도 동반한다. 심한 경우에는 뇌 손상으로 이어지면서 알코올은 신경세포를 직접적으로 손상시키거나 간경변 등 간질환을 유발한다. 또한 만성적인 알코올 섭취로 인해 티아민(B_1) 결핍이 발생하여 베르니케·코르사코프증후군과 같은 신경학적 질환을 초래할 수 있다.

알코올이나 처방전이 필요한 약물남용의 문제는 고령자들에게 중요한 문제이지만, 물질 남용과 관련된 유병률은 노년기에 접어들면서 감소된다. 그것은 건강이 나빠지거나 소득 하락과 관련이 있다(Thompson, 2015)는 연구도 있다. 실제로 국민건강영양조사에 따르면, 40대의 음주량은 80%, 50대는 70%, 60대는 약 60%로 보고되어(질병관리청, 2020) 고령자 음주의 특징은 나이와 함께 일반적으로 음주량이 저하한다는 것이다. 즉, 나이가 들면 내성이 약화되면서 음주량은 줄어든다. 그럼에도 불구하고 음주는 고령자에게 많은 문제를 초래한다.

고령이 되면 젊은 때와 비교하여 신체의 수분량이 줄어들어서 소량의 음주에도 취하기 쉽기 때문에 알코올이 신체적 · 심리적인 면에 미치는 영향은 강력하다. 그리고 고령자에게 과도한 음주는 수명의 단축과도 관계가 있다. 과거의 음주도 뇌혈관장애, 골절, 치매 등의 질병에 부정적 요인이 된다. 간 기능의 장애는 팔이나 다리, 허리의 근육을 약화시켜서 낙상이나 부상의 위험성도 있다. 또한 소변을 스스로 조절하지 못하고 무의식적으로 배출하는 실금이나 물건 등을 잃어버리는 등의 증상을 보이기도 한다. 그리고 고혈압, 당뇨병, 심장질환 등의 만성질환을 가진 고령자의 경우에는 복용하는 약물과 알코올의 상호작용으로 부작용을 발생할 가능성이 높다. 또한 의외로 많은 경우가 가족에게 폭언이나 폭행을 하는 행동상의 문제를 드러낸다.

(1) 진단 기준

고령자의 알코올의존증을 판단하는 기준은 일반적인 알코올 사용장애의 진단 기준을 따른다. 그러나 고령자의 경우에는 대사 능력이 떨어지고, 만성질환을 동반하는 경우가 많아서 알코올에 대한 민감도가 더 높기 때문에 이와 관련된 신체적 · 심리적 변화가 반영될 필요가 있다.

DSM-5-TR에 따르면, 다음 중 2가지 이상이 지난 12개월 동안 나타난 경우에 알코올 사용장애를 진단할 수 있다.

알코올 섭취량이 계획보다 많거나 오랜 시간 동안 알코올을 사용한다.
알코올 사용을 줄이거나 조절하려는 지속적인 욕구가 있지만 실패한다.
알코올을 얻거나, 사용하거나, 그 효과에서 벗어나기 위한 활동에 많은 시간을 소비한다.
알코올에 대한 갈망이나, 강한 욕구나, 충동이 있다.
반복적인 알코올 사용으로 사회적 · 직업적 또는 가정 내 역할 책임 수행에 실패한다.
알코올로 인해 문제를 일으키거나 악화시키는 상황에서도 계속 알코올을 사용한다.
알코올로 인해 중요한 사회적 · 직업적 또는 여가 활동을 포기하거나 줄인다.
신체적으로 해가 되는 상항에서도 반복적으로 알코올을 사용한다.
알코올 사용으로 인해 지속적으로 신체적 · 심리적 문제가 유발되거나 악화될 가능성이 높다는 것을 알면서도 계속 알코올을 사용한다.
내성이 생겨 더 많은 양의 알코올을 필요로 하거나 이전에 효과를 보였던 양의 알코올로는 같은 효과를 느끼지 못한다.
알코올을 중단하거나 줄일 때 금단 증상(불안, 떨림, 땀, 메스꺼움 등)이 나타난다.

고령자의 경우에는 중장년층과는 달리 신체와 정신에 대한 알코올의 영향을 더 민감하게 받기 때문에 다음과 같은 것을 면담 과정에서 고려하는 것이 필요하다.

알코올 섭취로 인해 식사량이 줄어들면서 체중이 감소하는 경우가 많다.
알코올 사용으로 수면의 질이 떨어지거나 불면증 등의 수면장애를 초래하는 경우도 있다.
알코올은 단기 기억력에 영향을 미치면서 기억력 저하나 혼란 상태를 유발하기도 한다.
음주로 인해 사회활동이 줄어들거나 가족 및 친구와의 관계가 소원해지는 사회적으로 소외된 경우가 있다,
알코올로 인한 신체 균형 장애가 원인이 되어 낙상사고가 빈번하게 발생할 수 있다.

고령자는 나이가 들수록 알코올을 분해하는 능력이 감소하여 적은 양의 알코올도 신체에 큰 영향을 미치기 때문에 내성이 낮아지는 경향이 있다. 그리고 알코올은 고령자의 균형 감각과 운동 능력을 저하시켜서 낙상 및 골절 위험을 높이며, 인지 기능 저하를 가속화할 수 있다. 고령자들은 사회

적 고립, 상실감, 신체적 질병 등으로 인해 우울증이나 불안장애를 겪는 경우가 많은데, 알코올은 이러한 정신건강 문제를 악화시킬 수 있다.

체계적으로 판단하기 위해서 고령자 알코올의존과 관련된 간단한 평가 도구를 활용할 수도 있다. 평가 도구로는 CAGE 설문지와 AUDIT(Alcohol Use Disorders Identification Test)가 있다. CAGE는 다음의 4가지 질문 중 2가지 이상에 "예."라고 대답하면 알코올의존의 가능성이 높다고 본다.

C(Cut down)	술을 줄여야겠다고 느낀 적이 있습니까?
A(Annoyed)	다른 사람들이 당신의 음주를 비난하거나 간섭하는 것에 짜증 난 적이 있습니까?
G(Guilty)	술마시는 것에 대해 죄책감을 느낀 적이 있습니까?
E(Eye-opener)	아침에 해장 등을 위해 술을 마셔야겠다고 생각한 적이 있습니까?

한편, 세계보건기구가 개발한 AUDIT는 고령자에게도 적용 가능한 평가 도구로, 알코올 사용 빈도, 양, 결과 등을 평가할 수 있다. AUDIT는 다음의 10가지 문항으로 구성되어 있는데(〈표 5-2〉 참고), 점수가 높을수록 알코올의존이나 위험한 음주의 가능성이 높다.

이처럼 고령자의 알코올중독을 판단할 때는 이러한 다양한 신체적 · 정신적 · 사회적 요소를 종합적으로 고려해야 한다. 특히 약물복용 여부와 기존의 만성질환과의 상호작용을 중요하게 고려하여 진단할 필요가 있다.

(2) 증상

고령자의 알코올의존은 일반적인 알코올 사용장애와 달리 몇 가지 특성이 있다. 고령자들의 신체적 · 심리적 변화와 사회적 환경이 알코올의존에 영향을 미친다. 따라서 여기서는 일반적인 알코올 사용장애의 증상을 배제한 고령자의 알코올의존의 특성에 대해 언급하려고 한다.

〈표 5-2〉 AUDIT의 10가지 문항

구분	문항
음주 습관	1. 얼마나 술을 마십니까? • 전혀 마시지 않는다 / 한 달에 한 번 미만 / 한 달에 한 번 / 한 주에 한 번 / 거의 매일
	2. 술을 마실 때 한 번에 몇 잔을 마십니까? • 1~2잔 / 3~4잔 / 5~6잔 / 7~9잔 / 10잔 이상
	3. 한 번에 6잔 이상의 술을 마시는 일이 얼마나 자주 있습니까? • 전혀 없다 / 한 달에 한 번 미만 / 한 달에 한 번 / 한 주에 한 번 / 거의 매일
알코올 관련 문제	4. 지난 한 해 동안, 술 때문에 통제력을 잃었다고 느낀 적이 얼마나 자주 있었습니까? • 전혀 없다 / 한 달에 한 번 미만 / 한 달에 한 번 / 한 주에 한 번 / 거의 매일
	5. 지난 한 해 동안, 술을 줄여야겠다고 생각했지만, 실패한 적이 얼마나 자주 있었습니까? • 전혀 없다 / 한 달에 한 번 미만 / 한 달에 한 번 / 한 주에 한 번 / 거의 매일
	6. 지난 한 해 동안, 술을 마신 다음 날 일을 하지 못하거나 책임을 다하지 못한 적이 얼마나 자주 있었습니까? • 전혀 없다 / 한 달에 한 번 미만 / 한 달에 한 번 / 한 주에 한 번 / 거의 매일
음주로 인한 신체적·심리적 영향	7. 지난 한 해 동안, 술 때문에 부상당한 적이 있습니까? • 전혀 없다 / 한 번 / 두 번 이상
	8. 가족이나 친구, 의사가 술에 대해 걱정을 표현한 적이 있습니까? • 전혀 없다 / 한 번 / 두 번 이상
	9. 술로 인해 자신이나 타인을 다치게 한 적이 있습니까? • 전혀 없다 / 한 번 / 두 번 이상
	10. 술로 인해 우울하거나 죄책감을 느낀 적이 있습니까? • 전혀 없다 / 한 번 / 두 번 이상

① 대상 능력과 내성의 저하

알코올에 대한 신체적 민감성 증가함에 따라 대사능력이 저하되거나 내성이 약화된다. 나이가 들수록 신체의 알코올 대사 능력이 감소한다. 간 기능이 약해지면서 알코올 분해 속도가 느려져서 체내에서 알코올이 오래 머무르게 된다. 또한 체내 수분량이 감소하면서 알코올의 농도가 더 높아져 소량의 음주로도 많은 영향을 받는다. 이 외에 내성에도 변화가 일어나는데, 젊었을 때는 알코올을 많이 마셔도 큰 문제가 없었던 사람들이 나이가 들면서 같은 양의 술에도 더 강한 반응을 보일 수 있다. 즉, 내성이 약화되어 알코올로 인한 신체적 · 정신적 손상이 더 빠르게 나타난다.

② 약물 간의 상호작용의 위험성

동반 질환과 약물 상호작용으로 만성질환이 악화되거나 약물 간의 상호작용이 일어날 수 있다. 고혈압, 당뇨병, 심혈관질환 등 고령자가 흔히 겪는 만성질환이 알코올에 의해 악화될 수 있다. 알코올은 혈압을 높이거나, 혈당을 조절하는 능력을 저하시키며, 특히 간질환을 유발하거나 악화시킬 수 있다. 또한 대부분의 고령자는 여러 가지 약물을 복용하는데, 알코올이 약물의 효과를 방해하거나 부작용을 증가시킬 수 있다. 특히 진정제, 수면제, 항우울제와 알코올을 함께 복용하면 중추신경계에 심각한 영향을 미칠 수 있다.

③ 사회적 고립의 위험성

정신건강을 위협하거나 사회적으로 고립시킬 개연성이 높다. 고령자는 은퇴, 배우자나 친구의 상실, 사회적 고립 등으로 인해 우울증이나 불안을 겪을 가능성이 크다. 이러한 정신건강 문제는 알코올남용을 부추길 수 있으며, 알코올의존으로 이어지기 쉽다. 그리고 고령자는 사회적 연결망이 축소되어 외로움을 느끼면서 음주를 통해 이러한 외로움을 완화하려는 경향이 있다. 심한 경우에는 가족이나 친구와의 교류가 줄어들면서 술을 마시는 시간이 증가할 수 있다. 배우자나 친구 또는 직장을 잃는 등 상실 경험이 많은 고령자들은 그로 인한 스트레스를 알코올로 해소하려고 한다.

④ 기억력 저하 및 인지 기능 문제

알코올은 고령자의 인지 기능에 영향을 미쳐서 기억력 저하, 혼란, 판단력 저하를 유발할 수 있다. 이로 인해 알코올성 치매(알코올로 인한 인지 기능 저하)와 같은 문제가 발생할 수 있다. 알코올은 기존에 있는 경미한 인지장애를 악화시키거나 치매 증상을 가속화할 수 있다. 또한 인지 기능이 저하된 고령자는 자신의 음주 문제를 인식하지 못하거나 이를 통제하기 어려워서 알코올의존 상태로 빠져들기 쉽다.

알코올의존증은 종종 건망증후군을 넘어서 치매 또는 심각한 전반적 인지장애를 보인다. 즉, 증상으로는 코르사코프증후군과는 다른 중도의 지적 저하를 동반한 치매가 인정된다. 많은 경우에 알코올의존증에 동반한 고혈압, 간기능장애, 대사질환에 의한 혈관성 병변에 기인한 뇌혈관성 치매, 간경변을 동반한 인지장애를 동반하는 경우가 많다.

⑤ 신체적 위험 증가

알코올은 신경계에 영향을 주어 균형 감각과 근력 저하를 유발한다. 이는 고령자의 경우에 낙상 위험을 크게 증가시키며, 골절과 같은 심각한 부상으로 이어질 수 있다. 알코올남용은 영양 결핍을 초래할 수 있으며, 특히 고령자의 경우에는 수분 섭취 부족으로 인해 심각한 탈수가 발생하여 신체 전반의 기능 저하로 이어질 수 있다.

노년기 알코올의존증의 경우에는 노년기의 부정적 나선형 질병 패턴과 유사한 부분이 많다. 즉, 나이 듦, 인지 기능의 저하, 신체 기능의 장애, 이동 능력의 저하라는 공통된 위험 요인으로부터 식욕 저하, 낙상, 실금, 우울 증상 등으로 이어지기 쉽다. 알코올의존증의 문제를 가진 고령자의 대부분은 집에 있는 시간이 증가하면서 음주 시간도 길어진다. 식욕이 떨어지고, 발과 다리의 근육이 약해지면서, 결국 보조 기구의 도움으로 보행하게 되며 결국 와상 상태에 이른다. 따라서 음주가 노년기 질환 패턴의 부성석 나선형을 가속화시키는 경향이 있다고 말할 수 있다.

⑥ 치료 기회의 부족

고령자는 자신의 음주 문제를 인정하지 않거나 주위에 음주 습관을 숨긴 채 혼자 술을 마시는 경우가 많아서 알코올의존 문제가 잘 노출되지 않는다. 그 결과, 알코올 문제가 심각해질 때까지 방치되며, 자신에게 알코올 문제가 있다는 인식이 없기 때문에 치료해야 한다는 동기는 부족하다. 특히 나이가 많다는 이유로 자신의 건강 문제를 포기하거나 치료를 받아도 개선될 가능성이 낮다고 생각하는 경향이 있다. 고령화에 따라 고령자의 알코올의존증이 관심을 끌고 있지만, 여전히 이동의 제한, 사회적 지원 부족, 경제적 어려움 등으로 인해 고령자가 알코올 치료에 참여할 기회가 적다는 점도 염두에 두어야 한다.

노년기 알코올성 치매

고령자는 젊은이와 같은 정도의 음주를 해도 뇌에 미치는 영향이 크며, 치매로 이어지기도 한다. 이것은 알코올 관련 치매로서 다량의 음주에 의한 여러 가지 증상으로 인해 이차적으로 치매를 발병한다. 알코올과 관련된 치매의 원인으로 가장 많이 드러나는 것은 베르니케뇌병증(Wernicke's encephalopathy)과 그 후유증인 코르사코프증후군(Korsakoff's syndrome)이 대표적이다. 이것을 합쳐서 베르니케 · 코르사코프증후군이라고도 부른다.

베르니케뇌병증은 비타민 B_1의 부족으로 인해 뇌간에 작은 출혈이 생기면서 안구운동장애나 인지장애 등의 정신 상태의 변화, 실조성 보행 등의 증상이 급격하게 출현된다. 알코올 과다섭취는 비타민 B_1의 과도한 소모를 초래하며, 베르니케뇌병증의 주요 원인 중 하나로, 절반 이상이 알코올의존증과 관련이 있다. 발병 직후 티아민을 대량 주입하면 회복하지만, 방치하면 사망할 수도 있다. 그리고 조기에 치료하지 않으면 코르사코프증후군으로 이행될 가능성이 높다. 코르사코프증후군은 의식적으로 기억하거나 회상할 수 있는 단기기억 상실과 같은 인지장애나 지남력장애, 사실이 아닌 일을 기억한다고 주장하는 작화(fabrication) 등의 증상이 출현하는데, 발병하면 회복이 어렵다.

알코올성 치매는 알코올의 다량 섭취가 원인이라고 생각되는 치매이다. 다량의 음주는 심신에 여러 가지 장애를 불러일으키는 것으로 알려져 있는데, 그것이 원인이 되어 인지 기능의 저하 등 치매 증상을 초래하는 것이다. 알코올성 치매는 고령자에게서 자주 보이는데, 60세 이상의 알코올 사용장애 환자가 인지 기능 저하와 연관이 있으며, 특히 여성에게서 그 영향이 더 크다(김동수, 2017)는 연구 결과도 있다. 이처럼 다양한 형태의 알코올의존성 치매가 있다.

첫째, 취해 있는 동안에는 치매와 비슷한 증상을 보이는 경우이다. 이 경우에는 기억장애로, 알코올의존증에서 흔히 보이는 취한 상태에서 기억을 하지 못하는 블랙 아웃이 있지만 술을 깨면 평상시의 모습으로 돌아온다.

둘째, 여러 가지 원인으로 인해 알코올 관련 치매인 경우이다. 이 경우에는 음주를 하지 않는다면 어느 정도 증상의 개선이 보이므로 치료 가능한 치매라고 볼 수도 있다. 따라서 조기 발견과 조기 치료가 중요하다.

셋째, 치매를 가지면서 알코올의 문제를 병행하는 경우이다. 이 경우는 음주로 인해 치매의 진행 속도가 빨라진다. 이처럼 알코올과 관련된 치매는 여러 형태이지만, 어느 경우라도 음주를 하지 않는 것이 치매의 진단 또는 상태의 평가나 치료에 중요한 요소가 된다.

알코올성 치매의 특성

안구운동장애	베르니케뇌병증에서 보이는 증상 중 하나이다. 안진(안구가 경련하는 움직임), 눈 주위 근육의 마비와 경직, 주시장애(양쪽 눈을 동일하게 움직일 수 없는) 등이 있다.
의식장애	베르니케뇌병증에서 보이는 증상 중 하나이다. 의식이 혼탁하거나 혼란(정보를 올바르게 처리할 수 없는 상태), 혼수(눈을 닫은 채 무반응 상태)를 일으킨다.

운동 실조	베르니케뇌병증에서 보이는 증상 중 하나이다. 몸이 흔들리거나 걷는 것이 어색하거나 불안정하다.
기억장애	물건을 자주 잃어버린다. 새로운 단어나 사물을 기억할 수 없게 되는 기명력 장애가 나타난다.
지남력장애	'지금이 언제인가' '여기는 어디인가' '이 사람은 누구인가', 시간과 장소, 사람을 모른다.
작화	실제로 경험하지 않았는데, 경험한 것처럼 이야기를 만들어 낸다. 코르사코프증후군 증상의 하나이다.
알코올의존증과 동일한 증상	의욕 저하나 흥분, 공격적 언행, 환상, 탈억제(행동 억제가 효과가 없다) 등 알코올의존증과 동일한 증상을 보인다.

이러한 증상이 모두 나타나는 것은 아니다. 원인이 되는 장애에 따라 선별적으로 나타난다. 또한 알츠하이머 치매 등 다른 치매와 합병된 경우에는 앞에서 언급한 것 이외에도 다양한 증상이 나타날 수 있다.

알코올 치매는 가능하면 초기에 의료진의 지도를 받는 것이 바람직하다. 많은 양의 음주습관이 있고 앞의 증상이 보인다면 의학적 도움을 받는 것이 필요하다. 베르니케뇌병증의 치료에는 비타민 B_1(티아민)을 다량으로 투여한다. 치료가 늦어져서 코르사코프증후군으로 이행되면 기억이나 인지 기능의 완전한 회복이 어렵기 때문에 빠른 시기에 치료를 받는 것이 중요하다. 뇌혈관 장애를 함께하는 경우에는 고혈압이나 당뇨병 등의 위험인자에 대한 약물치료를 한다. 약물 이외의 치료로는 단주를 들 수 있다. 알코올의 섭취량을 대폭으로 감량하거나 또는 알코올의 섭취를 끊어서 증상의 회복이나 개선을 기대한다. 알코올의존증의 경우에는 단주에 의한 강한 이탈 증상이 나타나기 쉽기 때문에 의료기관의 도움을 받는 것이 필요하다. 단주와 함께 생활 패턴의 개선이나 영양 부족을 보충하는 식이요법 등을 함께한다.

알코올과 뇌의 관계에서는 음주량과 뇌 수축 사이에 정적 상관이 있다고 알려져 있어서 음주량이 많을수록 뇌 수축의 정도도 확대된다. 또한 하루의 음주량이 20g(맥주 500ml)을 넘으면 인지 기능 저하나 치매의 위험이 높다는 보고도 있다. 한편, 소량의 음주를 하는 사람은 음주를 하지 않는 사람이나 다량의 음주를 하는 사람보다 치매나 인지 기능 저하의 위험성이 낮다는 보고도 있다. 즉, 알코올은 뇌나 인지 기능에 나쁜 영향을 미치지만 적당한 양을 마신다면 치매를 예방할 가능성도 있다.

알코올성 치매는 기본적으로 회복을 기대할 수 있는 치매이다. 과도한 음주가 습관화되지 않도록 주의하고, 치매를 의심되는 증상을 발견하면 의료기관의 도움을 받는 것이 중요하다.

(3) 개입 방법

노년기 알코올의존의 개입은 신체 대사 능력의 저하, 약물복용, 만성질환, 사회적 고립 등 다양한 요인이 작용하기 때문에 신체적 · 정신적 · 사회적 특성을 고려한 다각적인 접근이 필요하다.

알코올중독의 경우에는 전문병원에 입원하여 치료를 받는 것이 바람직하다. 입원치료에서는, 먼저 해독 과정을 진행하여 알코올의 영향을 제거한 상태에서 상태 평가를 한다. 그러나 고령의 알코올의존 내담자는 현실적으로 입원치료가 쉽지 않다. 따라서 심각한 경우에는 의료적 개입으로 약물치료가 이루어진다. 그러나 내담자의 신체적 · 정신적 건강에 미치는 친 영향을 종합적으로 평가하는 것이 선행되어야 한다. 즉, 알코올이 간질환, 심혈관질환, 당뇨병 등 기존의 질병을 어떻게 악화시켰는지 확인하고, 필요한 치료 계획을 수립해야 한다. 금단 증상이 있는 경우에는 벤조디아제핀이나 항경련제 등을 사용할 수 있다. 그러나 고령자의 경우에는 이미 여러 가지 약물을 복용하고 있는 경우가 많기 때문에, 이 같은 약물을 함께 복용할 때의 위험을 사전에 평가하는 것이 필수적이다.

임상 현장에서 주로 사용되는 접근은 CBT이다. 이 접근은 음주와 관련된 왜곡된 생각과 행동 패턴을 인식하고 수정하는 데 도움을 주기 때문에 고령자의 음주 습관을 변화시키는 데 효과적일 수 있다. 예를 들어, '외로움에서 벗어나기 위해 술을 마신다.'와 같은 부정적 사고 패턴을 긍정적이고 현실적인 사고로 바꿔 나가도록 돕는다. 치료에 대한 긍정적 태도를 형성하도록 고령자들이 자신의 음주 문제를 깨닫고, 변화를 추구하도록 동기를 부여해 주는 임상가들의 역할이 중요하다.

고령자의 알코올 문제를 돕기 위해서는 가족의 역할이 중요하다. 가족이 고령자의 음주 문제를 이해하여 치료 과정에서 필요한 지원을 제공할 수 있도록 가족 교육을 실시하는 것이 바람직하다. 이 과정에서 알코올의존증의 특성을 이해시키고, 환자에게 정서적 지지와 격려를 제공하는 방법을 알려 준다.

대부분의 고령자 음주 문제는 외로움이나 사회적 고립에서 비롯되기 때문에 사회적 관계를 재구축하고, 사회활동에 참여하도록 돕는다. 예를 들면, 외로움이나 스트레스, 우울감을 술 이외에 대신할 산책이나 사회활동과 같은 건강한 스트레스 해소 방법을 찾도록 격려한다. 지역 노인복지센터나 자원봉사 활동, 취미 모임 등 외부 활동에 참여하도록 조언할 수도 있다.

치료적 개입이 이루어진 이후에 정기적인 상담, 가족에 대한 지원, 자조 모임 참여 등을 통해 재발의 위험을 사전에 예방하는 것도 중요하다. 상담을 통해 내담자의 이야기를 경청하면서 고립되지 않도록 신경을 쓰거나 내담자 스스로가 자신의 음주량을 기록하면서 자신의 음주 습관을 인식하도록 돕는 것도 바람직하다. 또는 음주 재발 지원 그룹으로 알려진 알코올 익명 모임(Alcoholics Anonymous: AA)과 같은 자조 모임에 참여하도록 권유할 수도 있다. 고령자들의 AA는 유사한 문제를 겪는 고령자들끼리 경험을 나누고, 정서적 지지를 받는 데 도움이 될 수 있다.

5) 신경인지장애: 노인성 치매

노인성 치매는 일반적으로 알츠하이머 치매와 뇌 수축성 치매로 나뉜다. 그러나 뇌의 병리조직학적 상태는 알츠하이머병과 동일하기 때문에 통틀어 알츠하이머형 노년기 치매(senile dementia of Alzheimer type, 이후 치매로 지칭)라고 부른다. 알츠하이머병은 뇌의 신경세포가 활성화하지 못하면서 지각이 둔해지는 증상을 유발한다. 알츠하이머병은 치매를 일으키는 가장 흔한 퇴행성 뇌질환으로, 1907년에 독일 정신과의사인 알로이스 알츠하이머(Alois Alzheimer)에 의하여 55세로 사망한 여성 환자에 관한 논문에서 처음 알려졌다. 51세에 치료를 시작한 여성 환자는 기억력이 서서히 저하되는 등의 증상을 보이더니, 마침내 외상상태에 이르러 사망했다. 그는 환자의 대뇌에서 대뇌피질에 광범위하게 특이한 변성 병변을 발견하면서 지금까지 알려지지 않은 질병이라고 보고했다. 그 환자의 대뇌는 많은 신경세포가 소실되어 대뇌피질에 아밀로이드라는 주름 상태의 노인성 반점이 착상되어 대뇌 전반이 수축되었던 것이다. 이 같은 대뇌의 변화는 알츠하이머병 환자들이 공통적으로 보이는 특징이다.

이 사례는 성인기에 발병했지만, 알츠하이머병은 주로 고령자에게서 발병하는 경우가 많아 발병 연령에 따라 65세 미만에서 발병한 경우를 성인기 알츠하이머병, 65세 이상에서 발병한 경우를 노년기 알츠하이머병으로 구분하기도 한다. 뇌의 수축이라는 공통점 때문에 알츠하이머로 통일하여 불렀다. 성인기 알츠하이머병은 진행 속도가 빠르고 언어기능의 저하가 비교적 초기에 나타나는 등의 특징을 보이는 반면, 노년기 알츠하이머병의 경우에는 상대적으로 진행이 느리고 다른 인지 기능 저하에 비해 기억력의 손상이 두드러진다. 여기서는 노년기 알츠하이머병을 인지 능력이 여러 가지 원인에 의해 저하한 상태를 가르키는 것으로, 치매로 통칭하고자 한다. 이처럼 치매란 뇌의 병적 변화로 인해 기억력과 판단력을 포함한 인지 기능이 쇠퇴하는 질병이다.

치매는 대뇌가 축소하면서 신경세포의 소실 때문에 몇 단계에 걸쳐서 점진적으로 진행하는 특징이 있다. 의미 있는 대화에 어려움을 보이는 초기 단계부터 여러 가지 신체적인 증상이 나타나는 말기에 이르기까지 다양한 증상이 나타난다. 초기 단계에서는 최근 일과 관련된 기억에 문제를 드러내는 기억력 저하가 주로 나타난다. 그리고 우울, 불안과 같은 정신 행동 증상이 동반되는 경우도 있다. 중기 단계가 되면 모든 일상생활 기능에 곤란한 경험이 늘어난다. 성격 변화, 초조 행동, 우울증, 망상, 환각, 공격성 증가, 수면장애 등의 정신 행동 증상이 동반하며, 이후 기억력을 포함한 인지 기능의 현저한 저하가 나타나며, 일반적으로 정신 행동 증상이 심해지는 경향을 보인다. 말기 단계에 이르면 경직, 보행 이상 등의 신경학적 장애 또는 대소변 실금, 감염, 욕창 등 신체적인 합병증까지 나타난다.

치매의 출현율은 65세 이상 인구 중 9.25% 정도인데, 85세 이상의 고령자의 경우에는 경도 치매를 포함하면 4명 중 한 명이라고 알려져 있다(한국보건사회연구원, 2023).

(1) 진단 기준

노인성 치매는 기억력, 언어 능력, 판단력, 추론 능력, 성격 및 행동에 영향을 미치는데, 다양한 원인과 형태의 치매가 존재한다. 즉, 알츠하이머병, 혈관성 치매, 루이소체 치매, 전두엽 치매 등의 여러 유형이 있다. 여기서는 이런 다양한 유형을 포함한 DSM-5-TR의 주요 신경인지장애의 진단 기준을 먼저 살펴보고자 한다.

하나 또는 그 이상의 인지 영역(복합적 주의, 집행 기능, 학습과 기억, 언어, 지각운동 또는 사회 인지)에서 인지 저하가 이전 수행 수준에 비해 현저하게 낮다.
인지 결손은 일상생활에서 독립성을 방해한다.

인지 결손은 단지 섬망이 있는 상황에서만 발생하는 것이 아니다.
인지 결손은 다른 정신질환에 의한 것이 아니라, 알츠하이머병, 전두측두엽 변성, 루이소체병 등과 같은 병인에 따라 발생한다.

가장 흔한 치매 형태로 전체 치매 사례의 약 60~80%를 차지하는 알츠하이머병은 뇌세포가 서서히 죽어 가며, 기억력을 포함한 인지 기능이 점진적으로 감소한다. 그것은 뇌 내에 아밀로이드 베타 단백질이 비정상적으로 축적되어 신경 섬유의 엉키면서 뇌세포가 손상되기 때문이다. 초기에는 단기 기억력이 저하되며, 진행될수록 언어 능력, 판단력, 시공간 능력 등이 손상되므로 진단 시에는 이런 것을 파악하는 것이 중요하다.

치매 진단을 위한 검사는, 먼저 면담을 통해 다음과 같은 것을 파악한다.

인지 기능에 영향을 줄 수 있는 신체질환 및 뇌신경계 질환의 징후가 있는지 파악한다.
내담자의 기억력 등의 인지 기능을 평가하고, 섬망이나 혼돈과 같은 의식장애의 여부를 평가한다.
우울증이나 망상, 환각 등의 동반된 정신 행동 증상이 있는지 평가한다.
일상생활에서의 기능 수준이 어느 정도인지를 평가한다.

특히 일상생활의 기능 수준을 파악할 때는 식사하기, 옷 입기, 씻기, 대소변 가리기 등의 기본적인 일상생활에서부터 전화하기, 음식 만들기, 돈 관리하기 등과 같은 좀 더 복잡한 일상생활에서의 행동까지 단계적으로 파악하는 것이 중요하다. 이러한 검사는 진단을 위한 평가뿐만 아니라 향후 내담자 관리에도 도움을 줄 수 있는 기본적인 정보를 제공한다.

임상 현장에서 가장 많이 사용하는 것은 신경심리 검사이다. 이것은 뇌 기능과 관련된 다양한 인지 기능을 객관적으로 정밀하게 평가하는 검사이다. 신경심리 검사에는 기억력, 언어 능력, 주의집중력, 판단 능력, 계산 능력, 수행 능력, 시공간 파악 능력 등 다양한 인지 영역에 대한 광범위한 평가가 포함된다. 신경심리 검사 결과를 통해 어떤 영역의 인지 기능이 어느 정도 수준으로 저하되었는지에 대한 객관적 정보를 얻을 수 있다. 현재 한국에서는 CERAD-K(Consortium to Establish a Registry for Alzheimer's Disease)와 SNSB-2(Seoul Neuropsychological Screening Battery-2) 검사가 많이 사용된다. CERAD-K 검사는 미국의 알츠하이머병 연구센터에서 알츠하이머병 진단을 위해 개발된 검사인데, 한국형으로 맞춰서 CERAD-K 검사를 개발했다. 검사는 전문의가 치매를 진단하는 데 필요한 환자의 기본적인 정보를 체계적으로 얻을 수 있도록 구성되어 있는데, 문항을 통해 기억력, 언어 능력, 시공간 능력, 집행 기능의 개별 인지 기능을 평가할 수 있다. 한편, SNSB-2는 인지 기능에 대한 종합적이고 심층적인 평가를 하기 위해 폭넓은 난이도의 항목들을 포함하고 있다. 이 검사는 정상적인 장·노년의 수행 능력을 연령과 성별, 그리고 교육 수준으로 세분화한 규준 정보를 제시하는 것이 특징이다. 그리고 학력이 낮은 고령층은 검사자의 안내에 따라 수행할 수 있다. 그러나 검사 시간이 2시간 전후로 다소 길다는 단점이 있다. 검사의 구성은 주의집중 능력, 언어 및 관련 기능, 시공간 기능, 기억력, 전두엽/집행 기능으로 총 5가지로 구성되어 있다.

(2) 증상

① 기억력 저하

치매는 기억 등 인지 기능장애가 증상의 중심이다. 따라서 치매 초기에는 사소한 물건을 잃어버리거나 최근의 대화 내용을 반복적으로 묻게 되고, 약속을 잊는 일이 잦아지며, 최근에 있었던 일이나 사건을 기억하지 못하는 등의 증상이 나타나게 된다. 증상이 더욱 진행되면 물건을 잃어버리는 것이 빈번해지고 사고력이나 판단력 같은 지적 능력이 저하되며 사물 인식장애도 악화될 수 있다. 또는 사람 만난 일을 잊어버리거나 식사를 한지 얼마 지나지 않아 다시 밥을 찾는 경우가 생기며, 방금 들은 말조차 금

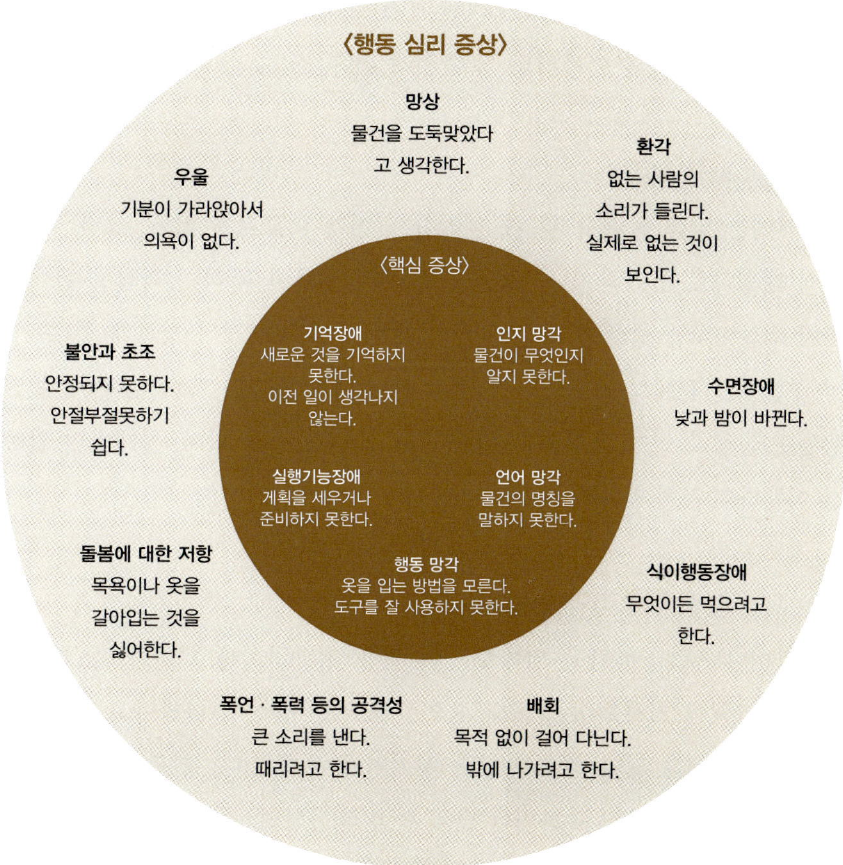

- **핵심 증상:** 뇌손상으로 직접 발생하는 진행성 증상으로 치매의 주요 진단 기준이 된다. 약물 치료는 완치를 기대할 수 없으며, 단지 증상의 진행을 늦출 수 있을 뿐이다. 핵심 증상은 치매를 앓는 사람들에게 공통적으로 나타나는 증상으로, 대부분의 환자들에게서 발견된다. 주요 증상으로는 기억장애, 지남력장애, 판단력 저하, 실행 기능장애, 계산 능력 손실 등이 있다.
- **행동 심리 증상(Behavioral and Psychological Symptoms of Dementia: BPSD):** 뇌 손상으로 인한 핵심 증상이 원인이 되어 불안을 동반하며 나타나는 증상으로, 사람에 따라 나타날 수도 있고 나타나지 않을 수도 있다. 이러한 증상의 정도는 치매의 중증도와 직접적으로 관련되지 않는다. BPSD는 내담자의 생육사나 직업력, 지난 생활 환경이나 현재의 케어 환경, 현재 건강 상태와 밀접하게 관련되어 나타난다. 주요 증상으로는 망상, 환각, 배회, 실금, 불결 행위, 폭력과 폭언, 물건 수집 등이 있다. 이러한 증상은 적절한 치료와 관리를 통해 약화되거나 개선되며, 때로는 사라질 수도 있다. 적절한 돌봄을 제공하면 BPSD가 완화되고, 기억장애가 남아 있더라도 비교적 평온한 생활을 유지할 수 있다.

[그림 5-1] 치매 증상

새 잊어버리게 된다. 초기에는 자신의 신상에 관한 정보(가족 이름, 주소, 태어난 곳, 출신 학교, 직업 등)나 오래된 과거에 대한 기억은 비교적 잘 유지되지만, 병이 진행하면 이마저도 점차 잊게 된다.

② 언어 능력 저하

초기에는 말을 하려고 할 때 적절한 단어가 떠오르지 않아 '그것' '저것' 등의 대명사로 표현하거나, 말을 주저하고, 말문이 막히는 적절한 단어를 찾기 힘들어하는 증상이 나타난다. 이때는 말을 비교적 유창하게 할 수 있어 주변에서 언어장애가 있다는 것을 잘 느끼지 못한다. 그러나 치매가 진행될수록 점차 언어 표현력이 떨어지고, 말수도 줄게 되며, 상대방의 말을 잘 이해하지 못하게 된다.

③ 지남력(시공간 파악 능력)의 저하

시간이나 장소, 사람을 알아보는 능력을 지남력이라고 한다. 초기에는 시간 지남력이 저하되어 날짜나 요일을 모르는 증상이 나타나고, 점차 중요한 기념일이나 집안 대소사 날을 챙기지 못하게 된다. 더욱 심해지면 연도나 계절을 파악하지 못하거나 낮과 밤을 혼동하면서 새벽에 일어나 밥을 하는 경우도 생긴다. 시간에 대한 인지 능력 저하보다 장소에 대한 인지 능력 저하가 더 늦게 나타난다. 초기에는 낯선 장소에서 혼란을 겪다가 증상이 진행되면 익숙한 장소에서도 길을 잃고 헤매는 일이 발생할 수 있다. 그러다가 결국에는 자신이 있는 곳이 어디인지 전혀 알지 못하게 된다. 인지 능력 중 가장 마지막으로 저하되는 것은 사람에 대한 인식이다. 처음에는 먼 지인부터 인식하지 못하게 되지만, 시간이 지나가면서 함께 지내는 자녀나 배우자를 알아보지 못하게 되는 경우도 있다.

④ 판단력 및 일상생활 수행 능력의 저하

치매가 진행되면서 추상적으로 사고하고, 문제를 해결하며, 적절한 결정이나 판단을 내리는 능력이 저하된다. 따라서 일을 계획하거나 결정하여 제대로 수행해 나가는 것이 어려워지기 때문에 돈을 관리하거나, 여행이나 모임, 직업 활동 등을 하기가 어렵게 된다. 더 진행되면 간단한 돈 계산이나 집안일, 가전제품 사용, 취미 활동 등 지금까지 익숙하게 해 오던 일을 처리하지 못하게 된다. 결국에는 식사하기, 대소변 가리기, 몸치장하기, 위생관리 등 가장 기본적인 일상 활동도 스스로 수행하지 못하게 된다.

⑤ 정신 행동 증상

인지 기능장애 이외에도 성격 변화, 초조 행동, 우울증, 망상, 환각, 공격성 증가, 수면장애, 무감동 및 무관심 등 이른바 '정신 행동 증상'이 자주 동반된다. 평소와는 달리 의욕이 없고 사람들과 어울리지 않으면서 집에만 있거나, 반대로 사소한 일에도 짜증, 화, 공격적인 말이나 행동을 보인다(성격 변화). 남들이 물건을 훔쳐 가고 자신을 해치려고 한다는 등의 의심과 피해의식에 사로잡히기도 하고(망상), 헛것을 보거나 듣기도 한다(환각). 주변을 배회하거나 안절부절못하고, 초조해하면서 왔다 갔다 하기도 하며, 도움을 거부하고 공격적인 행동을 하기도 한다(초조 행동). 그 밖에 불면과 같은 수면장애도 흔하다. 그리고 부상이나 질병에도 주의할 필요가 있다. 치매가 심해지면 주위의 상황이나 위험한 것을 파악하지 못하게 된다. 쉽게 흥분하거나 혼란스러워하는 경우가 많고, 갑자기 밖으로 뛰쳐나가서 넘어지거나, 필요한 수분을 흡수하지 않은 채 땡볕을 배회하여 탈수 증상을 일으키기도 한다. 이런 증상은 일시적이 아니라, 지속해서 일어나기 때문에 돌보는 사람의 부담이 늘어날 수도 있다.

⑥ 신체 증상

치매가 상당히 진행되면 대소변 실금이 나타나고, 몸이 경직되고, 보행 장애가 나타나 거동이 힘들어진다. 거동장애와 더불어 욕창, 폐렴, 요도 감염, 낙상 등의 신체적 문제가 합병증으로 나타나기 쉽다.

돌보는 사람이 곤란한 것은 앞에서 언급한 고차원적인 뇌 기능장애보다는 행동이나 심리적 이상이다. 폭력이나 폭언, 또는 배설물을 벽에 바르는 등의 이상한 행동이 보이는 경우도 있다. 가장 흔한 것은 '물건을 도둑맞았다.'라든가 '배우자가 바람을 피고 있다.' 등 일어날 수 없는 사건을 상상하는 심리적 이상이다. 감정적으로도 부적절한 반응이며, 흥분하거나 불안하게 되거나 무관심으로 아무것도 하지 않거나 반대로 다소 들떠 있는 경우도 있다. 사소한 일에 동요하거나 통제가 되지 않는 경우도 있다. 일상생활에서는 전화를 받거나 물건값을 지불하는 것이 어려워지고 약을 복용하는 것조차 불가능해질 수 있다. 또한 목욕, 식사, 배설 등 기본적인 활동도 혼자 수행하기 힘들어지지만, 도움을 거부하는 경우도 생긴다. 밤에 충분히 잠을 자지 않기 때문에 한밤중에 도둑이 들어왔다고 믿는 망상 증상, 가족을 깨우러 다니거나, 상대해 주지 않으면 버려졌다는 극단적인 생각을 하기도 한다. 치매가 악화되면 신체 활동이 거의 없는 상태가 되며 외부 자극에 대한 반응도 거의 없는 와상 상태에 이를 수 있다.

(3) 개입 방법

치매의 임상 경과는 초기, 중기, 후기로 나누어 언급된다. 초기의 특징은 건망증, 중기에는 BPSD, 후기에는 와상 생활 등 신체 기능의 저하로 나눌 수 있다. 경도 인지장애 환자의 약 80%가 6년 안에 치매를 겪는다. 그리고 우리나라 65세 중증 치매 환자의 기대여명은 남자 8.21년, 여자 13.31년으로 예측했다(김석영 외, 2023). 치매의 근본적인 치료 방법은 아직 개발되지 않았지만, 증상을 완화시키고 진행을 지연시킬 수 있는 약물이 임상 현장에서 사용되고 있다. 대표적인 약물로 아세틸콜린분해효소 억제제가 있는데, 이 계열의 약물은 병의 진행을 완전히 막을 수는 없으나 약 6개월에서 2년 정도 진행을 늦추는 효과가 있다. 이 약물은 알츠하이머병 환자의 뇌에 감소되어 있는 아세틸콜린이라는 신경전달물질의 양을 증가시킴으로써 작용하며 뇌 손상이 심하지 않은 경도 및 중등도 환자에 보다 효과적이다. 비약물치료 기법으로는 손상된 인지 영역을 훈련시키거나 손상되지 않은 인지 영역을 극대화하여 손상된 인지 영역을 보완해 주는 기억력 훈련, 인지 재활치료, 현실 지남력 훈련 등이 알려져 있다. 이러한 약물 및 비약물 치료들은 조기 치료가 중요하며, 가능한 한 빠른 시기에 치료할수록 치료 예후가 좋다.

인지 기능 저하뿐만 아니라 치매에서 빈번하게 동반되는 망상, 우울, 불안, 초조, 수면장애, 공격성 등의 각종 문제 행동 등 정신 행동 증상에 대한 치료도 중요하다. 함께 사는 보호자들이 가장 큰 고통을 받는 것은 이러한 문제 행동 또는 정신 행동 증상이기 때문이다. 정신 행동 증상은 많은 경우에 환자의 신체적 불편이나 불안정한 주위 환경이 원인이 된다. 따라서 통증이나 피로감, 변비, 약물 부작용 등으로 인한 신체적인 이상을 개선해 주거나 시끄럽고 혼란스런 물리적 환경, 부정적이고 비판적인 간병인과 같은 정서적 환경 등 환자를 둘러싼 주변 환경의 문제를 잘 파악하고 조절해 줌으로써 정신 행동 증상이 상당히 호전될 수도 있다. 비약물 치료만으로 조절이 어려운 경우에는 약물치료를 병행하는데, 증상에 따라 항정신병 약물, 항우울제, 항불안제, 기분 조절제, 수면제 등 다양한 정신과적 약물이 사용된다.

의료 분야에서 적용하는 약물의 효과에는 한계가 있어서 돌봄 등의 비약물치료가 함께 이루어지는 경우가 많다. 이 경우에는 약물치료와 달리 돌보는 사람의 능력에 따라 차이가 많다. 또한 환경의 정비도 증상의 개선에 중요하다. 따라서 보살피는 사람들은 대응을 위한 몇 가지 지침을 이해하는 것이 필요하다.

첫째, 치매 환자의 페이스에 맞춘다. 여러 장면에서 치매 환자의 페이스에 맞추는 돌봄을 행하는 것이 필요하다. 예를 들면, 고령자는 먹는 속도가 느리다. 그것을 젊은 사람과 같은 속도에서 식사를 시키려고 하면 좀처럼 맞추기가 어렵다. 특히 어떤 일정이 있는 경우에 보살피는 사람들은 안절부절하면서 고령의 치매 환자에게 음식물을 먹여 주거나 빨리 먹으라고 재촉하는 경우가 있다. 이러한 방법은 치매 환자의 마음에 상처가 된다. 따라서 수용적인 태도에서 대하는 것이 중요하다.

또한 치매 환자의 실수를 질책하지 않으면서 사소한 것에는 관대하게 넘어가는 것도 필요하다. 예를 들어, 충분히 수행하지 못해도 최소한의 것을 하면 칭찬을 하는 것이 효과적이다. 또한 치매 환자에게 할 수 없는 것을 요구하지 않고, 할 수 있는 일을 할 수 있도록 돕는 것이 자신감을 높이는 것이다. 이렇게 하면 남아 있는 기능을 끌어내어 유지하는 것이 가능하다.

둘째, 편안함을 느낄 수 있는 장소를 확보해 주는 것이다. 치매 환자는 방에 갇히거나 속박을 당하면 불안하여 안절부절못한다. 반대로 쾌적한 환경을 만들어 주면 치매 환자가 더 잘 적응하는 것이 가능하다. 최근 핵가족화가 진행되어 고령자의 거주 공간이나 역할이 상실되는 문제가 일어나고 있다. 치매 노인의 역할을 박탈하지 않으려는 주위의 배려가 필요하다. 치매가 심해지면 많은 기능이 상실되어 심한 경우에는 제대로 말하지 못하게 되며 읽거나 쓰는 것도 할 수 없게 된다. 자신의 관리, 즉 대소변의 처리나 목욕을 스스로 하는 것이 어려워진다. 의복을 순서대로 입는 것도 힘들 수 있다. 이런 상태가 되면 가족만으로 돌보는 것이 불가능하므로, 주간보호시설이나 요양시설처럼 공적 서비스를 이용하는 것이 바람직하다.

결론

노년기 정신질환은 노년기가 되면서 발병하는 정신질환의 총칭으로 사용되는데, 의학적 전문용어는 아니다. 이 장에서는 노화 과정과 관련된 정신질환에 해당하는 노년기 우울증, 노년기 불안장애, 저장강박증, 노년기 알코올의존증과 신경인지장애에 해당하는 노인성 치매를 다뤘다. 그러나 노년기 정신질환이나 노인성 정신질환의 개념은 애매하고 다의적이어서 학술용어로 사용되는 경우는 거의 없다.

노년기에 접어들면 여러 가지 신체 증상을 호소하게 되는데, 의료기관을 찾아도 증상이 개선되지 않거나 검사 결과에 이상이 없을 때 정신질환을 의심하게 되어 조기 발견이나 진단이 어렵다. 또한 노년기 정신질환은 일반적인 정신질환의 패턴에서 벗어나는 경우가 많기 때문에 개별화된 치료 계획을 세우는 것이 바람직하다. 또한 노년기 정신질환에서는 적절한 약물을 사용하는 것이 중요하지만, 약물의 오남용이나 부작용을 주의 깊게 관찰할 필요가 있다.

노년기 정신질환에 대한 개입은 환자의 전인적인 면을 고려한 다각적인 접근이 필수적이다. 의료적 치료뿐만 아니라 심리적 · 사회적 · 환경적 지원이 함께 이루어질 때 고령자의 정신건강을 효과적으로 관리될 수 있다. 그리고 고령의 환자에 대한 존엄성과 자율성을 존중하는 방식으로 개입이 이루어져야 한다는 점을 간과해서는 안 된다.

제6장

노년기 상담 이론

노년기 내담자를 대함에 있어서 이론으로 가득한 머리보다는 따뜻한 가슴이 더 중요할 수 있다. 그러나 따뜻한 가슴만으로 충분하다고 할 수는 없다. 오랫동안 이어져 내려온 전통적 상담 이론들과 그것들로부터 파생된 새로운 이론들 및 접근법들은 본래 임상 경험을 통해 태어났다는 것을 기억할 필요가 있다. 오늘날 상담자 훈련은 점차 이론적 개념들을 통합하여 내담자와 상황에 따라 실용적으로 활용하는 방향으로 나아가고 있다. 통합주의는 규범과 보편성을 벗어난 포스트모더니즘 사회에 적합한 접근이라고 할 수 있다. 통합주의 접근법을 염두에 두고 몇몇 주요 상담 이론 및 접근법을 살펴보면서 고령의 내담자를 위해 어떻게 적용할 수 있을지를 알아보고자 한다.

1. 노년기의 특성을 고려한 적용

상담자들은 고령의 내담자를 상담할 때 그들이 속한 발달 단계, 동시대 집단 그리고 사회적 맥락에 기반을 두고 자신의 접근법을 적용한다. 같은 접근법을 사용하더라도 고령의 내담자에게 적용하기 위해서는 고려해야 할 점들이 있다. 즉, 고령의 내담자는 신체 기능 및 인지 기능의 저하가 나타나며, 소중한 사람의 죽음을 경험하는 단계에 놓여 있고, 현재와는 다른 경험과 사회규범을 가진 집단에 속해 있다는 점 등을 고려해야 한다.

노년기의 특성에 대해 다시 한번 간략하게 짚어 보며 고령자에게 어떻게 적용할 수 있을지 살펴보려고 한다. 노년기 인지 기능의 저하에 대해서 우리가 알고 있어야 할 것은 노화가 진행됨에 따라 유동성 지능은 감소하지만, 결정성 지능은 대체로 잘 유지된다는 것이다. 즉, 노년기에는 계산 능력이나 지각-반응 속도는 감퇴하는 것에 비해 생애 경험을 통해 축적된 광범위한 지식은 대체로 잘 유지되며, 때로는 80세 이후까지 증진되기도 한다. 그러나 주로 70세 이후에는 치매나 다른 질병으로 인해 결정성 지능이 감소할 위험이 있다. 또한 노년기에는 작업기억력이 대체로 쇠퇴한다고 알려져 있다. 그러므로 고령의 내담자를 대할 때는 유동성 지능과 작업기억력의 쇠퇴를 고려하여 말의 속도를 늦추고 복잡한 표현을 피하는 것이 필요할 수 있다. 또한 요약과 반복을 통해 이해와 기억을 돕는 것도 중요하다. 상담 종료 시에 상담의 핵심 내용을 요약하여 큰 글씨로 적어 전해주는 방법도 도움이 될 수 있다. 상담자로서 고령의 내담자들이 다소 답답하게 느껴질 수 있겠지만, 그들 안에 큰 도서관에 비견할 만한 지식의 보고가 있다는 것을 기억한다면 존중하는 마음을 갖게 될 것이다.

노년기의 성격 특성에 대해서는 다소 변화한다는 주장과 젊은 시기의 성격을 그대로 유지한다는 주장이 동시에 제기되고 있다. 노년기의 성격 변화로는 수동성, 경직성, 조심성, 의존성의 증가 등이 언급된다. 그러나 노년기에 성격과 기질이 급격하게 변하는 일은 거의 없으며 오히려 긍정적인 변화가 일어난다는 연구 결과도 있다. 즉, 노년기에 이르면서 이해와 수용의 폭이 커지고 신중해지며 순응적으로 변할 수 있다는 것이다. 우리는 사람이 늙으면 성격이 변해서 완고해지고 괴팍해진다고 생각하기 쉬운데, 노년기가 되어도 성격이 젊었을 때와 유사할 뿐만 아니라 긍정적으로 변할 수도 있다는 견해는 우리에게 도전을 준다. 사람은 나이가 들어가면서 젊은 시절의 미숙함과 실수를 통해 배우고, 삶에서 더 중요한 것과 덜 중요한 것에 대해 깨닫는 과정을 통해 성장하며 긍정적인 방향으로 성격이 변화할 수 있다. 물론 경직성 등의 부정적 변화에도 주의를 기울여야 하겠지만, 편견으로 인해 고령자의 긍정적인 변화를 놓쳐서는 안 된다. 또한 사람들은 노년기가 되면 감정이 무뎌진다고 생각하기 쉽지만, 실상은 그렇지 않다. 노년기의 정서는 더욱 복잡하고 섬세하며 덜 극단적이라는 보고가 있다. 상담자들은 고령의 내담자를 대함에 있어서 젊은 내담자에 비해 감정을 덜 중요하게 여길 수 있는데, 고령자의 감정을 더욱 세밀하게 구분하고 정확하게 이해하려는 노력이 필요하다. 아울러 노년기에는 정서적으로 친밀한 관계에 집중하게 되는 모습을 보이는 경향이 있다고 알려져 있다. 그러므로 고령의 내담자의 대인 관계에 대해서는 관계를 넓혀 가거나 덜 중요한 관계를 유지하게 하기보다는 정서적으로 친밀한 대상들과의 관계를 강화하도록 돕는 것이 적절하겠다.

고령자 상담 시에는 신체 기능 및 감각 기능의 저하도 고려해야 한다. 상담의 장소는 고령자의 이동에 무리가 없어야 하고 안전한 곳이어야 한다. 또한 내담자의 청력의 한계를 주의 깊게 살피고, 필요하다고 생각되는 경우에는 알맞은 목소리의 크기를 내담자에게 확인해야 한다. 인쇄물은 큰 글씨로 준비하는 것이 필요할 수 있다. 고령의 내담자들은 나이대가 다양하고 같은 연령대라고 해도 개인차가 많다. 그러므로 각 개인에 따라 민감하게 접근하여 부족하거나 지나치지 않은 배려를 제공해야 한다. 고령자는 부족하거나 지나친 배려를 모두 차별로 받아들일 수 있다.

한국 고령자들의 동시대 집단은 앞서 설명한 바와 같이 6·25 전쟁, 빈곤, 도시화, 산업화, 민주화 등을 거쳤다. 그러므로 자신보다 가족이나 타인을 돌보는 것을 우선시했고, 강해야 살아남는다고 믿었고, 정서적으로 힘들다는 것을 약하다는 뜻으로 해석했으며, 정서적인 문제로 도움을 받아야 한다는 생각을 해 본 적이 없다. 그들은 상담에 대한 이해가 부족하며, 상담은 비정상적인 사람에게나 필요한 것으로 알고 있는 경우가 많다. 이런 점들은 그들을 상담으로 이끄는 데 걸림돌이 된다. 고령의 내담자가 상담 장면에 등장한다면 대체로 가족이나 사회복지사 또는 의사의 권유로 가족의 손에 이끌려 마지못해 오는 경우이다. 즉, 그들은 대체로 비자발적 내담자이다. 그러므로 상담자는 내담자에게 어떻게 해서 상담에 오게 되었는지 물어보고, 내담자가 당혹감과 거부감을 표현할 기회를 주고, 공감해 주며, 상담이 무엇을 하는 것이고 어떻게 진행되는지에 대해 설명하는 것이 필요하다.

2. 이론적 접근

노년기 상담을 위해서는 개인 상담과 집단 상담, 정신역동, 인지행동치료, 대인 관계치료, 해결 중심 단기치료, 가족치료, 내러티브치료 등 다양한 접근법을 활용할 수 있다. 그러나 한국에서는 노년기 내담자에게 이러한 접근법들이 충분히 시도되지 못하고 있는 형편이다. 여기서는 노년기 내담자의 상황과 개인적 특성을 고려하여 어떤 접근법을 어떻게 적용할 수 있을지 살펴보려 한다. 회상치료를 상담 이론으로 분류하기는 어렵지만 이번 장에서 비중 있게 다루는 것이 필요하다고 생각된다. 고령자 상담에 있어서 회상은 인생에 새로운 의미를 부여하고 자아 통합을 이루게 하는 데 매우 효과적인 역할을 하기 때문이다. 한국의 노년기 상담 관련 연구는 회상 프로그램 집단 상담의 효과에 대한 것이 대부분이다. 또한 대인 관계치료도 이론으로 정립되었다고는 볼 수 없지만, 노년기 내담자에게 효과적이라고 알려져 있으므로 간략하게 소개하겠다. 가족치료에 대해서는 제8장 '노년기 상담의 개입 유형'에서 다루게 될 것이다. 해결 중심 단기치료는 제9장 '노년기 상담 과정'에 설명되어 있으므로 이 장에서는 생략한다.

1) 정신역동

안타깝게도 프로이트(Freud)는 고령자에 대한 편견을 가지고 있었다. 그는 고령자는 더 이상 배울 수 없다고 생각했으며, 이러한 생각은 정신역동뿐 아니라 상담 영역 전반의 노년기 상담에 대한 견해에 영향을 주었다. 그러나 이제는 정신역동치료자뿐 아니라 다른 배경을 가진 치료자들도 노년기가 계속해서 발달하고 성장하는 시기이며, 상담을 통해 도움을 받을 수 있다는 것을 인정한다.

정신역동 모델에서는 생애 초기의 삶이 현재에 미치는 강력한 영향에 초점을 맞춘다. 관계 문제를 포함하여 고령의 내담자의 심리적 어려움은 종종 어린 시절에 채워지지 못한 필요들에서 기인한다. 그러므로 상담자는 내담자가 선명하게 기억하는 과거의 사건을 다루어 그 사건이 자신에게 어떤 의미였는지, 그리고 그것이 현재의 자신에게 어떤 영향을 주고 있는지에 대한 통찰을 얻도록 돕는다. 그렇게 하면 오랜 시간 동안 해결하지 못했던 문제로부터 자유로워질 수 있다. 그 과정에서 상담자는 내담자에 대한 해석을 제공하게 되는데, 이때 내담자는 자신보다 나이가 어린 상담자로부터 판단을 받는다고 생각하고 저항할 수 있다. 그러므로 상담자는 단정적으로 들리지 않도록 주의하며, 해석은 잠정적인 가설일 뿐이고 그것에 대해 내담자가 어떻게 생각하는지가 중요하다고 말해 주는 것이 필요하다.

내담자의 방어기제를 확인하는 것도 고령의 내담자에게 도움이 될 수 있다. 방어기제의 사용이 모두 나쁜 것은 아니다. 즉, 건강한 방어기제가 있고 그렇지 못한 방어기제가 있다. 베일런트(Vailant)는 방어기제의 성숙도가 자아의 강도를 반영하고 삶에 대한 적응성과 그 사람의 안녕감을 예측한다고 하였다. 그는 성숙하고 적응적인 방어기제로 유머, 이타주의, 승화, 억제, 예측 등을 제시하였다. 고령의 내담자가 억압, 회피, 부인 등 부적응적 방어기제를 주로 사용한다면 적응적 방어기제로 대체하는 것이 필요하다.

유머는 힘든 상황을 다룸에 있어서 웃음을 사용하거나 상황의 밝은 면을 보는 것이다. 유머는 재미있는 말이나 농담 또는 웃기는 행동을 통해 표현된다. 이러한 표현은 마음을 가볍게 하고 기분을 좋게 만든다. 이타주의는 타인의 필요에 관심을 갖고 타인을 도우면서 자신의 불안을 해소하는 것이다. 자선단체에서 봉사하거나 그 밖에 다른 사람을 위한 활동에 참여하는 것이 이에 속한다. 승화는 성적 또는 공격적 충동을 사회적으로 용인되는 건설적인 방식으로 표현하는 것이다. 즉, 누군가를 향한 적대감을 스포츠 경기 관람을 포함한 스포츠 활동을 통해 해소할 수 있다. 억제는 감당하기 어려운 생각과 감정을 의식적으로 당분간 통제하는 것으로서 무의식적 과정인 억압과 구별된다. 억제는 자신의 감정을 분명히 인식하고 있지만, 그것을 좀 더 효과적으로 다룰 수 있을 때까지 지연시키는 것이다. 예측은 미래의 불편이나 갈등을 미리 내다보고 현실적으로 준비하는 것을 말한다. 고령자와 젊은 성인의 적응적 방어기제 사용에는 차이가 없으며, 오히려 나이가 들어감에 따라 행동화, 수동 공격, 퇴행 등 부적응적 방어기제는 덜 자주 사용한다고 알려져 있다. 그러므로 부적응적 방어기제를 사용하는 고령의 내담자를 도와 적응적 방어기제로 대체하게 하는 것이 가능하며 효과적일 수 있다(〈표 6-1〉 참조).

노년기에는, 특히 죽음이라는 현실에 압도당하지 않기 위해서 방어기제를 사용하게 된다. 죽음 불안에 주로 사용되는 방어기제는 부인과 치환이

〈표 6-1〉 적응적 방어기제

유머	힘든 상황을 다룸에 있어서 웃음을 사용하거나 상황의 밝은 면을 보는 것
이타주의	타인의 필요에 관심을 갖고 타인을 도우면서 불안을 해소하는 것
승화	성적 또는 공격적 충동을 사회적으로 용인되는 건설적인 방식으로 표현하는 것
억제	감당하기 어려운 생각과 감정을 효과적으로 다룰 수 있을 때까지 통제하는 것 무의식적 과정인 억압과 구별됨
예측	미래의 불편이나 갈등을 미리 내다보고 현실적으로 준비하는 것

다. 즉, 결국은 죽을 것이라는 현실을 부인하거나 죽음에 대한 두려움을 다른 것에 대한 두려움으로 대체한다. 광장공포증, 심정지공포증, 폐소공포증, 동물공포증은 죽음 불안의 치환 방어기제로 인한 것일 수 있다. 죽음 불안을 대처하기 위해서는 죽음의 현실을 대면하여 그에 수반하는 두려움, 슬픔, 분노 등의 감정을 인식하고 표현하는 것이 필요하다. 특히 친구 또는 동료와 죽음 불안에 대해 이야기하면서 자유롭게 감정을 표현하는 것도 도움이 될 수 있다. 방어기제를 사용하지 않고 죽음을 직면할 수 있다면 우리는 좀 더 현재를 살 수 있고 삶의 즐거움과 고통을 동시에 생생하게 느낄 수 있다.

내담자의 병리적 증상이 죽음에 대한 방어기제로 인한 것이라고 판단되면 죽음 불안을 다루는 것이 필요하다. 그러나 너무 성급하게 죽음 불안에 접근한다면 내담자의 저항에 부딪힐 수 있다. 내담자는 죽음 불안을 부인하며 상담자가 자신을 잘 이해하지 못하고 자신이 하는 말을 무시한다고 생각하면서 상담을 중단할지도 모른다. 그러므로 죽음이라는 주제를 다룰 때는 공감적 태도를 견지하며 시간을 두고 충분히 기다려 주는 것이 필요하다. 내담자의 문제가 아니라 상담자 자신의 방어 때문에 내담자의 죽음의 문제를 다루지 못하는 것은 아닌지에 대한 점검도 필요하다.

2) 인지행동치료

인지행동치료는 고령의 내담자를 포함하여 모든 대상에게 널리 사용되는 치료 형태 중 하나이다. 인지행동치료는 비합리적·부적응적 사고와 행동을 식별하여 합리적이고 적응적인 사고와 행동으로 변경하도록 돕는 것을 목표로 한다. 상담자는 내담자의 부정적 사고 패턴에 대해 그것이 올바른지, 왜곡은 없는지, 그것이 자신의 안녕에 어떤 영향을 주고 있는지를 검토하게 하고 대안적 관점을 발전시키도록 한다. 또한 부적응적 행동을 줄이는 한편, 강화를 통해 적응적 행동을 늘려 가는 기술을 가르치기도 한다.

행동적 개입을 위한 예로 COPPES(California Older Person's Pleasant Events Schedule)를 들 수 있다. 이는 노년기 우울증의 치료를 위해 고안된 것으로서 '자연의 소리 듣기' '아름다운 경치 보기' '꽃 가꾸기' 등 66가지의 즐거운 활동 목록이 제시되어 있는데, 자신에게 즐거운 활동을 골라 각각 그것이 얼마나 즐거운지, 얼마나 자주 하는지를 평가하게 하는 것이다. 이는 노년기 내담자로 하여금 즐거운 활동의 빈도를 늘리고 모니터링하는 데 사용될 수 있다. 이러한 행동적 개입은 노년기 우울, 불안, 치매 노인의 문제 행동 등의 개선에 효과가 있다고 알려져 있다. 빅데이터를 통해 분석된 한국 고령자들의 선호 활동 목록을 부록에 실어 놓았다. 이 활동들 외에도 내담자가 개인적으로 좋아하는 활동을 확인하여 상담에 활용할 수 있다. 또한 불안을 보이는 노년기 내담자를 위해 활용할 수 있는 인지행동치료 기법으로 호흡 재훈련이 있다. 이는 의도적으로 천천히 호흡함으로써 불안을 완화하도록 교육하는 것이다.

인지행동치료는 현재에 초점을 맞추고 구체적인 행동 변화를 목표로 하며, 구조화되어 있어서 노년기 내담자에게 쉽게 적용할 수 있다는 장점이 있다. 그런데 특정 행동의 변화를 상담의 목표로 결정하기에 앞서 내담자의 어린 시절과 성장 과정 및 시대적 배경을 이해하기 위해 노력하는 것이 필요하다. 내담자는 자신이 존중받고 이해받는다고 느낄 때 상담의 목표를 결정하는 것에 동의하고 협조한다. 노년기 내담자의 왜곡된 사고는 동시대 집단의 경험과 관련이 있을 수 있다. 때로는 현재 문제가 되는 사고가 예전에는 적응적 사고였을 가능성도 있다. 따라서 그런 경우에는 그 같은 사고를 먼저 인정해 주어야 한다. 이러한 과정을 거친 후에 현재도 그 사고가 자신에게 도움이 되는지 함께 논의하는 것이 바람직하다. 또한 내담자가 살아온 이야기 중에서 성공적인 경험과 적응적 사고 및 행동이 발견되면 그것에 초점을 맞추고 강화해 주어야 한다.

엘리스(Ellis)는 내담자가 상담자의 태도를 내면화할 때까지 논쟁함으로써 내담자의 왜곡된 사고를 바로잡는 것을 목표로 삼았다. 오늘날의 인지행동치료 상담자는 모든 다른 상담 치료에서와 마찬가지로 내담자와 논쟁하는 것이 아니라 내담자의 성공적 경험과 강점에 초점을 맞추면서 내담자에게 새로운 관점을 소개한다. 즉, 내담자의 부정적 사고와 행동을 자기수용과 건설적인 문제 해결로 대체하도록 돕는다. 상담자는 내담자에게 "그렇게 힘든 상황에서 어떻게 살아낼 수 있었나요?"와 같은 질문을 할 수 있다. 상담자는 내담자가 문제에 대해 부정적으로 생각하는 것이 아니라 앞으로 열릴 가능성에 초점을 맞추면서 대안적인 신념을 향해 가도록 안내하는 역할을 한다. 예를 들어, 우울한 고령자들은 지금도 힘든데 앞으로는 상황이 더 나빠질 것을 예상하며 비관한다. 그러나 인생은 마지막까지 누릴 수 있는 것들이 많으며 상황이 나빠져도 감사할 만한 일이 언제나 있다는 사실을 일깨워 줄 필요가 있다. 습관처럼 굳어진 부정적 사고를 재구성하여 힘든 상황 속에서도 긍정적인 면을 발견하며, 변화가 가능한 문제는 해결책을 찾고, 현재와 미래에 대한 작은 희망을 보게 한다면 우울을 감소시킬 수 있다.

3) 인간-중심치료

로저스(Rogers)의 독특한 심리치료 접근 방식은 진단과 해석에 초점을 둔 기존의 심리치료 방식에 대한 불만에서 비롯되었다. 로저스는 자신의 접근법에 '비지시적 상담'이라는 이름을 붙였는데, 이후 '내담자-중심 상담'으로, 그리고 나중에는 '인간-중심 상담'으로 바꾸어 불렀다. 이러한 이름들은 인간의 가치를 중시하는 로저스의 접근 방식의 특징을 보여 준다. 로저스는 '환자' 대신 '내담자'라는 단어를 처음으로 사용하기 시작했다. 그는 상담자와 내담자와의 관계를 중시했고, 내담자는 상담자의 무조건적 긍정적 존중과 공감적 이해를 통해 타고난 잠재 능력을 발달시키며 성장한다고 보았다.

인간-중심 상담의 내담자에 대한 존중과 성장 능력에 대한 신뢰는 고령의 내담자 상담에 있어서 중요한 가치를 지닌다. 노년기에는 자기 자신에 대한 존중과 성장 가능성에 대한 믿음이 약해지기 때문이다. 무조건적 긍정적 존중과 공감은 고령의 내담자로 하여금 자기됨과 주체감을 회복하게 하며 다시 한번 성장할 수 있도록 도울 수 있다. 로저스는 관계에 있어서 지적인 요소보다는 감정적인 요소를 강조하였다. 노년기에 이르러 더욱 복잡하고 섬세해진 감정에 대해 상담자의 정확한 공감이 주어질 때 내담자는 진짜 자기 자신이 되며 혼자만의 감옥에서 해방되는 경험을 할 수 있다.

카커프(Carkhuff)는 로저스의 이론을 실제 상담에 적용할 수 있는 상담 과정의 4단계를 제시하였다. 첫째, 내담자와 직접 눈을 마주치고, 그들의 모든 행동 단서를 관찰하며, 그들이 말하는 내용을 정확히 듣는다. 둘째, 상담자는 내담자가 하는 말의 핵심을 내담자에게 되풀이해서 말해 준 다음에 그 말 기저의 감정에 반응한다. 상담자가 내담자의 고통을 주의 깊게 경청하고 있다고 느낄 때 내담자는 위안을 받는다. 셋째, 내담자가 자신의 감정을 자유롭게 탐색하도록 도움으로써 문제를 스스로 파악하고 이해하게 한다. 넷째, 문제 해결을 위한 행동을 실행하게 하거나 해결되지 않는 문제를 잘 견딜 수 있게 한다.

4) 게슈탈트치료

게슈탈트란 개체가 자신의 욕구나 감정을 하나의 의미 있는 전체로 조직화하여 지각한 것을 뜻한다. 인간은 매 순간 자신에게 가장 필요한 욕구의 순서로 게슈탈트를 형성하며(전경), 그것이 해소되면 배경으로 물러나고 다시 새로운 게슈탈트가 형성된다. 이러한 순환 과정을 '전경과 배경의 교체'라고 부른다. 형성된 게슈탈트가 해소되지 않으면 미해결 과제로 남게 되면서 생기 있는 삶을 살 수 없게 된다. 즉, 창의적인 삶의 흐름이 막히고 고정관념이 생기면서 새로운 상황에 적응하지 못하고 지금-여기에서 일어나는 일에 대해 낡은 반응으로 되돌아간다.

게슈탈트치료는 현 순간에 대한 자각을 높이고 새로운 경험을 열어 주는 치료법이다. 이러한 개념들은 계속해서 새로운 상실에 직면하며, 요양원 입소 등 자신의 선택과는 상관없는 새로운 방식의 삶으로 내몰리게 되는 고령의 내담자에게 적용할 가치가 있다. 쇠퇴하는 신체 변화를 자각하고 감정과 감각을 인정하는 것은 상실이라는 고통스러운 현실과 접촉하게 할 뿐 아니라, 여전히 기분을 좋게 만들어 주는 현실과도 지속적으로 접촉하게 한다. 신체에 대한 강조는 의학적인 결함이 아니라 장애와 통증에도 불구하고 계속해서 살아 있다는 느낌에 초점을 두기 위한 것이다.

고령의 내담자에게 게슈탈트 기법을 창의적으로 사용할 수 있다. 게슈탈트치료에서 많이 쓰이는 기법 가운데 하나인 빈 의자 기법을 사용하여 맞은편 의자에 세상을 떠난 배우자 등 의미 있는 인물이 앉아 있다고 상상하고 그들과 대화를 나누게 한다. 이 기법을 통해서 내담자는 자신 안의 억압되었던 부분과도 접촉할 수 있다. 역할을 바꿔 가며 대화를 시도해 봄으로써 상대편의 시각과 감정을 이해하고 공감할 수도 있다. 게슈탈트 기법 중에서 자기 자신의 여러 부분과 대화하기, 꿈에 나타나는 사람이나 사물의 행동, 모습, 상태를 연기하기, 신체 동작이나 춤, 또는 그림으로 자신의 감정을 표현하기 등을 창의적으로 활용한다면 내담자는 재미있는 게임처럼 느끼면서도 억눌렸던 감정을 표출하거나 이완시키는 방법을 배울 수 있다.

5) 대인 관계치료

대인 관계치료는 역할 전환, 역할 분쟁, 비정상적 애도, 대인 관계 결손이라고 하는 4가지 영역의 문제를 다룬다. 즉, 은퇴 등의 변화에 따른 어려움을 탐색하고 삶의 새로운 목적을 찾도록(역할 전환), 중요한 인물들과의 갈등 상황에서 효과적으로 의사소통하고 서로 만족할 만한 해결책을 찾도록(역할분쟁), 사랑하는 사람을 잃은 후의 고통스러운 과정을 탐색하고 슬픔을 다루며 고통 중에도 여전히 삶을 이어 가도록(비정상적 애도), 그리고 가까운 관계의 형성과 유지에 있어서 겪는 어려움을 사회적 기술의 향상과 건강한 관계의 형성을 통해 개선하도록(관계 결손) 돕는 것을 목표로 한다.

노화 과정에서는, 특히 이 4가지 영역의 문제로 인해 우울증이 발생하는 경우가 많다. 이 치료 개입은 정신건강의 대인 관계 맥락에 집중하며, 전반적인 사회적 기능을 향상시키기 위한 실질적인 전략을 제공하므로 고령자의 우울 증상의 개선에 효과적이라고 알려져 있다. 우리나라에서는 아직 대인 관계치료가 활성화되지 못했다.

6) 회상치료

회상(reminiscence)의 배경 이론은 에릭슨(Erikson)의 발달 단계 이론이다. 에릭슨의 발달 단계 중 마지막 단계인 노년기의 과업은 자아 통합을 이루어 절망의 위기를 극복하는 것이다. 노년기는 죽음을 앞두고 자신의 삶을 점검하는 시기로서 노년기에는 자신이 어떻게 살아왔는지를 뒤돌아보게 된다. 스스로 성공적인 삶을 이끌어 왔다고 평가하며, 자신이 살아온 삶을 수용하면 자아 통합을 발달시킬 수 있다. 자아 통합을 달성한 사람은 삶이 의미가 있다고 여기며 죽음을 수용하게 된다. 그러나 지나온 삶이 무의미하다고 여기게 되면 절망과 죽음 불안을 느끼게 된다.

회상은 과거의 사건과 경험을 기억하는 것이다. 과거 이야기에는 자신의 생각, 감정, 행동 및 어떤 상황에 대한 자신의 반응 등이 포함되므로 회상은 자기감을 강화하는 효과가 있다. 젊은이들은 정체감을 발달시키고 문제를 해결하기 위해 회상을 사용하는 것에 비해, 죽음을 앞둔 고령자들은 친밀감을 유지하고 다음 세대에 정보나 교훈을 전하기 위해 회상을 사용하는 경향이 있다. 이러한 차이는 발달 단계에 따라 인생의 목적이 달라지기 때문이라고 할 수 있다. 즉, 생애 전반부에는 자아 정체감의 공고화가 중요하며, 후반부에는 생성성이 중요해진다. 노년기에는 대체로 특정 사건을 회상하는 것이 아니라 생애 경험을 일관성 있게 엮어서 한 덩어리로 회상하며, 이는 주로 젊은이들에게 교훈으로 전달된다. 그러나 때로 회상이 해로울 수도 있다. 어떤 회상은 죄책감과 후회에 빠지게 만들기도 하고, 미해결된 고통스러운 기억을 강박적으로 떠올리게 하기도 하며 일상생활에서 철수하게 만들기도 한다.

회상법은 과거를 돌이켜 보고 삶을 긍정적으로 재구성하기 위한 것으로서 산발적인 회상에 비해 구조화되어 있다. 회상법은 버틀러(Butler)의 '생애 회고(life review)'에 근거한다. 생애 회고란 과거의 긍정적 경험과 부정적 경험을 적극적으로 회상함으로써 과거의 갈등을 해결하고 삶의 의미를 통합하는 과정이다. 구조화된 생애 회고는 집단이 아니라 개별적으로 진행되며, 에릭슨의 발달 단계를 따라 1단계부터 8단계까지 차례로 인생 전체를 회상하게 하는 과정으로 구성되어 있다. 대략 일주일에 한 번, 한 시간씩, 6회기 내지 8회기가 진행되는데, 한 회기에 에릭슨의 발달 단계 중 한 단계 이상을 다룬다. 생애 회고의 목적은 내담자가 각각의 단계에 대한 기억을 재구성하고 조정함으로써 에릭슨의 자아 통합을 향해 나아가도록 돕는 것이다.

또한 생애 회고는 다음의 4가지 단계로 설명할 수 있다.

• 과거 회상

– 개인이 자신의 과거를 되돌아보고 기억을 떠올리는 단계로, 이 과정에서는 긍정적 경험뿐만 아니라 부정적 경험도 떠오를 수 있다.

– 중요한 사건, 관계, 성취, 실패 등이 중심이 된다.

• 감정적 처리

– 과거를 회상하며 경험했던 감정을 다시 느끼는 단계로, 미해결된 문제

나 갈등이 떠오르기도 하며, 이를 수용하거나 해결하려는 노력이 포함된다.

– 부정적 감정을 처리하고 긍정적으로 재해석하려는 시도가 이루어진다.

• 통합과 수용

– 생애 회고를 통해 삶의 의미를 찾고, 자신의 삶을 통합적으로 바라보게 된다.

– 과거의 성공과 실패, 즐거움과 고통을 모두 하나의 전체로 받아들인다.

– 이를 통해 자아 통합감을 형성하고 자신의 삶에 대한 긍정적 평가를 내리게 된다.

• 삶의 지혜와 공유

– 생애 회고를 통해 얻은 통찰과 지혜를 후손이나 주변 사람들과 공유하는 단계이다.

– 이는 삶의 경험이 단순히 개인적인 차원에 머무르지 않고, 다음 세대나 사회적 맥락에서 의미를 가지게 된다.

고령자 대상의 회상 프로그램들은 음악이나 그림 등의 도구를 활용한 것들이 대부분이다. 영화나 사진을 매개로 하여 회상을 자극하기도 한다. 회상 프로그램 참여자들은 지난날들을 되돌아보고 기억을 떠올리면서 자신과 자신의 삶에 대해 더 깊이 이해하게 된다. 또한 긍정적 또는 부정적 정서를 느끼고 표현하는 가운데 고통이 줄어들며, 좋은 경험과 나쁜 경험을 모두 수용하고 의미를 부여함으로써 자신의 삶을 가치 있는 것으로 인정하게 된다. 그에 따라 노년기에 상처받기 쉬운 자기효능감과 자존감이 회복되고, 노화를 수용하게 되고, 자아 통합에 이를 수 있으며, 나아가 남은 시간을 의미 있게 보내고 죽음을 대면할 수 있게 된다.

'지시적 자서전 쓰기'는 인생에서 중요한 일련의 주제로 자서전을 쓰게 하는 것으로서, 심리치료는 아니지만 회상을 통해 자아 통합에 이르도록 돕는 또 하나의 방법이다. 자서전 쓰기는 말로만 하는 것이 아니라 글로 쓰는 것이기 때문에 더 깊이 있게 회상하게 하고 보다 많은 기억을 떠올리게 할 수 있다. 또한 글로 쓸 때는 어떻게 쓸지에 대해 고심하면서 적절치 못한 내용은 걸러 내는 작업을 하게 된다. 지시적 자서전 쓰기는 개별적으로 또는 집단으로 진행되며, 다양한 주제를 다룬다.

회상에서 주로 사용되는 주제로는 어린 시절, 고향, 친구, 결혼, 가족, 경력, 인생의 전환기, 고난, 건강, 죽음, 인생의 의미 등이 있다. 특정 종교나 문화에 속해 있는 집단을 위해서는 그들의 관심사에 따라 새로운 주제를 추가할 수 있다. 음악이나 그림 등을 활용하여 회상을 자극하면서 자서전을 쓰도록 하는 프로그램도 사용할 수 있다. 자서전 쓰기가 집단으로 진행되는 경우에 제시된 주제에 따라 한두 페이지 정도 쓴 글을 집단원 앞에서 읽고 그에 대해 집단원들과 이야기를 나누게 한다. 모든 과정은 리더에 의해 진행된다. 리더는 지시적 자서전 쓰기가 심리치료가 아니라는 점을 염두에 두어야 한다. 참여자가 사람들 앞에서 자발적으로 감정을 표현하는 것을 허용하되, 이를 더 깊이 탐색하려고 하는 것은 적절하지 않다.

자서전 쓰기는 주제별 쓰기와 연대별 쓰기가 있다. 연대별로 쓰는 것보다 주제별로 쓰기가 더 효과적이라는 주장이 있다. 이는 주제별로 회상하게 할 때 중요한 주제를 더욱 집중적으로 다룰 수 있기 때문이다. 다른 집단원들과의 정서적인 교류와 그들의 공감적인 피드백과 격려가 자신을 수용하고 긍정적으로 바라보는 데 도움이 되기 때문에 집단 회상이 개별적인 회상보다 더 효과적이라는 견해도 있다. 그러나 사생활을 중시하며 타인에게 자기 노출을 꺼리는 참여자에게는 개별적인 진행이 필요하다. 개별적으로 진행하면 참여자가 리더의 집중적인 관심을 받게 되어 회상 작업에 좀 더 몰두할 수 있다는 이점이 있다. 자서전을 가족이나 친구 등 소중한 사람에게 전하고 싶다면 읽는 사람이 불편하게 느낄 수 있는 내용은 수정하거나 삭제해야 한다. 그러나 처음부터 그 점을 고려해야 한다면 자신의 감정을 솔직하게 표현하기가 어려울 것이다. 완성된 자서전은 소중한 사람들에게, 특히 가족에게 도움이 되는 경우가 많다.

생애 회고나 자서전 쓰기 등 회상을 사용한 접근은 비교적 실시가 쉽고, 참여자 입장에서 비판이나 낙인을 염려하지 않아도 된다는 장점이 있다. 또한 이 접근은 심리적 효과와 더불어 인지 기능의 유지에도 도움이 된다고 알려져 있다. 회상을 할 때 기억이 정확하지 않을 수 있다는 점이 언급되기도 하지만, 중요한 것은 사건에 대한 기억의 정확성 여부가 아니라 그 사건에 대한 해석과 의미 부여이다. 즉, 이전에는 아무런 연관성이 없다고 여겼던 사건들과 고통스러웠던 기억들이 회고를 통해 일관되게 한 덩어리로 조직이 되고 의미 있는 것이 되며, 그것이 개인의 성장과 발전을 가져오게 되는 것이다. 회고의 핵심은 이러한 통합성에 있다.

7) 내러티브치료

내러티브치료는 호주의 화이트(White)와 뉴질랜드의 엡스톤(Epston)에 의해서 확립된 치료 접근법이다. 인간은 이야기를 통해 타인과 의사소통할 뿐 아니라 자신에게 일어난 사건과 내면의 경험을 이해하려고 한다. 그러므로 이야기는 내면적 자기감의 형성에 기여한다. 이야기는 특정한 사건들을 선택하여 연결하고 의미를 부여하는 방식으로 전개되며, 이 과정에서 어떤 사건들은 버려진다. 즉, 이야기는 창조되는 것이고, 그러므로 재창조될 수도 있다. 내러티브치료의 목표는 내담자들이 자신의 삶에 대한 문제중심의 이야기를 해체하고 이야기를 다시 쓰게 함으로써 새로운 정체성을 찾게 하는 것이다.

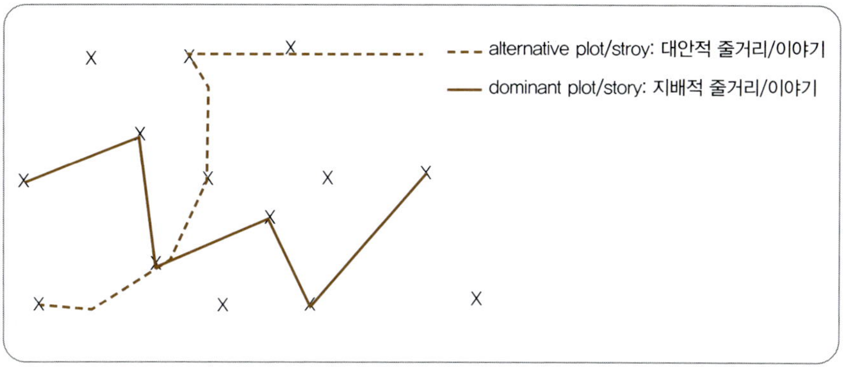

[그림 6-1] 이야기 다시 쓰기

출처: Morgan (2000). p. 55.

내러티브치료에서는 '외재화 대화' '독특한 결과 찾아내기' '회원 재구성 대화' '정의 예식' 등 다양한 기법을 활용한다. '외재화 대화'는 문제를 사람으로부터 분리하기 위하여 문제에 이름을 붙이게 하는 등의 방법을 사용한다. '독특한 결과 찾아내기'는 문제 이야기와 상반된 예외적 사건들을 찾아내는 것이다. '외재화 대화'와 '독특한 결과 찾아내기'가 자신의 이야기를 다시 쓰기 위한 것이라면, '회원 재구성 대화'나 '정의 예식'은 다시 쓴 새로운 이야기를 더욱 풍성하게 만들기 위한 것이다.

'회원 재구성 대화'란 자신의 삶이라는 '클럽(club, 삶을 클럽에 비유)'에 중요한 사람들을 회원으로 새롭게 받아들여서 그들의 도움으로 기억을 재구성하고 새로운 이야기를 풍성하게 만드는 대화를 말한다. 우리는 우리가 속해 있는 클럽의 다른 회원들과의 관계를 통해 자신이 누구인지 알아 간다. 즉, 한 사람이 속해 있는 클럽은 정체성을 형성하는 기준점 역할을 한다. 개인의 삶에서 중요한 인물들은 그 사람의 능력이나 그가 이룬 성취에 대해서 많은 것을 기억하고 있으며 풍성하게 묘사해 줄 수 있다. 그러므로 사람들은 '회원 재구성 대화'를 통하여 상처받은 정체성을 회복하고 삶의 의미를 되찾을 수 있다.

'정의 예식'은 새로운 삶의 이야기를 더욱 풍성하게 만들기 위하여 클럽 외부의 증인들을 활용하는 것이다. 두 사람 이상의 외부 증인들은 새롭게 쓰인 이야기를 들은 후에 인상적인 부분, 이미지, 유사한 경험, 배운 점 등을 이야기한다. 이것을 '재진술'이라고 한다. 즉, 들은 이야기를 다시 이야기하는 것이다. 다른 사람들의 입을 통해 자신의 이야기를 들을 때 긍정적 정체성을 더욱 새롭게 세워 나가며 삶의 의미를 확고히 할 수 있다.

내러티브치료는 노년기 내담자에게 특히 효과적일 수 있다. 노년기에는 새로운 정체성과 역할을 요구하는 많은 변화를 겪게 된다. 노년기의 변화는 배우자 등 중요한 인물의 죽음, 신체 기능의 쇠퇴, 독립성의 감소 등 주로 상실과 관련된 것이다. 개인적인 상실의 경험과 노년기를 퇴화의 관점에서 바라보는 사회적 관점은 고령자의 정체성에 부정적 영향을 줄 수 있다. 고령자는 자신을 질병과 동일시하고, 어린아이처럼 타인에게 의지해야 하는 연약한 존재로 여기면서 절망감과 우울감에 빠지게 될 수 있다. 내러티브 접근은 고령자로 하여금 문제 중심의 이야기에 도전하여 자신의 이야기를 다시 쓰게 함으로써 상처받은 정체성을 회복하고 상실에 대하여 의미를 부여하도록 도울 수 있다.

내러티브치료는 내담자를 자기 삶의 전문가로서 존중하며 내담자의 자원을 중시한다. 또한 사람은 문제가 아니며, 문제는 외부에 있다고 본다. 내러티브 기법에 따라 고령자는 자신의 질병 또는 신체 기능과 인지의 쇠퇴라고 하는 문제로부터 자신을 분리하고, 과거의 삶에서 자신의 능력과 성공, 성취의 경험을 찾아내며, 자신의 삶을 지켜보았던 사람들이나 주변 인물들로부터 자신에 대한 긍정적인 이야기를 들을 수 있다. 이에 따라 새로운 이야기를 쓰고 그것을 풍성하게 만들며, 긍정적인 정체성을 되찾고, 삶에 새로운 의미를 부여하게 된다.

크루프와 탠디(Kroof & Tandy, 1998)는 배우자 사별로 오랜 기간 지속적인 애도를 경험해 왔으며, 신체 기능의 약화로 인해 장기간의 반응성 우울증을 겪고 있는 80세 여성의 치료에 내러티브 접근법을 활용하였다. 치료의 목표는 그녀로 하여금 상실과 두려움의 이야기를 버리고, 새로운 이야기를 쓰게 하는 것이었다. 상담 과정을 간략히 소개하자면 다음과 같다.

상담자는 '우울'과 '두려움'을 외재화하여 그것들이 그녀로 하여금 현재의 삶을 즐기지 못하게 한다고 규정하였다. 그녀의 이야기는 80년간의 삶에서 고통과 어려움을 이겨 내며 많은 목표를 달성한 여인의 이야기로 바뀌어 갔다. 남편은 30년 전에 사망했지만 그녀는 아직도 자신을 '남편을 잃은 사람'으로 묘사하고 있었다. 남편과 함께했던 시간들을 탐색하자 그녀의 주도성과 용기와 끈기가 드러났다. 남편이 지금 여기에 있다면 그녀가 현재의 어려움에 맞서고 있는 것에 대해 무엇이라고 말할 것 같냐는 질문에 그녀는 남편이 아직도 자신을 자랑스럽게 여길 것이라고 대답했다. 이 이야기는 누군가에게 소중한 존재였던 자신이 오늘도 가치 있는 존재라는 사실을 상기시켰다. 지팡이에 의지해야 하는 그녀는 넘어질 것을 두려워했다. 낙상에 대한 '두려움'은 그녀로 하여금 밖에 나가지 못하게 하고, 집 안의 계단도 올라가지 못하게 해서 스스로 한계가 많고 의존적이라고 느끼게 만들었다. 상담자가 그녀에게 그 '두려움'에 어떻게 대처할 수 있는지 질문하자 그녀는 집 안의 조명을 좀 더 밝게 바꾸는 것, 지팡이 대신 바퀴가 네 개인 워커를 사용하는 것, 바깥이 환할 때 집 주변을 돌아다니는 것 등 몇 가지 선택지를 탐색할 수 있었다. 그러자 그녀는 자신이 집 안에서조차 마음대로 움직일 수 없는 늙고 힘없는 사람이라는 생각을 거절할 수 있었다. 그녀의 우울과 두려움의 이야기는 고통을 이기며 살아낸 여인의 이야기로 바뀌었으며, 새로운 이야기는 그녀로 하여금 할 수 있을 때까지 활기차게 살며 자기 결정에 관여하겠다고 마음먹게 했다. 그녀의 새로운 의미 체계에는 여전한 끈기와 주도성 그리고 재연결이 포함되었다(Kroof & Tandy, 1998).

고령자를 대상으로 내러티브 기법을 활용한 집단 상담 프로그램은 자아 통합감의 증가(여인숙, 김춘경, 2006), 부정적 정체성을 긍정적 정체성으로 재구성(고정은, 2016), 자기개념의 변화 및 관계 개선(이경욱, 2009) 등의 효과가 있다고 보고되었다. 내러티브 접근은 노년기의 다양한 주제와 문제에 적용할 수 있을 것으로 보인다. 특히 이 접근은 노년기 이야기가 상실과 평가절하, 무가치감에 기초한 개인적 · 사회적 의미로 채워지고 있는 상황에서 자기감을 증진하고 삶에서 힘을 회복할 수 있도록 새로운 의미 체계를 구축할 수 있는 효과적인 대안이라고 할 수 있다. 고령의 내담자는 비난이나 판단을 받을 것에 대한 두려움을 가지고 있다. 내러티브 접근에서는 내담자를 자기 인생의 전문가로 보며 상담자는 전문가가 아니라 조력자이다. 그러므로 내담자는 판단받을 두려움 없이 자신의 새로운 정체성을 찾아갈 수 있고, 상담자는 전문가로서 내담자를 변화시켜야 한다는 부담을 내려놓고 자유롭고 편안한 마음으로 내담자를 도울 수 있다.

결론

고령의 내담자에게 상담이 과연 효과가 있을까에 대해 여전히 의문을 품고 있는 상담자가 많다. 고령자들은 자기 자신에 대한 통찰을 얻거나 새로운 것을 배우고 행동의 변화를 이루기 어렵다고 생각한다면 상담은 내담자를 지지하는 정도에 그칠 수밖에 없다. 물론 내담자의 한계로 인해 더 이상 나아가기 어려운 경우도 있지만, 60~70대뿐 아니라 80~90대의 고령자 중에도 인지 기능이 잘 유지되고, 배우고 성장할 수 있으며, 상담에 적합한 사람들이 있다. 고령자를 만나는 상담자는 특히 이론적 접근에 대한 지식과 경험이 풍부해야 하며, 노년기의 발달 단계적 특성을 고려하여 그것들을 효과적으로 적용할 수 있어야 한다. 상담자는 따뜻한 가슴과 더불어 고령자의 특성에 대한 이해와 심리 상담의 이론적 지식을 갖추어 고령자가 노화 과정에서 가능한 한 풍성한 삶을 누릴 수 있도록 도울 수 있다.

제7장

노년기 상담 주제

노년기에는 다양한 문제로 어려움을 겪는다. 상담자는 고령자의 주요 문제들을 이해하고 다루는 법을 알아야 한다. 상실과 애도, 죽음의 수용은 고령자가 가장 고통스러워하는 주제라고 할 수 있다. 또한 한국의 경우에 조부모의 손자녀 양육 참여가 증가하고 있는 상황에서 효과적인 조부모 역할을 위한 상담적 도움이 필요하다. 나아가 초고령화 시대에 접어든 상황에서 한국의 은퇴자들이 변화에 적응하고 길어진 노후를 생산적으로 살아갈 수 있도록 도울 필요가 커졌다. 이에 따라 이번 장에서는 한국 고령자의 주된 상담 주제인 은퇴, 조부모의 손자녀 양육, 상실과 애도, 죽음의 수용에 대해 살펴보고자 한다.

1. 은퇴 상담

한국의 경우에 직종에 따라 다르기는 하지만, 정년은 60세 이상으로 규정되어 있다. 직장인 중에는 정년을 채우지 못하고 자신이 기대하는 것보다 훨씬 일찍 퇴직하고 있는 사람이 많으며, 비자발적인 퇴직자가 전체 퇴직자의 반 이상이나 되는 것으로 알려져 있다. 많은 사람이 퇴직 후에 이전보다 열악한 조건으로라도 계속해서 일하기를 희망한다. 물론 지루하고 답답했던 직장 생활에서 벗어나 자유로운 삶을 누리기를 원하며, 퇴직 후에 만족감과 행복감이 증가하는 사람도 있다. 은퇴에 대하여 다양한 생각이 있을 수 있지만, 직업은 삶의 중요한 부분을 차지하며 정체성에 큰 영향을 주므로 은퇴가 인생의 중요한 전환점임은 틀림 없다.

은퇴는 많은 이에게 위기로 경험된다. 은퇴자들은 일정한 패턴이 없이 매일의 삶을 살아야 하는 것을 힘들어하고, 오랫동안 몸담았던 직장과 동료들 그리고 사회적 지위를 잃어버리게 된 것을 슬퍼한다. 동시에 앞으로의 삶에 대해 불안해하고, 죽음이 가까이 다가오고 있음을 느끼게 되기도 한다. 특히 예상하지 못했던 비자발적 조기 퇴직은 자존감을 낮추고, 우울과 불안 또는 알코올남용, 심지어 자살 충동까지 동반할 수 있다. 은퇴는 종종 신체적·심리적·관계적 문제를 초래한다. 스트레스로 인해 신체질환에 취약해지고, 수입 감소는 경제적인 어려움을 초래하기도 하며, 역할 변화로 인한 가족 갈등이 발생할 수도 있다.

은퇴에 따르는 어려움을 최소화하기 위해서는 미리 준비하고 계획하는 것이 가장 중요하다. 우리나라에서는 여러 공공기관과 민간기관에서 은퇴 상담 프로그램을 제공하고 있다. 이러한 기관들은 주로 일과 은퇴의 의미, 재정 설계, 창업 및 재취업 전략, 건강, 가족 및 사회적 관계, 여가와 시간 관리 등 다양한 주제를 다루며 은퇴 후의 삶을 위한 계획을 세우도록 돕는다. 일부 기업에서는 은퇴를 앞둔 직원에게 직원 지원 프로그램(Employee Assistance Programs: EAP)을 통해 개인 상담을 제공하기도 한다. 은퇴 설계 프로그램을 자체적으로 운영하는 기업도 있다. 집단 교육 프로그램은 여러 분야의 전문가를 통해 은퇴에 관련된 지식과 정보를 전해 준다. 이에 비해 개인 상담은 각 개인의 특성과 상황을 고려함으로써 보다 효과적인 도움을 제공할 수 있다.

리차드슨(Richardson, 2008)의 은퇴 단계별 상담 모형에 의하면, 은퇴 상담의 과정은 은퇴 전 단계, 은퇴 결정 단계, 은퇴 후 적응 단계로 나뉜다. 이 모형을 기초로 하여 각 단계의 특징과 상담 목표, 내담자의 주요 쟁점 및 치료적 개입에 관하여 살펴보려고 한다.

1) 은퇴 전 단계

은퇴 상담의 세 단계 중 첫째 단계인 은퇴 전 단계는 직장인들이 언제 은퇴할 것인지, 미래에 무엇을 할 것인지 생각하기 시작하는 단계이다. 이 단계는 여러 가지 심리적 · 생리적 변화가 일어나는 중년기(40~60세)에 해당한다. 이 시기의 사람들은 일, 가정, '나이 듦'에 대해 좀 더 깊이 생각하게 된다. 중년기에는 활기찼던 지난날에 대한 그리움과 젊음의 상실로 인한 슬픔, 과거와 분리되는 듯한 소외감, 상실을 거부하며 느끼는 분노, 무언가를 하지 않은 것에 대한 죄책감, 익숙하지 않은 새로운 앞날에 대한 불안감 등 부정적인 정서를 경험한다.

상담자는 내담자가 슬픔, 분노, 두려움, 불안 등의 감정을 느끼고 표현하도록 격려하고 공감해 준다. 그런 다음에 은퇴 전 문제의 유형을 평가하고 대처 능력을 알아본다. 특히 재정 상태를 평가하는 것이 중요하다. 재정적으로 은퇴 준비가 된 사람은 그렇지 않은 사람보다 은퇴 후의 적응이 빠르기 때문이다. 은퇴 후에 작은 집으로 이사한다거나, 은퇴 후에 재취업을 위해 새로운 기술을 배우거나, 자격증에 도전하는 문제에 대해서도 이 단계에서 미리 논의를 시작할 수 있다. 은퇴나 노화에 대한 정보를 제공하고 미래를 잘 계획하게 하면 불안과 두려움이 감소한다. 은퇴 전 상담의 목적은 내담자가 은퇴에 대해 긍정적인 생각을 갖게 하고 미래를 설계하도록 돕는 것이다.

2) 은퇴 결정 단계

이 단계의 상담 목적은 내담자가 주도적으로 은퇴 결정을 하여 언제 어떻게 은퇴할 것인가에 대해 최선의 결정을 하도록 돕는 것이다. 비자발적인 은퇴자의 경우에는 스스로 결정할 수 있는 것이 많지 않지만 최소한의 것이라도 스스로 선택하여 자신이 퇴직의 결정을 주도하고 있다고 느낄 수 있어야 한다. 회사의 정리해고나 건강 문제로 퇴직하는 경우에는 비자발적인 은퇴로 받아들여서 무력감을 느낄 수 있다. 그러므로 자신의 선택을 재정의하고 재해석하도록 돕는 것이 필요하다. 자신이 은퇴 결정에 관여했고 스스로 조정했다고 느낄 때 은퇴 이후에 적응력이 높다. 반대로 고민을 별로 하지 않았거나 갑자기 은퇴하게 된 사람들은 적응에 어려움을 겪는다. 이러한 사람들은 위축되고 우울감에 빠지기 쉬우므로 정서적인 문제에 대한 도움이 필요하고 재취업을 위한 지원과 격려가 필요하다.

은퇴를 앞둔 사람들은 은퇴를 결정하기 이전부터 은퇴 시기와 은퇴 후의 재정 상태, 직장에서의 만족도 및 자신의 성취에 대한 평가, 은퇴 후에 예상되는 자신의 생활 등에 대해 이미 많은 생각을 해 왔다. 따라서 상담자는 내담자가 은퇴에 임박하여 느끼는 감정들을 다루는 것이 중요하다. 전환기의 내담자들은 미래에 대한 불안이 높으므로 불안에 대한 개입이 필요할 수 있다.

상담자는 내담자가 감정을 충분히 표현하도록 돕고 공감해 준 후에 그들의 수입, 퇴직수당, 건강, 가족 상황, 성격 등 은퇴 결정에 영향을 미치는 결정적 요소들을 검토한다. 재정 문제에 있어서는 내담자의 퇴직수당 및 저축, 주식, 부동산, 연금 등을 점검하여 내담자가 은퇴 후에 경제적으로 안정되는 데 필요한 결정을 하도록 돕는다. 때로 내담자를 재정 상담과 은퇴 설계 교육을 받도록 권유할 수도 있다. 또한 상담자는 내담자의 고용에 영향을 줄 수 있는 건강 문제를 검토하는 것이 필요하다. 건강 악화로 은퇴를 하였지만, 자신의 건강 상태에 적합한 다른 일을 찾아서 지속적으로 일하려는 사람도 있다. 이런 경우에 내담자에게 먼저 의사와 상담을 하도록 권유한다. 상담자는 은퇴의 결과로 나타나는 가족생활의 변화와 더불어 은퇴 결정에 미치는 가족의 영향에 대해서도 내담자와 이야기를 나누어야 한다. 은퇴 후의 가족생활의 변화에 대해 예상하고 준비하는 것은 매우 중요하다. 은퇴 후에 부부 둘만의 시간이 늘어나는 상황에서 다양한 부부 갈등을 겪을 수 있으므로 은퇴 전에 가사 분담이나 여가 활동, 각자만의 시간 등에 대해 부부가 함께 충분히 대화를 나누도록 격려하는 것이 필요하다. 성격 특성에 대해서도 살펴보아야 한다. 성격에 따라 은퇴 결정이 달라질 수 있다. 직장이 자긍심을 유지할 수 있는 유일한 터전인 사람은 은퇴를 미루게 될 것이고, 직장 밖에서 사람들과 활발하게 교제하고 취미 활동을 즐기는 사람은 빨리 은퇴하기를 원할 것이다.

상담자는 은퇴 방식과 은퇴 후의 중요한 결정에 대해서도 내담자와 논의할 수 있다. 즉, 완전 퇴직, 부분 퇴직, 점진적 퇴직 중에서 무엇을 선택할 것인가? 은퇴 후에 재취업을 할 것인가? 시간제 일을 찾을 것인가? 창업할 것인가? 이사를 할 것인가? 여유 시간을 어떻게 보낼 것인가? 어떤 봉사 활동이나 취미 활동을 하는 것이 좋을 것인가? 등에 대해 꼼꼼하게 살펴보도록 지원한다. 비자발적 은퇴자도 재취업이나 여가 시간 활용과 이사 문제 등에 대해 관심을 두므로 이에 대해 함께 논의할 수 있다. 그러나 이들은 앞에서 언급했듯이 분노, 참담함, 상실감, 우울 등의 부정적 감정과 자살 충동에 시달릴 수도 있다. 비자발적 은퇴자의 경우에는 자살 가능성에 대한 철저한 검토가 필요하다.

3) 은퇴 후 적응 단계

어떤 은퇴자들은 은퇴 후에 큰 변화 없이 만족스러운 생활을 유지하거나, 행복감과 만족감이 더욱 커지기도 한다. 한편, 사기가 떨어지고 만족감이 감소하는 경우가 있는데, 이러한 이들에게는 상담적 도움이 필요하다. 은퇴 후의 문제는 대부분 은퇴 후 처음 1년 동안에 나타난다. 이 시기는 새로운 환경을 수용하고 그것에 적응해야 하는 시기이다. 따라서 상담자는 내담자가 감정을 관리하고 통제하며 은퇴의 의미에 대해 보다 긍정적인 관점을 개발하도록 격려해야 한다.

불안은 많은 은퇴자가 겪는 고통스러운 감정으로, 통제 불능감과 관계가 있다. 삶의 후반기에 있는 사람에게 영향을 미치는 불안장애는 광장공포증과 폐쇄공포증 그리고 일반화된 불안장애이다. 공포증은 상황에 대한 통제감과 숙련감을 유지할 수 없는 경우에 과도한 두려움으로 인해 발생한다. 일반화된 불안장애의 두드러진 특징은 미래에 관해 염려한다는 것이다. 이들은 주로 가족, 돈, 일, 질병에 대한 걱정, 불면증, 집중력 저하, 근육의 긴장 등의 증상을 보인다. 은퇴를 잘 준비하지 못한 사람들은 불안감이 크며, 특히 비자발적 은퇴자는 불안장애를 나타내는 경우가 있다. 다시 직업을 찾고자 하는 은퇴자들 역시 불안에 취약하며, 취업에 실패했을 때 불안감은 더욱 심각해진다. 노년기 불안의 치료는 무력감을 최소화하고 통제감을 증가시키는 데 더욱 초점을 맞추어야 한다. 불안의 구체적인 개입법에 대해서는 제5장 '노년기 정신질환'에서 설명하였다.

우울은 은퇴 후에 종종 경험하게 되는 또 다른 정서 반응이다. 은퇴자가 기분이 처져 있고, 일상 활동에 대한 관심이 감소했거나, 불면 또는 과다수면, 식욕부진, 체중감소 등을 보일 때 우울을 의심할 수 있다. 고령자에게는 우울이 종종 젊은이들과는 다른 형태로 나타난다. 상담자는 고령자의 신체적 불편감의 호소가 우울증과 관련이 있는지 주의 깊게 살펴보아야 한다. 또한 우울증의 유형을 판별하고, 우울증이 언제 시작되었는지, 은퇴와는 어떤 관련이 있는지를 파악해야 한다. 또한 자살 생각과 그 정도를 면밀하게 살펴야 한다. 생애 후반의 우울은 건강과 감각 기능의 쇠퇴 및 소중한 사람과의 이별 등 상실로부터 비롯된다. 은퇴 후에 수입이 감소하고, 집을 팔고, 동료들을 더 이상 만나지 못하는 등의 변화는 상실의 축적으로 이어져서 우울증이 발병할 수 있다. 우울증에는 인지치료와 약물치료가 효과적이라고 알려져 있다. 우울증에 대한 인지치료의 목표는 왜곡된 사고를 좀 더 실제적이고 긍정적인 사고로 대체하는 것이다. 은퇴에 관한 인지 왜곡의 예로 '은퇴하면 죽은 거나 마찬가지다.' '은퇴하면 쓸모없는 인간이 된다.' 등이 있다. 구체적인 우울증의 개입은 제5장 '노년기 정신질환'에 설명되어 있다.

상담자는 경청과 공감을 통해 내담자를 안심시키고 위로할 수 있다. 내담자는 자신의 감정을 표현할 수 있는 기회를 제공받는 것만으로도 압도당하는 느낌이 줄고 자신을 더 잘 이해하게 되며 적응의 어려움이 무엇 때문인지를 깨닫게 된다. 이때 상담자는 공감적 이해와 더불어 내담자가 삶의 의미와 목적을 찾도록 도와야 한다. 내담자는 은퇴가 자신에게 어떤 의미인지 인식하게 될 때 불안과 우울의 원인을 이해할 수 있다. 그 이면에는 내담자의 늙어 가는 것과 죽음에 대한 불안이 내재되어 있을 수 있다. 그러므로 인생의 가치와 목적에 관한 대화를 통해 내담자가 삶의 의미를 찾고 절망 대신에 통합감을 성취하도록 돕는 것이 필요하다.

그 밖에도 은퇴 후의 적응 문제에 영향을 주는 다른 요인들이 있다. 상담자는 내담자의 은퇴 적응 문제에 어떤 요인들이 어떻게 영향을 미치는지 이해해야 한다. 질병이 있는 경우에는 예후와 합병증에 대해 이해하고 있어야 하며, 질병에 대한 내담자의 감정을 탐색하고, 내담자가 독립성을 유지하며 자신의 목표를 성취하도록 돕는 것이 필요하다. 부부 문제가 있는 경우에는 부부의 생활을 재검토하고 관계를 재정립하도록 도와야 한다. 재정 문제에 대한 상담이 필요할 수도 있다. 또한 몇몇 은퇴자는 은퇴 후의 여유를 즐기면서도 일상생활의 구조가 사라진 것에 대해 불편을 느낄 수도 있다. 이런 경우에는 주 단위로 일정을 짜게 하는 것이 좋다(예: 월요일은 수영, 화요일은 장보기, 수요일은 봉사). 주로 직장 동료들과 교제했던 사람들은 은퇴 후에 고립감을 느낄 수 있다. 그들은 새로운 친구 사귀기를 어려워한다. 상담자는 그들의 사회적 관계와 관련된 문제가 오랫동안 지속된 것인지, 아니면 최근에 생긴 것인지를 파악해야 한다. 어떤 사람에게는 사회성 기술 훈련을 통해 도움을 줄 수 있다. 직업과 성취를 과도하게 강조하는 은퇴자들은 은퇴 후에 정체성 관련 문제로 어려움을 겪을 수 있는데, 그런 경우에는 심층적인 상담을 통해 좀 더 견고하고 긍정적인 정체성을 확립하도록 돕는다.

일과 생산성 및 성취는 은퇴 적응 상담의 중요한 주제이다. 몇몇 은퇴자는 일에 복귀하기로 결정하고 다른 직장을 찾거나 새로운 일을 시작하고자 한다. 은퇴 결정 단계에서 이 문제를 해결하기도 하지만, 은퇴 후에 이 문제에 대한 도움을 받기를 원하는 경우도 있다. 한국에서는 퇴직 후에 재취업을 희망하며 구직 활동을 하는 사람들의 비율이 높다. 그러나 현 상황에서는 고령자들의 취업이 매우 제한적이다. 은퇴자들은 정규직으로 채용되는 비율이 낮으며, 많은 이가 은퇴 후에 재정적인 어려움 때문에 임금을 하향해서라도 취업하는 경우가 많다. 고령자의 취업에 있어서 중요한 장벽 중 하나는 '연령 차별'이다. 고용주들은 고령자를 유연성이 부족하고, 컴퓨터 등 신기술을 사용할 줄 모르며, 새로운 것을 배우기 어렵고, 신체적인 한계가 있고, 무능하거나 느리다고 본다. 이러한 부정적인 인식은 고령자의 취업 기회를 가로막는다. 그러나 고령자들은 젊은 사람들에 비해서 경험이 많고 노련하며, 직업에 헌신적이고, 책임감과 충성심이 강하다는 장점을 가지고 있다. 연령 차별적 사고를 스스로 받아들여, 자신감을 잃은 내담자에게는 앞에 열거한 장점들을 일깨워 줄 필요가 있다. 또한 내담자로 하여금 자신이 이루었던 성공의 경험을 탐색해 보게 함으로써 자신감을 고양할 수 있으며, 직업 탐색에도 도움을 줄 수 있다.

상담자는 먼저 내담자로 하여금 자신의 동기와 목표에 대해 정확하게 인지하도록 돕는 것이 필요하다. 동기에 대한 이해가 없고 목표가 희미하며 정보가 왜곡되어 있으면 제대로 된 계획을 세우기가 어렵다. 그런데 고령자 중에는 자신이 무엇을 원하며, 왜 그것을 원하는지를 잘 모르는 경우가 있다. 어떤 이들은 무의식적으로 자신이 아닌 다른 사람의 목표를 이루고자 하는 동기를 가지고 있다. 상담을 통해 무의식적인 동기가 드러나면 그들은 보다 현실적인 취업 계획을 세울 수 있다. 어떤 사람은 직업이 없고 돈을 벌지 못하면 무능하고 쓸모없는 존재가 된다고 생각하며 직업을 유지하는 것에만 초점을 둔다. 이것은 사회적 통념을 내면화한 결과일 수 있으므로 그 통념에 도전하고 자신이 진정 원하는 것이 무엇인지 탐색하도록 돕는 것이 필요하다. 때로는 오랫동안 해 왔던 일이 아니라 다른 분야의 일을 하고 싶어 한다. 그것은 연기되었던 자신의 꿈을 실현하기 위한 또는 사회적 지위 향상을 위한 목표일 수 있으므로 이에 대한 통찰이 생기면 목표의 현실성을 점검할 수 있다. 젊은 사람들을 위하여 만들어진 적성검사, 진로탐색검사 등은 고령자에게는 적합하지 않다. 면담을 통해 내담자의 생애와 직업과 관련된 이력을 탐색한다면, 내담자의 흥미와 적성과 가치관 등에 대하여 각종 검사 도구보다 훨씬 더 풍성한 정보를 얻을 수 있다.

교육이나 훈련에 재도전함으로써 자신의 능력과 가치를 확장시키려고 하는 은퇴자도 있다. 예를 들어, 재취업을 위해 자격증을 취득하거나 관련 교육기관에서 재교육을 받거나 때로는 전혀 새로운 분야에 도전하려고 한다. 상담자는 내담자와 함께 자원과 한계를 고려하여 새로운 도전의 현실성 여부를 논의할 수 있다. 지속적으로 일하기를 원하면서도 여유 시간을 더 많이 즐기기 원하는 은퇴자에게는 시간제 일자리를 권하는 것이 좋다. 일하기를 원하기는 하지만 돈을 벌기 위함보다는 봉사하는 일을 하고 싶어 하는 사람들도 있다. 이들은 주로 학력이 높고 신체적으로 건강하며 사회적으로 활발한 사람들이나. 봉사는 직업이 없는 고령자의 생산성 및 성취욕구를 채우며, 대가 없이 세상을 변화시키는 일에 참여하고 있다는 점에서 비롯된 높은 수준의 만족감을 가져다준다. 더 이상 일하지 않기로 결정한 사람들도 자신이 여전히 생산적이라고 느낄 수 있는 대안적 방식을 찾으려할 수 있다. 그런 경우에 상담자는 내담자가 가치 있다고 생각하는 일이 무엇인지 발견하게 하여 그것을 통해 긍정적인 정체성을 유지할 수 있도록 도와야 한다. 직업과 직접적인 관련이 없더라도 악기나 그림 등 오랫동안 배우고 싶었던 것이 있다면 그것에 도전해 보도록 격려해야 한다. 이를 위하여 다양한 기관에서 교육받을 수 있으므로 상담자는 내담자와 함께 정보를 찾아 적절한 선택을 하도록 도울 수 있다.

노는 일도 중요하게 다루어야 한다. 슈퍼(Super)는 진로를 '한 개인이 일생을 살아가는 동안에 수행하는 여러 역할 사이의 연속성과 그 조화'라고 하였으며, 그 역할들 안에 직업인(worker)뿐 아니라 여가 활동인(leisurite)을

〈표 7-1〉 은퇴 상담의 과정

단계	특징	목표	주요 감정	개입 1	개입 2
은퇴 전 단계	중년기와 겹침	은퇴에 대한 긍정적 생각 고취/미래 설계	슬픔/불안/두려움/분노		대처 능력 평가/정보 제공/미래 계획
은퇴 결정 단계	전환기	은퇴 관련 결정/은퇴 후를 위한 준비	미래에 대한 불안이 고조됨	부정적 감정의 표현을 격려/경청과 공감	주도적 은퇴 결정/최선의 결정(은퇴 시기, 방법)/은퇴 이후를 위한 준비(수입, 퇴직수당, 건강, 가족 상황, 성격 검토, 예상하고 준비하기, 필요한 결정 내리기)
은퇴 후 적응 단계	주로 은퇴 후 1년	새로운 환경의 수용, 적응	불안/우울/고립감		은퇴의 의미, 삶의 의미-절망 대신 통합/그 외 요인들(질병, 재정, 부부 문제, 사회적 관계. 정체성, 생산성)에 대한 논의

포함시켰다. 자신이 흥미를 느끼는 일에 몰입할 수 있는 여가 활동은 삶에 활력을 가져다준다. 많은 직장인이 이 같은 자유로운 여가 활동을 하고자 은퇴를 기다린다. 은퇴 후에는 직장과 자녀 양육의 부담을 덜고 여가 활동인으로서 많은 것을 즐기는 기회가 주어진다. 은퇴 후에 자존감을 잃고 의기소침해진 고령자들에게 여가의 중요성을 일깨우고 일과 여가 사이의 균형을 이루도록 돕는 것이 필요하다. 여가 생활을 위한 목표를 세우고 계획을 짜는 일이 은퇴 상담에 포함될 수 있다. 은퇴자를 위한 상담자는 먼저 노화나 고령자에 대한 상담자 자신의 인식을 점검하고 자신에게 연령 차별적 생각은 없는지 살펴보는 것이 필요하다. 상담자의 인식은 상담에 지대한 영향을 주기 때문이다. 은퇴 상담의 과정을 〈표 7-1〉에 정리하였다.

2. 조부모 상담

한국 사회에서는 여성의 사회참여가 확대되고 맞벌이가정이 증가하면서 육아 문제가 중요한 사회적 쟁점으로 떠올랐다. 또한 이혼이나 별거로 인한 가족해체의 증가, 재혼가정의 증가로 인해 가족의 안정성이 약화하고 있는 가운데 아동 또는 청소년 양육의 조력자 또는 대리 양육자의 필요성이 더욱 커졌다. 조부모의 손자녀 양육은 심각한 저출산 문제와 가족해체로 인한 사회적 불안을 해결하는 하나의 방안이다. 조부모는 성인 자녀의 직장 생활 안정과 경제적 자립을 위해 가장 선호되는 양육조력자이다. 부모가 조부모를 양육조력자로 선호하는 이유는 조부모가 손자녀를 사랑으로 돌보며, 신뢰할 수 있고, 부모의 입장에서 비용을 줄일 수 있기 때문이다. 조부모는 성인 자녀가 직장 생활과 육아 문제로 힘들어하거나 자녀의 가정이 이혼 등의 어려움으로 해체될 상황에 놓이게 될 때 손자녀 양육에 대한 책임감을 느낀다. 이에 따라 전담 또는 부분적으로 손자녀 양육을 맡는 조부모가 증가하고 있다. 그러나 치열한 사회 일선에서 물러나 편안한 노년기를 보내고자 하는 시기에 손자녀 양육의 책임을 떠맡는다는 것이 조부모에게는 큰 부담일 수밖에 없다. 조부모 역할은 조부모 자신의 삶은 물론 그들의 성인 자녀나 손자녀의 삶에 큰 영향을 주게 된다. 상담은 조부모의 양육 스트레스를 줄이고 삶의 만족도를 높일 수 있는 중요한 방법이다.

조부모와 손자녀의 관계는 오랫동안 유지되는 것으로서 서로에게 많은 영향을 준다. 손자녀를 향한 조부모의 사랑은 특별하며 거의 무조건적이라고 할 수 있다. 부모와 자녀의 관계에서는 긴장감이 자주 나타나는 것에 비해 조손 관계는 대체로 수용적이며 편안하다. 조부모는 손자녀에게 너그러운 경향이 있으며, 자신이 젊은 시절에 미숙함과 실수를 통해 배운 가치관과 생활 기술 및 미덕에 대해서 손자녀에게 가르쳐 줄 수 있다. 또한 가족의 근원과 역사에 대해 이야기해 줌으로써 손자녀의 정체성 발달을 도울 수 있다. 조부모는 손자녀에게 책을 읽어 주거나 재미있는 놀이 친구가 되어 주고 손자녀의 창의성과 언어발달을 돕기도 한다. 특히 한국의 현재 조부모 세대는 장난감 없이도 재미있게 노는 방법을 많이 알고 있어서 손자녀들에게 새로운 놀이의 경험을 제공할 수 있다. 손자녀는 부모와의 관계에서만큼 조부모와 안정-애착 관계를 형성할 수 있으며, 그와 같은 관계를 통해 자기 자신과 세상을 신뢰하게 된다. 조손 관계는 조부모에게도 긍정적인 영향을 줄 수 있다. 조부모는 손자녀와의 친밀감을 통해 기쁨을 얻으며, 자녀와 손자녀의 삶에 기여함으로써 생성성을 획득하고, 인생의 의미를 새롭게 발견함으로써 통합이라는 발달 과업을 성취할 수 있다.

간혹 손자녀에게 악영향을 주는 조부모도 있다. 손자녀 중 한 명을 편애하기도 하고, 누군가를 미워하기도 하면서, 방임하거나, 학대하는 일도 있다. 배우자와 사별한 성인 자녀가 혼자 힘으로 자녀를 키우기 위해 일을 하는 상황에서 조부모가 손자녀를 맡아 돌보는 경우에 자기 딸을 고생시킨다고 생각하며 손자녀를 미워하거나 지나치게 엄격하게 대할 수도 있다.

조부모의 심한 잔소리도 정서적 학대에 속한다. 아이가 장시간 조부모의 학대에 노출되는 경우에 자기가치감이 손상되고, 세상에 대하여 왜곡된 견해를 갖게 될 수 있다. 조부모의 손자녀 학대는 다양한 원인이 있을 수 있지만 양육 스트레스와 양육에 대한 지식 부족이 중요한 원인이 될 수 있다.

조부모가 손자녀 양육에 참여하는 형태는 2가지로 구분된다. 첫째, 조부모가 손자녀와 동거하거나 혹은 동거하지 않지만 일시적으로 특정 시기까지만 손자녀의 양육에 전적 또는 부분적으로 참여하는 경우이다. 맞벌이 부부의 자녀 양육을 지원하는 사례가 여기에 속한다. 둘째, 정해진 기한 없이 재정적 · 신체적 · 시간적 · 정서적 등 모든 면에서 손자녀를 전담으로 양육하는 조손가정이다.

1) 조손가정

「한부모가족지원법」에서는 조손가족을 "부모의 유기 등으로 인해 65세 이상의 조부모가 18세 미만의 아동을 양육하는 가족"으로 정의하였다. 한국의 조손가정은 점차 증가하고 있는 추세이다. 조손가정은 조부모의 성인 자녀의 사망, 가출, 별거, 이혼, 행방불명 등으로 인해 가족이 해체되거나 범죄, 질병, 약물중독, 빈곤 등의 이유로 정상적인 가정생활을 꾸리기 힘든 경우에 발생한다. 조손가정의 조부모는 성인 자녀의 조력자로서 손자녀를 돌보는 조부모보다 높은 수준의 스트레스를 경험한다. 손자녀를 전담하여 돌보아야 할 뿐만 아니라 자신의 성인 자녀의 심리사회적 문제를 지켜보는 고통도 겪어야 하기 때문이다. 그들은 역할 혼란, 가중된 양육 부담, 경제적 어려움, 체력의 한계를 느끼며, 특히 손자녀가 아프거나 학교에서 문제를 일으키는 등 훈육이 필요한 상황이 발생할 때 스트레스를 받기 쉽다. 그들은 손자녀 또래의 부모들과 관계를 형성하기 어렵기 때문에 정보가 부족하고 필요한 양육 지원을 얻기도 힘들다. 조부모들은 자신의 건강이 나빠지거나 사망하여 손자녀를 돌볼 수 없게 될 것을 걱정하며 두려워하기도 한다. 손자녀를 돌보는 조부모들은 양육 활동으로 인해 사회적 관계에서 고립되기 쉽다. 특히 조모의 경우에는 조부 없이 혼자 양육해야 하는 경우가 많고, 재정적 어려움과 무리한 신체 노동까지 겹치게 될 수 있으므로 우울증에 걸릴 위험이 크다. 이처럼 조부모 역할도 남녀의 차이가 존재한다. 조부는 대체로 조모와 함께 있으며, 조모에 비해 외부 활동이 비교적 자유롭고, 손자녀 돌봄에 직접적으로 참여하는 일이 적다. 그와 같은 경우에도 조부 역시 심리적 · 경제적인 면에서 스트레스를 받는다. 여유로운 삶을 즐기려던 계획에 차질이 생기고, 손자녀 양육에 필요한 비용을 위해 더 오래 일해야 할 수도 있다. 경제적으로 어렵고 사회적 제약이 클수록 조부모 스트레스는 커진다. 이 같은 조부모의 양육 스트레스는 부정적 양육 태도로 나타나 손자녀에게 악영향을 줄 수 있다.

그러나 조손가정의 조부모들은 여러 가지 어려움에도 불구하고 손자녀 양육에 대한 의지가 높으며, 손자녀 양육을 통해 기쁨과 보람을 느끼기는 경우가 많다. 즉, 조부모들은 손자녀와의 애착, 자기 존재의 의미, 자신이 젊어진 기분, 자신의 생이 다음 세대로 이어진다는 연결감, 자신이 부모로서 자녀들에게 해 주지 못했던 것을 손자녀에게 베푸는 것을 통한 정서적 만족감 등을 경험하며, 이러한 긍정적 감정들은 조부모들에게 보상감을 주고 양육의 부담감을 덜어 준다.

한편, 가정이 해체되어 조부모의 양육을 받게 된 손자녀들은 조부모의 양육을 받기 전에 부모의 죽음이나 이혼, 질병, 경제적 파산 등의 부정적 가족사를 경험하였으며 그와 관련하여 해결되지 않은 심리적 문제들을 지니고 있다. 부모가 어떤 이유로 떠났든 간에 손자녀들은 부모로부터 버림받았다고 느끼며 다시 버림받게 될 것을 두려워한다. 손자녀들은 일반 아동 또는 청소년에 비해 불안과 우울의 수준이 높고, 자존감 수준이 낮으며, 친구 관계의 어려움, 충동성, 비행, 학교 부적응의 문제를 나타낼 수 있다.

조손가정은 최선의 양육 환경이라고 할 수는 없지만, 조부모들은 필요한 도움이 주어진다면 보다 효과적으로 조부모 역할을 감당하면서 손자녀들을 건강하게 키워 낼 수 있을 것이다.

조손가정의 조부모 상담은 주로 정서적인 지지와 더불어 양육 기술 훈련을 제공하는 것으로 이루어진다. 조부모가 어린 손자녀를 돌보는 경우에 놀이를 통해 아이와 소통하고 한계를 정하는 방법을 교육한다. 청소년기의 손자녀를 양육하는 조부모에게는 발달 단계에 따른 변화에 맞추어 유연하게 대처하도록 도울 필요가 있다. 또한 조부모의 스트레스, 불안, 우울 등에 대처하는 능력을 향상시키기 위해서는 대처 기술 교육이 효과적이다. 즉, 상황에 대해 긍정적 의미를 부여하는 긍정적 재평가, 책임 수용하기, 문제 해결을 위한 적극적이고 계획적인 대처, 자기 조절, 거리 두기(좋지 않은 상황에서 효과적으로 상황에 대처하기 위하여 자신의 경험을 한 걸음 물러서서 심리적 거리를 두고 바라보게 하는 과정) 등의 전략은 조부모의 스트레스를 줄일 수 있다. 아울러 손자녀 양육에 대하여 긍정적 의미를 부여하게 함으로써 노년기 과제인 자아 통합에 이르도록 도울 수 있다.

조손가정의 조부모를 위한 집단 교육 프로그램을 통해 손자녀의 발달 단계별 특성, 성격 유형에 대한 이해, 바람직한 양육 태도 및 의사소통 기술을 습득하게 함으로써 조부모의 양육의 효능감을 증진시킬 수 있다. 또한 가족 상담이나 집단 상담을 통해 조부모와 손자녀가 효과적으로 의사소통하며 가족 규칙을 함께 만들게 함으로써 친밀감을 향상시키고 가족기능을 강화할 수 있다. 조손가정의 지원 및 서비스에 대한 정보를 제공해 주는 것도 상담자가 해야 하는 일 중 하나이다. 저소득층에 속한 조손가정은 위기가정 지원사업이나 빈곤가정 위기 지원사업을 통해 생계비와 의료비 등 경제적인 지원을 받을 수 있다. 가정위탁지원센터에서는 조부모가 기초생활수급자인 경우에 조손가정을 위탁가정으로 지정하여 가정위탁 양육비를 제공한다. 이 밖에도 지역사회자원을 활용하여 물질적 · 정서적 지원을 받도록 한다. 또한 한부모가족 지원사업을 통해서 아동 양육비, 중학생 방과 후 학습비, 직업훈련비, 건강관리비 등을 지원받을 수 있다. 조부모들은 손자녀들의 학업에 대한 걱정이 많다. 그러므로 손자녀들이 지역사회에서 학업적 지원을 받는 방법에 대한 정보를 제공한다면 조부모의 스트레스를 낮출 수 있다.

2) 양육 조력자로서의 조부모

성인 자녀의 맞벌이 등을 이유로 손자녀의 양육을 지원하는 조부모들도 지속적으로 증가하고 있다. 한국보건사회연구원(2023)의 자료에 따르면, 2023년 기준 맞벌이가정의 70% 이상이 조부모의 도움을 받고 있으며, 이는 전년도 대비 10% 증가한 수치이다. 양육 조력자의 역할은 주로 손자녀의 영유아기와 아동기까지 이어지며, 손자녀가 청소년기에 이르게 되면 조부모 역할이 축소된다. 조력자로서의 조부모의 역할은 일시적 또는 부분적이며, 성인 자녀와 협력할 수 있으므로 전담 양육자에 비해 부담이 적을 수 있지만 조력자로서의 조부모 역시 여러 가지 어려움을 경험한다. 장시간의 손자녀 양육과 자기 집과 자녀 집, 두 집의 살림을 감당해야 하는 것으로 인한 체력 소진 및 사회적 네트워크의 단절 등으로 인해 신체적·심리적으로 힘든 상황에 놓인다. 이로 인해 조부모와 성인 자녀와의 관계에서 갈등을 빚기도 한다. 이러한 갈등은 세대 간의 가치관과 양육 방식의 차이, 성격과 기질의 차이, 또는 오래된 관계 갈등에서 비롯될 수 있다.

조력자로서의 조부모는 손자녀를 돌보면서 성인 자녀 가족의 삶에 어느 정도까지 개입해야 하는지에 대해 고민하게 된다. 성인 자녀를 존중하고 간섭하지 않으려고 조심하는 조부모들도 어떤 문제가 발생하면 도와주어야 한다는 책임감 때문에 갈등한다. 예를 들어, 조부모가 보기에 성인 자녀가 어린 나이의 손자녀를 지나치게 높은 기준을 가지고 다그친다고 느낄 때 개입을 고민하게 된다. 조부모 자신의 젊었을 때의 실수를 성인 자녀가 반복하지 않기를 바라며 조언하기도 하지만, 자녀의 입장에서는 그러한 조언을 받아들이기가 쉽지 않다. 자녀는 부모가 간섭한다고 여기거나 자신에게 했던 부모의 실수를 기억하고 부모를 공격하기도 한다. 조부모는 자신의 희생과 헌신이 감사는커녕 무시와 공격으로 되돌아오는 것에 대해 서운함과 분노를 느낄 수 있다. 한편, 조부모가 양육에 관한 성인 자녀의 부탁이나 요청을 들어주지 않으면서 자기 방식만 고집할 때, 성인 자녀는 '엄마는 늘 그런 식이었어.'라고 생각하며 좌절감과 분노를 경험하기도 한다.

또한 조력자로서의 조부모들은 손자녀 돌봄의 시간과 자기 자신을 위한 시간 사이에서, 그리고 자녀와의 양육 책임의 분배 문제로 갈등할 수 있다. 손자녀 돌봄에 치중하다 보면 자신을 돌보는 일에 소홀하게 되고, 자신의 사회적 네트워크를 유지하기가 어렵다. 또한 자녀가 일과 자녀 양육으로 지쳐 가는 모습을 보며 스스로 일을 더 많이 떠맡다 보면 점점 더 자신의 영역이 줄어들고, 결국 자기 자신을 잃어버리게 될 수 있으며, 건강에도 문제가 생길 수 있다. 또한 손자녀가 청소년기에 이르면 조부모와의 관계가 대체로 소원해지는데, 조부모는 그것에 대해 서운함을 느끼거나 더 이상 자신이 해 줄 것이 없다는 생각에 허탈해하기도 한다.

이러한 어려움에도 불구하고 조부모는 손자녀 양육 과정에서 긍정적인 정서를 경험할 수 있다. 손자녀와의 애정 관계를 통해 기쁨을 얻고, 외로움이 감소하며, 건강이 나빠지는 것이 아니라 오히려 증진되기도 한다. 자신이 가족 내에서 중요한 위치에 있으며, 자신의 역할이 중요하다는 인식을 통해 자기효능감이 증가하고, 노년기의 삶이 확장되는 긍정적인 경험을 할 수도 있다. 성인 자녀는 조부모에게 경제적 보상을 제공하기도 한다. 양육의 모든 과정에서 서로 지지하고 협력하는 가운데 가족 관계가 더욱 증진되는 결과를 낳을 수도 있다.

조력자로서의 조부모 상담 역시 조손가정의 조부모 상담과 유사하다. 조부모의 힘든 마음을 알아주고 지지해 주는 것과 더불어 양육 기술을 교육하고 훈련한다. 손자녀 양육을 맡겠다는 결정은 대체로 손자녀가 태어나기 전에 이루어지는 것이므로 사전에 조부모교육 훈련 과정을 수료하게 하는 것이 좋다. 아울러 앞으로 발생할 수 있는 문제에 대해 조부모와 성인자녀가 함께 이야기를 나누면서 차이점을 해결하고 서로가 만족할 수 있는 규칙을 정하는 것이 갈등 예방의 방법이 될 수 있다. 조부모와 성인 자녀 사이에 묵은 갈등이 발견된다면 그것을 잘 다루는 것이 필요하다. 또한 조부모와 성인 자녀가 양육의 책임을 적절하게 분배하되, 그것을 유연하게 적용하게 하는 것도 중요하다. 성인 자녀는 조부모의 어려움에 신경을 쓰지 못하거나 알면서도 무시하는 경우도 있다. 부모가 조부모 역할을 하고, 조부모가 부모 역할을 하는 등 역할이 뒤바뀔 수 있으므로 이런 경우에는 역할을 바로잡아야 한다. 또한 조모와 조부가 함께 살고 있다면 두 사람 사이에서도 갈등이 발생할 수 있다. 조부는 조모가 자녀의 가정에만 관심을 가지고 자신을 소홀히 대한다고 생각하며 소외감을 느낄 수 있다. 한편, 조모는 조부가 자신의 양육 부담은 이해하지 못한 채 요구만 많다며 원망하고 비난하는 가운데 관계 갈등이 심각해질 수 있다. 이런 갈등을 해결하기 위해서 두 사람이 대화를 통해 서로 협력하도록 도와야 한다. 또한 손자녀의 양육을 돕는 조부모는 자신의 필요와 자녀나 손자녀의 필요 사이에서 균형을 이루고, 자신과 성인 자녀의 경계선을 잘 지켜야 한다. 혼자 질 수 없는 짐은 나누어서 져야 하지만, 각자가 자기 짐을 지도록 하는 것도 중요하다. 그러므로 도움을 줘야 하는 역할과 자녀가 해야 하는 역할을 구분하려는 고민이 필요하다. 보웬(Bowen)이 말한 연합성과 개별성이라는 두 개의 힘의 균형과 분화의 개념을 고려하면서 조부모는 자녀의 삶에 어느 정도로 개입해야 할지에 대한 해답을 찾아야 한다.

3. 상실과 애도

노년기가 되면 여러 가지 상실을 경험하게 된다. 가장 큰 상실은 부모, 배우자, 친지 등 사랑하는 사람을 잃는 것이다. 사별(bereavement)이란 소중한 대상의 죽음으로 인한 이별을 말한다. 고령자는 비교적 짧은 시간 동안에 자신의 연로한 부모, 배우자나 지인뿐만 아니라 자신의 신체 기능, 독립성 등 많은 상실을 연이어 경험하게 된다. 미처 애도 과정을 끝내지 못한 채 새로운 상실을 맞게 되면 슬픔이 누적되고 사별 과부하가 초래된다. 또한 사별로 인해 고립이 심화되고, 신체적 · 심리적 · 관계적 · 경제적으로 취약한 상태에서 새로운 상황과 역할에 적응해야 하는 부가적인 어려움을 겪게 된다. 그러므로 사별은 젊은 사람에게보다 고령자에게 더욱 광범위하고 결정적인 영향을 끼칠 수 있다.

배우자 사별은 평생 경험하는 일 중에서 가장 강렬하고 파괴적인 사건이다. 배우자 사별은 오랜 유대감과 친밀감뿐 아니라 자신의 사회적 역할과 정체성의 상실을 의미한다. 배우자 사별로 인해 슬픔, 불안, 우울, 무력감 등의 정서적 어려움뿐 아니라 불면증, 식욕부진, 두통 등의 신체 증상이 나타나고 지병이 악화될 수도 있다. 배우자를 사별한 사람은 격렬한 고통으로 인해 자살을 생각하기도 한다. 또한 배우자 사별로 인해 생활 전반에 걸친 재조정이 불가피하므로 불안이 높아지며 죽음에 대한 공포를 느끼게 될 수 있다. 배우자와 친밀했거나 배우자에 대한 의존도가 높았던 사람일수록 사별로 인한 충격과 슬픔이 크다.

배우자 사별에 비견할 만한 사별은 자녀의 죽음으로 인한 것이다. 자녀를 먼저 보낸 사람들은 뒤바뀐 순서로 인해 극심한 고통을 느낀다. 그들은 자식은 죽고 자신이 살아남은 것에 대해 죄책감과 부끄러움마저 느낀다. 또한 부모로서 자녀의 죽음을 막지 못한 것에 대해 자책한다. 만약 자녀가 암과 같은 질병으로 사망한다면, 고통받으며 죽어 가는 자녀의 모습을 지켜보는 부모는 엄청난 고통을 겪게 된다. 자녀의 죽음이 교통사고나 타살 또는 자살로 인한 경우에 부모는 더욱 강렬한 고통을 경험한다. 특히 자녀의 자살은 사회적으로 낙인찍히는 죽음이라고 여겨 애써 숨기게 된다. 자녀가 갑작스럽게 비참한 죽음을 맞은 경우에 부모는 외상후 스트레스장애의 증상을 나타낼 수 있다. 자녀의 죽음에 대한 슬픔은 쉽게 가시지 않는다. 비통함이 특히 오랜 기간 지속되는 이유는 자녀를 절대로 잊지 않으려는 부모의 마음 때문일 수 있다. 자녀를 먼저 보낸 한 어머니는 "(자녀가) 원래 없던 아이처럼 잊히는 게 무섭기도 하고 슬프기도 하다."라고 말했다.

일반적으로, 노년기에 고령의 부모를 잃는 슬픔은 그리 크지 않을 것이라고 생각하지만, 연로한 부모가 오랜 시간 병상에 있었고 죽음을 예견했어도 부모와의 이별은 깊은 충격과 슬픔을 불러일으킬 수 있다. 어린 시절부터 노년에 이르기까지 부모와 함께한 긴 시간과 수많은 사건, 특히 장기간에 걸쳐 고령의 부모를 돌본 경험은 사별 후의 감정을 매우 복잡하게 만든다. 오랫동안 부모를 간병하느라 힘겨운 시간을 보낸 경우에는 슬픔, 안도감, 죄책감 등이 뒤섞인 감정을 경험하게 된다. 어린 시절에 부모로부터 충분한 돌봄과 사랑을 받지 못한 상처를 품고 살아온 사람은 분노, 원망, 미움과 더불어 이제 그 사랑을 받을 기회가 영영 사라진 것에 대하여 상실감과 슬픔을 느낄 수 있다. 부모와의 사별 역시 사고 등 예상치 못했던 이유로 인해 갑작스럽게 발생하였거나, 자살로 인한 경우에는 사별자에게 더욱 큰 충격을 안기며 외상후 스트레스장애로 이어질 수 있다.

1) 애도의 과정

사별에 대한 정서적 반응은 깊은 슬픔, 즉 비탄(grief)이다. 비탄은 주로 슬픔의 감정이기는 하지만 우울, 후회, 분노, 원망, 죄책감, 불안 등의 다양한 감정을 수반한다. 비탄 반응의 강도와 지속 기간은 사람에 따라 매우 다르다. 비탄 반응에 영향을 미치는 개인적 요인으로는 고인이 사별자의 삶에 차지했던 중요성, 사별자의 신체적 · 정서적 상태, 과거의 사별 경험, 가족 및 친구 관계, 사망이 발생한 시기와 상황, 그리고 사별로 인한 생활 방식과 역할 변화의 정도 등이다. 이러한 요인들의 조합이 개인의 반응에 영향을 미친다. 예를 들어, 고인이 사별자에게 특별히 중요한 존재였고, 고인에 대한 애정이 깊었을수록 비탄 반응이 강렬하고 오랜 기간 지속된다.

또한 사별 반응은 사회적 규범에 의해서도 영향을 받는다. 한국 문화에서는 개인적 감정을 자제하고 표현하지 않는 것을 성숙한 애도의 방식으로 여기는 경향이 있다. 사별자들은 너무 슬퍼하면 고인이 좋은 곳으로 못 간다거나, 남들 보기에 좋지 않다는 말을 종종 듣는다. 이러한 말들은 개인의 반응에 영향을 주어 감정을 억압하게 만든다. 그러므로 각 개인의 고유한 비탄 반응은 사회적 규범의 제약 안에서 개인적 요인들의 특정 조합에 따라 결정된다고 할 수 있다.

비탄 반응은 다양한 정서적 반응과 더불어 신체적 · 사회적 반응이 복합적으로 일어날 수 있다. 강렬한 슬픔은 눈물을 흘리는 것뿐 아니라 큰 소리로 통곡하거나 발버둥을 치고 가슴을 두드리는 등의 격렬한 행동으로 표현되기도 한다. 고인이 죽어 가는 과정에서 겪었을 고통을 생각하며 고인에 대한 연민과 더불어 후회와 죄책감을 느낄 수도 있다. 또한 고인의 죽음에 직간접적으로 영향을 주었던 사람이나 의료진 등 고인의 죽음을 막지 못했던 대상들에 대하여 분노와 원망을 느끼기도 한다. 그 밖에도 절망감, 무의미감, 허무감, 외로움, 그리움 등 다양한 정서적 경험이 동반될 수 있다.

사별의 고통은 다양한 신체 부위의 통증을 초래하기도 한다. 가슴 두근거림, 두통, 위통, 손발 저림, 식욕감퇴, 소화불량, 체중감소, 안절부절못함, 탈모, 불면증 등 다양한 신체 반응과 더불어 고혈압, 심장질환과 같은 질병을 유발하거나 악화시킬 수도 있다. 행동이 느려지고 활기가 사라지기도 한다. 사람들과의 만남을 회피하고 스스로 고립시키는 경우가 있는 반면에 지나치게 주변 사람들에게 의존하기도 한다. 또한 주변 사람들의 행동을 부정적으로 해석하고 관계를 단절하거나 공격적인 행동을 할 수도 있다. 사별은 유산 문제나 역할 문제로 가족 간의 불화를 야기하거나 증폭시킬 수 있다. 사별자는 고인의 소유물에 집착하거나 고통스러운 감정을 피하려고 그것을 서둘러 정리하려고 할 수도 있다. 이처럼 비탄 반응은 매우 다양한 형태로 나타난다.

사별로 인한 슬픔은 시간이 흐름에 따라서 대체로 감소한다. 그러나 비탄 반응이 과도하고 지나치게 장기화되어 일상적인 적응에 심각한 문제를 초래하는 경우에는 병리적이라고 할 수 있다. 워든(Worden, 2002)은 부적응적인 비탄 반응의 4가지 유형을 제시하였다. 첫째, 만성적 비탄은 사별 후 1년이 지났음에도 사별 초기의 강렬한 슬픔이 지속되는 경우이다. 둘째, 지연된 비탄이란 사별 초기에 애도 작업을 하지 못한 채 시간이 지나서 사별에 대한 슬픔을 강하게 경험하는 경우이다. 셋째, 과장된 비탄은 사별에 대한 슬픔이 과도하여 삶의 부적응 문제가 나타나는 것을 말한다. 넷째, 위장된 비탄이란 사별의 슬픔을 표출하지 않는 대신에 신체 증상이나 다른 정신건강 문제를 보이는 것이다.

복합적 사별증후군은 사별 이후에 여러 가지 비정상적인 비탄 반응이 동시다발적으로 나타나서 정상적인 생활이 어려운 경우를 말한다. 즉, 고인에 대한 과도한 집착과 그리움, 우울증과 유사한 깊은 슬픔, 의욕 상실, 불면증, 무쾌감증, 식욕감퇴 등이 사별자가 속한 문화에서 정상으로 여기는 정도보다 더 강도 높고 오래 지속되는 경우이다. 지속성 복합 사별장애를 나타내는 사람들은 대체로 사랑하는 사람의 죽음과 그로 인한 고통을 수용하지 못하고 부정, 억압, 회피 반응을 보이며, 고인이 된 사람을 놓지 못하고 계속 붙잡고 있는 사람들이다. 이들은 적절한 애도 과정을 거치지 못했다.

애도(mourning)란 사별로 인한 슬픔을 극복하고 회복에 이르는 과정을 의미한다. 생애 단계나 심리사회적 발달 단계 모형이 사람들을 이해하는 데 도움이 되는 것과 마찬가지로, 관찰과 연구를 통해 밝혀진 애도 단계에 대한 지식은 사별자를 이해하고 효과적으로 개입하는 데 도움이 될 수 있다. 그러나 애도 과정은 개인에 따라 매우 다르므로 사별자 고유의 반응 특성을 민감하게 파악하는 것 또한 중요하다.

퀴블러 로스(Kübler-Ross)는 죽음을 앞둔 사람들과 인터뷰하여 죽음에 대한 심리학적 반응을 5단계로 정리하였다. [그림 7-1]과 같이, 1단계는 부정(denial), 2단계는 분노(anger), 3단계는 타협(bargaining), 4단계는 우울(depression), 5단계는 수용(acceptance)이다. 이 과정은 반드시 순차적인 것은 아니며, 단계들이 혼재되어 나타나기도 하고, 때로는 한 번 거쳐 간 단계로 되돌아가기도 한다. 퀴블러 로스의 '죽음의 5단계 이론'은 죽음을 앞둔 사람뿐 아니라 사별 및 다양한 상실에 직면한 사람에게도 적용이 된다. 그러나 사랑하는 사람의 죽음으로 인한 애도의 과정은 자신의 죽음을 대면하는 과정과 같다고 볼 수 없으며 퀴블러 로스의 죽음의 5단계는 애도 과정에 대한 최적의 이론이라고 보기 어렵다는 견해도 있다.

볼비(Bowlby)는 사별 경험은 애착을 형성하고 유지했던 대상과 단절될 때 나타나는 스트레스와 고통의 반응이라고 하였고, 애도의 과정을 4단계로 구분하였다. [그림 7-2]와 같이, 1단계는 충격을 받고 무감각해지는 단계(shock and numbness), 2단계는 고인을 갈망하며 되찾기 위해 헤매는 단계(yearning and searching), 3단계는 절망과 혼란을 느끼는 단계(despair and disorganization), 4단계는 자신의 생활을 재조직하고 회복하는 단계

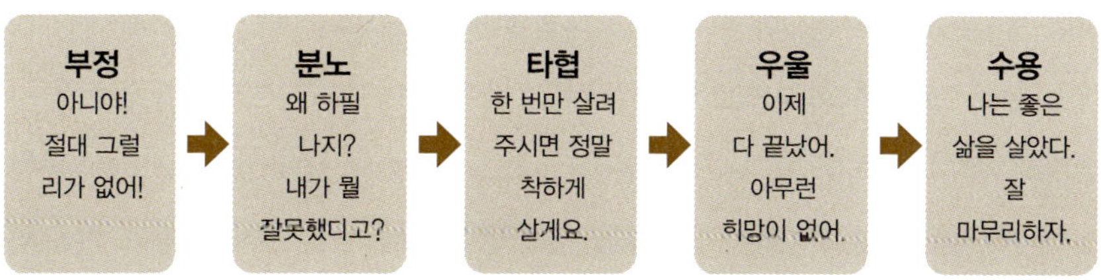

[그림 7-1] 퀴블러 로스의 죽음의 5단계

(reorganization and recovery)이다. 볼비에 의하면, 사별은 개인이 중요한 타인에게 지녔던 애착 관계의 붕괴이며, 이를 극복하기 위해서는 애착 대상과의 분리를 거쳐 체계를 새롭게 정립해야 한다.

[그림 7-2] 볼비의 애도의 과정

그러나 클래스 등(Klass et al., 1996)의 '지속적인 유대 이론'은 사별자가 고인과의 감정적 결속을 끊기보다는 지속적으로 연결되는 것이 슬픔의 치유와 개인의 성장을 돕는다고 주장한다. 고인과의 지속적인 관계는 위안을 주고, 미래로의 전환을 용이하게 하며, 고인이 사별자의 현재와 미래에 미치는 영향을 재정의하도록 돕는다는 것이다. 내러티브치료에서도 신체적 죽음과 함께 관계를 끝내야 하는 것이 아니며, 죽음 후에도 고인과 사별자가 추억을 통해 지속적으로 연결될 수 있다고 보았다.

내러티브치료의 애도 상담은 고인을 남은 사람들의 삶 속에서 기억하고 존중하며 그와의 사랑의 관계를 지속하도록 돕는다. 화이트(White)는 애도자의 삶에 고인을 다시 불러들이는 이야기 방식을 소개하였다. "고인의 눈으로 지금 당신을 본다면 그가 당신에 대해 소중하게 여겼던 어떤 점을 당신도 볼 수 있습니까?"와 같은 질문은 '경험을 다시 경험'하게 하기 위한 것이다. 이후에 이것은 '회원 재구성 대화'로 정리되었다. 즉, 회원 재구성 대화를 통해 고인을 회원으로 받아들이고 새로운 이야기를 쓰게 함으로써 사별자의 삶의 가치와 목적을 분명하게 하고 긍정적 정체성을 찾도록 돕는 것이다. 지속적인 유대를 지지하는 접근법에서는 사별자의 슬픔과 애도의 여정에 함께하는 동반자로서 고인과의 관계를 단념하게 하는 것이 아니라,

고인과 지속적인 결합을 발전시킬 방법을 찾게 하는 것이 상담자의 역할이다. 그러나 애도 과정에서 고인으로부터의 분리와 고인과의 지속적인 연결 중에 어느 하나만 강조할 수는 없다. 2가지 모두 애도에 있어서 필수적인 작업이라고 할 수 있다. 즉, 사별자는 고인의 부재를 인정하고 수용하며 새로운 삶을 향해 나아가는 동시에 내적인 과정을 통해서 고인과의 지속적인 연결을 유지할 수 있다.

워든(Worden, 2002)은 애도의 과정은 사람에 따라 다른 궤적을 그릴 수 있지만, 그 과정에서 해결해야 하는 공통적인 과업이 있다고 보았다. 첫째는 상실의 현실을 받아들이기, 둘째는 상실의 고통을 겪어 내기, 셋째는 고인을 잃은 환경에 적응하기, 넷째는 고인에 대한 감정적 재배치와 삶을 살아가기이다.

4가지 과업을 좀 더 구체적으로 살펴보자면, 첫째, 상실은 현실이며, 이번 생에서는 다시 고인을 만나는 것이 불가능하다는 것을 받아들여야 한다. 사별의 초기 단계에서는 고인의 죽음을 부정하거나 회피하기 쉬우며, 갑작스러운 죽음은 더더욱 받아들이기 어렵다. 사별자가 상실의 현실을 수용하기 위해서는 시간이 필요할 수 있다. 둘째, 상실의 고통을 잘 겪어 내기 위해서는 복잡한 감정들을 알아차리고 표현해야 한다. 부정적 감정을 금기시하는 사회적 분위기는 이 과정에 부정적 영향을 줄 수 있다. 주변 사람들은 사별자의 아픔을 건드리지 않기 위해 고인에 대해 이야기하기를 꺼리며 가족 안에서도 서로 다를 수 있는 상실 경험에 대해 함께 대화를 나누지 못하는 경우가 많다. 그러나 다양한 정서적 고통을 외면하는 것은 애도 작업에 방해가 된다. 이 과정에서 상담자나 다른 사람들과 이야기를 나누고 감정을 표현하는 것이 사별의 고통을 완화하는 데 도움이 된다. 정서적 고통과 더불어 신체적인 문제들 역시 충분히 인정하고 경험하는 것이 필요하다. 셋째, 고인이 존재하지 않는 환경에 적응하는 것은 외적 적응, 내적 적응, 영적 적응을 모두 포함한다. 외적 적응은 고인이 해 오던 역할을 남은 사람들이 함께 나누어 맡게 되는 과정을 말한다. 내적 적응은 상실로 인해 잃어버린 자신의 정체성을 재구성하는 일이다. 특히 정체성이 지나치게 고인과의 관계성을 통해 정립이 되어 있던 경우에는 내적 적응이 힘들다. 영적 적응이란 사별로 인해 흔들렸던 가치관(예: '세상은 상식적이고 살 만한 곳이다.' '사람은 가치 있는 존재이다.')을 회복하는 것을 뜻한다. 넷째, 고인과의 관계를 위한 마음속 공간(감정적 재배치)과 현실적 공간(고인을 추억하는 실제적인 외적 공간, 공간적 재배치)을 마련함으로써 고인과의 연결감을 유지한 채로 현실적인 삶을 이어 가야 한다. 이 과정에서는 사별자가 새로운 관계를 맺으면서도 그 관계가 고인과의 관계를 대체하거나 고인을 망각하는 것이 아니라는 점을 이해하는 것이 중요하다. 워든의 애도 과정에 따른 과업을 〈표 7-2〉에 요약·정리하였다.

〈표 7-2〉 워든의 애도 과정에 따른 과업

과정	과업	내용
1	현실을 받아들이기	상실은 현실이며, 이번 생에서 다시 고인을 만나기는 불가능하다는 것을 받아들여야 함. 시간이 필요할 수 있음.
2	고통을 겪어 내기	다양한 정서적 고통과 더불어 신체적인 문제들을 충분히 인정하고 경험하는 것이 필요함.
3	달라진 상황에 적응하기	외적 적응: 고인의 역할을 나누어 맡음 / 내적 적응: 상실로 인해 잃은 정체성을 재구성함 / 영적 적응: 흔들린 가치관의 회복
4	감정적 재배치/ 현실의 삶을 이어 가기	고인과의 관계를 위한 마음속 공간과 현실적 공간을 마련 / 고인과의 관계를 유지한 채 새로운 관계를 맺으며 현실적인 삶을 이어 감.

2) 사별 상담

사별 상담의 목표는 사별자로 하여금 고인과의 미해결 과제를 해결하고 고인에게 건강한 작별을 고함으로써 현실의 삶에 집중하도록 돕는 것이다.

사별 상담자는 일반적인 상담 지식에 더하여 사별의 슬픔과 애도의 과정에 대한 이해가 있어야 한다. 사별자 상담에 있어서 가장 중요한 것은 그들의 이야기를 들으며 충분히 공감해 주는 것이라고 할 수 있다. 사별자들은 주변으로부터 동정을 받을 수 있어도 진정한 공감을 얻기는 어렵다. 상담 초기에는 사별자가 감정을 드러내려고 하지 않을 수 있지만, 고인에 대하여 또한 고인의 죽음의 과정과 그 이후의 일들에 관하여 이야기하는 과정에서 다양한 감정과 생각이 드러나게 된다. 감정을 느끼고 표현하는 것은 그것만으로 애도 과정을 끝낼 수 있는 것은 아니지만, 미래를 향해 나아가고 중요한 선택을 하도록 만드는 기초가 된다.

사별자가 느끼는 감정은 매우 다양하고 복잡하다. 충격은 일반적인 초기 반응으로, 때로는 정서적 증상과 신체적 증상이 결합되어 나타난다. 무감각으로 인해 지적 과정이 마비될 수 있다. 그러나 대부분은 죄책감에서 분노에 이르기까지 다양한 감정이 뒤섞인 혼란스러운 반응을 보이게 된다. 죄책감은 가장 괴로운 감정으로서 고인과 함께 살아가는 동안 또는 죽음의 과정에서 저지른 실수나 하지 못한 일에 대한 후회와 반성에서 비롯된다. 특히 고인이 자살한 경우에 사별자는 죄책감으로 인해 극심한 고통을 느끼게 된다. 고인과 애증 관계에 있었던 경우에도 죄책감이 클 수 있다. 또한 고인의 죽음이 자신의 실수와 실제로 관련이 있다고 느낄 경우에는 더욱 깊고 고통스러운 죄책감에 직면하게 된다.

분노는 다양한 대상을 향하여 표출된다. 고인을 살리지 못한 의료진이나 신에게 분노하고 원망하며, 심지어는 고인이 마치 일부러 죽기라도 한 듯이 고인을 원망하기도 한다. 자신이 고인보다 먼저 죽을 것으로 예상했던 사람들은 속았다고 느끼며 자신보다 앞서간 고인을 부러워한다. 그리고 먼저 떠난 사람을 지나치게 이상화하기도 한다. 지나친 이상화는 고인에 대한 몰두와 자기 비난 및 후회로부터 벗어날 수 없게 만든다. 이런 경우에는 내담자에게 직면시키는 것이 필요하다. "고인이 마치 천사(또는 완벽한 사람)인 것처럼 말씀하시는데, 고인의 단점에 대해서도 말씀해 주셔야 그분에 대해 좀 더 잘 이해할 수 있을 것 같습니다." 등의 표현을 사용하여 부드럽게 이야기할 수 있다.

사별 후에 머리카락이 쭈뼛 서는 무서움을 느끼며, 특히 밤이 되면 혼자 있지 못하는 사람들을 종종 볼 수 있다. 이러한 '무서움증'은 대개 얼마 후에 사라지지만, 본인에게도 매우 고통스러운 경험이며, 가족에게도 부담을 안겨 준다. 이는 가까운 사람의 시신을 목격하고 장례를 치르는 과정에서 죽음의 불가피성과 자신의 존재가 얼마나 취약한 지를 자각하면서 죽음에 대한 공포가 급격히 표면화된 결과일 수 있다. 또한 극심한 슬픔의 감정을 분산시키기 위한 무의식적인 작용일 수도 있다. 이런 경우에 내담자에게 다른 사별자 중에도 같은 경험을 하는 사람들이 있고, 무서움증은 얼마 안 있어 사라질 것이며, 일단은 가족 등 누군가가 함께 있어 주는 것이 사별자의 충격과 슬픔을 극복하는 데 도움이 될 것이라고 이야기해 줄 수 있다. 앞으로의 삶에 대한 실제적인 두려움에 관해서는 감정에 대한 충분한 공감을 제공하고 얼마간 시간이 지난 후에 두려움의 배후의 쟁점들을 구체적으로 살펴보고 대처 방법을 함께 논의할 수 있다.

표현하지 않고 숨겨야 하는 감정들도 있다. 고인이 너무 오래 앓다가 사망한 경우에는 개인적 · 재정적 부담을 덜게 되어 안도감을 느끼면서도 이러한 감정을 억누르고 감추며, 사회적으로 용인되지 않는 자신의 감정에 대해 죄책감을 느끼기도 한다. 상담자는 어떠한 감정이라도 인정하고 수용하며, 배후의 생각이나 관련된 사건들을 탐색함으로써 미해결 과제가 있다면 해결하도록 도와야 한다.

슬픔은 가장 일반적인 애도 반응이다. 슬픔은 중요한 것을 상실한 것에 대한 감정인 동시에 치유의 감정이다. 슬픔을 느끼고 표현하는 것은 고통스럽지만 회복을 위해 필수적인 과정이라고 할 수 있다. 비록 문화적으로는 평정심의 유지가 환영을 받지만, 상담자들은 감정을 카타르시스적으로 분출하는 것이 치료적으로 유익하다는 점을 강조한다. 사별자는 회복을 위해서 '슬픔 작업'을 거쳐야 한다. 이 작업은 매우 길어질 수 있다. 사별자는 같은 말을 반복하며 한 발짝도 앞으로 나아가지 않는 것처럼 보일 수 있다. 어떤 사람은 똑같은 말을 하기가 미안하고 민망해서 나아진 척 가장하기도 한다. 어떤 사별자는 고인이 죽어 가는 과정에서 이미 슬픔의 카타르시스를 경험했을 수 있다. 사실상 죽음이 임박했을 때 또는 그보다 훨씬 전부터 죽음을 예상하며 애도의 과정이 시작되기도 한다. '예기 슬픔'을 미리 다룬다면 사후 슬픔의 강도를 낮추고 애도 기간을 단축시킬 수 있다. 그러므로 사후 슬픔 작업의 필요성을 지나치게 일반화할 수는 없다.

자신의 감정을 억압하는 사람들에게는 감정을 표현하게 하는 것이 매우 중요하다. 양가감정들, 강도 높은 감정들과 그것을 통제하려는 시도, 반복되는 죽음의 경험 등은 견디기 어려운 감정적 부담을 안겨 준다. 감정을 부인하고 억압한다면 더 큰 대가를 치르게 될 수 있다. 알코올이나 진정제에 의존하게 되거나, 신체 증상을 나타내거나, 사별과 아무런 상관이 없어 보이는 두려움을 느끼거나 기이한 행동을 보이기도 한다. 유난히 피곤해할 수도 있고, 우울증, 불면증, 식욕부진 등을 겪게 되기도 한다. 이러한 이유들로 인해 사별자가 사별 후 1년 이내에 사망하는 비율이 높으며, 자살로 생을 마감하는 일도 발생한다.

특히 고령의 남성 사별자는 슬퍼하는 것에 익숙하지 않다. 그들은 남자는 울면 안 된다는 말을 평생 듣고 살았다. 남성 사별자는 운다고 죽은 사람이 돌아오는 것도 아니고 우는 것이 무슨 소용이 있느냐며 슬픔 작업을 거부할 수 있다. 또한 격한 감정이 자신을 무너뜨릴까 봐 두려워할 수도 있다. 그런 경우에는 서두르지 말고 고인에 대하여 그리고 고인이 죽음에 이르게 된 상황에 대하여 충분히 이야기하게 하는 것이 좋다. 사별자의 이야기를 공감하며 들어 주는 과정에서 슬픔을 표현하도록 도울 수 있다. 감정적 눈물에는 스트레스와 관련된 화학적 물질이 함유되어 있으므로 눈물을 흘리면 감정 조절에 도움이 되고 독소가 배출되어 신체 건강에도 유익하다는 과학적 설명은 슬픔 작업에 대한 거부감을 줄일 수 있다.

빈 의자 기법을 사용하여 사별자로 하여금 고인과 대화를 나누게 할 수도 있다. 고인에게 하고 싶은 이야기를 하고, 고인으로부터 듣고 싶은 이야기를 듣는 과정을 통해 카타르시스를 경험하고 미해결된 과제를 해결하기도 한다. 또한 고인에 대해 이야기하는 것은 회상의 유익을 가져다준다. 즉, 고인과 함께했던 경험을 회상하고 평가하며 과거의 갈등을 해결하고 삶의 의미를 통합할 수 있다. 혼란과 고통을 견디며 고인과의 경험을 회상하는 과정에서 긍정 경험과 부정 경험을 모두 수용하고 통합하게 된다. 그리하여 고인에 대한 몰두에서 차츰 벗어나 새로운 삶을 추구하는 방향으로 향하게 된다.

'복합적 애도치료'는 복합적 사별증후군을 나타내는 사람들을 위해 개발된 개인 치료법이다. 이는 애도 작업에 대한 심리교육, 심상을 이용하여 사랑하는 사람의 죽음에 관련된 모든 경험을 상세하게 이야기함으로써 사별의 아픔을 재경험하기, 고통을 느끼지 않기 위해 회피하는 장소, 사람, 사건 등을 직면하기, 고인과 상상 속에서 대화하기, 미래 계획하기, 가족이나 친구 초대하기 등 애도 과정을 촉진하는 다양한 치료 방법으로 구성되어 있다.

인지행동치료는 복합적 사별증후군의 치료에 적용될 수 있다. 인지행동치료의 첫 번째 치료적 요소는 노출이다. 즉, 사별자로 하여금 상실 경험을 말이나 글로 표현하게 하고, 고인에 대한 집착을 강화하는 행동(예: 고인의 무덤을 자주 방문하는 행동)을 중단하도록 권하며, 회피하는 상황을 직면하고 좀 더 적응적인 행동을 하도록 격려한다. 두 번째는 인지적 재구성으로, 사별자를 고통스럽게 만드는 부적응적인 생각을 재구성하여 좀 더 적응적인 생각으로 대체하게 한다. 또한 행동 활동화 방법을 적용하여 일상생활에서 즐거움을 경험할 수 있는 행동을 계획하고 실천하도록 돕는다.

사별자가 아무도 의지하지 못하고 절망에 빠져서 관계를 회피하는 경우에 에릭슨이 강조한 유아기의 기본적 신뢰, 볼비의 애착 이론, 위니컷(Winnicott)의 '충분한 엄마 역할' 등을 참고할 필요가 있다. 사람들이 사별에 직면하는 방식은 어린 시절에 뿌리를 두고 있기 때문이다.

사랑하는 사람의 죽음은 개인의 세계관, 가치관 및 정체성을 마구 흔들어 놓는다. 즉, 삶의 목적이 흔들리고 사건을 해석하던 의미 구조가 영향을 받게 된다. 의미 구조를 새롭게 변화시켜서 기존의 의미 구조와의 불일치를 조정함으로써 고통을 극복하려는 시도가 '의미 재구성 과정'이다. 의미 재구성 과정은 상실에 대한 이해(그 일이 왜 일어났고 어떤 의미가 있는지에 대한 이해, sense making), 상실 경험에서 얻은 이득의 발견(재평가를 통해 부정적인 경험에서 긍정적인 측면을 찾음, benefit finding), 삶의 의미와 새로운 목적을 지닌 정체성으로의 변화(자신에 대한 이해를 더 나은 방향으로 재설계, identity change)가 포함된다. 이러한 노력은 새로운 의미 구조를 형성하게 함으로써 고통을 줄이고, 적응적 대처를 촉진하며, 이전보다 더 성장하는 기회를 제공할 수 있다. 사랑하는 사람의 죽음에 관련된 침투적 사고는 '사별 후 성장'을 방해한다. 사별 후 성장을 위해서는 깊은 숙고와 성찰을 통해 의미를 재구성할 수 있어야 한다. 슬픔 작업 후에 상담자는 사별자에게 왜 이런 일이 일어났다고 생각하는지? 이 일에 어떤 의미가 있다고 생각하는지? 불행한 일을 겪었지만 그래도 감사할 것은 무엇이 있는지? 어떤 점에서 잘된 일이라고 생각하는지? 이 일을 통해 무엇을 배웠는지? 이 일을 겪으니 자기 자신이 어떤 사람이라는 생각이 드는지? 앞으로 어떻게 살고 싶은지? 등의 질문을 통해 의미 재구성 과정을 진행할 수 있다. 상담자가 사별자의 대답을 받아 적어서 사별자에게 전해 준다면 반복해서 읽으며 되새기게 되므로 더욱 효과적일 수 있다. 이러한 과정을 통해서 사별자들은 자신의 강점과 능력을 새롭게 발견하고, 삶의 소중함을 일깨우며, 중요한 관계에 있어서 유대감이 증가하고, 유사한 아픔이 있는 사람에 대하여 연민과 배려를 느끼는 사람으로 변화하는 등의 성장을 이룰 수 있다.

사별 상담에서는 사별 후에 처리해야 하는 실제적인 문제들에 대해서도 다룰 필요가 있다. 사별자는 주거 문제를 고민할 수 있다. 좀 더 작은 집으로 옮기거나 자녀의 집 또는 시니어타운이나 노인요양시설에 들어가는 것 등을 고려하기도 한다. 이런 경우에 상담자는 사별 직후의 스트레스 상황에서의 큰 변화는 스트레스를 가중시킬 수 있으니 중요한 결정은 적어도 1년 후로 미루는 것이 좋다고 조언할 수 있다. 또한 사별자의 수면, 식사, 운동 등 일상생활을 잘 이어 가고 있는지 점검해야 한다. 재정 문제나 보험 또는 법적인 문제에 대해서는 전문가를 만나 의논하도록 권한다. 친척이나 지인 등 사람들을 피하지 말고 적극적으로 교제해야 한다는 점을 강조하며, 때로는 즐거운 활동에 참여하는 것이 슬픔의 해독제가 될 수 있다는 것을 알려 준다. 다음은 사별자에게 도움이 될 팁을 모아 놓은 것이다. 큰 글씨로 인쇄하여 내담자와 함께 읽으면서 내담자가 자신의 삶에 어떻게 적용할 것인지 생각해 보게 하면 도움이 될 것이다.

1. 고통스럽더라도 슬픔과 모든 아픈 감정을 그대로 느끼는 것이 좋습니다. 자기 자신에게 어떻게 느껴야만 한다고 말하지 마십시오. 슬픔은 치유의 감정이니 억누르지 말고 눈물을 많이 흘리십시오.
2. 애도와 치유의 과정은 길어질 수 있으니 다른 사람과 비교하지 말고 인내심을 가지십시오. 자기 자신만의 치유의 과정을 따라 가시기 바랍니다.
3. 모든 아픔에 대해서 신에게 이야기하고 사람들에게도 이야기하십시오. 사람들을 피하지 말고 그들의 지지와 위로를 받으십시오.
4. 될 수 있는 대로 급격한 변화를 피하고 평상시의 생활을 유지하시기 바랍니다.
5. 충분한 영양을 섭취하고 뜨거운 목욕, 낮잠, 가벼운 운동을 활용하십시오.
6. 음주나 지나친 약물 섭취는 피하십시오.
7. 했어야 했는데 하지 못한 일 또는 하지 말았어야 했는데 한 일에 대해서 스스

로를 또는 타인을 용서하십시오. 신은 이미 용서했습니다.

8. 슬픔 중에도 잠시의 휴식기를 가지십시오. 음악을 듣거나 좋은 책을 읽거나 마사지를 받는 것도 좋습니다.
9. 앞으로 명절이나 생일 등 기념일을 준비할 때 다시 강한 슬픔이 몰려올 것을 예상해야 합니다. 고인을 기리는 새로운 의식을 만들고, 그 의식에 함께할 사람을 결정하십시오.
10. 같은 경험을 한 사람들과 만나 이야기를 나누십시오. 그들은 당신에게 위로와 용기를 주고, 실제적인 정보를 제공하며, 당신만 이러한 고통을 겪는 것이 아니라는 것을 알게 해 주어 외로움을 줄일 수 있습니다.
11. 어느 정도의 시간이 지난 후에 다음과 같은 활동을 해 보십시오. 고인에게 편지 쓰기, 그림 그리기, 꽃 기르기, 일기 쓰기 등이 있습니다.
12. 가족끼리 솔직한 감정과 생각을 나누십시오. 애도의 과정은 서로 다를 수 있습니다. 서로를 아프게 할 것이 두려워서 숨기는 것보다 대화를 통해 서로를 이해하고 위로해 주어야 합니다.
13. 당신의 신에게 당신의 마음을 있는 그대로 토로하십시오. 신의 선하심을 믿고 의심하지 마십시오. 신은 고통을 통해 당신이 이루기 원하는 선한 뜻과 계획을 가지고 계십니다. 신은 당신을 사랑하십니다.

사별자의 반응 기저에는 복잡한 요인들이 얽혀 있다. 상담자는 단순한 해석과 피상적인 치료를 지양해야 하며, 단순한 동정과 낙관론이 아니라 정교함이 필요하다. 상담자는 죽음에 대한 개인적인 경험뿐만 아니라, 인간 행동에 대한 연구 및 다양한 내담자와의 작업 경험을 통한 대리 학습을 바탕으로 사별자들에게 도움을 제공할 수 있어야 한다. 고령의 사별자와 작업하는 상담자는 소진을 경험하기 쉽다. 사별자의 절망과 슬픔은 영영 끝나지 않을 듯이 반복되므로 상담자는 무력감을 느끼고 능력의 한계를 경험할 수 있다. 또한 상담자는 자신의 개인적인 사별 경험을 건드릴 것이 두려워서 고령의 내담자를 만나는 것이 부담스러울 수도 있다. 상담자에게도 지지가 필요하며, 상담자는 자신의 사별 경험을 다루어야 할 필요가 있다. 그런 경우에는 동료 상담자나 슈퍼바이저의 도움을 받아야 한다.

3) 노화로 인한 상실들

사별은 모두가 인정하는 상실이며, 공식적인 애도의 절차가 마련되어 있다. 그러나 노년기에는 마지막 죽음에 이르기 전에 애도 절차도 없는 부분적인 작은 죽음들을 경험하게 된다. 상담자들은 이러한 상실들에도 주의를 기울여야 한다. 나이가 듦에 따라 주름이 생기고, 머리카락이 희어지고, 시력과 청력이 저하되어 돋보기와 보청기가 필요해지고, 행동이 느려지며, 아픈 데가 많아지고, 기억력에도 문제가 생기기 시작한다. 이처럼 점진적으로 진행되는 현상은 받아들이기가 그리 어렵지 않다. 그러나 갑작스럽게 질환이 발생하거나 회복이 더딜 때, 암 수술 등으로 신체 일부분을 잃게 될 때, 독립적인 생활이 어려워질 때 등 현실을 받아들이기가 훨씬 힘들어지는 상황이 발생하기도 한다. 심각한 것이 아니더라도 여러 가지 문제가 한꺼번에 밀어닥치면(예: 대상포진, 어깨 수술, 발치와 임플란트 시술을 연이어 경험) 노화를 실감하며 낙심과 두려움을 느끼게 된다. 주변 사람들이 "늙으면 원래 그런 거다."라며 당연시하거나, "그 정도면 감사해야지."라고 말하거나, "걱정하지 마."라는 말로만 위로하려고 한다면, 이는 오히려 분노와 외로움을 불러일으킬 수 있다.

상실이 축적되면 자기 이미지에 손상이 오고 자존감이 낮아지며 우울증으로 발전할 수 있다. 자기 자신이라고 여겨 왔던 것들을 잃고 통제할 수 없게 되면 자기 자신을 잃었다고 느끼게 된다. 다음에는 또 어떤 어려움이 닥칠 것인가? 어떻게 대처해야 할 것인가? 앞으로 내가 살아갈 날이 얼마나 남았나? 나에게 죽음은 어떻게 찾아올 것인가? 이런 질문들은 두려움과 불안을 가져오고 더욱 신체 건강에 집착하게 만들기도 한다.

기억력의 문제는 불편을 초래하고 치매에 대한 두려움을 불러온다. 물건을 둔 곳을 기억하지 못하거나, 중요한 약속을 잊거나, 잘 알던 사람, 장소, 또는 사물의 이름이 생각나지 않을 때 불안해진다. 치매를 앓던 아버지 또는 어머니를 둔 경우에는 두려움이 더욱 클 수 있다. 비슷한 연령대의 사람들과 교제하며 그들 역시 같은 어려움이 있다는 것을 알게 되면 불안이 어느 정도 감소한다.

상실을 부인하면서까지 내담자를 안심시키는 것이 상담자의 역할이라고 할 수는 없다. 오히려 부인보다는 정직이 내담자를 안심시킨다. 정상적인 노화의 과정으로 보이는 경우에는 특별히 위로하려고 하기보다는 가볍게 웃어넘기고 불편을 줄이는 전략을 함께 의논할 수 있다. 운동은 신체 기능뿐 아니라 인지 기능에도 도움이 된다는 것을 강조하고 뇌 혈류 개선 기능이 있는 약물을 추천할 수도 있다. 그 밖에도 제4장 '성공적인 노화'에 제시된 '신체적 건강'과 '인지 기능의 유지' 부분의 정보를 이용하여 내담자에게 도움을 줄 수 있다.

4. 죽음의 수용

사람은 평생 죽음을 접하며 살아가지만, 죽음을 대면하려고 하지는 않는다. 미지의 것들은 불안과 방어를 불러일으킨다. 죽음은 미지의 극치(極致)로서 프로이트는 무의식조차도 자신이 죽는다는 것을 용납하지 않는다고 하였다. 죽음이 제대로 다루어지지 못하는 것은 이러한 자기 보호 장치 때문이다. 방어는 과학 영역에도 영향을 주어 죽음에 대한 지식은 오랫동안 탐구되지 못한 채 감추어져 있었다. 죽음이 학문적 탐구의 대상이 된 것은

20세기 중반부터인데, 죽음과 관련된 연구 결과들은 일치하지 않는다. 그 이유가 연구자의 방어와 연구 대상자의 방어가 합쳐졌기 때문이라는 견해가 있다. 이에 따라 죽음에 임박한 사람을 돌보기 위한 치료 개입 방법과 전문가 훈련 프로그램이 정립되지 못했고, 상담자들은 여전히 죽음에 임박한 내담자를 대할 때 어려움을 느낀다.

그러나 사실상 상담자가 죽음에 임박한 내담자의 '죽음에 이르기까지의 삶'을 돕기 위해 할 수 있는 일이 많이 있다. 일반적인 심리학적 지식과 더불어 죽음과 죽어 감에 대한 이해, 그 주제에 대한 상담자의 자기 이해, 그리고 내담자 및 그의 가족과 상호작용하기 위한 민감성은 죽음에 임박한 내담자를 돕는 데 필요한 핵심적인 요소이다. 다양한 상담 주제에 대한 상담자 자신의 체험은 매우 중요하지만 죽음과 관련된 지식은 체험을 통해 배울 수가 없다. 학자들이 밝혀 온 죽음 불안, 죽음의 단계, 좋은 죽음 등의 개념 등에 대한 지식은 죽음에 임박한 내담자를 이해하는 데 도움을 준다.

죽음에 임박한 내담자란 임종을 앞두고 침상에 누워 있는 환자만 의미하지는 않는다. 시한부 판정을 받은 것은 아니지만, 최근에 건강이 더욱 악화되었거나, 독립적인 생활이 불가능하게 되어 요양원에 입소했거나, 배우자가 사망하는 등의 충격적인 사건을 경험한 고령자 역시 자신에게 죽음이 임박했다고 느끼게 된다. 그들은 실제로도 죽음이 임박한 경우가 많다. 이들에게도 죽음 수용 또는 좋은 죽음을 위한 도움이 필요하다.

1) 죽음 불안과 죽음의 수용

죽음 불안은 언젠가 자신에게 다가올 죽음에 대한 두려움을 말한다. 죽음 불안은 모든 인간이 경험하는 것이며, 모든 불안의 근원이라고 할 수 있다. 죽음 불안은 매우 불쾌한 정서이기 때문에 사람들은 이를 회피하기 위하여 다양한 노력을 기울인다. 그중에 대표적인 방어는 죽음에 대한 생각이 의식에 떠오르지 않도록 억압하는 것이다. 억압은 죽음 불안을 무의식 속에 묻어 놓는다. 사실 적절한 수준의 죽음 불안은 인간을 성숙시키는 기능을 한다. 즉, 죽음을 직면하게 하여 삶의 소중함을 깨닫고 성숙에 이르게 할 수 있다. 그러나 과도한 죽음 불안은 고통스러울 뿐만 아니라 삶의 부적응을 초래할 수 있다. 죽음 불안이 낮은 경우에도 의식적으로 부인하지만, 무의식 안에 죽음 불안을 지니고 있을 수 있다. 죽음 불안의 부재 역시 바람직한 것은 아니다. 죽음 불안을 느끼지 못한다면 인간의 실존에 대한 자각과 진실된 삶이 훼손될 수 있기 때문이다.

사람이 경험하는 죽음 불안은 단순히 죽음 그 자체에 관한 불안만을 의미하는 것이 아니다. 권석만(2019)은 죽음 불안을 '죽어 가는 과정에 대한 불안' '죽음 자체에 대한 불안' 그리고 '죽음 이후에 대한 불안'으로 구별하여 설명하였다. '죽어 가는 과정에 대한 불안'은 죽어 가는 과정에서 겪게 될 육체적 고통, 자존감과 존엄성의 훼손, 다른 사람들에게 짐이 되는 것에 대한 두려움이다. '죽음 자체에 대한 불안'은 가장 강렬하고 심층적인 불안인 자기 소멸 불안과 사랑하는 가족과의 단절에 대한 불안이다. '죽음 이후에 대한 불안'은 자신의 육체가 훼손되는 것에 대한 공포, 자신이 죽은 후에 가족이 겪게 될 심리적 고통과 경제적 곤란 등에 대한 두려움, 사후 세계의 심판과 징벌에 대한 두려움을 말한다.

죽음 불안은 나이가 들수록 감소한다고 보는 견해가 있다. 고령자들의 죽음 불안 수준이 낮은 이유로는 노년기에는 죽음을 통해 잃을 것이 줄어들고, 삶의 질이 하락하고, 인생에서 이미 많은 것을 실현하였으며, 종교성이 증가하는 것 등이 꼽히고 있다. 그러나 죽음 불안과 연령의 관계는 단순하지 않으며, 이에 대한 생각은 다양하다. 고령자의 경우에는 신체적으로나 인지적으로 쇠퇴하게 되면 자기감이 흔들리게 되어 죽음 불안이 커진다는 견해도 있다. 자신이 누구인지에 대해 제대로 확립되지 않은 경우에는 죽음에 대한 불안이 높아지기 때문이다. 이는 노년기의 발달 과업인 자아 통합과도 관련이 있다. 자아 통합을 이룬 사람들은 죽음을 삶의 일부로 받아들이며 더 잘 수용하지만, 그렇지 못한 경우에는 죽음 공포가 커진다.

죽음 불안을 측정하기 위한 도구로는 미국의 심리학자 템플러(Templer)가 개발한 죽음불안척도(Death Anxiety Scale: DAS)가 있는데, 한국어로 번역되었다(권석만, 2019; 이 책의 뒷부분에 있는 부록 참조). 또한 네르케(Nehrke)가 제작한 개정판 죽음불안척도(Revised Death Anxiety Scale: RDAS)와 횔터(Hoelter)의 다차원적 죽음공포척도(Multidimensional Fear of Death Scale: MFODS) 등이 있다. 무의식적 죽음 불안을 탐색하고 평가하기 위해서는 투사 검사인 주제통각검사(TAT)나 로르샤흐검사, 문장완성검사 등을 사용할 수 있다.

죽음을 겸허하게 수용한다면 죽음 불안에서 벗어나 마음의 평안을 누릴 수 있다. 죽음에 대한 태도는 죽음 부정으로부터 죽음 수용을 통해 죽음 초월로 이어지는 연속선상에 있다고 할 수 있다. 죽음 수용과 죽음 초월은 죽음을 직면함으로써 죽음 불안을 완화할 수 있다는 점에서 유사하다. 죽음 초월은 자기를 초월하여 친밀한 사람들과의 유대감 및 더 큰 공동체, 그리고 신 또는 우주와의 연결감을 통해서 죽음 불안을 완충하는 기능을 한다.

자신의 죽음을 수용하는 것은 쉬운 일이 아니다. 인간은 죽음을 회피하기 위하여 평생 처절하게 노력한다. 그러다가 말기 질환의 진단을 받은 경우처럼 죽음이 코 앞에 다가오면 죽음 공포에 휩싸인다. 권석만(2019)은 퀴블러 로스의 심리적 죽음 단계에 덧붙여서 죽음 수용으로 나아가는 심리적 대처 과정에 대해 다음과 같이 설명하였다. 말기 환자들은 자신의 죽음을 받아들일 수 없으므로 현실을 부정하지만, 더 이상 부정할 수 없게 되면 주변 사람들에게 분노를 표출하며 자신의 죽음이 부당하다는 억울함을 표현한다. 공포, 분노, 억울함 등의 부정적인 감정을 배출하는 것은 죽음에 저항하는 동시에 에너지를 소진하는 과정으로서 죽음 수용을 향하는 과정의 일부이다. 죽음을 부정하는 에너지가 감소하면서 말기 환자는 죽음의 현실 앞에서 신이나 의사에게 생명 연장을 간청하며 그 보답을 약속하는 흥정을 시도한다. 죽음의 현실을 변화시키려는 모든 노력이 실패한 후에는 깊은 좌절감과 무력감을 느끼는 우울의 단계에서 에너지는 최저점을 찍고, 수용으로 나아가며 에너지는 다시 상승한다. 즉, 불멸의 소망을 포기하는 아픔인 우울을 거쳐 죽음을 수용하게 된다. 모든 사람이 똑같은 과정을 겪는 것은 아니며, 또한 모든 사람이 죽음을 수용하는 것은 아니다. 그러나 죽음의 수용을 위해서는 수용전념치료의 용어인 '창조적 절망'이 필요하다. 죽음을 피할 수 없다는 절망감은 죽음을 수용하게 만드는 창조적 변화를 가져다준다. 죽음 수용에 도달한 말기 환자들은 죽음에 저항하려는 시도를 버리고 오히려 활기를 회복하고 남은 시간 동안에 자신이 하고 싶은 소중한 일에 전념하게 된다. 아울러 죽음 수용으로 나아가기 위해서는 자신의 죽음에 대한 의미 평가가 이루어져야 한다. 즉, "나는 좋은 삶을 살았다." "죽음은 이 세상에서의 소풍을 끝내고 하늘로 돌아가는 것이다(천상병의 시 「귀천」)." 등과 같은 의미 평가를 통해 죽음 앞에서 담담하고 평온한 정서 상태를 유지할 수 있게 된다.

죽음에 임박한 내담자의 상담에서 가장 중요한 것은 애도 과정에서와 마찬가지로 내담자가 자신을 충분히 표현할 수 있도록 격려하고 경청하는 것이다. 죽음의 심리적 단계 이론은 내담자의 말을 듣고 이해하는 데 도움이 되기도 하지만 방해가 되기도 한다. 죽음의 과정에도 문화적 · 개인적 차이가 존재하기 때문에 상담자는 죽음의 단계 이론을 경직되게 적용해서는 안 되며, 죽음에 대처하는 다양한 방법이 있다는 것을 인정해야 한다.

2) 좋은 죽음

퀴블러 로스는 죽음의 단계와 환자의 태도를 제시했을 뿐, 그것이 좋은

지 나쁜지에 대해서는 언급하지 않았다. 그녀의 접근법은 죽음에 임박한 사람이 죽음 앞에서 발전시켜야 하며, 상담자가 촉진시켜야 하는 '질적으로 좋은 태도'에 대해서는 남겨 준 것이 거의 없다. 그러나 죽음과 죽어 감에 적극적으로 접근하여 죽음의 질을 높이고 죽어 감을 좀 더 '긍정적' 또는 '건강한' 것으로 경험할 수 있게 하려는 학자들이 있었다. 그들은 서로 조금씩 다르기는 해도 사람들이 건강한 죽음을 경험할 수 있다는 기본 개념을 공유했다.

바톤(Barton)은 '죽음에 적응(adaptation)', 란도(Rando)는 '죽음에 대처(coping)', 와이스먼(Weisman)은 '적절한 죽음(appropriate death)', 앤더슨(Anderson)은 '희망적인 죽음(hopeful death)'이라는 용어를 사용했다(Mohamadhasan et al., 1991). 바톤과 란도는 죽음을 위협적인 적으로 보았으며, 회피, 부인, 퇴행, 주지화 등을 사용하여 죽음과 타협함으로써 적응 또는 대처할 수 있다고 했다. 바톤에 의하면, 회피, 부인, 퇴행 등의 방어기제는 죽음으로부터 완전히 도망치려는 것이 아니라 죽음으로 가는 길 중간쯤에서 만나는 방법이며, 죽음의 부정적인 영향을 줄여 보려는 것이다. 란도는 다양한 방어기제를 분석하였고, 각 방어기제가 긍정적인 목적이 있으며, 건강한 죽음을 맞게 할 수 있다고 하였다. 예를 들어, 적당한 퇴행은 치료와 돌봄을 받기 위해 독립성을 어느 정도 내려놓고 제한을 받아들이게 하며, 적당한 주지화는 질병에 대한 지식을 통해 병의 진행을 예상하여 더욱 효과적으로 대처하게 하고, 죽음에 의미를 부여하게 함으로써 예상, 통제감 그리고 희망을 갖게 한다.

바톤과 란도는 죽음은 위협적이기 때문에 타협하는 것이 가장 좋은 방법이라고 여겼던 반면, 와이스먼은 죽음을 해결과 구원을 제공하는 동지로 보았으며, 사람은 적절한 죽음을 선택할 수 있다고 하였다. 와이스먼에 의하면, 적절한 죽음을 위해서는 고통을 줄이고 정서적 피폐를 최소화해야 한다. 그러기 위해서 죽음을 앞둔 사람은 가능한 한 한도 내에서 최대한 기능하며, 남아 있는 갈등을 인식하고 해결해야 한다. 그리고 남은 소원이 무엇이든 자신의 선택에 따라 만족시켜야 하며, 자신이 신뢰하는 사람에게 통제권을 넘길 수 있어야 한다.

죽어 가는 사람에게 있어서 미래를 향한다고 하는 것은 종종 강한 부정적 감정을 불러일으킨다. 그러나 죽어 가는 사람이 미래를 향하는 건강한 방법이 있다. 그 방법은 앤더슨이 말한 상호성(mutuality)이다. 내일로 향해 갈 수 있는 원동력은 자신의 마지막 날이 다른 사람들과 친밀하게 공유될 것을 알고 있으면서 현재의 상호성을 경험하는 데 있다. 희망의 비결은 상호성의 존재이며, 절망은 바로 이러한 상호성의 부재 때문이다. 죽음을 향한 여정을 타인과 공유할 수 있을 때, 생명과 사랑을 잃는 동안에도 생명과 사랑을 계속해서 믿을 수 있다. 또한 미래를 향하여 이동하는 것은 의식적인 것이며 적극적으로 선택하는 것이다. 희망이 완벽한 통제를 필요로 하는 것은 아니지만, 희망을 위해서는 자신이 세상을 조금이나마 바꿀 수 있다는 확신이 필요하다. 죽음을 앞둔 사람의 이러한 태도는 본인과 가족 및 돌봄 제공자를 심리적인 도움을 주고받는 관계로 연합시킨다.

한편, 연구자들은 실증연구를 통해 '좋은 죽음('존엄한 죽음'이나 '웰다잉'도 유사한 의미로 사용됨)'의 개념을 규정하려고 노력하였다. 카렌(Karen, 2006)은 'good death(좋은 죽음)'를 검색어로 하여 1995~2004년까지의 42개 문헌을 검색하고 분석하였다. 그들이 발견한 것 중에서 가장 중요한 것은 좋은 죽음의 개념은 지극히 개인적이며, 시간이 흐름에 따라 달라질 수 있고, 관점과 경험에 근거한다는 것이었다. 그럼에도 좋은 죽음에 대하여 다음과 같은 12가지 특성에 대하여 합의가 이루어졌다. 정리하자면 〈표 7-3〉과 같다.

한국에서도 좋은 죽음과 관련된 연구들이 수행되었다. 이명숙과 김윤정(2013)은 지역사회에 거주하는 65세 이상의 노인 350명을 대상으로 하여 "좋은 죽음이 무엇이라고 생각하십니까?"라는 연구 질문으로 인터뷰를 하

〈표 7-3〉 좋은 죽음의 특성

1	죽음에 관련된 일들에 대한 통제
2	안락함(통증, 불안 및 염려의 최소화, 포옹 등의 위안)
3	삶의 정리(작별을 고함, 주변 정리 등)
4	개인의 가치에 대한 인정(존엄성, 개성 등)
5	돌보는 사람들에 대한 신뢰(환자 및 가족과 건강 관리자들 사이의 좋은 관계와 의사소통)
6	죽음이 임박했다는 것을 알고 받아들이기
7	신념과 가치에 대한 존중
8	타인에게 짐이 되지 않기(될 수 있는 대로 신체적 · 경제적으로 독립)
9	최적화된 대인 관계(가족, 친구들과 충분한 시간을 보냄. 관계를 통해 지지를 받음. 화해와 용서)
10	적절한 죽음(죽음의 나이, 산소호흡기 등 의료기기의 적절한 사용 또는 제거)
11	유언 남기기(기억되기와 타인에게 기여하기)
12	가족의 돌봄(돌봄과 임종 시의 가족 참여)

출처: Karen (2006).

〈표 7-4〉 좋은 죽음

1	배우자와 비슷한 시기에 함께 하는 죽음
2	어느 누구에게 폐 끼치지 않는 죽음
3	다른 사람에게 좋은 사람으로 기억되는 죽음
4	적당한 수명을 누리는 죽음
5	명을 다하는 죽음
6	내 집에서 맞이하는 죽음
7	편안한 죽음
8	잠자는 듯한 죽음
9	아프지 않은 죽음
10	임종 과정이 길지 않은 죽음
11	준비된 죽음
12	삶에서 최선을 다하고 맞이하는 죽음
13	삶을 즐기고 맞이하는 죽음
14	베푸는 삶을 살고 가는 죽음
15	신앙 속에서의 죽음
16	자손이 잘 되는 것을 보고 가는 죽음

출처: 이명숙, 김윤정(2013).

여 분석하였다. 그 결과, 16개의 하위 범주가 도출되었다(〈표 7-4〉 참조).

서양에서 생각하는 좋은 죽음과 한국인이 생각하는 좋은 죽음을 비교해 보면 서양에 비해서 한국 고령자들은 좋은 죽음에 대해서 집단주의적 · 가족주의적 · 혈통 중심적 태도를 가지고 있는 것을 볼 수 있다. 그들은 죽음 앞에서 타인의 시선을 의식하고, 가족을 중시하며, 특히 자녀의 행복, 건강, 성공에 많은 의미를 부여하였다(이현숙, 2016).

3) 좋은 죽음을 위한 개입

(1) 존엄치료

임종을 앞둔 환자를 위한 효과적인 치료 방법으로 존엄치료(dignity therapy)가 관심을 받고 있다. 캐나다의 정신과의사인 초치노프(Chochinov)와 동료들에 의해 확립된 존엄 모델은 죽음에 임박한 환자의 고통을 완화시키고 의미감, 목적, 존엄을 강화하기 위한 것이다(김유숙 역, 2011). 이 모델의 존엄 관련 주요 개념을 〈표 7-5〉와 같이 정리하였다.

〈표 7-5〉 존엄 모델의 주요 개념

긍지의 유지	자존감이나 자기 배려를 긍정적으로 지속하는 능력
희망	인생이 영원한 것을 남기거나 의미와 목적을 가질 수 있다고 생각할 수 있는 능력
의미 있는 생산 활동/유산	자신의 어떤 부분이 지속되어 죽음도 초월할 것이라는 것을 아는 가운데 얻을 수 있는 위로와 평안함
자기 유지	사람의 본질은 병에도 불구하고 침해되지 않는다는 감각을 유지하는 것
역할 보존	하나 혹은 그 이상의 이전 역할을 계속해서 달성하는 감각을 유지하는 것
사후에 대한 걱정	죽음이 타인에게 가져올 부담 또는 문제에 관한 걱정과 두려움
돌봄의 방향성	환자의 존엄을 높이거나 훼손할 수 있는 다른 사람들의 태도나 자세

출처: 김유숙 역(2011).

존엄 모델의 이러한 주요 개념에 따라 개발된 존엄치료의 실시 방법은 다음과 같다. 면접자가 환자를 방문하여 9개의 질문을 건네주고, 2~3일 생각할 시간을 준 다음에 다시 방문하여 질문지에 따른 환자의 이야기(가족 등 소중한 사람에게 남기고 싶은 이야기)를 녹음한다. 면접자는 축어록을 기초로 하여 문서를 작성한다. 내용을 거르고 문장을 다듬는 등 편집의 과정을 거쳐서 문서가 완성되면 다시 환자를 방문하여 환자 앞에서 읽어 주고 환자가 내용을 수정할 수 있도록 한다. 수정된 문서는 우편을 통해 또는 직접 환자에게 전달한다.

〈표 7-6〉 존엄치료의 질문 문항

1	당신의 인생에서 특히 기억에 남는 것이나 가장 소중하다고 생각하는 것은 어떤 것입니까? 당신이 가장 생기 있었던 때는 언제입니까?
2	소중한 사람이 당신 자신에 대해 알아주었으면 하는 것이나 기억해 주기를 바라는 것이 있습니까?
3	(가족, 직업, 지역 활동 등과 관련해서) 당신이 인생에서 이룬 역할 중 가장 중요한 것은 무엇입니까?
4	당신이 이룬 가장 중요한 성과는 무엇입니까? 무엇을 가장 자랑스러워합니까?
5	소중한 사람에게 아직 말하지 못했지만 계속 마음에 남아 있는 이야기나 다시 한번 전하고 싶은 말이 있습니까?
6	소중한 사람에 대한 당신의 희망과 바람은 무엇입니까?
7	당신이 인생으로부터 배운 것 중 다른 사람들에게 전하고 싶은 것은 무엇입니까? 남기고 싶은 조언은 어떤 것입니까?
8	장래에 소중한 사람에게 도움이 되도록 남기고 싶은 말이 있습니까?
9	영구적 기록을 남기면서 포함시키고 싶은 다른 것이 있습니까?

출처: 김유숙 역(2011).

환자와의 인터뷰를 기초로 하여 문서를 만드는 작업은 편집을 거치게 된다. 문서에 축어록을 그대로 사용할 수는 없다. 편집을 통해 문서를 읽기 쉽게 할 뿐 아니라 환자의 마음을 정확히 읽고 공감하면서 존엄치료의 목적에 맞게 제작하는 것이 필요하다. 편집 종료 후에 치료자는 환자를 방문하여 환자에게 문서를 읽어 준다. 환자는 치료자의 목소리를 통해 자신의 말, 생각, 감정을 들으면서 정서적인 환기를 경험하게 된다. 존엄치료는 당사자뿐만 아니라 가족에게도 도움을 줄 수 있다. 존엄치료를 실시할 때 어려운 점은 임종기의 환자들을 대상으로 하고 있어서 존엄 치료 과정을 마치기 전에 환자가 사망할 수도 있다는 것이다.

(2) 내러티브 존엄치료

요양시설에 입소한 한 고령자는 "내가 여기서 죽게 되겠구나. 아무 의미 없이 사라지겠구나."라고 말했다. 임종을 바로 앞둔 상황은 아니지만 이때가 좋은 죽음을 위한 개입이 필요한 시점임을 시사하는 말이다. 내러티브 존엄치료(narrative dignity therapy)는 저자가 요양시설에 거주하는 고령자의 좋은 죽음을 돕기 위하여 구성하였으며, 존엄치료의 질문을 한국의 고령자에게 적합하도록 수정하고 실시 과정에 내러티브치료 기법을 추가한 것이다. 내러티브 존엄치료는 개별적으로 실시하며, 실시 방법은 다음과 같다. 먼저 참여자에게 삶을 회고하도록 돕는 7가지 질문을 주고 그에 대한 대답을 녹음한 후에 축어록을 만든다(축어록 작성 프로그램을 이용하여 손쉽게 축어록을 정리할 수 있음). 그것을 약간 편집하여 참여자에게 읽어주고 내용을 확인한다. 내용의 수정과 추가를 거쳐 최종적으로 문서를 완성하고, 참여자가 직접 한 말 중에서 핵심 주제를 찾아 제목을 붙이고, 두세 장의 사진이 포함된 작은 책자로 만든다. 치료자는 참여자가 지정하는 사람에게 회고 책자를 전달하고(전자메일 사용 가능, 해외 거주 가족도 참여할 수 있음), 그것을 읽은 사람(대부분 가족)의 피드백을 취합하여 참여자에게 읽어 준다. 가족의 피드백을 받을 수 없는 경우에는 참여자를 모르는 누군가에게 취지를 간략하게 설명한 후에 문서를 읽게 하고, 그에 대한 피드백을 받아 참여자에게 전달할 수 있다.

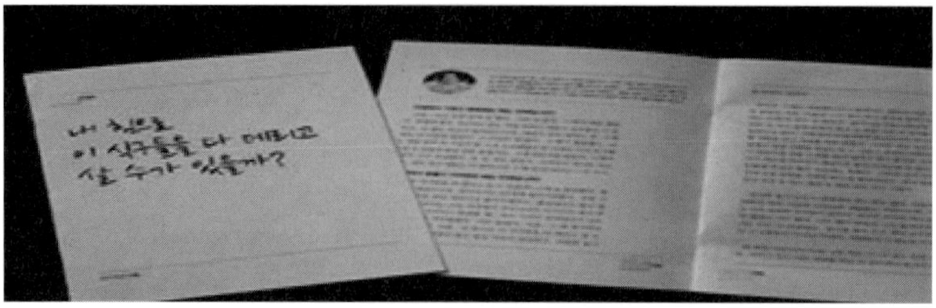

[그림 7-3] 회고 책자의 예시

존엄치료에서는 완성된 문서를 소중한 사람에게 전달할 뿐 문서를 읽은 사람의 직접적인 피드백을 받아볼 수는 없지만, 내러티브 존엄치료에는 읽은 사람의 피드백을 받는 과정이 추가되었다. 이는 내러티브치료의 '회원 재구성 기법'과 '정의 예식'을 활용하여 이야기를 더욱 풍성하게 만들기 위함이다. 문서를 읽은 사람(대부분 가족)의 피드백에는 대부분 참여자에 대한 감사, 사랑, 공감, 격려, 위로, 교훈을 받음 등의 내용이 포함되는데, 참여자들은 치료자가 그러한 내용을 참여자에게 읽어 줄 때 눈물을 흘릴 정도로 감격하는 모습을 보인다. 또한 내러티브 존엄치료에서는 사진을 두세 장 넣어 작은 책자로 만들고, 겉표지에 제목을 넣는 과정도 추가하였다. 이는 그의 이야기, 즉 그의 삶이 특별하고 소중하다는 것을 강조하기 위한 것이다. 참여자들은 내러티브 존엄치료를 통해 자기 자신과 자신의 삶을 긍정적으로 바라보게 되고, 삶의 의미를 확인하며, 가족 등 소중한 사람들과의 연결을 경험하게 된다. 참여자의 가족은 참여자를 더욱 잘 이해하게 되고, 감사와 사랑을 표현하는 기회를 얻으며, 소중한 사람의 인생 기록물을 간직할 수 있다. 참여자가 허락하면 요양원의 간호사나 요양보호사 등 돌봄 제공자들에게도 책자를 전달할 수 있다. 이 과정을 통해 시설의 돌봄 제공자들은 돌봄 대상자를 바라보는 관점이 달라진다. 즉, 돌봄의 대상을 질병이 아니라 훌륭한 삶을 살아온 존엄한 존재로 보게 되어 돌봄의 질이 향상될 수 있다. 내러티브 존엄치료는 가족 간의 갈등을 해결하는 데 도움이 되기도 한다. 한 참여자는 7가지 질문에 대답하는 과정에서 며느리에 대한 서운함을 토로했는데, 편집 지침에 따라 문서를 받는 사람이 상처를 받거나 불편하게 느낄 수 있는 내용은 제외해야 한다는 저자의 말을 듣고 몹시 아쉬워했다. 저자는 나중에 다시 와서 며느리에게 하고 싶은 말을 편지로 쓰도록 도와주겠다고 약속했다. 저자가 완성된 책자를 전달하고 나서 몇 달 후에 다시 방문했을 때 참여자는 며느리가 자신을 위해 최선을 다했다는 것을 알고 있으며, 며느리에게 고맙게 생각한다고 말했다. 그가 며느리에게 쓴 편지는 따뜻한 감사의 글로 채워졌다. 또한 이 참여자는 자신의 회고 책자를 읽은 어린 손주가 "할머니가 이렇게 살았어요?"라고 말하며 자신을 안아 주었다고 했다.

〈표 7-7〉 내러티브 존엄치료의 질문 문항과 각 문항의 특성

질문 문항	문항의 특성
1. 어린 시절에 대해 특히 기억나는 것은 무엇입니까?	생애 초기 회상. 이야기의 시작을 촉진. 문서에 포함시킬 주요 정보를 얻음. 라포 형성에 도움
2. 인생에서 기쁘고 행복했던 때는 언제입니까?	인생 전반에 걸쳐 좋았던 일과 나빴던 일의 회상을 통한 삶의 통합
3. 인생에서 힘들고 어려웠던 때는 언제입니까?	부정적 정서의 해소 및 부정적 경험의 의미 찾기/긍정적 경험을 찾아내고 기쁨, 감사 등 긍정적 정서를 경험
4. 인생에서 이루신 일 중에 잘했다고 생각하는 것은 무엇입니까? (추가 질문: 주변에서 잘했다고 이야기해 주는 사람이 있었나요?)	인생에서 이룬 주요 성취 및 공헌에 대한 회상. 자신의 삶에 가치를 부여하기 위함(본인이 찾지 못하거나 좀 더 풍성한 묘사가 필요한 경우에는 주변 사람들로부터 들은 말을 기억해 보게 함)
5. 가족 등 소중한 사람에게 전하고 싶은 인생의 교훈은 무엇입니까?	인생에서 얻은 교훈을 가족 및 소중한 사람에게 전달함으로써 자신이 그(그들)의 인생에 기여하고 그들을 통해 이어진다는 것을 확인
6. 가족 등 소중한 사람에게 바라는 것이나 말해 주고 싶은 것은 무엇입니까?	가족 및 소중한 사람에게 중요한 정보나 바람 또는 지시를 남김. 감사하거나 용서를 구할 기회를 부여
7. 더 하시고 싶은 말씀이 있나요?	문서에 더 포함시키고 싶은 이야기를 할 기회를 제공

출처: 이현숙(2016).

(3) 소원을 말해 봐

'소원을 말해 봐(go wish)'라는 카드 게임은 임종을 앞둔 환자가 중요하게 생각하는 것을 파악하기 위한 도구이다. 카드는 총 37장이며, 내용이 적힌 카드 36장과 와일드카드 1장으로 구성되어 있다. 카드의 내용은 '나의 인생이 완전하다고 느끼는 것' '죽음의 의미에 대해 이야기하는 것' '가족이 나와 함께 있는 것' '고통이 없는 것' '가족에게 짐이 되지 않는 것' 등이다(이 책의 뒷부분에 있는 부록 참조). 참여자는 카드를 차례로 읽으면서 그중에서 '매우 중요한 것' '중요한 것' '별로 중요하지 않은 것'을 선택한다. 목표는 '매우 중요한 것'에 10장의 카드를 채우는 것이다.

이 게임은 환자가 죽음을 앞두고 자신의 삶에서 중요한 것들에 대해서 이야기하고 그 가치를 생각할 기회를 제공한다. 가족, 의료진 등 돌봄 제공자들은 환자가 원하는 것을 무시하기 쉽다. 환자는 카드를 통해 자신이 어떤 돌봄을 원하는지를 명확하게 알게 되고 그것을 사랑하는 가족이나 그

[그림 7-4] '소원을 말해 봐' 카드

출처: https://codaalliance.org/go.wish/

밖의 돌봄 제공자에게 전달할 수 있다. 환자와 돌봄 가족이 함께 카드 게임을 할 수도 있다. '소원을 말해 봐' 카드를 두 세트 준비하여 환자는 자신이 원하는 카드를, 돌봄 가족은 환자가 원할 것으로 생각되는 카드를 골라 놓고, 서로 비교하면서 공통점이나 차이점에 대해 이야기를 나눈다. '소원을 말해 봐' 카드 게임은 환자와 돌봄 가족이 서로 나누기 어려워하는 중요한 주제의 대화를 자연스럽게 시작할 수 있도록 돕는다. 너무 늦기 전, 환자의 의식이 명료할 때 미리 해 두는 것이 좋다.

결론

노년기 상담의 주요 주제인 은퇴 상담, 조부모 상담, 상실과 애도, 죽음의 수용에 대해 살펴보았다. 직업은 삶의 중요한 부분을 차지하며 정체성에 큰 영향을 주므로 은퇴는 인생의 중요한 전환점이자 위기라고 할 수 있다. 맞벌이가정의 증가, 저출산 문제, 가족해체 문제가 심각한 상황에서 손자녀 양육에 참여하는 조부모들이 증가하고 있으며, 손자녀 양육은 조부모들에게 많은 어려움을 가져다준다. 또한 노년기에는 연이어 많은 상실을 경험하게 되므로 충격과 슬픔을 경험하게 된다. 그리고 노화의 과정은 결국 죽음으로 끝나므로 인간은 누구나 죽음을 수용하고 삶을 잘 마무리해야 하는 마지막 관문 앞에 서게 된다. 고령의 내담자들은 이러한 문제들 앞에서 상담적 도움이 필요할 수 있다. 상담자에게는 이러한 주제들이 버겁게 느껴질 수 있지만, 각 주제에 대한 충분한 지식을 갖춘다면 상담에 있어서 가장 중요한 공감적 이해와 더불어 실제적인 도움을 제공할 수 있다. 또한 상담자는 노화와 죽음에 대한 자기 이해와 더불어 상담자로서뿐만 아니라 인간으로서 더욱 성숙하고 성장해 갈 기회를 얻을 수 있다.

제8장

노년기 상담의 개입 유형

고령자를 위한 상담은 노년기라는 특수성을 고려하여 개인에게 가장 적합한 방식으로 제공되어야 한다. 고령자와 상담자가 일대일로 만나 진행하는 개인 면접 상담이 일반적이지만, 개인 면접 상담을 위해서는 고령자의 자발적 의지가 필요하고 자신을 노출해야 하는 심리적 부담이 따른다. 또한 내담자가 이동하기 어려운 경우에는 방문 상담이 필요할 수 있다. 노년기 상담은 개인 상담뿐 아니라 집단 상담, 가족 상담, 가족을 비롯하여 시설 관계자, 간호사, 사회복지사 등 고령자를 돌보는 실무자들이 함께 참석하는 네트워크 모임, 전화 상담, 사이버 상담 등 다양한 형태를 활용하는 것이 필요하다.

1. 개인 면접 상담

상담자와 내담자가 얼굴을 보면서 일대일로 진행하는 상담이다. 개인 면접 상담은 개개인의 상황, 특성, 필요에 맞춰 도움을 제공할 수 있으며, 내담자의 비언어적 표현을 관찰할 수 있다는 이점이 있다. 개인 상담은 상담자와 내담자 간의 상호작용에 의존하므로 두 사람 사이의 '적합성(fit)'이 중요하다. 고령자는 대부분 가족이나 노인 관련 기관 관계자들의 의뢰로 상담 장면에 나타난다. 그들은 대체로 비자발적 내담자이며, 상담에 의뢰되었다는 것은 '자신에게 문제가 있다'는 뜻으로 받아들이고 상처받기 쉬운 상태로 상담실에 들어오기 쉽다. 다른 연령대의 어떤 내담자와도 마찬가지이겠지만 고령의 내담자와의 첫 번째 과제는 신뢰 관계의 형성이다. 상담에 대한 이해 및 동기가 부족한 고령의 내담자는 첫 회기 후에 돌아오지 않을 수도 있다. 상담자는 첫 회기가 마지막 회기가 될지도 모른다는 생각에 성급하게 무언가를 하려고 할 수 있다. 그러나 단 한 번밖에 기회가 없다고 하더라도 내담자에게 관심을 보이고 수용과 공감을 전달하는 것이 가장 중요하다. 고령의 내담자가 같은 이야기를 반복하더라도 듣고, 또 들으면서 정확하게 이해하고 반영하는 것이 그에게 수용과 공감을 전달하는 가장 효과적인 방법이다. 또한 문제를 파악하려고 하기보다는 내담자의 장점과 능력을 찾아서 피드백한다면 내담자는 '상담자가 마음에 들어서' 한 번 더 와 보겠다고 할 수도 있다. 물론 고령자와의 개인 면접 상담은 길게 이어지기도 한다. 그런 경우에는 내담자의 욕구를 명확하게 파악하고, 상담 목표를 세우며, 그 목표를 이루기 위해 고령자에게 효과적인 기법을 활용해야 한다. 개인 면접 상담에 대해서는 제3부에서 다루고 있으므로 이번 장에서는 자세한 설명을 생략하겠다.

2. 집단 상담

노화 과정에서 소외와 고독감은 매우 중요한 문제이며, 우울과 자살의 주요 원인으로 꼽히고 있다. 집단 상담은 소외와 고독감을 감소시키고 사회적 상호작용 수준을 향상시킨다고 알려져 있다. 그러므로 집단 상담은 고령자를 위해 고려해 보아야 하는 형태의 상담이다. 집단 상담에는 다양한 유형이 있으며, 리더마다 각기 다른 이론적 입장을 취한다. 그러나 유형이나 이론적 입장과 상관없이 집단 상담에서는 구성원들 간에 역동적인 상호작용이 일어나는데, 이는 집단 상담의 중요한 치료적 요인이다.

노년기에는 은퇴, 가족 관계의 변화, 배우자나 친척, 지인의 죽음 등으로 수많은 역할 변화를 겪는다. 지지 체계가 가장 약해진 시기에 바람직한 모델도 없는 상황에서 새로운 역할을 찾는 일은 외로운 작업이다. 게다가 건강 문제까지 겹치게 되면 신체적·정서적 고립이 심화될 수 있다. 집단 상담은 새로운 역할을 배울 수 있는 기회를 제공한다. 즉, 같은 상황에 있는 사람들끼리 서로 도움을 주고받으며 새로운 역할에 관련된 갈등과 문제들을 해결할 수 있는 환경이 조성된다. 특히 동년배들 사이에서 모두가 유사한 어려움을 겪고 있는 것을 알게 될 때 참여자들은 자신이 다른 사람들과 다르지 않다는 것을 발견하고 안심하게 된다. 또한 유사한 경험을 하는 동년배들의 지지와 이해를 받는 환경에서 불안, 슬픔, 고독감, 분노 등의 부정적인 감정들을 분출할 수 있으며, 서로 협력해서 문제에 대한 다양한 해결책을 고안해 낼 수 있다. 또한 다른 사람은 같은 어려움을 어떻게 성공적으로 해결했는지에 대해 배우고, 자신의 부적응적 행동을 보다 적응적 행동으로 바꿀 수 있다. 나아가 구성원들의 지지와 반영을 통해 현실적이고 긍정적인 자기상을 발전시키면서 삶의 의미를 찾을 수 있게 된다. 고령자들은 집단 상담을 통해 같은 시대를 살았던 동년배들 사이에서만 가능한 깊은 이해와 공감을 나눌 수 있다. 개인 상담에서 이러한 효과를 기대하기는 어렵다.

가즈다(Gazda, 1970)는 다음과 같이 집단 상담의 가치를 제시하였다.

〈표 8-1〉 집단 상담의 가치

1	참여자는 다른 사람들에게도 비슷한 어려움이 있다는 것을 발견한다.
2	참여자는 다른 참여자들의 도움을 받아 자신의 문제에 도전하도록 격려를 받는다.

3	집단은 참여자들을 위한 사회적 현실의 축소판이며, 행동 실험을 가능하게 한다.
4	집단은 새로운 행동을 시도하고, 가능한 변화를 시험해 볼 수 있는 비교적 안전한 환경을 제공한다,
5	참여자들은 도움을 받기만 하는 것이 아니라 주는 것을 배운다.
6	참여자들은 다른 참여자가 문제를 어떻게 해결히는지 관찰할 수 있으며, 서로를 통해 배우는 기회를 얻는다.
7	집단 상담은 종종 추가적인 개인 상담으로 이어진다.
8	어떤 참여자에게는 집단이 가족을 대표할 수 있으므로 집단은 가족 문제를 해결할 수 있는 매개체를 제공한다.

출처: Gazda (1970).

1) 집단 상담의 종류

(1) 심리치료 집단

심리치료 집단을 시작하기 위해서는 사전에 참여자를 선발하는 작업이 필요하다. 참여자는 집단에 참여하고자 하는 동기와 말하고 듣는 능력, 그리고 상호작용 능력이 있어야 한다. 기억이 심하게 왜곡된 사람은 이 집단에 적합하지 않다. 집단은 사전 면접을 통해 6명에서 10명 정도를 선별하여 구성하는 것이 좋다. 집단의 리더는 한 명보다는 두 명이 낫고, 고령자 상담 경험이 있으며, 고령자 집단을 진행할 수 있는 에너지와 관심이 있어야 한다. 또한 개인 상담 및 집단 상담 슈퍼비전을 받아 본 경험이 있어야 한다.

① 정신역동 집단

정신역동 집단 상담에서는 정신역동 개인 상담에서와 마찬가지로, 내적 경험과 다른 사람들과의 관계를 탐색하는 데 초점을 맞춘다. 집단원 간의 관계, 집단원과 집단의 리더 간의 관계, 집단의 특징적인 관계 패턴, 집단원들의 내적인 경험 등을 확인함으로써 통찰을 얻도록 돕는 것이 주된 목적이다. 정신역동 집단에서는 집단원 간의, 그리고 집단원과 집단의 리더 사이의 '지금-여기'에서의 상호작용 가운데에서 발생하는 전이를 탐색하고 확인하는 것이 많은 부분을 차지한다. 그런데 고령자들은 부정적 감정을 좀체 드러내지 않는 경향이 있으므로 그들의 비언어적 신호와 행동에 주의를 기울여서 그들의 감정을 파악하는 것이 필요하다. 리더는 때로 집단원의 행동의 배후의 감정을 말해 줄 필요가 있다(예: "소외감을 느끼시는 것 같네요." "자신이 무가치한 존재라고 생각하시나 봅니다."). 리더는 리더십을 확립하고, 집단의 규범을 알려 주며, 모델링을 통해 감정을 표현하는 방법을 가르쳐 준다. 집단의 규범 중에는 청력이 약한 집단원들을 위해 천천히 반복해서 말하기 등이 포함될 수 있다. 집단원들은 집단 안에서 위로자, 코미디언, 중재자 등 자신에게 익숙한 역할을 맡아 수행한다. 리더는 참여자들로 하여금 자신의 역할을 확인하게 하고, 그 역할이 집단 안에서나 밖에서 어떤 기능을 하며, 그것이 과연 적응적인지 평가하도록 돕는다. 또한 집단원의 지각이나 결석은 건강 문제나 이동에 관련된 문제 때문일 수 있으므로 주의를 기울일 필요가 있다.

② 인지행동 집단

인지행동 집단은 집단원의 사고와 행동의 변화를 통한 삶의 변화를 목적으로 한다. 인지행동 집단에서는 정신역동 집단에서와는 달리 리더와 집단원들이 협력적 상호작용을 하지만, 고령자들은 리더와의 협력적 관계를 불편해 할 수 있다. 그들은 상담을 의료의 한 형태로 생각하면서 리더를 의사와 같은 권위의 인물로 바라보는 경향이 있기 때문이다. 그러므로 고령자를 위한 인지행동 집단에서는 참여자들이 수업을 듣는 느낌이 들도록 진행하면서 회기 사이에 과제를 내주는 것이 좋다. 리더는 사고와 행동을 변화시키는 방법을 교육하고, 노화 과정에 대한 정보를 제공하며, 우울과 신체 질병 사이에 어떤 관계가 있는지, 불안을 어떻게 알아차릴 수 있는지 등을 가르쳐 준다.

참여자들은 리더의 피드백을 받을 뿐 아니라 참여자들끼리 서로 피드백을 주고받는다. 집단원들은 자신들의 적응적이지 못한 사고와 행동을 확인하고 모임 후에 그것을 좀 더 적응적인 사고와 행동으로 바꾸는 과제를 수행하면서 긍정적 변화를 경험하게 된다. 인지행동 집단은 리더가 유연하게 대처하고, 진행의 속도를 늦추며, 특정 개념과 기술을 반복해서 가르쳐 줄 때 좀 더 효과적일 수 있다. 이 밖에도 게슈탈트 집단, 인간 중심 집단, 대인관계 치료 집단 등 다양한 이론적 배경을 가진 심리치료 집단들이 있다.

(2) 회상 집단

고령자를 대상으로 하는 회상 집단은 노인학교, 노인복지시설, 노인요양시설 등에서 다양한 형태로 진행이 되고 있다. 회상 집단은 대개 6명에서 8명의 인원으로 구성되며, 일주일에 한 번 또는 두 번 모인다. 주로 구조화된 프로그램에 따라 진행되며, 각 회기에 제시되는 주제에 대한 기억을 서로 나눈다. 회상 집단 역시 사전에 개별 면담을 통해 집단의 목적을 설명하고 참여 의사를 확인하는 것이 필요하다.

회상 집단이 요양시설에서 열리는 경우에는 이미 참여하기로 동의한 사람이 누구인지 미리 알려 주어서 의사결정에 참고하도록 하는 것이 좋다. 지역사회에서 진행할 때에도 한두 회기를 진행한 후에 계속 참여할 것인지, 그만둘 것인지를 결정할 기회를 주어야 한다. 집단 상담 참여에 있어서 자발성이 중요한데, 어떤 고령자에게는 집단 상담이 적합하지 않을 수 있기 때문이다. 집단 상담은 고령자들에게 특별한 의미가 있지만 모든 문제를 해결할 수 있다거나 모든 고령자에게 효과적이라고 할 수는 없다. 조용한 것을 선호하는 고령자에게 집단은 소란스럽고 정신없게 느껴진다. 또한 청력이 좋지 않거나 혼동의 문제가 있는 고령자에게도 집단 상담은 적합하지 않다.

회상 집단은 치료적 효과가 있다. 사회의 비주류로 물러난 느낌의 고령자들은 동년배들끼리 삶에서 겪은 고난 등 공유된 관점을 나누면서 자부심을 되살릴 수 있다. 또한 예전의 기억을 서로 교환하는 과정에서 점차 함께하는 것의 풍성함을 경험하기 시작하며, 서로 격려하고 지지하게 된다. 결핍되었던 사회적 교제가 활발해지고, 자극을 통해 잃었던 기억을 되찾고, 상처받은 자존감을 회복하고, 의사소통 능력을 발전시키며, 즐거운 순간이나 큰 만족을 주었던 성취의 순간을 되살린다. 그리하여 생애 경험 전체를 받아들이고 숨어 있던 창의성을 드러내기도 한다. 이런 것들이 회상 집단의 치료적 효과이다.

회상의 내용은 집단의 리더가 선택할 수 있다. 회상을 자극하고 회상의 효과를 높이기 위해서 다양한 소품을 활용할 수 있으며, 음악이나 시각 자료, 또는 참여자 자신의 물품이 회상에 도움이 될 수 있다. 집단의 리더는 집단 역동에 대한 교육과 슈퍼비전을 받은 경험이 있어야 하고, 의사소통 기술, 인내심, 자신감, 유연성을 갖추어야 한다.

(3) 특정 주제 및 특정 회원 집단

음악 감상, 노래 부르기, 악기 연주 등의 활동을 하는 음악 관련 집단, 미술치료 집단, 글쓰기 집단, 시 낭송 집단 등 특정 주제별로 모이는 집단도 관심을 받고 있다. 이러한 집단들은 일상적인 삶의 질을 높이고 재미와 신체 활동, 동년배와의 친밀감 증진을 목적으로 한다. 상담자가 이러한 집단을 직접 운영하지는 않지만, 내담자에게 도움이 되는 특정 주제 집단을 추천해 줄 수 있다.

특정 회원 집단은 특정한 어려움을 겪는 회원들끼리 모이는 집단이다. 예를 들어, 배우자 사별 집단은 애도의 과정을 집중적으로 다룬다. 애도 집단은 지역사회나 요양시설, 또는 노인복지센터 등에서 진행될 수 있다. 고령자의 가족을 위한 집단도 필요하다. 가족은 집단을 통해 노화의 과정에 대해서 배우고, 고령자를 돌보는 데 필요한 정보를 얻고, 불안이나 죄책감을 줄이고, 요양시설의 삶에 대한 이해를 높이는 등 다양한 도움을 받을 수 있다. 고령자 가족 집단에서 가족 갈등을 다룰 수도 있다. 가족 간의 갈등은 고령자에게 매우 해로운 영향을 미치므로 가족 갈등이 해결되면 고령자의 삶의 질이 향상될 수 있다.

2) 고령자 집단의 운영

고령자를 위한 집단의 운영은 참여자들의 특수성으로 인해 종종 힘들고 지치게 하는 일이 될 수 있다. 고령자 집단을 운영하기 위해서는 참여자의 신체 기능, 감각 기능, 이동 문제 등을 고려해야 한다. 먼저 집단 일정을 계획할 때, 참여자들이 하루 중 가장 기능을 잘하는 시간을 찾아야 한다. 고령자들은 낮잠 자는 시간이 정해져 있기도 하고, 어두워지면 밖에 나가기를 무서워할 수도 있으며, 좋아하는 TV 프로그램을 보거나 이웃이나 친구를 만나서 이야기 나누는 시간을 따로 두기도 한다. 그러므로 집단의 리더는 참여자들의 습관이나 하루 일정을 파악하고 모임 시간을 서로에게 편한 시간으로 정해야 한다. 이것은 쉬운 일이 아니기 때문에 리더의 인내와 융통성이 필요하다.

회기가 진행되는 공간의 환경도 매우 중요하다. 고령자들은 온도의 변화, 소음, 눈부신 조명, 불편한 의자를 견디기 힘들어한다. 카펫이 밀리거나 바닥이 미끄러우면 위험할 수 있다. 대형 유리에는 눈높이에 시트지 등을 붙여 충돌을 예방하는 것이 필요하다. 고령자들은 방광의 기능이 약하므로 진행 장소가 화장실과 가까워야 한다는 것도 염두에 두어야 한다. 또한 모임 장소가 1층이 아닌 경우에는 엘리베이터나 에스컬레이터가 있는지, 휠체어 사용은 가능한지 등을 점검해야 한다. 계단은 피하는 것이 좋지만 어쩔 수 없이 계단을 이용해야 한다면 계속해서 주의를 줄 필요가 있다.

집단에서는 신체 질병과 사랑하는 사람의 죽음, 외로움 등 모든 종류의 상실에 대하여 이야기를 나누게 되며, 집단 진행 중에 참여자 가운데에서 누군가가 죽음을 맞기도 한다. 그런 경우에는 참여자들이 슬픔, 두려움, 좌절감, 허무감 등을 표현하도록 격려해야 한다. 그러한 감정을 표현하는 기회를 주는 것은 참여자들에게 도움이 된다. 만일 리더가 그 주제를 다루는 것이 불편하다면 그와 관련된 자신의 문제를 해결하는 것이 필요하다.

고령자 상담 경험이 없는 리더는 초기 단계에서 종종 좌절을 경험한다. 지나치게 느린 회기의 진행, 참여자의 건망증 문제, 참여자의 가족이나 시설 관계자들의 비협조적인 태도 등은 초보 리더를 힘들게 한다. 그러나 초보 리더라도 시간이 지남에 따라 균형 잡힌 시각을 갖게 되고 자신감을 얻는다. 만일 어려움이 해결되지 않는다면, 리더는 각 참여자의 요구와 집단의 역동에 주의를 기울이지 못하게 되어 치료 과정이 방해받을 수 있다.

고령자들은 대체로 집단의 리더가 기울인 시간과 노력을 높이 평가하며 고맙게 여긴다. 그들은 리더를 칭찬해 주고, 손을 잡거나 안아 주기도 하고, 리더의 외모에 찬사를 보내곤 한다. 때로는 머리나 얼굴을 만지기도 하고, 이성의 리더에게 호감을 표시하기도 한다.

참여자들은 리더의 특별한 관심을 받는 대상을 질투하거나 경쟁심을 가질 수 있다. 이는 그들이 외롭기 때문이거나, 자신의 부모나 자녀에 대한 양가적 또는 이상화된 감정을 리더에게 전이하기 때문이다. 이러한 반응을 다루면 참여자가 자기 자신을 더욱 잘 이해하고 집단 안이나 밖에서의 관계를 개선하도록 도울 수 있다. 리더들은 때때로 참여자들의 필요를 너무 성급하게 충족시키려고 하거나 참여자들의 수용을 얻는 것에 치중한다. 그러나 지나친 지지는 참여자들의 퇴행 행동으로 이어질 수 있으며, 불필요한 요구를 충족시켜 주는 것은 오히려 그들의 쇠약함을 인정하고 강화하는 결과를 조래할 수 있다.

고령자 집단에서는 참여자의 저하된 신체 기능 및 감각 기능과 이동 문제에 주의를 기울이는 것이 필요하다. 영상이나 인쇄물을 사용하는 작업이나 공간을 이동하는 활동은 참여자의 한계 때문에 성공적이지 못할 수 있다. 리더가 각 참여자의 상태에 대해 잘 알게 되면 어떤 활동이 참여자에게 적합하며 긍정적인 반응을 이끌어 낼 수 있는지 판단할 수 있다.

〈표 8-2〉 집단 운영 지침

1	어떤 경험은 다룰 수 없을 것이라는 선입견을 내려놓고 상실, 외로움, 성 등 논쟁의 여지가 있는 주제에 대해서 논의하라.
2	참여자들이 가볍게 저항하더라도 예정된 활동을 진행하라.
3	참여자들의 이해 능력, 대처 능력, 관찰 능력을 더 세심하게 살피라.
4	더 천천히, 더 분명하고 단순하게 이야기하라.
5	참여자들을 책임질 줄 아는 성인으로 대하라.
6	직면이나 의견 차이 때문에 참여자들과 사이가 벌어지는 것을 두려워하지 마라.
7	참여자들에게 회기 참석에 대한 선택권을 주라.
8	시범을 보임으로써 참여자들이 어떤 수준까지 이야기해야 할지를 알 수 있게 하라.
9	논쟁의 여지가 있는 주제를 포함해서 어떤 이야기라도 할 수 있는 참여자들의 능력을 존중하라.
10	참여자들은 회기에서 논의할 주제를 제시하라고 하면 어려워한다. 리더가 회기를 계획하는 것이 더 효과적이다.
11	청력, 시력, 이동성의 문제가 있는 참여자에게 더욱 세심한 관심을 기울이라.
12	회기 중에 논의되고 있는 내용들을 리더가 천천히 되풀이해서 이야기해 줌으로써 참여자들의 이해를 도우라.
13	집단 회기를 마칠 때마다 회기에 대한 요약을 제공하라.
14	참여자들이 회기의 주제로 다시 돌아오도록 격려하라.
15	동시에 여러 명이 이야기할 때는 인내심을 가지되, 누군가가 말하고 있을 때는 잘 들어야 하며, 그런 다음에 하고 싶은 말을 할 수 있다고 확실하게 이야기하라.
16	고령자들은 종이와 연필을 사용하는 작업을 어려워하며 좋아하지 않는다는 것을 기억하라.
17	참여자들의 지적 · 정서적 성장의 가능성을 과소평가하지 마라.
18	가장 중요한 것으로 고령자들이 젊은 성인들과 마찬가지로 욕구, 소망, 흥미, 두려움 등을 가지고 있는 인간임을 기억하라. 그리고 그들의 인생 경험의 일부가 되는 기회를 즐기라.

출처: Capuzzi et al.(1979)에서 재인용.

카푸지 등(Capuzzi et al., 1979)은 요양시설의 65~96세의 고령의 여성 25명을 대상으로 연속해서 9주간 집단 상담을 진행한 후에 〈표 8-2〉와 같은 집단 운영 지침을 제시하였다.

3) 치매 노인 집단

치매 노인은 무슨 일이 일어나고 있는지 전혀 알아차리지 못한다고 생각하는 사람들이 있다. 지적 능력이 심각하게 손상되는 치매 말기에는 그럴 수 있다. 그러나 치매 초기에는 문제가 생겼다는 것을 인식하고 도움을 받기를 원한다. 경도에서 중등도의 치매 노인은 대체로 자신에게 일어난 변화에 대해 알고 있으며, 그로 인해 당혹감과 두려움을 느끼고 자존감을 잃기도 한다. 주변에서 자신의 부적절한 행동을 적대감이나 완고함 또는 부주의함으로 잘못 해석하는 경우에 노인은 더욱 힘들다. 처음에는 문제를 부인하거나 다른 사람을 탓하는 방식으로 기억의 소실로 인한 좌절감에 대처하기도 하지만, 대부분은 문제를 인정하고 배우자 등 주변 사람에게 과도하게 의지하게 된다. 자신의 문제를 인정한 후에 비로소 삶에 참여하는 적절한 수준을 찾으며, 치매 진행의 속도에 따라 그 수준을 조정하게 된다(Labarge, 1981). 이것은 절대 쉬운 일이 아니다.

치매 노인에게 사회적 접촉을 유지하는 일은 매우 중요하다. 치매 노인이 주변을 얼마나 인식하고, 주변 사람들의 말을 얼마나 이해하는지 확실히 알 수는 없지만, 거의 항상 어느 정도의 인식은 남아 있는 것으로 알려져 있다. 치매 증상에만 초점을 둔 돌봄에 치중하고 그들이 인간임을 간과한다면 현실과의 연결을 유지하려는 치매 노인의 내적 추진력이 사라진다. 의사소통은 치매 환자에게 자신이 혼자가 아니며 안전하고, 다른 사람들이 자신을 듣고 있다고 느끼게 해 준다. 지적 기능이 어느 정도 남아 있는 치매 환자를 위한 상담은 가능하다. 미술 활동이나 음악 활동은 언어가 필요하지 않으며, 창작자의 감각과 감정의 체험을 통해 자기표현을 하는 활동이므로 인지 기능이 감소한 치매 노인에게 유용할 수 있다. 미술 및 음악 활동은 다양한 감각 자극을 통한 운동 능력과 인지 능력의 향상, 성취감, 긍정적 감정의 고양 등의 효과가 있는 것으로 알려져 있다. 또한 집단으로 진행할 때, 참여자들은 서로의 작품을 통해 또는 함께하는 노래나 연주를 통해 비언어적인 형태로 다양한 감정을 주고받을 수 있는 의사소통을 경험하게 된다. 또한 집단원들 간에 공감과 지지가 일어나면서 긍정적인 상호작용이 풍부해진다. 상호 지지와 공감은 참여자들 간의 유대감을 촉진하여 긍정적인 변화를 유도하는 데 도움이 된다.

치매 노인 집단에게 미술치료나 음악치료를 활용하는 것은 참여자들의 자기표현력과 자기효능감을 증진시키고, 참여자의 기억력 유지, 문제 행동의 감소, 긍정적 사회 작용의 증가에 효과적이다. 대부분의 집단은 경증 치매 노인을 대상으로 하지만 언어 능력이 거의 소실되었거나, 대소변을 가리지 못하거나, 누워 지내는 중증 치매 노인들도 음악에는 흥미를 보이고 반응하는 모습을 보이는 것으로 나타났다. 미술치료 집단은 점토, 그림책, 한지, 콜라주, 사진, 판화 등의 도구를 사용하여 여러 가지 주제로 진행할 수 있으며, 음악치료 집단은 노래 부르기나 핸드벨, 드럼, 탬버린, 트라이앵글 연주 등을 활용할 수 있다. 그 밖에도 놀이나 드라마 등의 영상물을 활용할 수도 있다.

치매 노인 집단은 보조 리더나 시설의 요양보호사 등의 도움을 받아 진행하게 된다. 집단을 시작하기에 앞서 프로그램이 참여자들에게 적합한지 점검해야 한다. 그런 다음에 재료와 장비를 준비하되, 안전을 철저하게 살피는 것이 중요하다. 회기를 시작하면, 먼저 참여자들에게 어떤 작업을 할 것인지 설명하고 시범을 보여 그들이 무엇을 해야 하는지 분명하게 알 수 있도록 해야 한다. 한꺼번에 전 과정을 보여 줄 수도 있지만, 때로는 과제를 단계별로 나눠서 보여 주며 한 단계씩 수행하게 하는 것이 필요할 수 있다. 리더는 돌아다니면서 참여자들을 도와주되, 각 개인의 특성과 능력에 따라 적절한 수준의 도움을 제공해야 한다. 과제 수행에 있어서 참여자가 압박감을 느끼지 않도록 살피고, 때로는 기다려 주는 것이 좋다. 그러나 제한 시간 안에 각자에게 적합한 수준의 작업을 완료하여 모든 사람이 성취감을 느낄 수 있도록 하는 것도 중요하다. 참여자가 과제 수행에 자신 없는 모습을 보일 때는 부드럽게 격려하고 즐길 수 있도록 도와야 한다. 이때 결과물을 지나치게 강조하면 안 된다. 리더는 참여자의 반응을 세심하게 살펴보아야 한다. 그들이 하는 말이나 몸짓에 관심을 기울이고, 그들이 어떤 과정에 흥미를 느끼는지 관찰하면서 그에 따라 집단 전체를 위해, 또는 일부 참여자에게 과제를 약간 변형해 주는 것이 필요할 수도 있다. 예를 들어, 누군가가 그림을 그리는 과제를 거부한다면 그 주제에 대해 간단히 몇 글자 쓰게 해도 괜찮다. 집단의 진행에는 창의성과 융통성이 필요하다. 집단 상담을 마무리한 후에 요양시설이나 주간보호센터 등에 가족과 지인들을 초대하여 참여자들의 작품 전시회나 음악 연주회를 열도록 실무자들에게 제안할 수도 있다.

3. 가족 상담과 네트워크 모임

가족을 체계로 보는 관점은 가족치료의 발전에 크게 기여하였다. 체계는 요소들과 요소들의 상호작용으로 이루어진다. 상호작용을 하는 체계가 모여서 상위 체계를 만들며, 상위 체계들의 상호작용은 그보다 큰 메타 체계를 만든다. 개인은 가족이라고 하는 보다 큰 체계의 하위 체계이며, 가족은 지역사회의 한 부분이고, 지역사회는 국가의 한 부분이다. 체계들 사이에는 상호작용이 일어나므로 한 체계의 문제는 곧 다른 체계에 영향을 미친다. 그러므로 가족치료자는 한 개인의 역기능적 행동을 개인의 문제라기보다는 가족 체계의 문제가 나타난 것으로 보고, 가족에게 관심을 가지며 나아가 상위 체계인 지역사회에도 관심을 가지게 될 수 있다. 고령의 내담자들은 가족과 그들을 돌보는 사람들로 이루어진 네트워크에 밀접하게 연결되어 있으므로, 그들의 문제는 체계론적 관점에서 가족 또는 보다 넓은 맥락에서 이해하고 다루는 것이 필요하다. 상담자가 이 체계들 가운데서 어떻게 서로 소통하고 반응하는가에 따라 결과는 많이 달라진다. 고령자를 돌보는 모든 체계가 서로 존중하고 협력하도록 촉진하는 일은 상담자의 역할 중 하나이다.

1) 가족 상담

성공적인 노화 과정에서 언급했던 바와 같이, 우리나라 고령자의 삶의 만족감에 있어서 가족은 매우 중요한 부분을 차지하고 있다. 노년기에 이르게 되면 부부 관계와 부모-자녀 관계에 있어서 많은 변화가 발생한다. 부부 관계와 부모-자녀 관계에 있어서 역할이 재정의되고, 의사결정에 관련된 힘이 재분배되는 과정에서 가족은 갈등과 어려움을 겪게 된다. 또한 노화가 진행됨에 따라 고령자는 자기돌봄의 능력이 감소하여 점점 더 가족의 돌봄이 필요하게 된다. 고령의 내담자 문제를 가족 맥락에서 접근하는 것은 노화와 관련된 다양한 문제를 다루는 유용한 방법이다. 가족의 상호작용은 노년기와 관련된 문제의 중요한 원인일 수 있다. 고령자의 가족 상담은 부부 상담, 노년기 부모와 성인 자녀의 상담으로 나누어 볼 수 있다.

(1) 부부 상담

부부 갈등은 2가지 형태로 나타난다. 첫째는 은퇴 등의 변화로 인해 부부 갈등이 발생하는 경우이다. 큰 문제 없이 지내던 부부도 빈 둥지가 되어 두 사람만이 집중적으로 관계하게 되거나 은퇴로 인해 역할의 재조정이 필요해지게 됨에 따라 갈등이 생길 수 있다. 둘째는 부부 중 한 사람이 만성적인 질병으로 인해 신체적 · 정서적 돌봄이 필요해진 경우이다. 관계의 균형이 깨진 부부는 새로운 상황에 적응하는 것에 어려움을 느끼게 된다. 돌봄을 받는 배우자는 통증 및 두려움과 불안으로 예민해지며, 상처받기 쉬운 상태에 놓인다. 돌봄 제공자인 배우자 역시 노화로 인해 건강이 좋지 않은 경우가 많고, 신체적으로 소진되기 쉬우며, 상대방에 대한 연민, 원망, 죄책감 등 복합적인 감정을 경험한다.

결혼 생활에서 긍정적 상호작용이 많고 효과적으로 대화하며 갈등을 잘 다뤄 왔던 부부들은 대체로 위기를 잘 극복할 수 있다. 그러나 문제가 해결되지 않은 채로 오랫동안 지내 온 경우에는 다양한 위기 상황에서 부부 갈등이 더욱 심각해질 수 있다. 현재 우리나라 노년기 부부들은 경제발전에 치중하면서 힘겹게 살아온 세대이다. 남성들은 전통적인 가부장적 가치관으로 인해 부부 사이의 평등이나 친밀감의 중요성을 인식하지 못했다. 또한 여성들 대부분은 성차별로 인해 억압받고 살았다. 베이비붐 세대 이후로 기존의 전통적인 가족 모델에서 벗어나 부부 중심의 새로운 가족 개념과 형태가 만들어지기 시작하고, 남녀평등 인식과 더불어 여성의 권리가 주목을 받게 되자 변화의 소용돌이 속에서 다양한 가족 관계 갈등이 나타날 수밖에 없었다. 가부장적 가치관을 가지고 일 중심으로 살아왔던 남성들은 은퇴 후에 새로운 가정환경에 적응하는 데 어려움을 겪게 된다. 은퇴 후에 상처받기 쉬운 상태가 된 남성들은 가정에서 설 자리가 없고 무시당하는 느낌을 받게 될 수 있고, 여성들은 오랫동안 억압받고 살아온 것에 대한 원망과 분노로 더 이상 참지 않으려고 할 수 있다. 이런 경우에 부부는 사사건건 부딪히며 점점 더 갈등이 심해질 수 있다. 이러한 상태로 앞으로 수십 년을 더 함께 살아야 하는 것에 대해 부부는 끔찍하게 느낄 수 있다. 게다가 부부 중 한 사람이 질병 등으로 인해 돌봄이 필요해진다면 부부 관계는 더욱 복잡해질 수밖에 없다.

요즘 한국 사회에서는 혼인 기간 20년 이상을 유지했던 부부의 이혼, 즉 황혼이혼이 급증하고 있다. 한국가정법률상담소(2024)가 발표한 2023년도 상담통계에 따르면, 60대 이상 여성의 이혼 상담 비율이 전체의 23.1%, 남성은 51.5%로 한국가정법률상담소가 연령대별로 분석을 시작한 1995년 이후 30년 동안 남녀 모두 20배 증가한 것으로 나타났다. 여성의 이혼 사유 1위는 남편의 폭력 등 '부당 대우'였고, 남성의 경우에는 장기 별거 비율이 높은 가운데 '아내의 가출, 외도, 부당 대우' 등이 이혼을 원하는 주된 원인으로 꼽혔다. 아내가 손자녀 양육 등을 이유로 자녀 집으로 간 후에 오랜 기간 돌아오지 않아 사실상 이혼 상태에 이르게 된 경우도 많은 것으로 나타났다. 이렇듯 황혼이혼이 급증하게 된 이유는 이혼에 대한 사회적인 인식이 변화하였고, 노후에 자신만의 행복한 삶을 누리고 싶다는 욕구가 커졌기 때문으로 보인다. 자녀 때문에 고통을 참으며 결혼 생활을 유지하다가 자녀를 다 키운 후에 이혼을 실행하는 부부들도 있다. 황혼이혼뿐 아니라 졸혼도 늘고 있는데, 졸혼이란 혼인 상태를 유지하면서 부부가 떨어져서 생활하는 것을 말한다. 함께 살고 있더라도 정서적 이혼 상태인 부부도 존재한다.

신체 기능이 약화됨에 따라 의지할 대상이 더욱 필요해지고, 대인 관계도 감소하여 고립되기 쉬운 시기인 노년기의 부부 갈등은 신체적 · 심리적으로 타격을 주며 삶의 질을 낮춘다. 부모의 불화는 어린 자녀에게뿐 아니라 성인이 된 자녀에게도 영향을 주기 마련이다. 자녀는 결혼에 대한 부정적인 시각을 갖게 되고, 부모에 대한 충성심 갈등 및 부부 관계 중재의 실패에 따른 무력감 등을 경험하는 것과 더불어, 노쇠한 부모가 별거 또는 이혼하는 경우에는 부와 모를 따로 돌보아야 하는 부담을 갖게 될 수도 있다. 부모의 불화는 자녀의 결혼 포기로 이어지기도 하고, 자녀가 이미 결혼한 경우에는 불행한 결혼 생활의 원인이 될 수 있다. 그러므로 노년기 부부와 가족의 만족스러운 삶을 위해서 부부 갈등을 다루는 일은 매우 중요하다.

부부 갈등이 오래되고 심각한 경우에는 회복이 매우 어려울 수 있다. 그러므로 결혼 전 또는 결혼 초기에 갈등을 예방하고 잘 다루는 것이 필요하지만, 현재의 노년 세대는 젊은 시절에 그러한 기회를 얻지 못했다. 노년기 부부 상담은 자녀가 의뢰하는 경우가 많다. 상담에 의뢰된 노년기 부부 중에는 우울증이나 알코올중독이 있을 수 있으므로 그에 대한 정확한 진단과 치료가 우선되어야 한다. 또한 언어 및 신체 폭력 등 가정폭력이 존재하는 경우에는 폭력을 멈추겠다는 의지가 분명해야 부부 상담을 진행할 수 있다.

부부 상담 이론 중에는 아내와 남편을 각각 따로 만나는 것을 허용하지 않는 접근도 있지만, 부부 각자의 개인 면담을 통해 얻을 수 있는 이점도 있다. 개인 면담 시에는 부부가 함께 있을 때는 할 수 없었던 이야기를 털어놓을 수 있고, 감정 분출을 통해 카타르시스 효과를 얻을 수 있다. 부부 각자를 따로 한 회기씩 만난 후에 부부 회기를 갖게 되면, 부부 각자가 개인 면담에서 상담자와 나누었던 이야기를 상대방에게 간략하게나마 전달하게 하는 것이 필요하다. 상담자는 개인 면담에서 나눈 이야기 중에 부부 관계에 도움이 된다고 생각되는 부분을 부부 회기에서 이야기할 수 있는지의 여부를 사전에 논의하고 허락을 받아 두어야 한다. 저자의 임상 경험에 의하면 대부분의 내담자는 부부 상담 회기에서 그 같은 이야기를 해도 된다고 말한다. 때로는 현재 진행 중인 외도나 심각한 재정 문제 등을 비밀로 해 달라는 부탁을 받게 되는 경우도 있는데, 이때 상담자는 그런 부탁을 받아들일 수 없다는 점을 그 이유와 함께 분명히 밝힌다.

부부 회기에서는 의사소통이 가장 중요하다고 할 수 있다. 상담자는 부부가 자신을 정확하게 표현하도록, 그리고 상대방의 이야기를 경청하고 이해하도록 촉진하는 역할을 하며, 서로에게 원하는 행동을 구체적으로 분명하게 이야기하도록 돕는다. 상담자가 부부 각자를 깊이 이해하고 공감할 수 있어야 부부 각자가 자신을 좀 더 잘 이해하고 효과적으로 표현하도록, 그리고 상대방의 이야기를 더욱 잘 듣고 이해하도록 도울 수 있다. 상담자는 그들이 지금과는 다른 시대적 상황에서 살아왔다는 것을 기억해야 한다. 부부가 대화 중에 감정이 격해진다면 잠시 대화를 중단시키고(타임아웃) 호흡법 등을 통해 감정을 가라앉힌 후에 다시 대화를 시도하게 하는 것이 필요하다. 부부가 한 팀이 되어 주요 갈등을 정의하고 그에 대한 해결책을 찾아보는 작업도 필요하다. 부부가 이러한 대화를 통해 서로를 이해하게 되면 갈등이 당장 해결되지 않더라도 관계가 개선될 수 있으며, 관계 개선에 따라 갈등의 해결도 점차 가능해질 수 있다.

노년기 부부는 함께 살아온 기간이 길었던 만큼 다양한 묵은 주제를 꺼내 놓기도 한다. 특히 아내들은 시댁과 관련된 에피소드나 남편의 과거의 외도 문제 등을 언급할 수 있는데, 이런 경우에 남편들은 매우 곤혹스러워하며 대화를 피하려고 한다. 남편의 입장에서는 이미 지나간 일이니까 덮고 지나가기를 원하며, 잘못 말했다가는 아내의 화를 돋구게 될까 봐 두려워한다. 그런 경우에 상담자는 남편이 아내의 고통과 분노를 그대로 인정하도록 도와야 한다. 힘든 이야기를 듣기 전에 심호흡을 하게 하는 등 마음의 준비를 시키는 것이 좋다. 남편이 아내의 고통을 들어 준다면 아내도 남편의 말을 들어 줄 수 있다. 어떤 경우에는 오랫동안 함께 살면서도 들어 보지 못했던 서로의 과거사에 관한 이야기가 나올 수도 있다. 혼자 힘으로 아들을 키우기 위해 고생하신 어머니를 아픈 마음으로 지켜보았던 남편은 아내가 자신의 어머니를 사랑으로 섬겨 주기를 원했을 수 있으며, 아버지 없이 자랐던 아내는 남편이 자신에게 아버지 같은 부드럽고 따뜻한 사랑과 관심을 보여 주기를 원했을 수 있다. 이 밖에도 상담자는 노년기 부부의 성 문제, 재정 문제, 가사 분담 문제 등 다양한 주제를 다룰 준비가 되어 있어야 한다.

부부가 결국 이혼이나 졸혼을 선택한다면 상담자는 부부가 이것을 현실로 받아들이고 이후의 일들에 대해 논의하도록 도울 수 있다. 이혼은 법적 과정이기도 하므로 논쟁이 격화될 수 있으며, 서로에게 매우 깊은 상처를 남기기도 한다. 상담자는 이혼하게 된 부부라도 상담을 통해 자신의 상처를 재조명하고, 상대방을 조금이라도 이해하며, 서로에 대한 감정을 누그러뜨리게 하여 원활한 합의에 이르도록 도울 수 있다. 또한 이혼이 자녀에게 어떤 영향을 주게 될 것인가에 대해 이야기를 나누고, 자녀의 상처를 최소화하기 위한 방안을 논의할 수 있다. 졸혼을 결정한 경우에는 거주지 문제와 소유물의 분할에 관해 합의하고, 두 사람의 관계에 있어서 경계를 분명히 하는 것이 필요하다. 중요한 가족 행사에 함께한다거나, 자녀 관련 문제나 그 밖에 의논할 일이 생기면 연락을 취할 수 있다거나 하는 일들을 미리 합의해야 한다. 노년기 부부 상담이 결혼의 유지와 행복한 노후를 보장할 수 있는 것은 아니다. 부부가 원하는 목표를 달성하도록 부부와 함께 협력했다면 상담자로서 할 수 있는 일을 한 것이다. 이혼이나 졸혼으로 상담이 종결되더라도 상담을 실패로 간주하고 실망할 필요는 없다.

문제가 덜 심각한 부부들은 집단 부부 상담 프로그램을 통해서도 도움을 받을 수 있다. 노년기 부부들은 부부 관계 증진 프로그램의 참여를 통해 의사소통에 긍정적 변화가 나타나고 친밀감 및 자아 통합감이 증진될 수 있다. 부부 상담 프로그램에는 효과적인 의사소통의 교육, 노래와 율동, 편지 쓰기, 세족식 등을 포함할 수 있다.

(2) 노년기 부모와 성인 자녀의 상담

노년기 부모와 성인 자녀(들) 사이에는 다음과 같은 문제들이 발생할 수 있다. 첫째는 부모가 인지 기능 및 신체 기능의 저하로 점점 더 돌봄을 필요로 하게 되는 경우이다. 이러한 일은 대체로 성인 자녀가 중년기에 이르렀을 때 일어나는데, 중년기는 다양한 스트레스를 겪는 시기이므로 부모를 돌볼 책임을 떠안게 된 자녀는 신체적 · 심리적 · 물질적 어려움 등으로 소진을 경험할 수 있다. 어떤 사너는 과도한 염려와 지나친 긴섭 및 돌봄 행동으로 관계에 긴장을 가져오는 경우가 있는 반면에, 부모 돌봄의 책임을 회피하고 부모를 등한시하는 자녀도 있다. 자녀가 여러 명인 경우에 부모 돌봄의 책임이 골고루 배분되지 않거나 부모 돌봄에 대한 견해 차이로 인해 갈등이 생기기도 한다. 부모는 자신이 자녀에게 짐이 된다는 생각에 우울해하고, 때로는 서운해하거나 배반감을 느끼며 분노할 수 있다. 또한 자녀와의 관계가 좋지 않을 때 죽음 불안이 높아질 수 있다.

둘째는 부모가 성인이 된 자녀를 지속적으로 돌보는 경우이다. 고령의 부모가 성인이 된 자녀에게 계속해서 물질적·정서적으로 지원하면서 자녀의 삶에 깊이 개입할 수 있다. 이것은 때로 자녀의 문제를 지속시키는 원인이 된다. 예를 들어, 물질 중독 등의 문제가 있는 자녀를 둔 부모는 그 자녀와 동반 의존 관계를 형성하고 자녀가 자신의 행동에 책임을 지고 독립적으로 살도록 허용하지 않는다. 부모는 오랜 시간 동안 자녀를 과보호해 왔을 수 있으며, 과보호로 인해 자녀가 독립성과 자주성을 상실했을 수 있다는 것을 깨닫는 것이 필요하다. 새로운 대처 방법을 찾기 위해서는 올바른 부모 역할에 대해 배워야 한다. 부모 역할에는 따뜻함과 더불어 엄격함이 필요하다는 것을 교육하고, 가족 간의 대화를 통해 규칙을 세워서 일관되게 실행하도록 도와야 한다. 또한 성인 자녀의 문제를 사정하여 필요시 개인 치료에 의뢰하고 가족 상담을 병행하여 진행하는 것이 효과적일 수 있다.

(3) 가족 상담에서 고려해야 할 문제

이 밖에도 고부간의 갈등, 손자녀 양육을 돕는 부모와 성인 자녀 사이의 양육을 둘러싼 갈등, 조부모와 청소년기 손자녀와의 갈등 등 다양한 가족 문제가 발생할 수 있다. 고령자를 의뢰받은 상담자는 제시된 문제를 가족 체계적 관점에서 살펴보는 것이 필요하다. 가족의 개입이 필요한 경우에 상담자는 고령자의 허락을 받아 가족과 접촉하고 가족 상담을 제안할 수 있다. 고령의 내담자의 가족은 문제를 가족이라는 맥락에서 보지 못하고 상담자가 고령자를 '고쳐 주기'만을 바라는 경우가 많다. 상담자는 내담자와 가족에게 온 가족이 함께 이야기를 나눈다면 내담자에게 도움이 될 수 있으므로 '가족 모임'을 해 보자고 이야기하는 것이 좋다. '가족 상담'이나 '가족치료'보다는 '가족 모임'이라는 말을 사용하면 가족이 좀 더 편하게 받아들일 수 있다.

가족이 함께 모이는 것에 동의한다고 하더라도 장소와 시간을 맞추는 것이 쉽지 않다. 장소는 내담자의 상황을 고려하여 상담자의 사무실, 내담자의 집, 요양원, 병실 등을 이용할 수 있다. 줌 상담의 활용도 고려해 볼 수 있다. 내담자나 가족은 상담자 앞에서 가족의 문제를 드러내는 것을 꺼릴 수 있으므로 상담자는 가족이 비난받는 느낌이 들지 않도록 주의하면서 모임을 창의적으로 이끌어 가는 것이 중요하다. 상담자는 가족 한 사람 한 사람을 환영하고 모두의 도움이 필요하다는 것을 강조해야 한다. 노년기 내담자가 포함된 가족 상담은 노쇠한 부모를 시설에 입소시키는 문제 등 매우 어려운 주제들을 다루게 될 수 있으며, 가족은 감정이 격해지기도 한다. 상담자는 가족으로 하여금 문제에 대한 각자의 견해를 이야기하도록 격려하며, 그들의 언어적 · 비언어적 표현에 민감하게 반응하고 각자의 생각과 감정을 그대로 인정해 주어야 한다. 또한 가족이 개인의 문제라고 보던 것을 가족 체계적 관점에서 재인식하고 재개념화하여 상담 목표를 설정하도록 도와야 한다.

2) 네트워크 모임

상담자는 노년기 내담자를 돕기 위해서 가족뿐 아니라 고령자와 관련된 다른 외부 체계와 소통해야 할 때가 있다. 우리나라 상황에서는 아직 적용이 어려울 수 있지만 영국 런던에서 체계론적 관점에서 고령자와 그 가족 및 네트워크를 다루는 일을 하고 있는 치료 팀을 소개하려고 한다(Anderson et al., 2010). 이 팀은 병원이나 지역사회 정신건강 부서 또는 노인 관련 기관에서 일하는 10명의 노인 전문 치료사들로 구성되어 있다. 이들은 최대한 효과적으로 개입하기 위해 팀원들끼리 사례에 대한 의견을 주고받고, 반영 팀을 활용하기도 하며, 필요시에는 고령자와 가족뿐 아니라 관련된 사람들을 모두 초대해서 모임을 갖기도 한다. 상담자는 주로 고령자를 돌보는 가족, 의사나 간호사 또는 요양원 실무자들로부터 도움 요청을 받게 되는데, 먼저 고령자를 염려하는 사람과 그 상황에서 도움을 줄 수 있는 사람을 포함하여 고령자의 체계를 확인하고 관련된 사람들을 소집하여 네트워크 모임을 주최할 수 있다. 우리나라에서도 다음과 같이 소규모의 네트워크 모임을 소집하는 것은 가능할 수 있을 것으로 보인다. 이러한 네트워크 모임을 통해 문제를 보다 효과적으로 해결할 수 있다.

예를 들어, 노인 요양원 입소자 한정국 씨(80세)는 치매 진단을 받았는데 그가 밤에도 자꾸 노래를 부르는 바람에 옆 침대의 입소자가 잠을 잘 수 없다며 간호사에게 불만을 호소했다. 간호사는 요양원 원장과 의논 끝에 정국 씨를 상담에 의뢰하였다. 상담자가 요양원에 방문했을 때에도 정국 씨는 노래를 부르고 있었다. 상담자는 그가 노래를 부르며 즐거워한다는 것을 느낄 수 있었다. 그의 딸은 아빠가 예전에 일을 하면서 늘 노래를 불

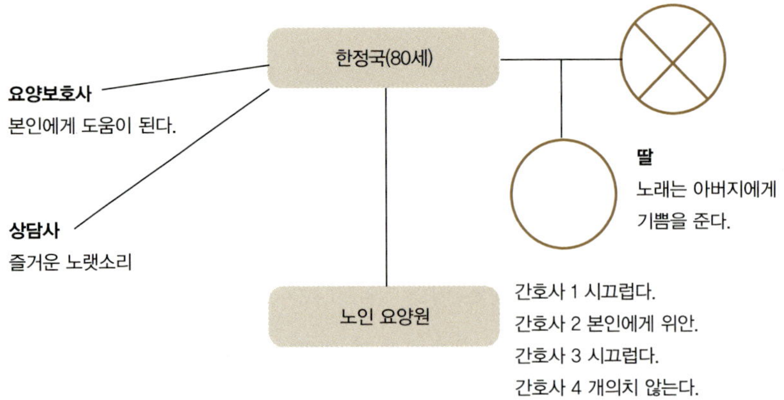

[그림 8-1] 한정국 씨의 관계 지도

출처: Anderson et al.(2010), p. 37의 노먼(Norman)의 관계 지도를 수정.

렀다고 말했다. 상담자는 문제(치매 환자이며 시끄럽다)를 정국 씨 자신에게 두는 것이 아니라 관계적인 관점에서 보았으며, 정국 씨가 노래 부르는 것과 연관이 있는 사람은 누구이고, 그로 인해 누가 영향을 받으며, 누가 걱정하는지를 알아보기 위해 관계 지도(relationship map)를 그렸다.

상담자는 정국 씨가 밤에 노래 부르는 것에 대해 논의하기 위해 딸과 요양보호사와 간호사들을 초대했다. 정국 씨의 딸은 노래가 아버지에게 기쁨을 준다고 말했고, 요양보호사도 노래가 정국 씨에게 도움이 되는 것 같다고 이야기했다. 이 말을 들은 간호사 중 한 명이 어떤 입소자들은 청각에 문제가 있어서 정국 씨가 노래 부르는 소리를 잘 듣지 못하며 들려도 개의치 않는다는 것에 주목하고, 정국 씨를 그들 가까이로 옮기는 방법을 생각해 냈다. 또 다른 간호사는 정국 씨가 요양원이라는 낯선 환경에서 노래 부르기를 통해 위안과 친근감을 느끼는 것 같다면서 그들이 어떻게 하면 정국 씨에게 위안과 친근감을 제공할 수 있을지 생각해 보기 시작했다.

이러한 모임은 고립에 대한 해독제이다. 고령자 자신이나 가족뿐 아니라 실무자들에게도 도움이 된다. 참석자들은 딜레마와 어려움을 공유할 뿐 아니라 성취와 진전에 대해서도 함께 축하할 수 있다. 가족에게는 스스로가 고령자를 더욱 잘 이해하게 될 뿐 아니라 그들에 대한 실무자들의 이해를 도우며 문제 해결을 위해 팀과 함께 일하는 기회를 제공해 준다.

고령자 자신도 모임에 참석할 수 있는데, 그런 경우에는 그의 이동성이나 청력 저하 등의 실제적인 문제를 고려해야 한다. 그의 청력에 문제가 있다면 어느 정도까지 들을 수 있는지 확인한 후에 좀 더 크게 말할 수도 있고, 누군가가 가까이에 앉아서 그에게 내용을 전달하게 할 수도 있다. 모임 전에 고령자인 내담자를 따로 만나 누가 참석할 예정이며, 어떤 작업을 할 것인지를 설명하고, 그가 궁금해하는 점에 대해 질문할 기회를 주는 것이 좋다. 참석한 모든 사람이 존중받는 느낌으로 편안하게 자신의 견해를 이야기할 수 있는 분위기를 조성해야 한다. 중요한 사람이 불가피하게 참석하지 못한 경우에는 논의된 내용을 전달하는 방법을 찾아본다. 치매 노인이라도 모임에 참석하게 하는 것이 유익할 수 있다. 때로 그들은 충분히 자기표현을 하는 등 예상 외의 반응을 보임으로써 모임에 기여하기도 한다.

4. 전화 상담, 사이버 상담, 방문 상담

고령의 내담자를 위해서는 여러 가지 상황이나 기능의 한계를 고려하여 다양한 형태로 상담을 진행하는 것이 필요하다. 그동안 고령의 내담자를 위한 전화 상담은 주로 독거노인의 안부를 묻는 형태로 실행되었으며, 전화를 통한 상담은 충분히 활성화되지 못했다. 간혹 고령자가 전화로 상담을 요청하는 경우는 그 목적이 대부분 정보를 얻거나, 하소연을 하거나, 문제의 해결책을 얻는 것이다. 상담자는 정보를 구하는 내담자에게 필요한 정보를 제공해 주기도 하고, 그 정보를 얻을 수 있는 기관을 알려 줄 수도 있다. 또한 마음의 고통을 호소하는 내담자에게는 공감을 해 준 후에 상담이 무엇이며, 어떻게 진행되는지 설명하고 내담자에게 상담자의 장소로 방문하기를 권하는 것이 좋다. 내담자의 이동이 여의치 않다면 집이나 노인요양원같은 내담자의 장소로 방문할 수 있다는 것을 알려 준다. 그럼에도 내담자가 전화 상담을 원한다면 대면 상담과 같은 방식으로 전화 상담을 진행하거나 가능하다면, PC나 스마트폰을 이용하여 화상 상담을 진행할 수 있다. 요즈음 '활동적인 노년층'이라고 불리는 젊은 고령자 세대는 인터넷을 잘 다룰 수 있으며, 80~90대 노인도 약간의 도움으로 화상 상담이 가능할 수 있다.

내담자의 집을 방문하여 상담을 제공하는 경우에는 사교적인 만남과 구별하기 위한 상담의 구조화가 특히 중요하다. 상담자는 약속 시간을 정확하게 지켜야 하고, 내담자가 간식 대접 등에 신경을 쓰지 않도록 주의해야 한다. 그렇다고 해서 차 한 잔마저 거절한다면 고령의 내담자는 서운해 할 수도 있다. 그러므로 약간의 유연성이 필요할 수 있다. 내담자의 집에서는 다른 가족에게 방해받지 않을 수 있는 조용한 장소를 선택하고, 상담자와 내담자가 서로 마주볼 수 있는 자리를 정하여 상담이 진행되는 동안은 항상 동일한 장소를 이용해야 한다. 내담자에게 상담 시간에 전화나 지인의 방문으로 방해받지 않도록 조심해 달라고 부탁해 두는 것도 필요하다. 내담자가 요양시설에 거주하고 있어서 요양시설로 방문해야 하는 경우에는 시설 관계자에게 연락하여 가능한 시간과 장소를 파악하고 약속을 정해야 한다. 그리고 시설 관계자에게 약속 시간에 앞서 내담자에게 미리 알려 주도록 부탁해 두는 것이 좋다.

결론

고령자를 대상으로 하는 상담에는 유연성이 필요하다. 내담자의 상황, 성격 특성, 신체적 제약 등을 고려하여 적합한 형태의 상담을 선택해야 한다. 고령자를 위한 집단에서는 사진, 영상물, 소품 등을 활용하는 것이 참여자의 관심을 끌고 집중하도록 도울 수 있다. 고령자를 위한 집단 상담의 진행에는 많은 어려움이 있지만, 그들도 배우고 성장할 수 있다는 믿음을 가지고 임하는 것이 필요하다.

한국 고령자의 삶의 질에 있어서 가족은 특히 중요하다. 노년기에 이르게 되면 부부관계와 부모-자녀 관계에 있어서 많은 변화가 발생하며, 그로 인해 가족은 여러 가지 어려움을 겪게 된다. 고령의 내담자의 문제를 가족 맥락에서 접근하는 것은 노화와 관련된 다양한 문제를 다루는 유용한 방법이다. 또한 상담자는 고령자를 둘러싼 외부 체계(요양시설의 간호사, 요양보호사, 사회복지사 등)와 협력해야 할 수도 있다. 내담자의 가족과 외부 돌봄 제공자들이 함께하는 네트워크 모임(내담자도 참여할 수 있음)은 서로 소통하며 문제를 해결하는 효과적인 방법이다. 그 밖에도 고령자의 상황에 따라 전화 상담, 사이버 상담, 방문 상담 등 다양한 형태의 상담을 이용할 수 있다.

제3부

노년기 상담의 실제

제9장

노년기 상담 과정

오늘날과 같이 급변하는 시대에는 새로운 정보가 중시되면서 고령자가 가진 지혜도 현실에서 활용하기 어려운 상황에 직면할 수 있다. 또한 '나이 듦은 쇠약한 것'이라는 선입관이 강한 일부 고령자는 나이 들어감을 부정하며 이전과 같은 생활방식을 고수하다가 파국에 이르고 이로 인해 건강을 해치는 경우도 발생할 수 있다. 고령기의 심리 문제에는 이처럼 노화에 의한 신체적 변화가 깊이 관여하고 있는 경우가 많다. 상담을 통해 나이 듦을 수용하도록 돕는 것은 상담의 핵심 목표라고 할 수 있다.

여기서는 노년기 상담이라는 특수성을 고려하여 상담 시 유의할 점에 대해 정리하였다. 그리고 상담 과정은 평가 및 관계 형성을 하는 초기 단계, 내담자가 직면한 문제를 각 개인의 특성에 맞게 해결해 가는 중기 단계, 상담의 목표가 달성되었는지를 파악하고 마무리하는 종결 단계로 나누어 설명하고자 한다. 고령의 내담자가 직면하는 다양한 신체적 · 심리적 · 사회적 변화를 고려하여 개별적인 기법으로 상담 과정을 이끌어 가는 것이 중요하다. 따라서 이 장에서는 각 단계마다 활용할 수 있는 다양한 언어적 또는 비언어적 기법을 소개한다.

1. 노년기 상담 시 유의점

격동의 시대를 살아가는 오늘날의 고령자는 생활해 가면서 다른 연령층보다 여러 가지 심리적 문제에 직면할 가능성이 많다. 예를 들어, 건강에 대한 불안, 변화하는 환경의 부적응, 가족 관계의 긴장, 사회로부터의 고립, 삶의 의미 상실, 죽음과 관련된 불안 등을 들 수 있다. 그런데 고령자의 이 같은 심리적 문제는 다른 연령층보다 외부적인 요인에 의해 많은 영향을 받는다. 한 예로 학교의 교직원으로 평생을 살아온 60대의 남성이 있다. 주위의 다른 사람들과 달리 정년퇴직이 보장된 직장에 근무하여 안정된 연금도 있었기 때문에 퇴직 이후의 삶에 대한 불안이 없었다. 퇴직하고 딱 일주일은 좋았다. 일주일이 지나면서부터 하루 종일 집에 있는 일상이 무료하다고 느꼈지만, 딱히 갈 곳도, 할 일도 없다. 매 끼니마다 식사 준비를 하면서 힘들어하는 아내의 모습을 볼 때 '그동안 열심히 먹여 살렸는데…….'라는 서운한 생각이 들었지만, 왠지 이런 감정을 직접 표현하기가 어려웠다. 이렇게 유치해지는 내가 싫지만, 가족의 사소한 행동에 점점 서운한 감정은 쌓여 갔다. 이런 우울한 마음을 털어 내고 싶어서 친구들을 만나도 오래전에 퇴직하여 무기력해진 그들의 모습을 보면서 다가올 내 미래인 것 같아 돌아오는 길이 언제나 씁쓸했다. 이렇게 몇 개월이 지나던 중에 받게 된 건강검진에서 폐암이라는 진단을 받았다. 이제부터 그동안 하지 못했던 것을 다 하면서 살고 싶다고 생각했는데, 폐암으로 죽을 수도 있다고 생각하니 마냥 허무했다. 그런데 함께 걱정해 줘야 할 아내는 "내가 전부터 말했잖아요. 그놈의 담배 때문에 아프면 난 안 돌볼 거라고…….''라는 모진 말을 한다. 물론 폐암 초기여서 안도의 마음에서 나온 농담이라는 걸 알지만, 막상 자신의 두려움은 이해하지 못하는 가족의 태도에 문득 난 뭘 위해 그렇게 열심히 살았는지 자괴감을 느끼게 되었다. 이런 생각에 휘말리면서 밤잠을 설치고, 식욕도 없고, 사소한 일에 화를 내거나 반대로 너무 서글퍼지는 등 하루에도 몇 번씩 감정이 널뛰기를 하고 있다. 상담에 온 아내는 "남편이 퇴직한 후에 집에만 있더니 우울증에 걸렸어요."라고 호소하였다. 이런 사례를 맡게 된 상담자는 현재 내담자가 겪고 있는 우울이라는 심리적 문제에만 초점을 맞추면서 상담을 진행해서는 문제를 해결할 수 없다고 생각할 것이다. 그렇다면 우울과 관련된 퇴직, 건강의 상실, 가족 관계의 긴장, 나아가서는 죽음의 불안이라는 복잡한 문제를 어떻게 다루면서 상담 과정을 이끌어 갈 것인지가 관건이 될 것이다. 즉, 내담자 자신이 경험한 퇴직이나 건강의 문제 그리고 그것을 둘러싼 여러 감정을 외면하지 않고 스스로 직면하려는 의욕을 이끌어 낼 수 있어야 할 것이다. 노년기 상담이란 자신의 힘만으로는 해결할 수 없다고 체념한 내담자와 대화를 나누며 그들 스스로가 문제를 해결할 수 있는 돌파구를 찾을 가능성을 깨닫도록 돕는 과정이라고 생각한다.

고령의 내담자와 상담을 할 때 일반적인 상담 진행 과정과 같이 초기, 중기, 종결의 단계를 따른다. 그러나 각 단계에서 상담자는 앞에서 언급한 사례에서 알 수 있듯이, 노년기를 맞이한 내담자의 상황과 그에 따른 정서를 고려하여 상담을 진행하는 것이 중요하다. 즉, 다음의 사항에 대한 고려를 할 필요가 있다.

첫째, 상담자는 노년기 전반의 발달적 특성을 충분히 이해한다. 먼저, 내담자의 신체적 변화와 건강 문제를 탐색하는 것이 필요하다. 이것은 그들의 청력이나 시력 등의 신체적 제약을 고려하여 대화의 속도나 방식, 상담 환경 등을 조정해야 하기 때문이다. 때에 따라서는 고령자의 컨디션을 고려하여 상담 시간을 단축하거나 상담 빈도를 줄일 필요도 있다.

또한 노년기에는 인지 기능, 특히 기억력과 집중력이 저하될 수 있다. 이로 인해 상담 중 주제에서 벗어나거나 중요한 내용을 잊어버리는 일이 발생할 수 있으므로 상담자는 이를 염두에 두고 상담 내용을 반복하거나 요약하여 전달하는 것도 도움이 된다. 또한 고령의 내담자와 상담할 때는 복잡한 개념이나 너무 많은 정보를 한꺼번에 제공하는 것을 피하고, 간단하고 명확하게 대화하는 것처럼 내담자의 인지 능력에 맞추어 상담을 진행하는 것이 바람직하다. 이처럼 상담자가 노화에 대한 충분한 이해를 하지 못하면 정상적인 노화의 징후와 질병의 증상을 혼동하기 쉽다. 따라서 상담자는 일반 상담과 달리 만성질환, 통증, 약물복용 등의 문제에 민감하며, 필요에 따라 의료기관 등의 전문 기관과의 긴밀한 연계를 가지는 것이 필요하다.

둘째, 내담자의 개인적 특성을 이해하여 그것을 바탕으로 신뢰 관계를 구축한다. 상담자는 문화적 민감성을 지니면서 고령의 내담자의 문화적 배경과 개인적 경험을 존중해야 한다. 예를 들어, 내담자들이 상담 과정에서 자신이 어떻게 불리고 싶은지는 그들의 삶의 여정과 경험에 따라 다를 수 있다. 따라서 상담자는 내담자의 호칭을 임의적으로 선택하지 말고 내담자가 선호하는 호칭을 탐색하고 그것을 실천하는 것이 필요하다. 이것은 내담자가 개인으로서 존중받는 경험과 연결된다.

또한 고령의 내담자들은 오랜 세월 동안 다양한 경험을 해 왔기 때문에 상담 과정에 대해 과도한 불안이나 불신을 가질 가능성도 있다. 따라서 상담 과정에서 그들의 사생활을 철저히 보호하려는 태도를 보여 줌으로써 라포를 형성하는 것이 바람직하다. 예를 들어, 필요에 따라 상담 과정에 가족이나 관련 전문가에게 상담 내용을 공유하거나 그들은 참여시키게 될 경우에는 내담자와 사전에 충분한 논의를 하게 될 것임을 알려서 새로운 상황에 대한 불안을 낮출 수 있다. 그러나 상담의 구조화 과정에서는 상담자가 상담의 중심에 서지는 않더라도, 내담자에게 상담자가 영향을 미칠 수 있는 관계임을 명확히 알리는 것도 중요하다.

셋째, 상담 과정을 내담자의 페이스에 맞춰서 충분한 시간을 가진다. 상담자들은 초기 단계에서 내담자를 이해하기 위해서 언어적 상호작용뿐 아니라 다양한 활동을 통해 그들을 평가하게 될 것이다. 그러나 그들의 생활사, 건강 상태, 심리사회적 문제, 가족 관계, 염려하는 것을 포함한 현재 상태를 이해하기 위해서는 충분한 시간을 갖는 것이 필요하다. 충분한 시간을 가지면서 '좋은 만남'을 이어 가는 것이 신뢰 구축에 도움이 된다. 좋은 만남이란 상담자가 진행하고자 하는 방식이 아니라, 고령의 내담자가 선호하는 방식에 따라 유연하게 진행하는 것이다. 모래상자에 화분이 가득한 모래놀이 작품을 가지고 슈퍼비전을 받으러 왔던 슈퍼바이지(상담자)가 있었다. 이 작품은 대부분의 모래놀이 치료 작품과는 사뭇 달랐기 때문에 모래놀이 치료라는 과점에서는 구체적으로 설명할 수 있는 내용은 많지 않았다. 그러나 작품의 제작 과정을 들으면서 상담자의 태도를 높이 평가하지 않을 수 없었다. 상담자는 수많은 소품에 압도되어 주저하면서 모형의 화분을 들고 "이게 진짜라면 얼마나 좋을까?"라고 고령의 내담자가 하는 혼잣말을 놓치지 않았던 것이다. 상담자는 화초 키우는 것이 삶의 즐거움인 내담자를 위해 모래상자를 온실로 옮기고 그곳에서 회기를 이어 갔던 것이다. 이처럼 고령자들은 편안한 장소에서 자신의 방식대로 이야기를 나눌 때 자기 자신을 더욱 잘 드러낼 수 있다. 상담자는 상담 과정을 진행할 때 고령의 내담자가 가진 특징을 고려하려는 마음가짐을 가지는 것이 필요하다.

넷째, 가족 관계 회복과 사회적 고립감에서 벗어나도록 돕는다. 고령자의 심리적 문제는 가족과의 관계에서 발생하는 경우가 많다. 가족 간의 갈등, 부양 문제, 세대 간의 이해 차이 등이 고령자 상담에서 중요한 주제가 될 수 있다. 따라서 상담자는 가족 역동을 이해하여 그들의 가족 관계를 개선할 수 있도록 도울 수 있어야 한다. 이를 위해서 상담자는 가족과의 소통을 유지하면서 필요에 따라서는 상담 과정에서 가족이 참여하거나 고령자의 지지적 역할을 할 수 있도록 돕는 것이 좋다.

또한 노년기에는 사회적 네트워크가 축소되며, 이는 고립감과 외로움으로 이어질 수 있다. 은퇴, 배우자나 친구의 사망 등으로 인해 사회적 역할을 상실하는 경우가 있으므로 상담자는 이러한 상황에서 내담자가 새로운 사회적 관계를 맺고, 여전히 중요한 역할을 할 수 있음을 인식하도록 도와야 한다. 따라서 고령의 내담자를 만날 경우에는 그들의 사회적 고립을 예방하기 위해 가족, 친구, 지역사회자원 등과 연결할 수 있는 방법을 모색해야 한다. 상담자는 필요에 따라서는 내담자가 사회적 네트워크에 참여하도록 구체적인 정보를 제공할 필요도 있다.

2. 노년기 상담 단계

상담의 단계는 초기, 중기, 종결로 나누어서 각 단계의 특징과 활용할 수 있는 기법을 소개할 것이다. 이해를 돕기 위해서 다음과 같은 사례(몇 개의 사례를 하나로 재구성한 것임)의 내담자와의 상담 과정을 함께 나누려고 한다.

한선희 씨의 사례

내담자인 한선희 씨(내담자의 요청으로 승호 할머니로 부름)는 오랫동안 설암으로 아픈 남편의 병간호와 작은 식당을 혼자서 운영하면서 남매를 키웠다. 의사로부터 마음의 준비를 하라는 이야기를 듣고 경황이 없던 시기에 딸은 아이가 생겨서 서둘러 결혼을 해야겠다고 선언했다. 남편의 문제로 내키지는 않았지만, 만삭이 되기 전에 결혼을 해야 하기 때문에 서둘렀다. 결혼 준비 과정에서 혼수 문제로 상대방 집안과 갈등이 생기면서 결혼은 깨졌다. 혼자 힘으로 간호대학까지 나온 자존심 강한 딸은 상대 남성에게 자녀 양육권 포기 각서를 쓰게 하고, 그 길로 연을 끊은 뒤 미혼모로서 살아가고 있다.

남편은 손자가 태어난 뒤, 한 달도 넘기지 못한 채 사망했다. 한동안 육아로 일을 쉬고 있던 딸이 자신이 경제적 책임을 질 테니 식당을 접고 손자의 양육을 맡아 줬으면 좋겠다는 제안을 했다. 내담자는 식당 매출이 많지 않아도 단골 손님과의 정을 소중히 여겨서 폐업하고 싶지 않았지만, 현실적인 대안이 없다고 판단해서 결국 폐업을 결정했다. 이후 손자의 양육을 맡아 온 지 9년째이다. 수술실에서 근무하는 딸의 근무 특성상 육아에 관한 의논을 거의 할 수 없어서 손자와 비슷한 아이가 있는 딸 친구의 도움으로 지금까지 왔다. 갖은 고생을 하면서 손자를 10세까지 키웠는데, 딸은 내가 손자에게 하는 것을 항상 못마땅해하면서 비난한다. 딸은 아이가 편식을 하는 것도 엄마 탓, 손자가 친구들과 다툼이 있었다고 해도 엄마 때문이라고 했다. 그럴 때마다 섭섭했지만, 힘들게 직장 생활을 하는 딸이 안쓰러워서 애써 이해하려고 했다. 그러나 이번의 소동은 아들까지 휘말리면서 그동안 섭섭함과 분노가 한꺼번에 치밀어 올라 도저히 혼자서는 마음을 다스릴 수가 없었다. 사건의 발단은 모처럼 모인 가족 모임에서 의젓하게 자란 손자를 자랑하고 싶은 마음에 무심코 꺼낸 말 때문이었다. 어릴 때는 "너는 할머니 손바닥에 뚝 떨어져서 내가 받아 키우고 있다."라고 말하면 그걸 믿던 손자가 이제는 다 컸다는 말을 하고 싶었다. 요즘 손자는 "우리 아빠는 어디 있어?"라고 물을 때가 많아졌는데, 그럴 때마다 나는 "아빠는 죽었다."라고 대답했다. 그런데 며칠 전 손자가 심각한 표정으로 "아빠 제사를 지내야 할 텐데……."라고 걱정을 해서 "아빠 제사는 다른 데서 지내 주니까 신경 쓰지 마라."라고 말하자 표정이 밝아졌다고 즐겁게 말했다. 그런데 갑자기 딸이 엄마가 선을 넘었다고 불같이 화를 냈다. 그 자리에 있던 오빠는 "애 봐 주느라고 어머니가 폭싹 늙었는데……."라고 따지면서 남매의 싸움으로 번져서 내담자는 바늘방석에 앉아 있는 기분이었다. 사실 맞벌이하는 아들 내외도 늦둥이를 낳아서 손녀를 봐 줬으면 하는 눈치였다. 그러나 70이 가까운 나이로 두 아이를 돌보는 것이 벅차서 모른 체 했지만, 내담자에게는 항상 아들에 대한 미안함이 남아 있었다. 그래서인지 지금까지 본 적 없는 화내는 아들의 모습이 충격적이었다. 그건 동생이 아니라, 자신에게 화를 내고 있다고 느꼈다. 그날 이후 불안한 마음이 진정되지 않았고, 이것저것 생각이 많아져서 잠도 잘 오지 않는다. 그리고 나서 이 건에 대해서는 더 이상 딸과 대화를 하지 않았는데도 왠지 내 자신이 자꾸 서글퍼진다.

1) 초기 단계: 어떻게 신뢰 관계를 구축할 것인가

초기 단계는 평가 및 상담 관계를 형성하는 단계이다. 이 단계에서는 내담자의 건강 상태, 생활 상황, 정서적 문제, 가족 관계 등 전반적인 상태를 파악하고 상담 관계를 형성하게 된다. 이때 내담자와 상담자 관계의 시작인 초기면담이 중요하다. 서로에게 상대가 어떤 사람이며, 어떻게 두 사람의 관계를 이끌어 갈 것인지를 파악하여 이해하는 과정이 포함된다. 어렵게 상담을 하기로 결정한 내담자에게는 처음 만나는 상담자가 어떤 사람인지에 대한 불안이나 긴장감이 있다. 상담은 '자신을 이해해 줬으면 좋겠다.' '좋아지고 싶다.'라는 희망과 때로는 '지금처럼 그대로 지내고 싶다.'라는 양가적인 감정으로 혼란스러운 상황에서 시작된다.

초기면담의 목적은 이러한 내담자와 신뢰 관계를 형성하여 내담자에게 어떤 어려움이 있는지와 그 문제를 해결하거나 변화하고 싶은 의지가 있는지를 파악한다. 그리고 내담자의 변화에 대한 결의를 지지하면서 상담을 구조화하는 것이 필요하다.

(1) 사전면담 단계

고령자 상담에서 상담자가 내담자는 만나게 되는 상황은 여러 가지이다. 도움을 원하는 내담자 본인을 만나는 경우도 있지만, 주위의 가족이나 사례 관리자 등 전문가의 의뢰에 의해서 연결되는 경우가 대부분이다. 그리고 첫 만남은 대면이 아닌 전화와 같은 비대면으로 진행될 수도 있다. 와상 상태로 이동이 불편한 내담자의 경우에는 상담자가 방문 상담을 할 수도 있다. 이처럼 고령자를 만나게 되는 상담자는 상담 방식이 다양할 수 있기 때문에 사전에 누구와 어떤 방식으로 접촉하게 될 때 어떻게 대처할 것인지에 대한 충분한 고려를 하는 것이 좋다.

내담자 이외의 사람과 전화를 통한 사전 상담을 하게 된다면 첫 회기를 어떻게 진행할 것인지에 대한 충분한 논의를 하는 것이 필요하다. 예를 들어, 첫 회기에 누가 참석할 것이며, 당사자인 내담자는 상담에 대한 의지가 있는지 등을 파악해야 한다. 그리고 내담자가 고령인 경우에는 그들의 신체적 · 인지적 · 사회적 능력은 어느 정도인지도 확인하는 것이 바람직하다.

이 과정에서 내담자 자신이든 내담자를 돌보고 있는 사람이든 이 상담에서 무엇을 기대하는지를 명확히 표현할 수 있도록 돕는 것이 앞으로 진행될 상담의 효과를 높이는 데 중요하다. 상담을 신청한 사람이 당사자인 내담자가 아닐 경우에는 첫 회기를 시작하면서 신청한 사람의 기대와 그것에 관한 내담자의 감정을 파악하는 것도 필요하다. 그리고 내담자가 비자발적으로 참여한 경우에는 원하지 않았지만, 신청자와의 관계를 고려하여 상담에 온 것을 칭찬함으로써 상담에 대한 나쁜 인상을 가지지 않도록 한다.

(2) 첫 회기 과정

첫 회기의 상담 과정에서는 문제를 명료화하여 상담 목표를 설정하고, 상담 계약을 하는 것이 일반적이다. 그러나 저자의 임상적 경험에 의하면, 고령자의 경우에는 초기 단계에 그 같은 작업을 서두르지 않고 고령자와 신뢰관계를 구축을 위한 회기를 충분히 갖는 것이 바람직하다고 생각한다. 언어적 표현을 선호하는 고령자의 특성을 고려하여 그들의 일상적인 이야기를 경청하고 공감하는 것부터 시작해도 좋다. 그 같은 사적 대화는 내담자와 상담자의 첫 만남으로 인한 어색함이나 긴장을 푸는 데 도움이 된다. 그러나 상담자는 어느 시점이 되면 상담에 오게 된 경위에 대해 질문함으로써 내담자로 하여금 자신의 어려움에 대해 말해야 한다는 신호로 받아들일 수 있게 해야 한다. 상담자의 이 같은 전환의 시도는 일반 상담에서는 대부분 첫 회기 초반에 이루어지지만, 고령의 내담자의 경우에는 서두르지 않고 2, 3회기 동안 그들이 하는 이야기를 있는 그대로 들어 주는 것이 관계 형성에 도움이 된다. 상담자는 내담자들이 하는 이야기를 통해 그들의 과거 경험이나 가치관, 신념 등을 이해할 수 있는 시간이라고 생각해도 좋을 것이다. 또한 초기 면담 과정에서 고령자의 신체적 · 인지적 상태를 파악하는 것도 필요하다.

첫 회기는 고령자가 자신의 감정을 표현할 수 있도록 돕고, 그러한 감정을 수용해 줌으로써 여기가 안전한 곳이라는 점을 알리는 것이 중요하다. 상담자는 내담자의 어려움과 감정에 공감하면서 상담 과정에서 정서적 지지를 제공하는 것이 필요하다. 또한 고령의 내담자가 가진 고립감과 상실감을 덜어 주기 위해 상담자는 경청과 수용적인 태도를 유지하는 것이 바람직하다. 이것은 내담자가 상담에 대한 긍정적인 기대를 가질 수 있게 만든다. 예를 들어, 내담자에게 "어떤 어려움이 있어서 여기에 오셨나요?"라고 질문하기보다는 "어떤 것이 달라지면 여기에 오기를 잘했다고 생각할까요?"라고 질문함으로써 상담의 분위기를 긍정적이고 희망적으로 이끈다.

상담자는 첫 회기를 마무리하기에 앞서서 짧게라도 첫 회기를 통해 자신이 느낀 점을 내담자에게 피드백해 주는 것이 좋다. 예를 들어, "오늘 ○○ 님의 지나온 여정을 들으면서 많은 감동을 받았어요. 특히 저는 전쟁을 경험하지 못했기 때문에 ○○ 님이 전쟁 동안에 겪은 여러 어려움과 그것을 이겨 낸 이야기가 인상적이었어요. ○○ 님의 시련에 굴복하지 않은 그런 힘은 앞으로 우리가 함께 어려움을 풀어 갈 때에도 좋은 자원이 될 거라고 생각했어요."와 같은 긍정적인 시그널을 주는 것이다.

(3) 라포 형성

상담 초기 단계에서는 내담자가 자신의 문제를 노출하고 안정감을 갖도록 돕기 위해 상담자는 직면보다는 공감적 경청의 자세를 가지는 것이 좋준다. 고령의 내담자들이 상담에 기대하는 것은 다양하다. 어떤 내담자는 자신의 꽉 막힌 감정을 토로하고 싶어 하면서 상담자가 자신의 힘든 상황을 들어 주기 기대한다. 또 다른 내담자는 상담을 통해 보다 명확한 안내와 충고를 바랄 수도 있다. 어떤 경우라도 상담자는 이들에게 자신의 어려움에 도움을 줄 수 있는 전문가라는 인식을 주는 것이 필요하다. 상담자의 자기 확신은 내담자가 상담자를 신뢰하는 데 결정적인 역할을 한다.

고령자와의 초기 면담의 경우에는 다른 연령의 대상자들보다 충분한 회기를 가지면서 라포를 형성해 가는 것이 필요하다. 라포는 서로 이해하며 조화를 이룬 상태라고 정의할 수 있다. 즉, 공감적 관계를 가지면서 서로에게 따뜻함을 느끼는 것이다. 라포 형성은 안정된 물리적 환경에서 언어적·비언어적 방법을 통해 확립된다. 고령의 내담자를 만나는 경우에 상담자의 복장도 메시지를 전달하는 비언어적 매개체가 될 수 있으므로 지나치게 화려하거나 노출이 많은 복장은 피하는 것이 좋다. 그러나 비언어적 요소의 가장 중요한 것은 상담자의 행동이다. 이상적인 접근은 내담자의 행동에 상담자 자신의 행동을 자연스럽게 조화시키는 것이다. 예를 들어, 고령의 내담자의 자세나 움직임, 특히 언어 사용의 속도나 크기를 맞출 때 라포는 쉽게 형성된다.

상담자의 언어적 의사소통은 라포 형성에 도움을 줄 수 있지만, 때로는 저해 요인이 될 수도 있다. 그러므로 상담자는 면담할 때 내담자가 자주 사용하는 어휘에 주의를 기울이는 것이 유익하다. 즉, 상담자는 내담자가 자주 사용하는 언어나 표현을 함께 사용하는 것이 바람직하다. 라포를 형성하는 또 다른 방법은 초기 단계에는 내담자가 가진 관점을 무시하지 말고 그것을 받아들이는 것, 상담자 자신이 상대적으로 낮은 위치에 서는 것, 상담자와 내담자가 공통으로 나눌 수 있는 경험이나 관심을 이야기하는 것 등이다.

(4) 내담자를 이해(평가)하기

① 평가 도구

내담자가 도움을 호소하면 상담자는 그들의 문제를 이해하기 위해 평가를 실시한다. 평가를 함으로써 상담자가 내담자의 문제를 더 잘 이해하고, 적절한 개입 전략을 수립하여 상담 진행 과정을 파악하는 데 도움이 된다. 그런데 평가를 할 때는 내담자의 취약점과 함께 그들이 가진 탄력성도 함께 탐색하여 상담 계획에 반영하는 것이 필요하다. 그러나 평가 도구가 적절히 사용될 때는 효과적이지만, 상담자는 도구의 결과를 해석하는 과정에서 오류가 발생할 수 있으므로 조심할 필요가 있다.

다음은 고령자의 다양한 기능을 파악하는 대표적인 심리 평가 도구를 소개하고자 한다.

 # 신체적 기능 평가 도구

바텔 지수(Barthel index)

목적: 일상생활 활동(Activities of Daily Living: ADL)을 평가하여 노인의 자립성을 측정한다.

내용: 식사, 목욕, 옷 입기, 대소변 조절, 이동 능력 등 10가지 항목을 평가한다.

 # 인지적 기능 평가 도구

간이정신상태검사(Mini-Mental State Examination: MMSE)

목적: 인지 기능을 전반적으로 평가하여 치매를 선별한다.

내용: 시간 및 장소, 지남력, 기억력, 계산 능력, 언어 능력 등 30개 문항으로 구성된다.

 # 사회적 기능 평가 도구

루벤 사회적 네트워크 척도(Lubben Social Network Scale: LSNS)

목적: 사회적 네트워크와 지원의 정도를 평가한다.

내용: 가족 및 친구와의 관계 빈도, 밀접성 등을 측정한다.

그러나 메닝거(Menninger)는 평가 과정은 곧 치료의 시작이라고 강조했던 것(Coleman, 1958)을 상기하며, 평가 도구의 사용을 최소화하고, 내담자의 고유한 상황을 고려한 개별적 접근을 하는 것이 바람직하다. 저자의 경험에 의하면, 상담 장면에서는 노화에 대한 태도(Attitudes Toward Aging Questionnaire: AAQ 부록 참조)라는 설문지가 유용하다고 생각한다. AAQ는 노화에 대한 긍정적 또는 부정적 인식이 개인의 건강, 삶의 질, 행동에 미치는 영향을 연구하기 위해 개발되었기 때문에 상담 과정에서도 폭넓게 활용할 수 있다. AAQ는 개인이 노화와 관련된 다양한 심리적 성장(나는 나이가 들수록 더 많은 삶의 경험과 지혜를 얻고 있다고 느낀다.), 신체적 변화(나이가 들면서 신체적으로 더 많은 제한을 경험하고 있다.), 사회적 가치와 역할(나이가 들면서 내 사회적 역할과 가치가 줄어들고 있다고 느낀다.), 부정적 태도(노화는 나에게 주로 부정적인 영향을 미친다.)의 다차원적 측면을 어떻게 인식하고 있는지를 파악하는 것이다. 평가 결과를 토대로 고령자들이 자신의 노화에 대해 가지는 심리적·사회적·신체적 태도를 파악할 수 있다(Laidlaw et al., 2007). 상담자는 AAQ를 통해 내담자가 자신의 노화에 대하여 지나치게 부정적인 태도를 가지고 있다고 판단되는 경우에는 의료진과 연계하여 우울이나 불안 등의 정신건강의 문제를 사전에 파악하여 예방할 수도 있다.

평가를 위해 사용할 수 있는 여러 가지 기법을 소개하려고 하는데, 이런 기법은 한 내담자에게 전부 사용하는 것이 아니라, 내담자의 특성을 고려하여 필요한 것을 선택적으로 사용하면 된다.

② 연대기를 활용한 라이프 스토리 리뷰

라이프 스토리 리뷰(life story review)는 개인이 자신의 삶을 돌아보고 중요한 사건, 경험, 감정 등을 정리하는 과정이다. 대부분의 고령자는 자신의 지나온 삶에 대해 이야기하는 것을 선호하기 때문에 상담자가 체계적 과정을 따라 이야기를 들으면서 그들의 삶을 정리하고 성찰하도록 돕는 것이 필요하다.

라이프 스토리 리뷰를 통해 살아오면서 중요한 사건이나 전환점을 이해하고 자신의 가치와 신념도 명확히 할 수 있다. 또한 과거의 경험을 되돌아보면서 감정을 처리하고, 미해결된 감정을 해소하는 기회를 가질 수도 있다. 그러나 라이프 스토리 리뷰의 강점은 무엇보다도 자신의 지나온 경험들 속에서 의미 있는 순간을 발견하고, 그것이 현재와 미래에 어떻게 영향을 미치는지 이해하는 데 있다. 고령의 내담자의 경우에는 "지금까지 말하지 않았던 과거의 경험에 대해 이야기하면서 함께 의미 있는 경험을 찾아갔으면 좋겠어요."라고 제안하면 상당한 부담감을 가진다. 이 같은 일반적인 방법으로 고령의 내담자가 과거의 삶을 되돌아보며 1가지 의미 있는 사건이나 주제를 선택하는 것이 쉽지 않다. 따라서 자신의 이야기를 누군가가 들어 주기를 바라는 고령자의 기대와 그들의 라이프 스토리 중에서 그들이 주목하지 않았던 다른 이야기를 통로로 상담을 이어 가고 싶다는 상담자의 욕구를 충족시키기 위해 연대기를 활용한 라이프 스토리 리뷰를 개발하였다. 이 접근은 내담자와 상담자의 협업을 통해 이루어지는데, 내담자가 자신의 삶을 이야기하면 상담자는 '연대기 기록지(부록 참조)'에 정리한다. 이것은 자신의 삶을 체계적으로 정리해서 말해야 한다는 내담자의 부담을 덜어 줄 뿐 아니라, 상담자는 내담자의 이야기에 좀 더 몰입할 수 있다는 장점이 있다.

③ 한선희 씨의 라이프 스토리 리뷰

상담자는 승호 할머니에게 "어떤 삶을 살아왔는지 궁금합니다. 편하게 생각나는 대로 이야기해 줄 수 있나요?"라고 부탁한 후에 그녀가 말하는 것을 연대에 따라 축약하여 정리해 갔다. 빠진 부분은 이야기의 흐름을 방해하지 않으면서 상담자가 채워 가기도 하고, 이야기가 끝난 후에 작성된 기록지를 한선희 씨가 살펴보면서 수정 또는 첨가하였다.

한선희 씨의 연대기는 다음과 같다.

〈표 9-1〉 한선희 씨의 라이프 스토리

나이	연도	역사적 사건	개인적 사건
1~10	1952	6 · 25 전쟁	• 북한이 고향인 부모가 광주로 피난을 감(0세)
	1955	휴전협정 이후	• 부모님이 양동시장에서 노점상(3세)
	1960	4 · 19 혁명	• 국민학교 입학. 부모님의 식당 운영으로 형편이 나아짐(7세)
	1961	5 · 16 군사 정변	
11~20	1965		• 착한 아이, 장녀로 부모님의 식당을 도움. 국민학교 졸업(13세)
	1971	4 · 1 항명 사건	• 군인이었던 삼촌이 이 사건에 연류되어 강제 전역을 당함(19세)
21~30	1972		• 고등학교 졸업. 성적은 좋았지만 가정 형편으로 지방 은행에 취업(20세)
	1974		• 남동생의 대학 진학으로 뒷바라지를 위해 서울로 함께 옴(22세)
	1977		• 중소기업의 경리직. 직업군인과 연애(25세)
	1980	광주 5 · 18 민주화운동	• 결혼까지 생각했는데 애인이 진압군으로 광주에 투입된 사실을 알고 헤어짐(28세)
	1981		• 거래처 직원과 결혼(29세)
31~40	1983		• 첫딸 출산과 함께 전업주부(31세)
	1985		• 폐렴으로 첫딸 사망(33세)
	1987		• 아들 출산(35세)
	1990		• 딸 출산. 남편이 사업 시작(38세)
41~50	1997	IMF	• 남편의 사업 실패(45세)
	2000		• 남편이 창원으로 취업. 분거가족이 됨(48세)
51~60	2005		• 동네에서 식당을 시작하면서 자녀를 양육함. 아들이 고려대 합격(53세)
	2008		• 딸이 이화여대 합격. 동네 사람들이 자식 농사를 부러워함(56세)
	2010		• 남편의 설암 발병으로 직장을 그만두고 서울에서 투병 생활 시작. 경제적으로 어려워짐(58세)

나이	년도	역사적 사건	개인적 사건
61~70	2012		• ROTC에 입단한 아들이 경제적 도움 없이 결혼함(60세)
	2014		• 미혼모의 딸이 혼수 문제로 결혼이 파탄남. 손주 출생. 남편 사망(62세)
	2015		• 식당 폐업. 손주를 키움(63세)
71~80	2024		• 딸과의 갈등. 10세의 손주가 말을 안 들어서 체력적 · 정서적으로 힘듦(72세)
81~90			

앞과 같이 작성한 자신의 연대기를 보면서 리뷰할 삶의 특정 주제를 선택한다. 주제는 특정 시기(예: 어린 시절, 청년기), 경험(예: 직업 경력, 가족생활), 또는 가치(예: 성취, 관계)와 관련이 될 수 있다. 그리고 내담자가 선택한 주제를 중심으로 중요한 사건과 감정, 생각 등을 포함한 경험을 탐색한다.

④ 한선희 씨와의 작업

이걸 보니까 그동안 막연하게 느꼈는데, '아들에 대한 미안함'이 컸던 것 같다고 말했다. 아들이 대학에 입학할 때 남편은 재취업을 했고, 나도 식당을 운영하여 등록금을 지원할 수 없는 형편은 아니었지만, 아들은 첫 학기 등록금을 제외한 모든 학비를 스스로 해결했다. 월급이 나온다는 이유로 ROTC를 선택했고, 결혼도 며느리와 둘이 알아서 했다. 부모가 조금 더 지원해 줬다면 더 크게 성장했을 아이인데, 평범한 회사원으로 살아가는 모습을 보면 미안한 마음이 든다. 반대로 딸아이는 손이 많이 갔다. 딸아이도 장학금과 아르바이트로 대학을 다녀서 경제적 부담은 안 줬지만, 혼전 임신, 일방적인 결혼 파기, 미혼모 등 외줄타기를 보는 듯 아슬아슬한 심정이다. 나도 젊었을 때 결혼을 약속한 사람과 사소한 문제로 경솔하게 헤어진 경험이 있어서 결혼을 안 하겠다고 할 때 자존심을 접고 원만히 해결하기를 원했다. 그런데 딸은 자기 성질대로 했다. 딸이 그런 선택을 하지 않았다면 현재의 내 삶도 좀 편했을 것 같다.

라이프 스토리 리뷰에서 다루는 것은 과거의 사건이다. 상담자는 내담자의 과거 이야기를 들으면서 지금까지 언어로 언급되지 못한 채 애매한 기억으로 남겨 있는 '부재한 것처럼 보이나 암시되는 이야기'를 주목하고자 한다. 그것은 그동안 언어로 등장하지 못한 경험을 말함으로써 새로운 이야기의 공간이 만들어지기 때문이다. 따라서 대부분의 상담자는 의미를 부여할 만한 과거의 경험을 선호하지만, 반대로 많은 내담자는 현재의 갈등에 대해 말하고 싶어 한다. 한선희 씨도 아들이 얼마나 독립적인 아이였는지에 대한 과거의 경험으로 이야기를 시작했지만, 마지막은 현재 당면한 딸에 대한 서운함으로 이야기를 끝냈다. 상담자는 이 경우에 "지금 그런 어려움이 있군요." 등의 반응으로 현재의 어려움을 있는 그대로 들어 주는 것이 좋다. 왜냐하면 과거에 대한 관점이 변하면 현재의 갈등을 바라보는 관점도 달라질 수 있기 때문이다.

승호 할머니는 딸 때문에 식당을 접은 것에 대해 많이 아쉬워했다. 식당을 운영하던 50대에 머물러 그 시절 자신에게 식당은 어떤 의미인지를 묻자, "밥벌이가 되는 나의 놀이터, 나중에는 아픈 남편의 간병에서 잠시 벗어날 수 있는 안식처다."라고 말했다. 덧붙여서 "딸이 매달 생활비를 이체하지만, 어떤 때는 그 밖의 돈이 필요해서 달라고 해야 할 때가 있는데 자존심이 상한다. 그래서 어떤 때는 필요한 돈이 있어도 웬만하면 말하지 않는다. 나도 돈을 벌고 싶다."라고 했다. 승호 할머니에게 많은 의미를 가진 식당을 딸의 부탁 한마디에 접을 수 있는 결단력은 어디에서 나왔는지 묻자, "딸과 손자는 나밖에 없으니까……."라고 말끝을 흐렸다. 상담자는 지방이지만 은행원이라는 안정된 직장을 가지고 있었는데, 그것을 그만두고 남동생의 뒷바라지를 하기 위해 서울로 왔던 20대를 상기시켰다. 그리고 상담자는 승호 할머니가 이전부터 가족을 위해 자신의 이익을 뒤로 할 수 있는 헌신적인 사람이라고 느낀다고 피드백했다. 그러자 동의하면서 국민학교 때에도 부모님의 식당을 도왔던 일, 현재도 없는 시간을 쪼개어 무료 급식소에서 자원봉사를 하는 일 등을 언급했다. 이와 같은 이야기를 나누면서 승호 할머니의 스토리는 더욱 풍부해져 갔다. 상담자는 이어서 승호 할머니는 자녀 중 누구에게 자신이 필요한지를 아는 현명한 부모인 것 같다고 재명명하자, 아들이 이전부터 나는 알아서 잘하니까 엄마는 동생 걱정만 하라고 했던 말이 떠오른다고 했다.

이처럼 자신이 초점을 맞추고 싶은 이야기를 검토하면서 그 경험이 자신의 삶에 어떤 영향을 미쳤는지 성찰한다. 경우에 따라 작성한 라이프 스토리를 가족, 친구, 상담자 등과 공유하여 피드백을 받고, 이를 통해 보다 깊은 통찰을 할 수도 있다. 라이프 스토리 리뷰의 장점은 자신의 삶의 이야기를 통해 정체성을 강화하고 자아존중감을 높일 수 있다는 것이다. 때로는 과거의 부정적인 경험이나 트라우마를 재해석하여 치유의 기회로 전환할 수 있다. 특히 고령자 상담에서는 이 작업이 그들의 삶의 질을 높이고 정서적으로 지지하는 데 도움이 된다.

⑤ 인생곡선

인생곡선(life curve) 그리기는 개인의 삶에서의 주요 사건, 성취, 변화 등을 시각적으로 표현하여 삶의 흐름과 패턴을 이해하고 반영하는 방법이다. 인생곡선 그리기의 이점은 많은데, 특히 고령의 내담자의 경우에는 자신의 삶에서 중요한 사건과 변화의 흐름을 시각화하여 인생을 되돌아보고 성찰하는 기회가 된다. 그리고 필요에 따라서는 각 사건에 대한 감정적 반응을 시각화하여 감정적 패턴을 이해하는 데에도 도움이 된다. 인생곡선을 제시할 때는 상담자는 태어난 연령과 현재의 연령을 잇는 직선의 줄로 제시하고, 내담자가 나이 또는 중요한 사건을 중심으로 +(긍정적 감정, 행복한 때 등)와 −(부정적 감정, 불행한 때 등)를 오가면서 선을 이어 가도록 하는 것이 좋다.

다음은 한선희 씨의 인생곡선이다.

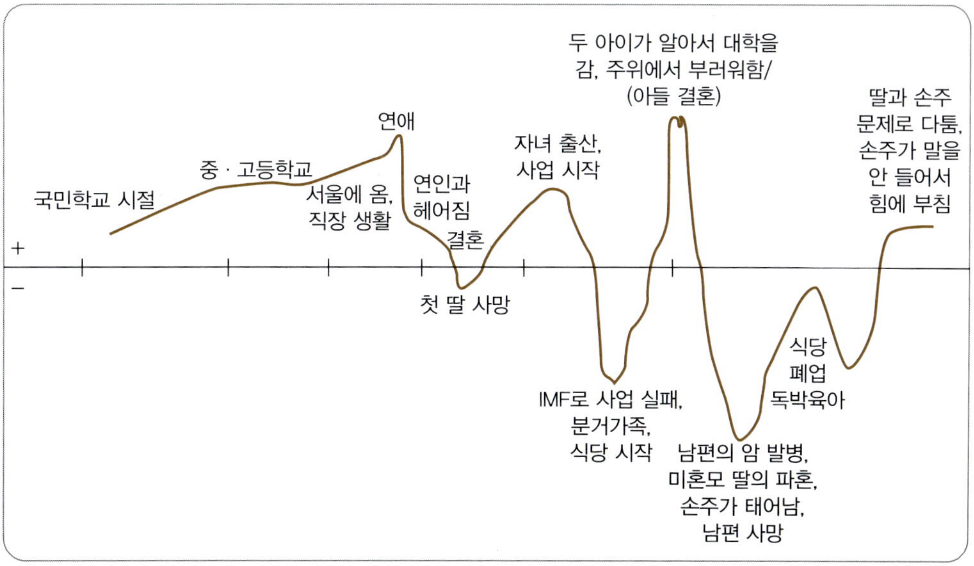

[그림 9-1] 한선희 씨의 인생곡선

승호 할머니는 자신의 인생곡선을 그리고 나서 결혼 전까지는 평탄했는데, 결혼 이후의 삶이 널뛰기를 하고 있는 것 같다고 했다. 그리고 IMF 때 남편의 사업 실패, 남편의 암 발병과 사망, 딸의 미혼모 사건 등과 같은 곡선을 하강시킨 위기라고 느낀 상황에 대해서 자세히 언급하기 시작했다. 상담자는 승호 할머니의 이야기를 듣고 나서 끝없이 하락하는 위기 상황에서 어떻게 반등할 수 있었는지에 대해 알고 싶다고 물었다. 너무 힘든 일이 연이어 일어났다고 말했다. 그러나 과외

> 도 제대로 못 시킨 아이들이 일류 대학에 한 번에 들어가서 주위 사람들의 부러움의 대상이 되었을 때 느낀 기쁨을 떠올리면서 아이들은 내게 정말 많은 것을 줬고, 그것이 버텨 낼 수 있는 힘이었다고 덧붙였다. 이어서 아들과 딸이 어떻게 내가 힘들 때 살아갈 수 있게 해 주었는지의 구체적인 경험들도 들려 주었다. 그러면서 지금 내가 겪는 일은 그것에 비하면 아무것도 아니라고 했다. 그리고 딸과 힘을 합해 손주를 잘 키우면 "아이들이 대학에 갔을 때보다 더 상승한 곡선을 그리겠지요."라고 혼잣말을 했다.

사람들은 대부분 인생곡선을 통해 자신이 얼마나 힘든 위기를 경험했는지 말하고 싶어 한다. 상담자는 이 같은 내담자의 힘든 이야기를 수용하지만, 거기에만 머물지 않는 것이 중요하다. 공감적 이해와 함께 내담자가 어떻게 그 같은 어려움에서 벗어날 수 있었는지에 대해 알고자 한다면 내담자는 그 같은 위기에 대처했던 자신의 탄력성이나 강점에 대해 스스로 언급하면서 심리적 균형감을 얻을 것이다. 상담에서 인생곡선을 활용할 때의 매력은 위기와 대처 능력이 공존하는 것을 시각적으로 경험하면서 자신의 탄력성이나 적응력을 찾아낸다는 점이다. 그리고 이 같은 경험은 앞으로의 삶에도 유용하게 작용할 수 있다는 자신감을 가질 수 있게 한다.

⑥ 가계도 작성

가계도(genogram)는 보웬(Bowen)의 이론을 기초로 3세대 이상에 걸친 가족 구성원에 관한 정보와 그들 간의 관계를 도식화하는 방법이다. 가계도를 통해 가족 배경이 현재의 문제에 어떤 영향을 미쳤는지 등의 가족의 기원에 관한 정보를 얻을 수 있는 효과적인 수단이라는 점이 초기 상담 단계에서 자주 활용된다. 그러나 살아온 시간이 긴 고령의 내담자와 가계도 작업을 할 경우에 그들의 방대한 정보를 파악하기 위해 쏟은 시간에 비하여 현재 가족 내에서 일어나고 있는 일의 관련성이 잘 드러나지 않는 경우가 많다. 따라서 고령자 상담 과정에서는 사회적 가계도나 생태지도가 보다 활용의 가치가 높다.

사회적 가계도(socially constructed genogram)는 개인의 삶에 있어서 사회적 맥락의 중요성을 강조하는 것이므로 특히 사회에서 역할이 소외되어 있다고 느끼는 고령자에게 도움이 된다. 자신이 보다 큰 체계에 둘러싸여 있으며, 보다 큰 체계는 또 다른 더 큰 체계에 둘러싸여 있다는 것을 시각적으로 볼 수 있다. 따라서 사회적으로 구성된 가계도는 개인에게 영향을 미치는 변화를 기록하는 기본 가계도보다 이러한 변화를 훨씬 더 효과적으로 반영할 수 있다.

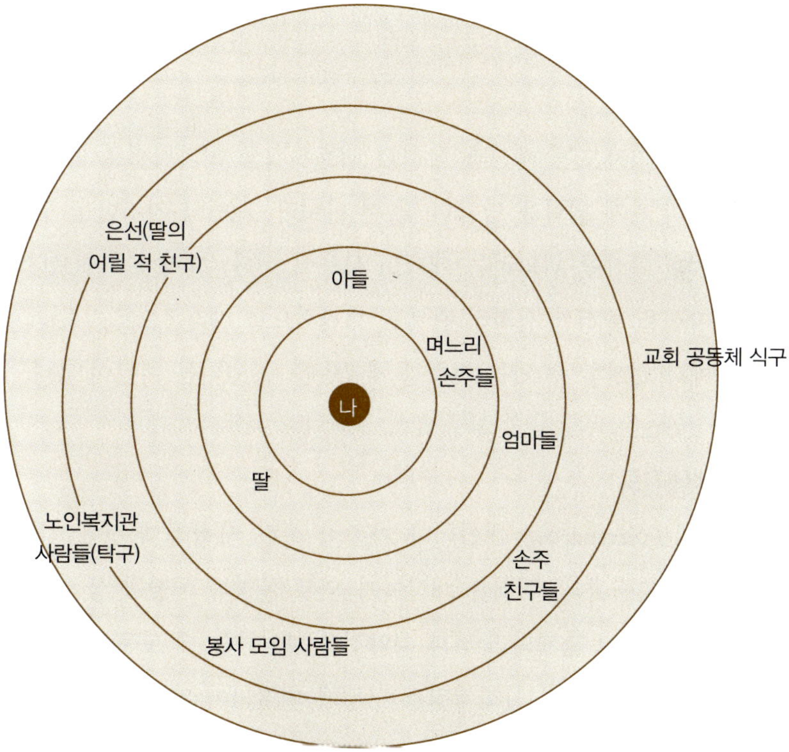

[그림 9-2] 한선희씨의 사회적 가계도의 작성 예

> 승호 할머니는 자신의 사회적 가계도를 바라보면서 자신이 얼마나 적은 사람들과 만나고 있는지 알게 되었다고 말했다. 자기 가족과 현재 만나고 있는 몇몇 사람을 쓰고 나니 그다음 원에는 적을 사람이 없어서 당황했다고 씁쓸해했다. 상담자가 "남편이나 형제자매 등이 빠져 있네요."라고 피드백을 하자, 현재 만나지 못하는 사람은 쓰지 않는 것으로 이해했다고 했다. 상담자는 연대기의 정보를 통해 이전에 남편이 지방에서 근무할 때에 대해 묻자, 물리적으로 떨어져도 정서적으로는 더욱 친밀할 수 있다는 점을 함께 나눌 수 있었다. 승호 할머니는 그렇게 본다면 이전 단골 손님들과도 지금까지 연락을 하고 있으며, 광주에 있어서 만나지 못하지만 여전히 전화 연락을 하는 친구 등 많은 사람과 자신이 연결되어 있음을 깨닫게 되었다. 그녀는 2년 전부터 급식 봉사를 다니는데, 그곳에서 "매주 만나는 노숙인도 이 안에 들어올 수 있겠네요."라고 하면서 이 작업을 즐거워했다.

사회적 가계도는 자신과 사회적 네트워크를 시각적으로 표현함으로써 가족 등의 관계 역학을 명확히 할 뿐 아니라, 개인이 지지받을 수 있는 사회적 지원 체계를 파악하는 데에도 도움이 된다. 그러나 무엇보다는 내담자는 자신을 둘러싼 사회적 관계를 객관적으로 바라봄으로써 관계에서 오는 문제나 개선할 수 있는 기회를 제공받을 수 있다는 이점이 있다.

⑦ 생태지도

생태지도(ecomap)는 개인이나 가족이 속한 사회적 환경을 시각적으로 나타내는 도구이다. 이것은 내담자가 외부 환경과 어떻게 상호작용하는지를 이해하고, 그 관계의 강점과 취약점을 파악하는 데 도움이 된다.

생태지도는 개인이 사회자원과 어떻게 연결되어 있는지를 보다 깊이 이해하고 효과적인 지원을 계획하는 데 중요한 도구이므로 특히 취약계층의 고령자와 상담할 경우에 유용하다.

• 생태지도: 가족이 둘러싼 시스템과 어떤 형태로 관여되어 있는가를 도식화한 것이다. 현재의 상관관계를 정리하면 내담자나 가족에게 유용한 사회자원을 발견하는 데 효과적이다.

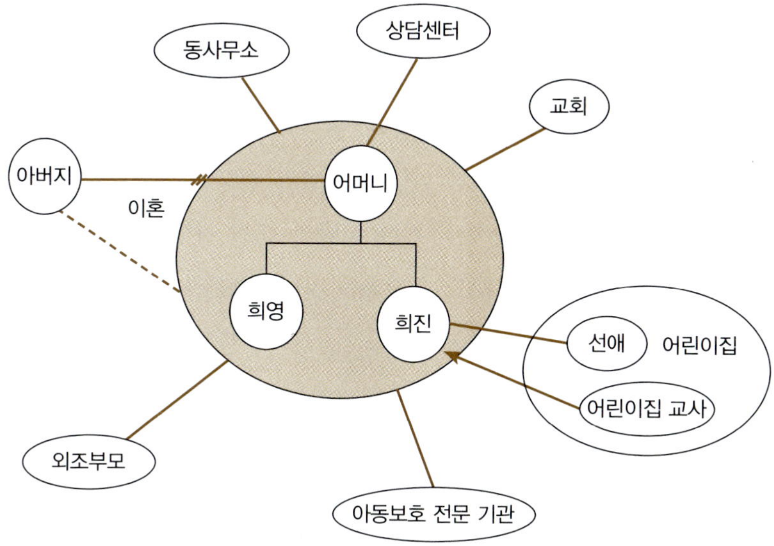

[그림 9-3] 가족 생태지도의 작성 예

2) 중기 단계: 호소하는 문제를 어떻게 다룰 것인가

중기 단계는 문제 탐색 및 개입의 시기이다. 문제 탐색은 주로 정서적 문제, 인지적 문제, 삶의 의미와 죽음에 대한 고민을 포함한다. 중기 단계는 내담자가 여러 회기를 지속적으로 방문했음에도 불구하고 면담이 중단되거나 상담 과정에서 저항이나 전이가 일어나기도 하는 시기이다. 따라서 이 시기에는 내담자가 상담자와의 관계에 대한 갈등을 드러내는 경우도 많다. 상담이 진행되면서 내담자는 상담자를 신뢰하려는 마음과 동시에 자신이 인식하지 못했던 원인이 드러날 가능성에 대한 불안과 두려움을 느끼기도 한다. 이 과정에서 상담자의 둔감한 부분에 대해 화가 나거나 상담에 대한 의구심이 생기는 등 내적 갈등을 겪는 시기이다. 그러므로 상담자는 같은 내담자의 정서를 수용함으로써 치료적 관계를 발전시키는 것이 중요하다.

그러나 상담 초기에 충분히 라포가 형성되었다면, 중기 단계에서는 문제 해결을 위한 본격적인 작업을 진행할 수 있다. 또한 이 과정에서는 내담자가 설정한 목표를 달성하기 위해 다양한 기법과 전략을 활용하여 구체적인 변화를 추구한다. 따라서 중기 과정은 상담의 핵심 작업이 이루어지는 시기로, 내담자의 변화를 지원하고 촉진하는 것이 주된 목표이다.

그런데 고령의 내담자는 각자 신체적 · 심리적 · 사회적 상황이 다르므로 상담 과정은 개인의 특성을 고려하여 진행하는 것이 좋다. 예를 들어, 치매나 경도 인지장애가 있는 경우에는 인지 재활 훈련이 포함될 수 있다.

(1) 문제의 명료화

문제가 무엇인지 잘 정리되면 반은 해결된 것이라는 말이 있듯이, 현재 가진 문제를 명료화하는 것은 중요하다. 상담자는 내담자가 언급하는 여러 가지 문제를 듣게 되는데, 이때 언급되지 않은 문제도 파악하는 것이 필요하다. 문제를 명료화함으로써 내담자는 자신이 문제에 어떻게 개입되었는지 이해할 수 있다.

내담자에게 현재 어려움을 명료화하도록 하는 것은 치료적으로 도움이 된다. "난 아이들과 좀 더 잘 지내기를 원해요."라는 진술은 문제를 보다 특정한 행동적인 용어로 정의할 때 해결에 좀 더 가까이 다가갈 수 있다. 예를 들어, "나는 아들의 가족과 적어도 일주일에 한 번 저녁 식사를 같이 하기 원해요."라고 표현하는 것이다. 이는 내담자의 문제를 실천 가능한 작은 조각으로 나누어서 성공을 위해 필요한 행동을 인식하도록 돕는 방법이다. 상담자는 내담자가 성취감을 느낄 수 있는 조각을 선택하고 실행할 수 있도록 내담자를 지원하는 역할을 한다.

문제를 명확히 할 때 '왜' '지금'은 중요하다. 대부분의 경우에 제시된 문제는 정확하지 않으며, 상당히 오랜 기간 지속된 것이다. 그런데 내담자가 이 시점에서 상담을 원하는 것은 지금 문제를 해결하려는 의도를 가졌다는 점에서 중요한 정보이다. 이런 과정에서 내담자가 생각하는 문제는 무엇이며, 어떻게 변해야 하는지를 표현하도록 한다. 상담자는 무엇이 변해야 하는지를 정의하는 과정에서 내담자의 관점 역시 변해야 한다는 중요한 메시지를 전달할 수도 있다.

마지막으로, 문제에 대한 내담자의 지각을 결정짓는 것이 무엇인가를 고려하는 것이 필요하다. 그런데 상담자가 이 부분을 사정할 때 상대방의 행동에 대한 부정적인 말을 감정의 표현으로 바꿀 수 있는 능력이 있다면 도움이 될 것이다. 예를 들어, 어떤 고령의 내담자가 다른 가족의 문제를 '나쁜'이라는 용어로 단정할 때 상담자가 그 문제를 '슬픈'이라는 표현으로 바꾸도록 돕는 것이다. 문제를 바라보는 관점을 이렇게 변화시킬 수 있다면 문제 해결로 이어질 가능성은 한층 더 높아진다.

(2) 상담 목표의 설정

모든 상담은 목표를 명확히 할 때 진전이 빠르다. 어떤 결과를 추구하는가를 명확히 정리하지 못하면 결과의 성공 여부를 판단하기가 어려울 것이다. 또한 상담자는 목표를 구체화함으로써 내담자가 상담에 대해 가질 수 있는 마술적이거나 이와 유사한 그 어떤 것이라고 여기는 인식에서 벗어날 수 있다.

상담 목표를 확립하는 것은 내담자뿐 아니라 상담자에게도 중요하다. 상담자의 입장에서 보면 목표 설정은 상담 개입의 영향에 대한 피드백을 얻는 데 도움이 된다. 구체적인 방향이나 초점이 없으면 상담자나 내담자가 상담 효과에 대한 회의와 의문을 가지기 쉽다. 이 같은 의문이나 회의는 비생산적이어서 내담자의 신뢰뿐 아니라, 상담자의 심리적 안정도 저해한다. 또한 상담 목표의 확립은 내담자가 원하는 바람직한 변화와 그 변화를 이루는 데 필요한 시간에 대한 기준을 이해하는 데 도움이 된다.

명확한 목표를 설정하는 가장 효과적인 방법은 내담자가 상담을 통해 달성하고자 하는 상태를 구체적으로 표현하는 것이다. 또한 상담자와 내담자가 바람직한 상태와 현재 상태 사이의 차이를 명확히 이해하면 상담 과정에 큰 도움이 된다. 그러나 상담 목표는 상담이 진행됨에 따라 수정될 수 있다는 점을 항상 염두에 두어야 한다. 특히 고령자 상담에서는 이런 부분을 보다 유연하게 다뤄야 한다. 예를 들어, 상담자가 상담 초기에 내담자는 변화할 가능성이 없다고 판단하여 내담자에게 부담이 되지 않는 목표를 설정하고 상담을 진행했다. 그런데 회기가 거듭되면서 상담자의 예상과는 달리 변화의 가능성이 나타나는 경우도 종종 있다. 이럴 때는 이미 설정한 목표라도 상황에 맞게 조정하는 것이 바람직하다.

또한 고령의 내담자에게 바람직한 상태를 언어화하여 명확한 목표를 만드는 것은 그다지 쉬운 작업이 아니다. 그리고 고령의 내담자는 인지 능력의 저하로 자신이 설정한 목표를 쉽게 잊어버릴 가능성이 있으므로 합의된 목표를 다음과 같이 도표로 작성하는 것도 유용하다.

> 승호 할머니는 상담 목표를 구체화하는 단계에서 딸의 문제보다도 점점 자기주장이 강해진 승호와의 관계에 대해 도움을 받고 싶다고 했다. 승호와 어떤 관계가 되면 이런 것에 대해 상담하기 잘했다고 생각할 것 같으냐는 질문에 "좋은 할머니가 되고 싶다."라고 말했다. 승호와의 경험 중에서 '내가 좋은 할머니구나.'라고 생각했던 것을 떠올리게 했다. 이런 과정을 통해 좋은 할머니라는 추상적인 목표를 보다 구체화시킬 수 있었다. 목표를 다음과 같은 그림으로 시각화하였다.

이처럼 상담 목표를 달성 가능한 구체적인 것으로 설정하면 상담 과정에

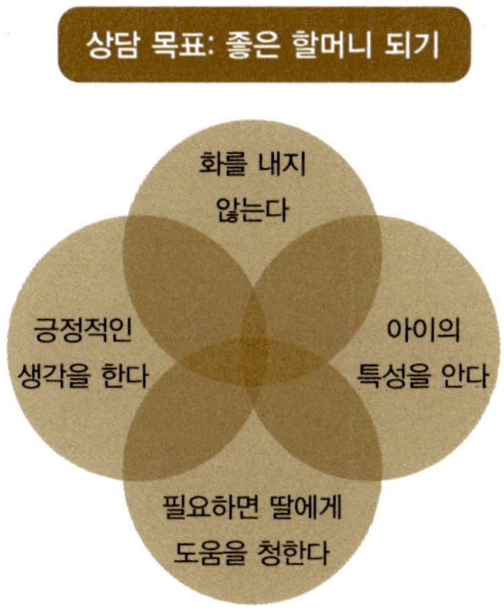

[그림 9-4] 한선희 씨의 상담 목표

서 어떤 문제를 해결하고자 하는지, 어떤 변화를 원하는지를 명확히 알 수 있을 뿐 아니라, 동기부여도 된다. 특히 고령의 내담자라면 시각화할 때 자신이 어떤 점에서 얼마나 변화했는지를 이해하기도 용이하다.

그리고 고령자들은 대부분 책임감이 강하기 때문에 구체적인 목표를 시각화하면 이를 통해 스스로의 변화와 성장을 적극적으로 추구하는 경향이 있다.

(3) 놀이나 이미지를 활용한 상담

네덜란드의 역사학자인 하위징아(Huizinga)는 놀이하는 인간을 의미하는 "호모 루덴스(Homo Ludens)"라는 개념을 제창했다. 그에 따르면, 인간은 본질적으로 놀이하는 존재이다. 그는 놀이를 단순한 오락이나 유희가 아닌 인간의 사회적 · 문화적 활동의 핵심 요소로 보았다. 한국 사회에서 놀이는 어린아이나 젊은 사람들을 위한 활동으로 여기며 유치하게 생각하는 경향이 있다. 그렇기 때문에 놀이와 접할 기회가 적었던 고령자와 상담할 경우에는 비언어적 요소를 활용하는 것이 좋다. 상담 과정에서 놀이와 이미지 같은 비언어적인 요소를 활용하는 것은 내담자의 정서적 · 인지적 · 사회적 건강을 증진하는 데 유익하다. 특히 언어적 표현이 제한된 상황에서 감정과 경험을 표현하는 데 도움이 되어, 고령자에게 즐거움과 만족감을 제공하고 심리적 안정감을 증진시킨다. 또한 놀이나 이미지 작업을 통해 그동안 드러내기 어려웠던 자신의 감정이나 생각을 표현할 기회를 제공받을 수 있다. 여기서는 저자가 상담 과정에서 많이 사용한 몇 가지 놀이와 이미지 작업을 소개하려고 한다.

① 종이컵이나 노끈과 같은 소품 활용

종이컵은 상담에서 쉽게 활용할 수 있는 놀이 도구이다. 예를 들어, 현재 힘든 상태를 종이컵 표면에 선으로 표시하거나 물 등의 물체를 안에 담게 하여 어려움을 시각화한다. 예를 들어, 상담자가 어떤 내담자에게 사람이 감당할 수 있는 힘든 것이 컵 가득이라고 한다면 현재 내담자는 어느 정도의 어려움을 가지고 있는지 물을 부어 표현하도록 한다. 상담자는 내담자가 현재 겪고 있는 고통을 시각화함으로써 이를 더 잘 이해하게 되었다고 말하고 나서, 내담자에게 현재 컵 속의 물을 상담자가 제공하는 새로운 컵에 어느 정도 덜어 내고 싶은지를 표현해 보도록 요청한다. 이후 상담은 처음의 힘든 것을 표현했던 종이컵이 아니라, 덜어 내고 싶은 마음을 담은 물이 표현된 종이컵을 중심으로 진행한다. 즉, 이 안에 있는 물은 구체적으로 어떤 것이며, 그것을 실천하기 위해서는 누가, 무엇을 하면 되는지 탐색한다.

노끈도 관계를 탐색할 수 있는 좋은 재료이다. 관계에서 감정적 관여는 중요한 요소이다. 그러한 감정적 관여는 다른 사람과 거리라는 은유적인 표현으로 묘사되는 경우가 많다. 즉, 누군가와의 관계를 표현할 때 '보다 가깝다.'라든지 '지나치게 멀다.'라고 표현하기도 한다. 그리고 'A와 B는 매우 가까운 사이.'라든지 '어제 대화로 우리의 틈을 좁혔다.'라는 문장도 자주 사용된다. 이처럼 노끈과 같은 객관적 재료로 타인과의 관계의 이미지를 표현할 수 있다. 의미 있는 사람과의 관계를 끈의 길이로 표현하도록 하는 것이다.

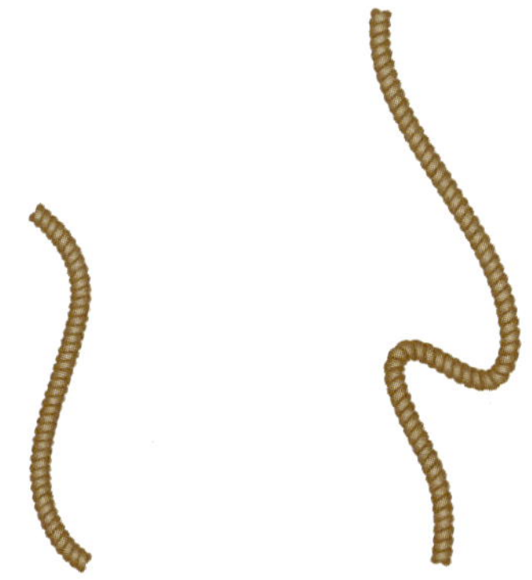

[그림 9-5] 노끈을 사용한 관계 탐색

관계의 거리를 표현한 끈을 두 사람이 함께 잡고 당기는 경험을 통해, 건강한 관계에 대해 체험할 수 있다. 이 과정에서 지나치게 짧거나 길지 않은 적당한 거리의 끈이 관계를 유지하는 데 도움이 된다는 사실을 깨닫게 된다. 즉, 관계에서 적정한 거리를 이해하는 것이다. 또한 한쪽이 일방적으로 끌거나 끌려가는 것이 아니라, 상대의 끌고 싶거나 쉬고 싶은 욕구를 파악하며 두 사람만의 리듬을 찾는 것 역시 중요하다는 점을 깨닫도록 돕는다.

② 한선희 씨와 컵 작업

승호 할머니가 처음에 와서 어려움을 호소할 때 컵을 주고 '이것이 마음이라면 어느 정도 만족하는지'를 선으로 표시해 달라고 했다. 그리고 몇 회기가 지나서 상담의 목표를 설정할 때 다시 그 컵을 제시하면서 언급한 목표를 컵의 선으로 표현하면 어느 정도인지 다시 한번 표시해 주기를 부탁했다.
이 컵은 종결 과정에서 다시 사용되었다. 상담을 마친 이 시점에 마음이 어느 정도 채워졌는지 표현하도록 하고, 그 선만큼 다양한 예쁜 구슬을 담도록 했다. 컵에 담긴 구슬 중에 무작위로 한두 개의 구슬을 선택하여 이게 무엇인지 이야기를 나눈 후에 구슬이 담긴 컵을 선물로 주면서 가끔 지금처럼 구슬을 꺼내어 그것이 무엇인지 알아 가면 좋겠다는 당부를 했다.

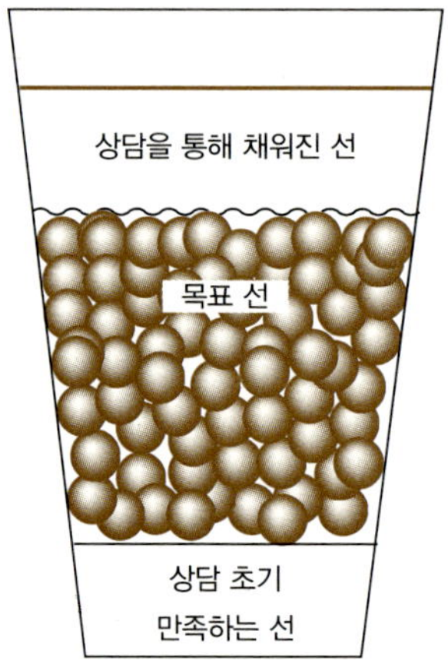

[그림 9-6] 한선희 씨의 컵 작업

때로는 컵에 색 모래 등을 넣어서 자신의 현재와 미래에 대해 살펴볼 수도 있다. 이를 통해 부정적인 색 모래와 긍정적인 색 모래가 조화를 이루면서 또다른 모습으로 재탄생하는 것을 시각적으로 경험할 수도 있다.

③ 상담 도구의 활용(와이즈 리틀 프렌즈)

사람들의 심리적 거리를 동전과 같은 주위의 물체를 활용하여 물리적인 거리로 객관화할 수 있다. 그러나 그것은 일차원적인 표현으로서 사람들의 관계나 위계, 서로의 상호작용을 드러내는 데에는 한계가 있다. 와이즈 리틀 프렌즈는 몇 개의 인물 모형을 서로 가깝거나 멀리 배치하는 것을 통해 사람들 사이에 나타나는 심리적 거리를 표현한다. 또한 블록을 이용하여 인물 모형의 높이를 조정할 수 있어서 관계 내에서 누가 힘이 있는지도 드러난다. 또한 관계를 표현하는 색 끈과 경계를 표시하는 끈을 사용하여 집단에서 느끼는 정서도 드러낼 수 있다는 이점이 있다. 이런 시각화의 작업은 관계에 대한 언어적 표현이 어렵거나 불편한 고령의 내담자들에게 가족이나 그들을 둘러싼 관계를 파악하는 데 유용하다.

[그림 9-7] 와이즈 리틀 프렌즈

④ 감정카드

상담 과정에서 자주 사용하는 감정카드는 감정의 인식과 표현을 돕는 도구로, 자신의 감정을 인식하거나 표현하기 어려운 어린 아동들에게 종종 사용된다. 이때 사용되는 감정카드는 대부분은 단어뿐 아니라 시각적으로 표현된 그림 등이 활용되기도 한다. 고령자의 경우에도 자신의 감정을 명확하게 표현하지 못하거나 감정을 드러내는 것에 거부감을 가지고 있는 경우가 많기 때문에 감정카드는 상담에 효과적이라고 생각한다. 그러나 오랜 시간 희노애락의 다양한 감정을 경험한 고령자의 경우라면 기쁨, 슬픔, 분노, 두려움, 사랑과 같은 기본적이고 단순한 감정을 넘어선 보다 공감하기 쉬운 감정의 표현이 도움이 된다고 생각한다. 따라서 감정을 표현하는 다양한 문학적 표현이라든가 사진이나 그림 같은 것을 통해 그들이 경험하는 보다 심오한 감정을 드러낼 수 있도록 한다.

[그림 9-8] 감정카드

(4) 상담 기법 적용

상담자는 고령의 내담자가 가진 문제에 따라 다양한 상담의 접근 방법을 적용할 수 있다. 예를 들면, 인지행동치료, 정신역동적 접근, 수용전념치료, 인간 중심 상담 등이 있다. 인지행동치료는 고령자의 부정적인 사고 패턴을 수정하고, 긍정적인 사고와 행동을 촉진하는 데 도움이 된다. 또한 정신역동적 접근은 고령자가 과거의 경험을 탐색하고, 그 경험이 현재의 정서적 문제에 어떻게 영향을 미치는지 파악하여 과거의 상실, 미해결된 문제를 해결하는 데 도움이 된다. 수용전념치료는 고령자가 피할 수 없는 삶의 고통을 받아들이고, 이를 삶의 일부로 수용하는 것을 돕는다. 그리고 인간 중심 상담은 고령자의 자기실현 욕구를 지지하므로 내담자가 스스로 자신의 문제를 해결할 수 있는 능력을 개발하도록 돕는다.

여기서는 해결 중심 단기 상담(solution focused brief therapy)을 활용했다. 이 접근은 내담자의 문제보다는 해결에 초점을 둔다. 이 접근을 지향하는 상담자는 내담자 스스로가 문제 해결의 방향과 해결력이 있다고 생각해서 내담자의 관점을 문제 중심에서 해결 중심으로 전환하도록 돕는다. 또한 문제의 해결에 초점을 둔 단기상담이므로 고령자를 대상으로 한 접근에 최적화되어 있다고 생각한다.

이 모델은 문제보다는 내담자가 적용해 왔던 또는 적용 가능한 해결방법에 초점을 맞추어 질문함으로써 내담자 스스로가 문제 해결을 시도할 수 있도록 돕는다. 오랜 삶을 통해 생활의 지혜를 가진 고령의 내담자와 상담할 경우에 상담 과정에서 문제가 무엇인지를 파악하기보다는 내담자가 원하는 해결이 무엇인가에 초점을 두는 해결 중심의 자세가 도움이 된다. 성공하지 못한 해결 방안보다는 과거에 이미 성공했던 해결 방안에 대해 이야기함으로써 내담자가 효과가 없는 것에 몰두하던 사고방식에서 벗어날 수 있도록 돕는 것이 고령자 상담에서 해결 중심적 관점이 중요한 이유라고 생각한다. 문제의 근본적 원인을 이해하고 개선하기보다는 당면한 문제를 해결하고 싶어 하는 고령의 내담자의 기대와 오랜 시간 나름대로 문제를 해결해 온 고령자의 삶의 경험을 고려할 때 이러한 접근은 고령자 상담에 부합하다고 생각된다.

상담 과정이란 내담자가 문제와 문제를 해결하는 과정에 능동적으로 참여하도록 개입하는 치료적 대화에 의해 구성된다. 해결 중심 단기 상담은 내

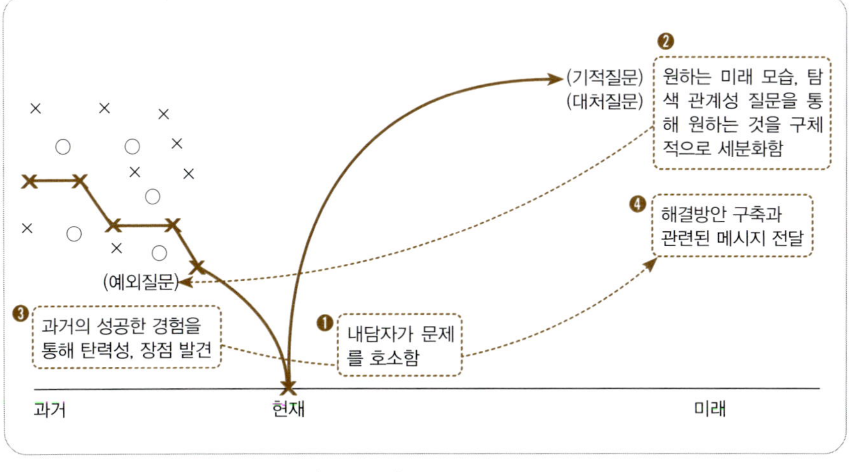

[그림 9-9] 해결 중심 모델

담자에게 하는 질문이 문제 해결에 도움이 된다는 가정과 믿음이 있기 때문이다. 그러므로 상담자는 상담 과정에서 가족이 해결 방안을 찾으며, 과거에 성공했던 경험을 근거로 자신의 능력을 인정하고 상담 과정에서 성취한다고 느낄 수 있는 질문을 하려고 노력한다. 즉, 예외질문, 기적질문, 척도질문, 대처질문과 같은 해결 방안을 구축하는 데 유용한 질문들을 사용한다.

승호 할머니는 한동안 아들에 대한 자부심과 딸과의 갈등에 대해 언급했다. 상담자는 자녀를 잘 키워 낸 어머니의 이야기로 재명명한 후에 다음과 같은 대화를 이어 갔다.

상담자: 오늘 어떤 부분이 좋아지면 주위에서 아이들을 잘 키웠다고 부러워하던 그때로 되돌아왔다고 생각할 수 있을까요?

내담자: 이제 딸은 다 커서…….

상담자: 만약 기적이 일어나서 딸이 현재 손자와 같은 10세라면 두 분의 관계는 어떨까요?

내담자: 지금 승호와는 비교도 안 될 만큼 말이 필요 없는 아이였어요.

상담자: 그렇게 믿음이 가는 아이였군요. 지금도 따님에게서 그런 모습을 찾아볼 수 있나요?

내담자: 여전히 똑 부러지지요. 저랑 부딪히는 것도 너무 아는 게 많아서…….

상담자: 똑 부러지는 게 지금 현재 생활에 도움이 되나요?

내담자: 직장에서는 몰라도 아이를 키울 때는 좀 느긋했으면 좋겠어요.

상담자: 따님의 어떤 모습을 보면 '이전보다 좀 느긋해졌네.'라고 알 수 있을까요?

내담자: 승호 이야기를 할 때 따지지 않고, '그랬어.' 하고 넘어가면…….

상담자: 최근에 손자 이야기를 했더니 '그랬어.' 하고 넘어간 적이 있나요?

내담자: 친구 엄마가 승호가 이전처럼 찡찡대지 않고 말을 잘한다고 해서 그 말을

전했는데, 다른 날과는 달리 별 반응이 없었어요.

상담자: 그 말은 따님의 입장에서는 불쾌할 수도 있는데, 어떻게 그렇게 쿨하게 반응할 수 있었을까요?

내담자: 차분한 분위기였던 것 같아요.

상담자: 따님이 차분한 분위기가 되도록 승호 할머니는 어떻게 도왔나요?

내담자: 친구 엄마가 나하고 승호에게 얼마나 잘하는지를 먼저 말했던 것 같아요.

상담자: 그러니까, 승호 할머니가 따님이 친구 엄마에게 편견을 가지지 않도록 먼저 좋은 이야기를 했네요. 그게 쉽지 않은데 어떻게, 그렇게 할 수 있었나요?

내담자: …….

상담자: 친구 엄마가 이 자리에 있어서 제가 "승호와 할머니에게 어떤 매력이 있어서 그렇게 잘 해 드렸냐?"라고 물으면 뭐라고 대답할까요?

내담자: 장사할 때에도 그랬지만, 사람들이 절 편해하는 것 같아요.

(중략)

상담자: 의견이 다른 이야기라도 차분한 분위기라면 손주에 대해 의논할 수 있다고 들리는데, 제가 제대로 이해하고 있나요?

내담자: 맞아요.

상담자: 우리 사이가 차분한 분위기라고 생각하는 것이 10점이고, 전혀 그렇지 않다고 생각하는 것이 0점이라면, 현재 따님과 승호 할머니 사이는 10점과 0점 사이에 몇 점에 있나요?

내담자: …… 그래도 3점 정도는 되지 않을까요?

상담자: 승호 할머니에게는 사람을 편하게 하는 재주가 있으니까 저도 충분히 그럴 수 있다고 생각해요. 음…… 뭘 보면 '우리 사이가 4점에 와 있네.'라고 생각할까요?

내담자: 승호 이야기를 할 때, 딸이 인상을 쓰지 않고 들으면…….

상담자: 그게 승호 할머니에게도 도움이 될까요?

해결 중심 단기 상담에서는 회기를 마치기 전에 내담자가 전달하는 메시지가 치료적으로 중요한 의미를 가진다. 메시지에는 칭찬, 과제에 대한 이론적 근거를 제시하는 연결문, 과제의 세 부분으로 이루어진다. 내담자의 자존감을 높일 수 있는 칭찬은 고령의 내담자에게는 더욱 필요하다. 칭찬을 할 때는 "너무 열심히 살아오셨네요."와 같은 추상적인 서술보다는 "남편이 암이라는 판정을 받고, 딸은 미혼모가 되었고, 의미 있는 식당을 접어야 하는 등 힘든 일이 많았는데, 그런 것에 굴복하지 않은 삶이었네요."와 같이 상담 과정에서 드러난 구체적인 사항을 활용할 때 더욱 효과적이다. 모든 내담자에게 과제를 제시할 필요는 없지만, 내담자의 상황이나 능력, 기대에 따라 과제가 도움이 되는 경우도 있다. 과제를 제시하는 경우에는 고령의 내담자가 그것을 왜 해야 하는지 근거를 제시하는 것이 도움이 된다. 그리고 과제는 구체적으로 제시하는 것이 좋다. 하지만 고령의 내담자들에게는 어떤 변화를 추구하는 과제를 제시하기보다는 어렵게 그들이 상담에 참여했다는 점을 높이 평가하고 칭찬함으로써 자신을 이해해 주는 상담자로 남는 것이 중요하다.

① 회기를 마칠 때 메시지 작업

제가 승호 할머니와 따님의 어려움을 들었을 때는 '정말 많은 문제가 있구나.'라고 생각했어요. 그런데 오늘 이야기를 들으면서 제 머리를 떠나지 않는 단어는 '성공'이었어요. 승호 할머니께서는 따님이 부모의 도움 없이 이화여자대학교도

가고, 간호사라는 직업도 잘 수행하고, 부당한 것과 타협하지 않고 미혼모의 길을 걸어온 것에 대해 말씀해 주셨어요. 저는 이런 이야기를 들으면서 당당한 커리어 우먼의 모습이 떠올렸어요. 승호 할머니 역시 사람들을 편하게 하는 매력으로 승호 친구 엄마, 이전의 단골 손님들, 거의 만나지 못하는 동창에게 여전히 영향력 있는 존재로 자리매김하고 있다는 걸 알았어요.

승호 할머니와 따님 사이의 어려움은 서로가 다른 부분에서 성취하거나 매력을 발산하고 있어서 두 분께서 서로 각자의 강점을 나누지 못하고 있기 때문이라고 생각했어요. 앞으로 각자의 강점을 서로가 어떻게 인정하고, 함께 살아갈 때 조화를 이룰 수 있는지에 대해 이야기를 나누고 싶어요.

해결 중심 모델은 작은 변화가 눈덩이처럼 뭉쳐져 큰 변화를 일으키는 모체가 되며, 해결을 위한 출발이라고 믿는다. 그리고 이 같은 작은 긍정적인 변화를 만들고 경험하면 사람들은 낙관적 감정을 느끼며 미래의 변화에 대하여 더욱 자신감을 가지게 된다. 해결 중심 모델은 내담자들에게 희망을 주는 접근으로서 고령의 내담자에게는 이런 부분이 필요하다고 생각한다.

3) 종결 단계: 상담이 효과적이라는 것을 어떻게 나눌 수 있을까

종결 단계는 상담을 마무리하는 단계이다. 먼저 상담을 시작할 때 설정했던 목표를 얼마나 달성했는지 평가한다. 내담자가 상담을 통해 얻은 변화와 성장을 확인하고, 상담의 성과를 긍정적으로 평가하면서 관계를 종결하는 과정이다.

이처럼 인생에서 만남이 있으면 반드시 헤어짐이 있는 것처럼, 내담자와 좋은 관계를 유지하고 있던 상담도 일정의 목표가 달성된 시점에서 종결을 하지 않으면 안 된다. 상담의 종결 단계는 상담 과정의 마지막 단계로, 내담자가 상담에서 설정한 목표를 달성했거나 상담이 종료될 준비가 되었다는 것을 나타낸다. 그러나 종결 단계에서는 상담자와 내담자 모두 무언가를 잃은 듯한 상실감을 경험하는 경우가 적지 않다. 그러나 상담자는 재출발하려고 하는 내담자를 따뜻하게 돌보며 이별을 통보하지 않으면 안 된다. 실제의 종결은 급격하게 진행하기보다는 단계적으로 면담의 횟수를 줄여 가면서 이루어지는 것이 이상적이다. 또한 헤어지는 상황에서도 필요하다면 언제든지 다시 만날 수 있다는 가능성을 전하는 것은 중요하다.

종결 단계에서는 내담자가 상담에서 배운 것들을 자신의 삶에 지속적으로 적용할 수 있도록 돕는 과정을 포함하여 내담자가 자립적이고 만족스러운 삶을 지속할 수 있도록 돕는 것이 일반적이다. 그러나 고령자 상담에서는 미래의 자립적인 삶의 모습보다는 지금 현재 이렇게 잘 지내고 있다는 자각을 주는 상담의 마무리가 중요하다고 생각한다.

필요에 따라 내담자의 상태가 다시 악화되지 않도록 정기적으로 상담을 지속하거나 일정 기간 후에 재평가를 할 수 있는 추후 계획을 세우기도 한다. 고령자 상담의 경우에는 상담 이후에도 정서적 지지와 관리가 필요할 수 있으므로 장기적인 지원 방안을 마련하는 것이 바람직하다.

(1) 상담의 성과에 대한 평가

상담에서 설정한 목표가 얼마나 달성되었는지 평가하면서 내담자가 자신감이나 효능감을 가질 수 있도록 돕는다. 고령자 상담에서는 내담자가 목표를 달성했거나, 스스로 문제를 해결할 수 있는 역량을 갖추었음을 놀이나 시각적으로 확인하는 작업을 하는 것이 바람직하다. 예를 들어, '이전과 현재'의 변화에 대해 여러 가지 방법으로 표현한다. 내담자의 특성을 고려하여 언어로 표현하거나 글로 쓰는 작업을 할 수도 있다. 인지 능력이 떨어지는 내담자라면 이미지 작업으로 할 수도 있다. 큰 종이를 절반으로 접은 후, 첫 번째 칸에는 상담 전의 모습을, 두 번째 칸에는 앞으로의 내

모습을 넣었다. 사진을 참고하여 표현할 수 있는 소품들을 배치해 보도록 한다. 어떤 작업을 하든지 상담자는 지금의 변화에 강점이나 탄력성을 찾아서 희망적 메시지를 전달하는 것이 중요하다.

[그림 9-10] 상담 성과에 대한 이미지 작업

(2) 종결에 따르는 내담자의 불안 다루기

상담의 종결을 앞두고 내담자의 특성에 따라 불안을 느끼는 경우가 있다. 이미 상실의 경험을 가진 고령의 내담자들의 경우에는 관계 상실에 대한 불안이 높아질 수 있다. 상담 과정에서 내담자가 상담자와 깊은 신뢰관계를 형성했다면 상담이 종결된다는 것을 알게 되면서 내담자의 상실감은 더욱 클 수 있다. 또한 변화에 익숙하지 않은 고령의 내담자들은 상담을 통해 얻은 긍정적인 변화가 상담 이후에도 지속될지에 대한 불확실성이 불안감으로 이어질 수도 있다. 따라서 고령자와 만나는 상담자는 내담자가 상담 종결에 대비할 수 있도록 충분한 시간을 가지고 준비하는 것이 바람직하다. 또한 상담 종료 후에도 활용할 수 있는 자원이나 네트워크를 제공하여 내담자의 불안을 완화시킬 수도 있다. 그리고 내담자가 원할 경우에는 일정 기간 후에 추후 상담을 약속하는 것도 도움이 된다.

① 걱정인형

걱정인형(worry dolls)은 과테말라 전통에서 유래된 민속 놀잇감인데, 현대에는 아이들이 걱정이나 두려움을 없애기 위해 사용하는 도구로 사용되고 있다. 걱정인형은 현재의 상담 과정에서도 자신의 불안이나 걱정을 외재화하는 도구로 자주 사용되고 있다. 상담을 종료하는 시점에서 걱정인형을 활용하여 여전히 존재하는 걱정들을 덜어 내고 심리적 안정감을 가질 수 있도록 도울 수 있다. 즉, 상담이 마무리되는 순간에도 여전히 남아 있는 걱정이 있다면 종이에 쓰도록 한다. 그리고 걱정을 쓴 종이에 걱정인형을 붙여서 앞으로는 내 대신 이 인형이 걱정을 하게 될 것이라고 외재화한다. 걱정인형을 붙인 종이는 상담센터의 안전한 곳이나 보관함에 넣어 둘 수 있다. 이는 더 이상 이 걱정을 할 필요가 없다는 상징적인 의식이다. 때로는 걱정인형을 종결의 선물로 제공하여 앞으로 생활하면서 생기게 될 걱정도 걱정인형의 도움을 받아서 충분히 해결할 수 있다는 상징적인 의미부여를 할 수 있다.

세 번의 상담을 진행한 후에 승호 할머니는 덕분에 많은 도움을 받았다고 감사를 표하면서 종결을 희망했다. 종결을 해도 좋겠다고 생각한 계기가 있는지 묻자, 다음달부터 노인복지센터에서 무료 급식 봉사를 하게 되었다고 했다. 그 사업은 일주일에 한 번씩 모여 도시락을 만들어서 독거노인에게 배달하는 것인데, 승호 할머니는 이전 경험을 발휘하여 도시락을 만드는 팀에서 일하게 되었다는 것이다. 사실 식당을 운영했다는 사실을 알고 이전부터 권유한 사람이 있었는데, 딸이 일한 대가로 30만 원 정도의 정부 보조금이 나온다는 말을 듣고 "그건 기초수급자들의 일이잖아."라고 하면서 반대하여 하지 못하고 있었다. 상담을 계기로 그동안 딸에게 하지 못했던 서운한 이야기를 말할 기회가 있어서 "돈보다 좋은 일을 하고 싶다."고 말했더니 "엄마도 하고 싶은 게 있을 텐데…… 내가 너무 이기적이었네."라고 하면서 흔쾌히 허락해 줬다고 한다. 일주일 중 하루 봉사이지만, 손주에게서 잠시 벗어나서 새로운 곳에서 새로운 사람을 만나는 것과 일할 생각에 가슴이 벅차다고 했다. 상담 과정을 평가하는 과정에서 딸과의 관계도 이전처럼 가시 돋지 않고, 무엇보다 승호가 어른스러워져서 소리를 지를 일도 많이 없다고 했다. 가장 달라진 것은 승호가 내 손주가 아닌, 딸의 아들이라는 생각을 하게 되었다고 말했다. 그러나 종이컵 작업을 통해 아들에게는 여전히 미안함과 불편함의 감정이 있다는 것을 알게 되었다. 상담자는 종결을 원하는 내담자와 함께 이 부분을 다루기보다는 아들과 관련된 불안을 걱정인형에게 맡기도록 했다. 이 같은 의식을 통해 아들에 대한 미안한 감정을 승호 할머니에게서 분리시켰다. 내담자와 4회기에 종결하기로 결정했다.

[그림 9-11] 걱정인형

(3) 종결 의식

상담에서 종결 의식은 상담의 종료를 공식적으로 기념하고, 상담 관계를 마무리하는 중요한 과정이다. 이것은 상담자와 내담자가 함께 상담 과정에서의 성취와 변화를 확인하고, 미래에 대한 계획을 세우는 기회를 제공한다. 이것은 내담자가 상담을 통해 이루어 낸 긍정적인 변화와 성과를 인정하고 축하하는 시간으로, 상담에서 배운 기술과 통찰을 스스로에게 상기시켜서 이후의 삶에서 이를 활용할 수 있다는 자신감을 심어 줄 수 있다. 종결 의식의 또 다른 의미는 상담자와의 관계를 긍정적으로 마무리하고, 이별에 대한 감정을 정리할 수 있는 기회를 제공한다는 데 있다.

고령자 상담에서 종결 의식은 언어적인 것보다는 활동적인 것을 권장하고 싶다. 놀이라는 것에 익숙하지 못한 채 평생을 열심히 살아온 고령의 내담자에게 하위징아가 말한 놀이성을 되찾아 주는 좋은 선물이 될 수 있기 때문이다.

종결 의식은 단순히 상담을 끝내는 것이 아니라, 내담자가 상담을 통해 얻은 배움과 성과를 바탕으로 앞으로의 삶을 더 잘 살아갈 수 있도록 돕는 중요한 과정이다. 이를 통해 내담자는 상담 경험을 긍정적으로 마무리하고, 미래에 대한 긍정적인 기대를 가지고 상담을 종결할 수 있다.

종결 단계에서는 상담 관계가 끝나더라도 긍정적인 기억으로 남을 수 있도록 지원하는 것이 바람직하다. 이것은 종결에 대한 아쉬움이나 두려움을 다루고, 긍정적인 이별을 촉진함으로써 긍정적이고 의미 있는 관계로 상담을 종료하는 것이 좋다.

① 상장 수여

종결 과정에서 상장 수여는 내담자의 긍정적인 변화를 인정하고 격려하는데 중요한 역할을 한다. 특히 고령의 상담자가 그동안 자신의 노력을 인정받았다는 느낌을 받을 수 있다. 그리고 이를 통해 지속적인 변화의 의지에 대한 동기부여가 될 수도 있다. 또한 상장의 수여는 목표를 향해 내담자와 상담자가 함께 협력했음을 확인시키는 작업으로, 상담자와 내담자 간의 신뢰 관계가 더욱 강화될 수 있다. 취약한 고령의 내담자의 경우에는 상장을 통해 자신의 가치를 확인함으로써 자존감이 향상될 수 있다. 또한 앞으로 스스로 채워 갈 수 있는 보물 상자를 부상으로 제공함으로써 자존감을 키워 갈 수 있는 기회를 제공하기도 한다.

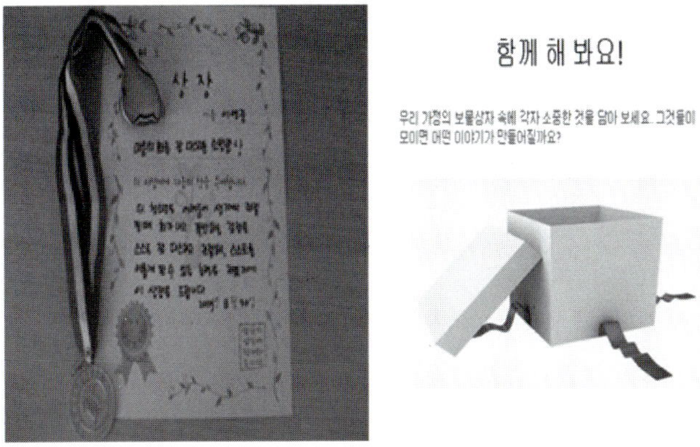

[그림 9-12] 상장과 보물상자의 예

② 음식물로 자화상 만들기

푸드 테라피(food therapy)는 음식을 매개로 자신을 탐구하고 치유하는 방법이다. 고령자의 경우에는 일상생활에서 항상 음식물을 가까이 접하고 있기 때문에 이런 자료를 통해 자신의 경험, 감정, 정체성을 표현하고 이해하는 과정이 특별할 것이다. 특히 상담 과정을 통해 내담자가 좋아하거나 그들의 개인적 경험에서 의미 있는 재료를 준비해 주는 것은 상담자와의 신뢰 관계를 다시 한번 상기하는 기회가 될 것이다. 음식물을 소재로 만들 수 있는 것은 많이 있지만, 고령의 내담자의 경우에는 자화상 만들기가 도움이 된다고 생각한다. 이를 통해 자신의 존재를 확인하고 의미를 부여하는 자아정체성을 느낄 수 있다. 따라서 고령자 상담의 경우에는 종결 의식으로 자신이 살아온 인생의 궤적을 돌아보면서 의미 있는 존재로 남았다는 감각을 부여하는 데 자화상 만들기가 적합하다고 생각한다. 여러 가지 상실을 경험한 고령자의 경우에는 자화상 작업을 통해 긍정적 정체성을 유지할 수도 있다.

때로는 이렇게 준비된 음식을 상담자 또는 초대하고 싶은 의미 있는 사람과 함께 나누면서 음식에 담긴 이야기를 공유할 수 있다면 내담자는 자신에 대한 새로운 시각을 얻을 수 있다.

③ 종결 의식

삶의 대부분의 시간을 가족이나 다른 사람을 위해 헌신해 온 승호 할머니를 위해 작은 종결 파티를 준비했다. 승호 할머니는 자신이 운영해 온 식당에 대한 좋은 추억 때문인지 먹을 것이 준비된 것에 감격하면서 함께 세팅을 하고 싶다고 했다. 상담자는 이 과정에서 문득 승호 할머니에게 '준비된 음식물로 자신의 자화상을 만들어 보도록 하면 어떨까?'라는 생각이 들었다. 승호 할머니는 빠른 속도로 얼굴을 만든 후에 디스플레이가 되어 있던 접시를 덧붙여 사람의 모습을 만들었다. 잠시 망설이더니 체리 3개를 올리면서 "이런 고급 과일은 저를 위해서는 산 적이 없어요! 이 체리들은 제가 사람들을 사랑하는 마음이에요."라고 덧붙였다. 소감으로 "평생 음식물은 귀하게 다뤄야 한다고 생각했는데, 음식물로 장난을 할 줄은 몰랐다."라며 기뻐했다. 함께 참여한 기관의 관계자들이 "웃고 있는 표정이 마음에 든다." "만든 얼굴이 정말 행복해 보인다." "사랑을 표현한 체리가 심장 같아서 정말 살아 있는 느낌이다." 등의 피드백을 하자, 승호 할머니는 앞으로도 사랑하면서 살겠다고 화답했다. 이런 과정을 통해 승호 할머니는 딸과의 양육 갈등이라는 문제에서 벗어나 사람들에게 편안함을 주는 선한 사람으로 자신을 인식하게 되었다.

[그림 9-13] 한선희 씨의 자화상

종결 단계에서는 어떤 활동을 하든지 상담의 성과를 확인하고, 내담자가 상담에서 얻은 경험을 자신의 삶에 통합할 수 있도록 돕는 것이 중요하다.

결론

노년기 상담에서는 생애 회고, 신체적 변화, 사회적 고립, 정신건강 문제 등 여러 복잡한 요소를 통합적으로 다루어야 한다. 상담 과정은 개별 내담자의 특성에 맞게 구성될 수 있으나, 일반적으로, 초기 · 중기 · 종결 단계로 나누어 실시되고 있다. 고령의 내담자들은 기억력 저하나 말하기 어려운 감정들이 있을 때 언어적 표현이 어려울 수 있다. 이때 놀이나 이미지 작업을 통해 내담자는 언어로 설명하지 못하는 감정을 시각적으로 표현함으로써 자신을 더 명확하게 이해할 수 있다. 특히 이와 같은 기법은 내담자가 강요받지 않고 자연스럽게 자신의 감정과 생각을 드러낼 수 있다.

제10장 노년기 상담 기법

상담 과정에서 내담자 자신이 보고, 듣고, 느낀 것을 그대로 말할 수 있도록 하는 것이 중요하다. 그것은 내담자의 자존감과 연결되기 때문이다. 내담자로부터 어떤 어려운 이야기를 들어도 따뜻하고 수용적인 자세로 내담자와 의사소통할 수 있는 상담자의 모습은 안정적이다. 이런 상담자의 자세는 '여기서는 내 이야기를 솔직하게 해도 되는구나.'라는 안도감을 내담자에게 줄 수 있기 때문이다. 그러나 우리가 만나는 고령의 내담자의 경우에는 이미 자신의 방식으로 느끼고 생각하고 행동하는 것에 익숙하며, 때로는 주위에서 그런 것에 대한 비난을 받아 온 경험이 많다. 이처럼 의사소통의 역량이 부족한 고령자들은 인간관계에서 스트레스를 받고 분노하거나 때로는 사회적 철회를 하기도 한다. 따라서 고령자를 만나는 상담자는 다른 연령층의 내담자를 만날 때보다 더욱 적극적으로 경청하면서 공감적으로 이해하는 것이 필요하다. 공감 능력은 타인의 의견이나 감정을 있는 그대로 느끼는 것으로, 상대방의 말을 정확히 듣는 것과 자신의 감정을 있는 그대로 전하는 힘이 포함된다.

이 장에서는 고령자의 이 같은 특징을 고려하면서 고령의 내담자의 이야기를 어떻게 듣는 것이 효과적인지를 정리한 후 구체적인 방법으로 다르게 듣기, 공감적 이해 그리고 순환적 인식론에 근거하여 질문하기를 언급하고자 한다.

1. 상담에서 듣기의 기술

바람직한 상담은 내담자가 마음속 깊이 묻어 두어 거의 잊고 있던 소리에 스스로 귀를 기울여 자신이 내담자가 보고 들은 것에 자유롭게 자신의 의견을 표현할 수 있는 상호작용에서 시작된다. 내담자는 때로 자신의 두려움, 무력감, 분노, 위로받고 싶은 마음, 공격성 등을 표현하는데, 새로운 가능성을 발견하고 실행할 수 있다는 확신을 가지게 됨으로써 자존감을 회복하도록 돕는 것이다. 그렇다면 상담자는 이 같은 목표를 향해 무엇을 해야 할 것인가? 이것은 내담자의 이야기를 귀 기울여 들으면서 그 안에서 기존의 흐름과 결이 다른 부분을 찾아내어 그것을 새로운 관점으로 듣는 것에서 시작한다. 다르게 듣기는 그들의 변화나 탄력성으로 이어질 수 있기 때문이다. 예를 들어, 가족이나 이웃에게 항상 욕설과 폭언을 하여 동네에서 기피 1순위가 된 70대의 남성 내담자가 "난 밖에 나와도 친한 사람이 없어요. 사람들이 날 싫어하니까 나도 모르는 사이에 사람들에게 상처 주는 말을 해요."라고 말했다. 이 문장은 어디에 초점을 두는지에 따라 이야기는 다르게 전개될 수 있다. '사람들이 싫어해서'에 방점을 찍으면 그다음에 이어지는 이야기는 고령의 내담자는 주위 사람들이 나를 이해하지 못하고 얼마나 괴롭히는지에 대해서 호소할 것이다. 그리고 상담자는 이 자리에 존재하지 않는 제삼자의 입장을 추론해 가면서 그의 왜곡된 지각을 되돌리려고 노력할 것이다. 그러나 '친한 친구가 없다.' '나도 모르는 사이에 사람들에게 상처 주는 말을 한다.'에 초점을 맞춘다면, 그가 이웃과 친밀한 관계를 맺고 싶어 하지만 자신의 방식을 이웃 사람들이 받아들이지 못해서 의도치 않은 언행을 하게 된다는 점을 이해할 수 있다. 상담이 진행되면서 내담자의 외로움, 두려움, 공허함에 공감하며 그 이야기를 통해 새로운 가능성을 찾아내는 것이 중요하다.

1) 다르게 듣기

상담 과정에서 문제에서 벗어나 문제를 해결하려면 내담자의 이야기를 다르게 들을 수 있어야 한다. 다르게 듣기는 내러티브치료를 주장한 화이트(White)의 '부재하지만 암시되는 이야기'의 개념을 이해하면 도움이 될 것이다.

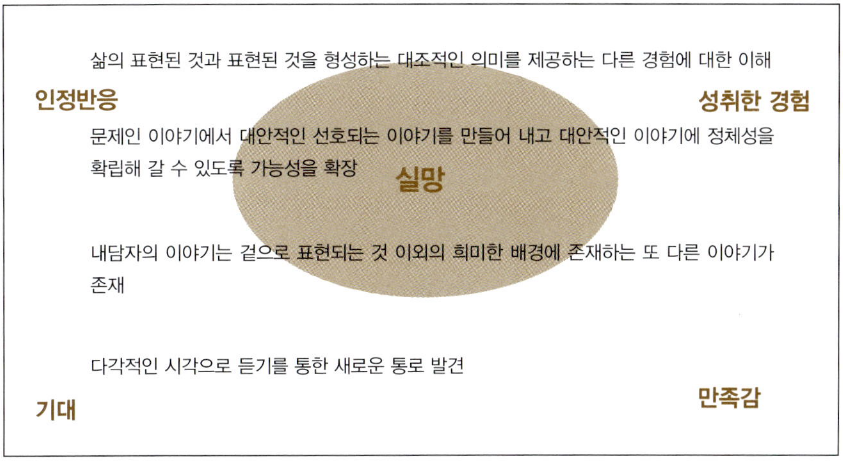

[그림 10-1] 부재하지만 암시되는 이야기

그는 사람들의 삶에서 부재하지만, 암시적으로 존재하는 이야기를 탐색하고 조명하는 것이 중요하다는 점을 강조했다. 그는 우리가 고립이나 절망에 대해 언급한다는 것은 이미 연결이나 희망에 대한 지식을 가지고 있고, 그것을 구별해 낼 수 있기 때문이라고 보았다. 이것을 치료적인 상황에 적용한다면 내담자가 호소하는 문제의 이야기에서 그가 선호하는 또 다른 이야기를 찾을 수 있고, 그것을 통해 대안적인 이야기를 확장해 갈 수 있다고 보았다. 그러나 '부재하지만 암시되는' 내담자의 이야기는 대부분 겉으로 드러나지 않고 배경 속에서 희미하게 드러난다. 따라서 화이트는 개인의 삶에 영향을 미치는 다양한 이야기 중에서 명확하게 드러나지 않지만 하이라이트를 비출 가치가 있는 이야기를 발견하고, 그것의 의미를 재구성하는 것을 상담의 목표로 했다. 이러한 방법은 문제 중심적 이야기를 선호하는 고령의 내담자와 상담할 때 유용하다. 상담자는 대담자가 문제에 대해 말할 때 그것에도 귀를 기울여야 하지만, 동시에 문제의 배경이나 맥락에 대한 다른 가능성의 이야기가 존재한다고 인식한다면 새로운 이야기를 만들어 갈 통로를 발견할 수 있을 것이다. 이처럼 상담자는 내담자의 이야기를 다각적으로 들으면서 새로운 이야기를 만들어 갈 수 있는 통로를 찾고 그것을 넓혀 가는 것이 필요하다.

2. 공감적 이해

나이가 들면서 겪게 되는 다양한 변화에 대처하기 위해서는 다른 사람의 깊은 이해와 지지가 필요하다. 이미 언급한 것처럼 공감적 이해는 상담 과정에서 내담자의 감정을 깊이 이해하고 그들의 관점을 존중하는 것인데, 이를 통해 내담자는 자신의 감정을 안전하게 표현하고 상담자와의 신뢰 관계를 구축할 수 있다. 특히 고령자의 경우에는 오랜 삶의 여정을 통해 다양한 상실을 경험하면서 심리적 어려움을 안고 있는 경우가 많다. 이들과 만나는 상담자가 공감적 이해를 통해 고령자의 감정과 경험을 수용함으로써 신뢰 관계를 형성하여 심리적 지원을 제공할 수 있다. 고령자의 경우에는 신체적 · 인지적 변화를 겪는 시기이므로 사람들과 소통하는 방식의 범위가 넓다. 따라서 상담자의 공감적 이해는 고령자의 의사소통의 패턴에 따라 유연하게 소통의 방식을 조절하는 것을 가능하게 한다.

공감적 이해는 동정(sympathy)과 구별해야 한다. 동정은 상담자가 내담자와 동일하게 느끼고 염려하는 것을 말한다. 즉, 상담자는 내담자와 동일시하여 내담자의 세계에 빠져 버리는 것을 의미한다. 공감적 이해는 내담자와 분리된 존재라는 것에 대한 내적인 이해를 상실하지 않은 채 내담자의 준거틀을 탐색 및 감지하고자 하는 것을 의미한다. 따라서 상담자는 내담자 의사소통을 단순히 인지적으로 이해하는 것에 그치지 않고, 내담자의 이야기를 감정과 사고를 통해 온전히, 즉 가슴으로 깊이 받아들이고 공감하는 자세가 필요하다. 이런 기법은 고령의 내담자를 만나는 상담자들에게 특히 도움이 될 것이다. 여기서는 공감적 이해에 도움이 되는 몇 가지 상담 기법을 소개하고자 한다.

1) 적극적 경청

경청이란 내담자의 이야기를 주의 깊게 들으면서 그들의 언어적 · 비언어적 메시지를 이해하려는 상담자의 자세를 말한다. 이것은 내담자가 표현한 감정을 인정하고, 상담자가 그 감정을 공감하며 반영할 때 효과적으로 작용한다. 상담자와 내담자의 의사소통은 언어적 · 비언어적 의사소통을 통해 이루어지기 때문에 상담자는 언어적 또는 비언어적 채널을 통해 경청하고 있음을 알리는 것이 필요하다. 특히 고령의 내담자들은 상담자가 자신의 말을 진지하게 듣고 있는지의 여부를 상담자의 언어적 반응과 함께 비언어적 행동으로도 판단한다. 또한 비언어적 의사소통은 내담자가 말로 표현하지 않은 감정을 이해하는 데 도움이 된다. 따라서 상담자는 내담자의 미소, 시선, 어떤 행동들, 말을 할 때의 어조나 침묵 등에 세심한 주의를 기울여야 한다. 동시에 시선 맞춤, 적절한 몸짓, 얼굴 표정 등과 같은 비언어적 소통으로 내담자에게 관심과 공감을 표현하는 것도 중요하다.

적극적 경청은 고령의 내담자가 두서없이 이야기하는 가운데서도 중요한 부분을 찾아내어 초점을 맞추는 데 효과적이다. 그러나 적극적 경청의 가장 큰 이점은 상담자가 내담자의 이야기를 평가하려는 경향을 억제하고, 이를 있는 그대로 받아들이는 데 도움을 준다는 점이라고 할 수 있다. 이것은 또한 상담자 입장에서 너무 급하게 문제를 해결을 하려는 조급함을 방지하는 데도 도움이 된다.

2) 명료화

고령의 내담자들은 인지 능력의 저하나 말하고자 하는 강한 욕구로 인해 자신의 생각이나 감정을 명확히 전달하기 어려운 경우가 많다. 따라서 상담자는 내담자의 이야기를 정확히 이해하기 위해 내담자의 이야기를 명료화할 필요가 있다. 대부분의 상담자는 다음과 같은 개방형 질문과 폐쇄형 질문의 차이를 인식하고 있으므로 상담 과정에서는 되도록 폐쇄형 질문을 피하려고 한다. 그러나 고령의 내담자를 만나는 상담자의 경우에는 고령의 내담자의 인지 기능 등의 상황에 따라 폐쇄형 질문을 통해 현재, 여기서 하고 있는 이야기를 명료화시키는 것이 도움이 된다.

〈표 10-1〉 노년기 상담의 개방형 질문과 폐쇄형 질문

개방형 질문	폐쇄형 질문
1. 내담자의 인지 영역을 확대시켜 준다. 2. 내담자의 태도, 사고, 느낌에 대한 이야기를 하게 한다. 3. 내담자의 준거를 보다 많이 반영한다. 4. 질문의 예 1) ○○ 님과 자녀와의 관계에 대해서 말해 줄 수 있나요? 2) 만약 ○○ 님이 자녀와 관계가 좋아진다면 무엇이, 어떻게 다를까요?	1. 내담자의 초점을 좁혀 준다. 2. 사실에 대한 답을 하도록 돕는다. 3. 상담자의 준거를 반영하여 현재 필요한 주제를 다룰 수 있다. 4. 질문의 예 1) ○○ 님은 자녀를 좋아하나요? 2) ○○ 님은 자녀와의 관계가 회복되기를 원하나요?

쉽고 간략한 설명도 명료화하는 데 도움이 되는 기법이다. 이 기법은 내담자가 말하고 있는 것의 핵심을 짧고 명확하게 다시 내담자에게 되돌리는 것

이다. 이렇게 함으로써 내담자는 자신의 이야기를 명료화하거나 확장할 수 있는 기회를 가질 수 있다. 예를 들어, "○○ 님은 자녀들이 자신을 '구닥다리'로 생각하는 게 싫군요."와 같이 핵심 용어를 사용하는 것이 바람직하다. 비슷한 기법으로 장황하게 이야기하는 고령의 내담자와 상담을 할 때 유용한 방법은 지금까지의 대화를 핵심적인 내용으로 간결하게 요약하는 것이다. 요약은 상담자가 내담자의 생각, 행동, 느낌에 대해 듣고 있는 그대로 내담자에게 되돌려서 진술하는 것이다. 요약은 상담자가 내담자의 이야기를 주의 깊게 경청하고 있다는 것을 재확인시켜 주고, 상담자 또한 요약을 통해 자신이 내담자의 말을 정확하게 듣고 있다는 것을 확인할 수 있는 이점이 있다.

명료화를 위해 도움이 되는 또 다른 기법은 내담자가 사용하는 단어를 그대로 다시 사용하는 것이다. 언어는 내담자가 자신의 가치나 기준을 전달하기 위해 사용하는 일차적인 수단이므로 내담자가 사용하는 이야기를 경청하면서 핵심적인 말을 있는 그대로 다시 사용하는 것이다. 이것은 내담자에 대한 존중의 표현이기도 하다. 그런 의미에서 내담자가 사용하는 표현을 전문적인 용어로 바꾸어서 재명명하는 것은 내담자의 언어를 존중하지 않는 태도로 비칠 수 있으며, 이는 내담자의 자신감을 약화시키는 행동이라고 볼 수 있다. 고령의 내담자가 "아내가 떠나자 내 생활은 엉망진창이 되었어요."라고 말할 때 상담자는 "상실의 감정이 크시군요."라는 표현보다는 "엉망진창이 되셨군요."라고 그대로 말하는 것이 좋다. 그런 되돌림은 내담자로 하여금 상담자가 그런 표현을 했던 생활사에 대해 좀 더 이야기를 듣기 원한다는 것을 알게 한다.

고령의 내담자의 이야기를 명료화하기 위해 때로는 상담자의 자기개방도 도움이 된다. 자기개방이란 내담자에게 자신의 개인적인 관찰, 경험이나 생각을 이야기하는 것이다. 상담자의 생각을 내담자에게 밝히는 것이 중요할 때가 있는데, 이는 내담자가 상담을 어떻게 경험하고 있고, 그들이 삶에 대해 어떤 인식을 하고 있는지를 명료화하기 위해서 사용한다. 예를 들어, 모순된 이야기를 하고 있는 내담자에게 "○○ 님은 조금 전에 자녀들과 사이가 꽤 괜찮다고 했는데, 지금은 아이들이 오는 게 지겹다고 말씀하시는군요. 저는 좀 혼란스러운데요. 이 두 이야기가 어떻게 연결되는지 설명해 주실 수 있을까요?"라고 질문하는 것이다.

3) 내용과 과정

내용(content)이란 내담자의 고통과 중요한 사건이나 사람에 관한 정보이다. 과정(process)이란 내담자가 정보를 표출하는 방법으로, 그들이 이야기를 할 때 보이는 감정이나 표정 등을 말한다. 때때로 내담자의 내용과 과정이 일치되지 않는 경우가 있는데, 이것을 적절한 타이밍에 언급할 필요가 있다. 예를 들어, 자녀와 사이가 나쁜 내담자가 "자녀는 더 이상 자신에게 어떤 의미도 없다."라고 말하면서 눈물을 글썽인다. 이때 상담자는 내담자의 언어적 표현을 존중하면서 동시에 내담자가 표현한 감정에 대해서 탐색하는 것이 필요하다.

칭찬은 진술된 목적을 달성하기 위해 내담자의 강점과 과거의 성공을 중심으로 상담자가 내담자에게 제공하는 찬사와 지지인데, 고령의 내담자에게 더욱 필요한 기법이다.

칭찬은 내담자에게 친절하거나 잘해 주기 위해 하는 것이 아니라, 내담자의 말의 내용이나 과정을 통해 알게 된 것을 근거로 하는 현실적인 것이어야 한다. 예를 들어, "○○ 님의 멋있게 늙고 싶다는 열망이 인상적이었어요."라는 표현보다는 "아까 전철 안에서 무례한 행동을 한 젊은이에게 하셨던 행동을 들으면서 ○○ 님은 어떻게 하면 젊은 세대의 모델이 되는 어른이 될 것인가에 대해 고민하고 계시다는 것이 인상적이었어요."라는 피드백이 바람직하다.

4) 대화의 초점

대화의 초점을 고령의 내담자에게 머물게 하는 것이 중요하다. 내담자들은 종종 자신의 문제에 대해 무기력하고 문제 해결 가능성의 여부는 다른 사람에 의하여 좌우된다고 호소한다. 상담자는 내담자의 무기력을 권한 부여(empowerment)로 전환하기 위해 내담자가 자신의 상황이나 타인에 대해 가진 불평을 출발점으로 삼아, 그 상황에서 무엇이 달라지기를 원하는지 그리고 그러한 변화를 위해 자신이 어떤 역할을 할 수 있는지를 탐색하도록 도와야 한다. 드 쉐이저(de Shazer)는 이러한 과정을 "문제 중심적 대화(problem talk)로부터 해결 중심적 대화(solution talk)로의 전환"이라고 불렀다(김유숙 역, 2023). 예를 들어, 퇴직한 남편이 집에만 있는 것을 힘들어하는 아내가 "남편은 너무 게을러요. 아침에 일어나려고 하지 않고 하루 종일 TV만 보면서 뒹굴어요. 내가 집에만 있는 남편의 세끼를 해서 바치는 게 얼마나 힘든지 모르는 것 같아요."와 같은 문제 중심의 대화로 어려움을 호소한다면 상담자는 다음과 같은 질문을 할 수 있다. "남편이 충분히 휴식했기 때문에 이제부터는 새로운 생활을 하기로 결심했다는 것을 아내분은 어떻게 알 수 있을까요? 그리고 남편의 그런 행동이 아내분에게는 어떤 영향을 미칠까요?"라고 물어서 저 사람이 변해야 한다에 머물지 않고 변화를 위해 내가 무엇을 해야 하는지를 탐색할 수 있도록 돕는다.

해결 중심적 대화란 상담자와 내담자가 자신의 생활에서 달라지를 원하는 것과 그러한 일이 일어나게 할 가능성에 역점을 두는 것이다. 해결 중심적 대화를 확대하기 위해서는 상담 초기에 내담자의 문제가 무엇인가, 내담자가 원하는 것, 즉 달라지기 바라는 것은 무엇인가, 그 같은 일이 일어난 때가 있었는가(예외 탐색), 그리고 그러한 일이 일어날 가능성에 대해 구체적으로 이야기하게 될 때 내담자는 더욱더 희망을 가지게 되고 문제 해결 가능성에 대한 자신감을 가지게 된다.

3. 질문하기: 순환적 인식론

상담자들은 내담자의 어려움을 이해하고 상담을 통해 기대하는 바를 파악하기 위해 어떤 질문을 할지 고민한다. 또한 내담자의 마음에 상처를 주지 않으면서 변화를 이끌어 낼 수 있는 질문 방식을 탐구해야 한다.

상담 과정에서 '설명하기'와 '기술하기'는 각각 내담자의 경험을 이해하는 데 중요한 역할을 한다. 기술하기는 내담자의 경험을 객관적으로 묘사하는 과정으로 어떤 현상을 과거부터 현재까지 차례대로 나열하는 것이다. 이것은 내담자가 자신의 상황을 명확하게 인식하고 이해하도록 돕는 데 중점을 두면서 이해한 것을 말하는 것이다. 이때 어떤 경험을 언급할 때 주관적 판단이나 해석을 피하고 사실적 묘사에 집중한다. 이를 통해 현상을 이해하면 원인은 과거에 존재하며, 현재에 일어난 것은 결과라는 선형적 인식론을 가지게 된다.

과거 경험의 기술(원인) → 현재 경험의 기술(결과)

그러나 경험들이 연결되어 특정한 의미 체계를 만들어 낼 수 있다고 본다면 과거의 경험을 단순히 시간적 순서에 따라 원인과 결과로 이해하는 데에는 한계가 있다. 설명하기는 내담자가 자신의 경험이나 문제를 보다 깊이 이해하도록 돕는 과정으로서 내담자가 자신의 상태나 행동에 대한 통찰을 얻을 수 있도록 정보를 제공하는 데 중점을 둔다.

지금까지의 경험을 누구와 어떻게 상호작용하면서 그것을 재구성하느냐가 중요하다. 사회구성주의 관점을 가진 상담자들은 질문을 단순히 정보를 수집하는 수단으로만 보지 않고 새로운 경험을 이끌어 내는 과정으로도 간주한다. 내담자가 왜 특정 행동이나 감정을 느끼는지를 이해하도록 돕는 것이다. 이러한 질문은 단순히 기존의 경험에 접근하는 데 그치지 않고, 내담자가 질문을 통해 자신에게 의미 있는 새로운 경험을 만들어 낼 수 있도록 돕는다.

과거 경험에 새로운 의미를 만들어 감 ← 지금 여기에서 말하는 사람과 듣는 사람과의 상호작용

상담자는 문제 해결을 위한 방안을 제시하기보다는 내담자 스스로가 새로운 경험을 발견할 수 있도록 적절한 질문을 하는 것이 바람직하다. 기술하기와 설명하기는 상담 과정에서 서로 보완적으로 활용하는 것이 바람직하다. 내담자가 어떤 상황을 기술하기로 언급하면, 상담자는 그 이야기 속에 암시된 또 다른 이야기를 찾아 질문함으로써 내담자가 자신의 경험을 설명하기로 이야기하도록 이끌 수 있다.

지하철역에서 공황발작을 경험한 후에 공황발작에 대한 두려움 때문에 외출조차 하지 못한다고 호소하는 50대 남성과의 대화를 예로 들어 보자.

내담자: 요즘 내가 아무 곳도 다닐 수 없는 것은 얼마 전에 지하철역에서 쓰러졌기 때문이에요. (기술하기)

상담자: 어려운 경험을 하셨네요. 그때 어떤 일이 일어났고, 그 후에 어떤 감정을 느꼈는지 구체적으로 묘사해 줄 수 있나요? (기술하기)

내담자: 그때 심장이 빨리 뛰고 숨이 가빠서 어쩔 줄 몰랐어요. 그런데 몸이 힘든 것보다 '동네인데 아는 사람이 보고 있으면 어쩌지?' 하는 두려움이 더 컸어요.

상담자: 그 상황에서 아는 분을 만나는 게 더 힘드셨군요. 만약 원하지 않는 상황이 벌어졌다면 선생님은 어떤 게 가장 힘들었을까요? (설명하기)

내담자: 아직 주위에서는 내가 이제 회사에 나가지 않는다는 걸 몰라요. 아이들도…….

상담자: 당황하셨겠네요. 회사에 나가지 않는 걸 주위 사람에게 말하지 않는 이유

가 있나요?

내담자: 불미스러운 일에 연류되어서 회사를 그만뒀기 때문에…….

상담자: 다른 사람들이 걱정하지 않도록 하는 배려가 있었네요. 이렇게 주위를 배려하는 게 도움이 되나요? (설명하기)

내담자: 집사람은 아이들이 눈치채지 못하게 출근하는 척하라고 하는데…… 매일 목적 없이 다닌다는 게…….

상담자: 아내분 역시 남편과 자녀들에 대한 배려가 많네요. 자녀들 앞에서 거짓 행동을 하는 것보다 상황을 솔직히 표현하고 싶다는 걸 아내에게 어떻게 이해시킬 수 있을까요? (설명하기)

이 같은 기술하기와 설명하기로 질문하는 데에는 톰(Tomm, 1988)이 언급한 [그림 10-2]의 순환적 인식론에 근거한 질문이 도움이 된다(Patterson, 2021).

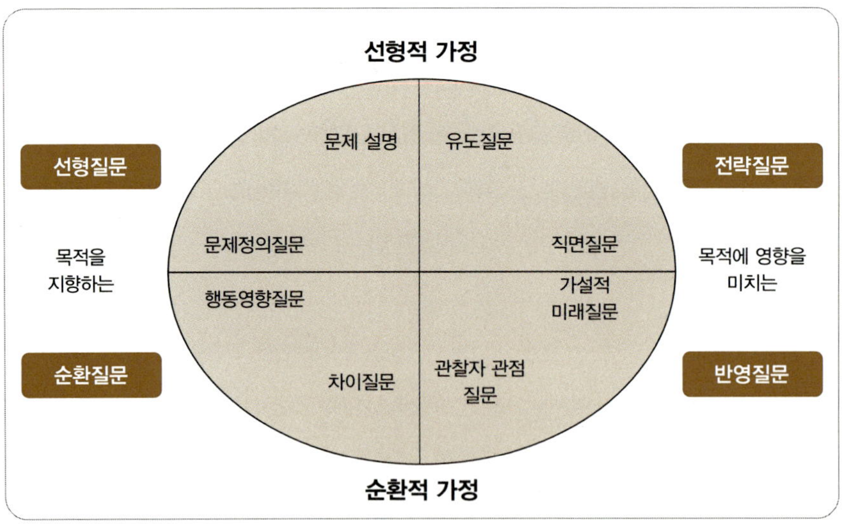

[그림 10-2] 순환적 인식론을 포함한 질문 유형

출처: Patterson et al. (2009).

> 박귀남 씨는 4남매의 맏딸로 태어나서 70 평생을 갖은 고생을 다하면서 열심히 살아 왔다. 어릴 적 아무 연고도 없이 맨몸으로 서울에 올라왔지만, 지금은 남편의 대리점을 돕고 있다. 두 아들도 독립하여 잘 지내고 있어 이제 즐길 일만 남았다고 생각하면서 노인복지센터의 다양한 프로그램에도 참여해 왔다. 그러나 반년 전에 손주가 예상치 못한 사고로 장애를 갖게 되면서 맞벌이하는 부모를 대신해 손주를 돌보게 되었다. 젊은 시절 온갖 고생 끝에 여유로운 노후를 보내고 있던 차에 날벼락을 맞은 기분으로 분하고 억울했다. 그러다가도 손주가 많이 좋아져서 이전과 달리 계단도 오르려는 모습을 보면 고생한 보람을 느끼고, 다시 아이 양육에 힘을 쏟았다. 그런데 어느 날 며느리가 찾아와서 "제가 더 바쁜 부서로 이동을 하게 되었고, 아이도 왔다 갔다 하는 걸 힘들어하니 주중에는 여기서 지내면 어떨까요?"라고 말했다. 귀남 씨가 난감해하자, 며느리는 "시세에 맞춰서 사례비는 드릴게요."라고 덧붙였다. 이 말에 화가 난 귀남 씨는 당장 아이를 데리고 가라고 큰소리를 내면서 더 이상 손주를 돌볼 수 없다고 거절했다. 삼일 동안 아무 연락이 없어서 남편에게 아들과 통화하도록 해 보니 덜 바쁜 부서에 근무하는 아들이 휴가를 내고 자녀를 돌보고 있다고 한다. 지금까지는 '아픈 손주를 생각하며 어쩔 수 없다고 여겼지만, 무례하게 구는 며느리의 태도를 보면 관계를 끊고 싶고, 회사에도 못 가는 아들을 생각하면, 내 마음을 다스려야 할 것 같아서 어떻게 해야 할지 모르겠다고 호소했다.

여러분이 이 사례의 귀남 씨와 상담을 하게 된다면 어떤 질문을 할 것인가? [그림 10-2]의 원 윗부분에 해당하는 선형적 인식론을 근거로 한 문제를 설명하도록 요구하거나 문제를 정의하도록 하는 질문으로 시작할 것이다. 상담을 진행해 가면서 필요하다면 유도질문을 통하여 문제를 명확히 하거나 때로는 직면을 통해 통찰을 하게 할 수도 있다. 이러한 질문의 유형은 이미 잘 알려져 있을 것으로 보이지만, 톰은 치료 가능성을 탐색하고 이해하기 위해 사용되는 질문을 4가지 범주로 설명하였다. 그는 그 같은 범주를 선형(lineal), 순환(circular), 전략(strategic) 그리고 반영(reflexive) 질문이라고 명명하였다.

선형질문이란 탐색적이고 연역적이며 내용 중심이다. 탐색하고 추론하는 내용으로 채워진 것으로서 사실과 관련된 질문이다. 이러한 질문을 통해 수집된 정보는 문제를 이해하고 설명하는 데 활용된다.

상담자: 며느리는 왜 그런 제안을 했을까요?

내담자: 걔는 원래 일하는 걸 싫어했어요. 결혼해서부터 한동네에 살면서 첫째네와는 달리 걸핏하면 저한테 부탁을 했어요. 어떤 때는 괘씸해서 거절했지만 언제나 아들이 옴팡 뒤집어 쓰니……. 이번에도 아들이 회사에 못 가고……. 며느리가 일부러 보란 듯 나한테 분풀이를 하는 것 같아요. 걔가 생각보다 어린 것 같아요. 쉬는 날이면 늦게까지 자서 공휴일에도 아들 가족의 식사는 제 몫이에요.

순환질문은 탐색적이며 상담자의 알고자 하는 자세에서 우러나오는 질문들이다. 이러한 질문을 통해 얻은 정보는 누가 또는 무엇이 변해야 하는가를 탐색하는 대신에 가족 내 상호작용을 파악하는 데 유용하다. 이를 통해 문제가 보다 큰 체계와 연결되어 있다는 점을 부각시킨다.

상담자: 며느리가 주말에 아이를 귀남 씨 댁에 보내지 않는 날도 있나요? 그 날은 어떤 일 때문에 아이를 보내지 않나요?

내담자: 내가 심한 소리를 하면 보내지 않아요. 아마 내 잔소리가 듣기 싫었나 봐요.

상담자: 귀남 씨가 며느리에게 심한 소리를 하지 않으면 며느리는 어떻게 행동하나요?

내담자: 잘 모르겠어요…….

순환질문을 다음의 4가지 유형으로 분류했다

첫 번째 유형은 한 가족 구성원이 다른 두 사람의 가족 구성원 사이의 관계나 상호작용에 대해 이야기하게 하는 것이다. 예를 들어, 상담자가 남편에게 "아버님이 보시기에 며느리와 경진 할머니는 어떻게 지내나요?" 또는 내담자에게 "며느리가 손주를 야단치면 경진 할머니는 어떻게 하시나요?"라고 물어볼 수 있다.

두 번째 유형은 각 개인에게 실제 또는 가설적 상황에서 가족 구성원의 반응에 대해 순위를 매기게 하는 것이다. 상담자는 "이번 며느리와의 일로 가장 화가 난 사람은 누구인가요? 그다음은요?"라고 묻거나 또는 "이 문제가 해결되면 누가 가장 많이 안심할까요? 그다음으로 안심할 사람은 누구일까요?"라는 질문할 수 있다.

세 번째 유형은 시간이 흐름에 따라 나타나는 차이를 조사하는 것이다. 이 질문들은 과거에 일어났거나 미래에 일어나리라 예상되는 특정 사건과 관련되어 있을 수 있다. 예를 들어, "이번에 아들 가족이 방문하면 며느리는 뭐가 달라질 것이라고 생각하나요? 그걸 보고 누가 어떤 반응을 보일까요?"라는 질문이다. 또는 귀남씨에게 이번 사건 이후에 아들의 행동이 어떻게 달라졌는지에 대해 질문할 수도 있다.

네 번째 유형의 순환질문은 질문에 대답하고 싶어 하지 않거나 그 자리에 없는 개인에 대하여 간접적으로 정보를 얻는 것이다. 상담자는 귀남씨에게 "오늘 며느리가 이 자리에 있다면 며느리는 무엇이 가장 큰 문제였다고 말할까요?"라고 질문하는 것이다.

전략질문은 도전적이며 교정적이다. 종종 특정 방향 내에서 새로운 가능성을 제기하거나 가족이 현재 문제에 반응하는 방식을 변화시키기 위한 것이다. 상담자는 어떤 가족이 다른 가족에 대한 그들의 반응 행동을 재배열하게 함으로써 현재의 연속적인 상호작용을 차단하려고 시도하는 데 도움이 된다. 전략질문을 할 때 중요한 것은 현재 가족이 문제에 대응하는 방식을 바꾸는 것이다.

상담자: 며느리의 생각 없이 한 말에 화를 내지 않고 오죽 힘들면 그런 생각을 했겠느냐고 생각했다면 어떤 일이 일어났을까요?

내담자: 수고비 이야기를 하는데, 너무 화가 나서 그런 건 생각할 겨를이 없었어요. 아마 지금처럼 집안 분위기가 뒤숭숭하지는 않겠지요.

상담자: 며느리도 가정일에 좀 더 신경을 써야 한다는 점을 알면서도 행동으로 옮기지 못하는 이유가 무엇을 어떻게 해야 할지 몰라서라는 생각이 드는데, 이에 대해 어떻게 생각하시나요?

반영질문은 내담자에게 질문을 통해 새로운 반응을 생각해 보게 한다. 가족을 어떤 특정한 방향으로 움직이게 하지 않으면서 가족 안에 변화를 가능하게 한다. 상담자는 내담자가 이전의 반응과 다르고, 그보다 나은 새로운 반응을 발견할 수 있으리라는 희망과 함께 매우 중립적인 입장을 가져야 한다. 행동 변화에 초점을 맞추는 대신에 대안에 대해 생각해 보도록 하기 때문에 지시하지 않으면서 변화를 돕는다. 어떤 분명한 행동 변화에 집중하는 대신에 대안들을 향해 문을 열어 두는 것이다.

상담자: 며느리가 자신의 상황을 충분히 표현하고 손주를 맡아 달라고 진심 어린 마음으로 말한다면 귀남 씨의 태도도 달라질 수 있다는 걸 며느리에게 어떻게 알릴 수 있을까요?

내담자: 며느리도 내가 모진 말을 많이 해서 마음이 상했을거라는 걸 알고 있다는 걸 알려 줄 것 같아요. 제가 어떻게든 며느리의 게으른 모습을 고치려고만 했지, 며느리가 어떤 생각을 하고 있는지 잘 몰랐어요. 자주 대화를 해야지요.

이 모든 유형의 질문에 있어서 언어적 기술뿐만 아니라 비언어적 기술도 상담자의 관점을 전달한다. 비언어적 의사소통과 언어적 질문이 일치한다면 보다 효과적인 의사소통이 가능해진다.

문제에 대한 사실을 확인하는 기술하기의 질문보다는 새로운 의미 체계를 만들어 갈 수 있도록 질문하는 것이 바람직하다. 이때 내담자 스스로 새로운 것을 발견해 갈 수 있도록 도우려면 상담자는 사회적 담론에서 벗어난 '알지 못함'의 자세로 질문하는 것이 필요하다. 문제의 영향 탐색, 제삼자의 입장되기, 미래지향적인 것의 탐색 등을 할 수 있는 순환적 관점의 질문을 통해 내담자의 강점이나 탄력성에 초점을 맞추는 것이 좋다.

4. 실제적 문제

고령의 내담자를 대상으로 상담을 하게 되면 상담자는 그 과정에서 다양한 어려움을 겪을 수 있다. 내담자의 신체적 · 정서적 특성과 함께 내담자를 둘러싼 사회적 특성이 상담자가 예상하지 못한 여러 가지 어려움을 초래하는 경우도 있다. 따라서 상담 중에 일어날 수 있는 여러 가지 어려움을 이해하고, 어떻게 대처하는 것이 바람직한지에 대한 생각을 미리 정리해 두는 것이 상담자에게 도움이 될 것이다.

1) 내담자에게 신체적 제한이 있는 경우

고령자는 청력, 시력 등의 감각 기능이 저하되거나 언어 능력이 떨어져서 상담 과정에서 의사소통에 어려움을 겪을 수 있다. 상담자의 말을 잘 듣지 못하거나 이해하는 데 제한이 있어서 자신의 말을 반복하는 경우도 있다. 이런 경우에 상담자는 내담자의 말을 선불리 가로채지 않으면서 발언권을 얻을 방법을 찾을 필요가 있다. 대부분의 상담자는 내담자와의 라포 형성을 위해 초기에는 두서없이 말하는 내담자를 따라가는 경우가 많다. 그러나 상담자가 적절하게 개입하여 내담자에 대한 관심과 이해를 전달하는 것도 중요하다. 즉, 언어적 또는 비언어적인 방법으로 내담자의 주의를 끈 뒤에 내담자의 생각이나 감정을 요약하는 방법이 있다. 예를 들어, 청력이 나빠서 상담자의 질문에 대답하기보다는 자신의 이야기에 몰두하는 내담자가 있다면 상담자가 필요한 물건을 가지러 잠시 일어서겠다고 양해를 구한 후에 스케치북을 가져옴으로써, 먼저 언어적 · 비언어적으로 주의를 환기시킨다. 내담자의 말을 좀 더 잘 이해하기 위해 핵심 단어를 적으며 듣고 싶다고 말하면서 내담자의 말을 단어로 요약하여 정리한다. 이를 통해 내담자의 이야기를 차단하지 않고 대화의 주제를 재조정할 수 있다.

고령자는 당뇨병, 고혈압, 심장질환 등 다양한 만성질환을 앓고 있는 경우가 많아서 신체적 고통이나 피로감으로 상담에 집중하기 어려워하거나 질병의 불안이나 신체적 고통이 상담의 초점이 되는 경우도 있다. 이 경우에는 먼저 내담자의 신체적 고통을 충분히 듣고 공감한 후에 그것을 호소하는 문제와 연결시키는 것이 필요하다. 예를 들어, "지금까지 ○○ 님이 가지고 계신 질병 때문에 며느리가 원하는 만큼 움직이기 힘들다는 이야기를 들었어요. 만약 이 자리에 며느님이 있어서 지금 이야기를 함께 들었다면 뭐라고 말을 할까요?"라고 질문함으로써 고부간의 갈등으로 주제를 바꿀 수 있다.

치매나 경도 인지장애를 겪는 고령자의 경우에는 기억력이나 주의력이 저하되어 상담 내용을 이해하거나 기억하지 못하는 상황이 발생할 수 있다. 이로 인해 상담 과정의 진행이 어려운 경우에는 놀이나 이미지를 활용하여 상담을 진행하는 것이 바람직하다.

2) 저항으로 자기표현을 하지 않는 경우

고령의 내담자들은 배우자나 친구, 직업 등 소중한 것들을 잃은 상실감으로 우울이나 불안 같은 정서적 문제가 심각하여 상담에서 자기표현을 하지 않는 경우도 있다. 때로는 상담을 통해 자신의 약점이나 문제를 드러내는 것을 꺼리거나 상담이라는 새로운 환경에 대한 저항 때문에 침묵하는 경우도 있다. 이처럼 상담 과정에서 감정을 표현하거나 문제를 인정하는 데 저항감을 느끼거나, 새로운 것에 대한 적응이나 변화를 시도하는 것에 대한 불편함을 가지는 경우에 상담자는 많은 인내심과 공감 능력을 가지는 것이 필요하다. 사실 상실이든, 저항이든 이것은 결국 내담자가 자신의 생각이나 감정을 억압하는 상황을 의미한다. 이러한 경우에 상담자가 먼저 내담자의 감정을 추론하여 이를 대신 표현해 주는 것이 도움이 될 수 있다. 예를 들어, "제가 보기에 지금 ○○ 님이 아무 말도 하지 않는 건 제가 한 말에 동의하지 않는다는 표현으로 생각이 되는데요."라고 언급함으로써 내담자가 자신의 감정을 표현할 수 있는 기회를 제공할 수도 있다.

3) 세대 차이로 인해 이해의 어려움이 있는 경우

상담자와 고령의 내담자 사이에는 세대 차이가 있기 때문에 가치관, 인생 경험, 사회적 변화에 대한 이해가 다를 수 있다. 상담자는 고령자의 삶의 맥락을 충분히 이해하고, 그들이 중요하게 여기는 가치와 경험을 존중하면서 상담을 진행하는 것이 중요하다. 상담 과정에서 자주 경험하는 세대 간의 어려움은 젊은 세대와 고령의 내담자 사이의 의사소통 방식의 차이이다. 고령자들은 전통적이고 형식적인 대화 방식을 선호하는 반면, 상담자는 직관적으로 보고 듣고 느낀 것을 있는 그대로 표현해 주기 원한다. 이러한 차이를 조율하는 것이 상담자의 몫이라고 생각한다. 내담자가 선호하는 가치를 존중하면서 그것을 배우려는 자세를 유지할 때 상담은 원만하게 진행될 수 있을 것이다.

4) 동기 부족으로 상담 참여가 저조한 경우

많은 고령의 내담자는 현재 자신이 가진 문제를 '나이 탓'으로 여기면서 더 이상 변화가 불가능하다고 생각하는 경우가 많다. 따라서 상담을 통해 자신의 문제를 해결할 수 있다는 믿음이 부족할 수 있다. 고령의 내담자를 만날 때는 구체적인 문제 해결뿐만 아니라 삶의 희망을 가질 수 있도록 돕는 것도 중요하다. 특히 임상 현장에서 고령의 내담자와 만나서 상담 목표를 설정할 때, 현실적이고 의미 있는 목표를 설정하는 것은 의외로 어려운 작업이다. 따라서 고령자와의 상담에서는 실질적인 변화를 추구하기보다는 정서적 지지와 수용을 우선시하는 경우도 많다. 즉, "어떤 문제 때문에 오셨어요?"라는 질문보다는 "뭐가 달라지면 처음에는 망설였지만 여기 오길 잘했다고 생각하시나요?"라고 물음으로써 그들의 기대를 언급하게 하여 공감적 이해를 하는 것이 좋다.

5) 고령자 특유의 생애 발달 문제로 고민하는 경우

때로 고령의 내담자를 만나면 내담자들이 자신의 삶의 의미와 죽음에 대한 고민을 언급하는 경우가 있다. 이 같은 생애 발달적인 주제를 다루는 것은 감정적으로 매우 민감하고 복잡할 수 있기 때문에 상담자는 신중하게 접근하는 것이 필요하다. 이런 주제를 다루기 원하는 고령의 내담자와 상담을 할 경우에는 여러 가지 기법을 통해 고령자 자신이 살아온 삶을 재평가하고 정리하는 과정을 거치는 것이 바람직하다. 그리고 상담자는 내담자가 이 과정에서 후회나 아직 달성하지 못한 목표가 있다고 호소한다면, 이런 주제를 외면하지 않고 직접 다룰 수 있어야 한다. 따라서 고령의 내담자를 만나게 되는 상담자는 자신이 삶과 죽음에 대해 어떤 자세를 가지고 있는지 평소에 점검하는 것이 필요하다.

결론

우리가 만나는 고령의 내담자의 이야기를 경청하고 공감하는 상담 관계를 맺으려면 먼저 그들에 관련된 몇 가지 특징에 대해 아는 것이 중요하다. 고령의 내담자는 잘 정리되지 않은 의사표현을 많이 하거나, 상담자의 질문에 반응하기까지 다소 긴 시간이 필요하기 때문에 다른 연령층의 내담자에 비해 더욱 인내심이 필요하다. 그리고 상담 과정에서는 고령의 내담자의 체면이나 자존감을 손상시키지 않기 위해서 상담자는 주로 적극적 경청을 사용하는 것이 바람직하다. 상담 과정은 내담자가 지금까지의 삶을 되돌아보도록 하여 그가 현재 느끼는 상실감, 우울, 죄책감 등을 감소시키면서 삶의 강점이나 탄력성을 부각시키기 위해 설명하기로 듣는 것이 좋다.

이처럼 고령의 내담자의 이야기를 그대로 받아들이고, 그들의 감정과 경험을 판단하거나 평가하지 않고 수용하는 태도와 함께 상담자는 내담자의 표현 이면에 있는 부재하지만 암시되는 이야기를 들을 수 있어야 한다. 그리고 내담자가 특정 상황이나 경험을 대해 다르게 말할 수 있도록 설명하기나 순환적인 방법으로 질문하는 것이 바람직하다. 이러한 상담 기법을 통해 이야기 속에서 발견할 수 있는 긍정적 자원을 통해 문제 해결에 한발 다가갈 수 있게 될 것이다.

제11장 노년기 상담의 상담자 자세

최근 상담은 적용 대상이나 분야에 따라 점점 세분화되고 있으며, 노년기라는 발달 단계를 고려한 고령자 대상의 상담도 점차 하나의 독립된 분야로 자리매김하고 있다. 학교 상담, 가족 상담, 산업이나 의료 분야의 상담처럼 각각의 분야에서 다루는 문제가 특정 영역으로 한정되어 있는 것처럼 보이더라도 심리적 문제는 복합적이며 서로 밀접하게 연관되어 있다. 동시에 각 상담 분야는 고유한 특수성도 가지고 있다. 최근에 각 지방자치단체에서 시작되고 있는 어르신 상담센터를 비롯하여 많은 곳의 사례를 직간접적으로 접하면서 노년기 상담의 특수성에 대한 고려가 필요하다는 것을 알게 되었다. 고령자를 대상으로 하는 상담에서는 그들의 특성이나 문제의 배경이 되는 고령자의 특수 사정을 이해하고 상담 과정에 충분히 반영하는 것이 중요하다. 따라서 이 장에서는, 먼저 노년기 상담에서 상담자가 겪는 불안에 대해 알아보았다. 그리고 상담자의 태도, 특히 고령의 내담자를 만날 때 상담자가 가려야 할 자세를 정리하였다. 마지막으로, 상담자로서의 자기성찰의 요소를 다루고 사례를 통해 성찰 과정의 중요성을 구체적으로 살펴보았다.

1. 노년기 상담자가 가진 불안

상담에 대한 대중의 관심이 늘어난 것과 달리 상담자들의 고령자 상담 분야에 대한 관심이나 선호도는 낮다. 한 예로, 사회복지를 전공하는 서구의 7개국의 학생을 대상으로 한 비교 조사에서 공통적으로 고령자를 대상으로 하는 곳에서 일하고 싶지 않다는 결과가 나왔다(Weiss et al., 2006). 이 같은 조사 결과가 아니더라도 임상 현장의 다양한 사례를 접하는 상담자들은 고령의 내담자를 만날 때 긍정적이든 부정적이든 일정한 심리적 부담감을 경험하고 있음을 알 수 있다. 그러나 이 같은 상담자들이 가지고 있는 연령 차별에서 벗어나지 못한다면 고령자를 대상으로 한 상담은 만족한 상담 결과를 가져오기 어렵다. 또한 상담 전문가들이 노년기 상담을 선호하지 않는 현상은 전문 인력의 확보 등에 어려움을 초래하여 최근 수요가 늘어나고 있는 이 영역의 활성화에도 바람직하지 못하다고 생각한다.

그렇다면 상담자는 고령의 내담자와 상담할 때 어떤 부분에 부담이나 불안을 가지고 있는 것일까? 크게 보면 내담자의 연령, 건강 상태, 사회적 변화 등 다양한 특성이 상담자에게는 모두 특별한 도전 과제로 느껴질 수 있다. 대부분의 상담자는 내담자를 만날 때, 상담을 잘 이끌어 갈지에 대한 막연한 불안감을 가진다. 이러한 불안감은 여러 요인이 있지만, 자신의 상담 기술이나 이론적 지식이 충분하지 않다고 여겨 내담자에게 적절한 도움을 제공할 수 없다고 생각하는 것에서 기인한다. 이러한 유능감 부족은 특히 고령의 내담자를 만나는 상담자에게서 더욱 두드러지게 나타난다. 이것은 자신들이 고령자나 노화 과정에 대해 충분한 지식을 갖추고 있지 못하다고 생각하거나 고령자 상담과 관련된 훈련을 제대로 받지 못했다고 생각하기 때문이다. 그리고 상담자로서 자신의 능력에 대한 믿음이 부족할 경우에 상담을 실패할지 모른다는 두려움이 커지게 되어 처음부터 이러한 영역을 회피하려는 경향이 생길 수 있다. 그러므로 여기서는 상담자가 고령의 내담자를 상담할 때 겪을 수 있는 주요 불안 요소에 대해 살펴보려고 한다.

1) 죽음과 상실에 대한 불안

고령의 내담자와 상담할 때 죽음이나 상실과 같은 주제가 자주 언급될 수 있는데, 일부 상담자는 이러한 주제에 대해 불편함을 느낄 수 있다. 대부분의 경우, 내담자가 언급하는 죽음에 대한 주제는 상담자가 이를 효과적으로 다룰 수 있을지에 대한 불안의 주요 원인이 되지만, 때로는 상담자 자신의 죽음과 상실에 대한 두려움을 자극하기도 한다. 상담 과정에서 상담자의 개인적인 죽음에 대한 두려움이 촉발될 가능성이 있기 때문에 이러한 주제를 다루는 것이 감정적으로 부담스럽고 힘든 상황이 발생할 수 있다. 이처럼 상담자는 내담자의 죽음, 질병, 노화에 대한 두려움을 공감하면서도 자신의 불안을 관리해야 하므로 이런 것에 대한 충분한 준비가 되어 있지 않을 경우에 두려움이 크다.

2) 노화에 대한 이해 부족

고령의 내담자들이 흔히 보이는 신체적·인지적 저하와 같은 특성에 대해 당혹감을 느끼는 상담자도 있다. 내담자가 청력 저하, 기억력 감소, 느린 인지 처리 속도 등으로 드러나는 행동에 대해 상담자는 자신이 이러한 것을 효과적으로 다루고 있는지에 대한 의문을 가지게 되는 것이다. 예를 들어, 상담자는 내담자가 보이는 인지적 제한을 어떻게 다루어야 할지에 대한 불안감을 느끼거나, 기억력 저하나 의사소통의 어려움으로 인해 상담이 원만하게 이루어지고 있는지에 대해 회의감을 갖게 되는 경우도 있다.

고령의 내담자는 신체적 건강 문제와 함께 우울증, 불안장애, 치매와 같은 정신적 어려움을 호소하는 경우도 많다. 이런 경우에도 상담자는 치매와 같은 신경학적 문제와 관련된 상황을 상담만으로 충분히 지원할 수 있을지에 대한 의문을 가질 수도 있다. 더 나아가 내담자의 건강 상태가 악화될 경우에 어떻게 대처해야 할지에 대한 불안을 느끼기도 한다.

특히 노년기의 신체적·인지적 변화에 대한 이해가 부족한 젊은 상담자의 경우에는 상담의 효과에 대해 더욱 회의적이 될 수 있다. 또한 내담자의 오랜 세월의 경험 속에서 드러나는 삶의 목적이나 상실감 같은 복잡한 문제에 직면하면 상담자는 현실적인 목표를 설정하는 데 어려움을 겪을 수도 있다. 이로 인해 상담자로서 내담자에게 의미 있는 변화를 이끌어 낼 수 있을지에 대해 깊이 고민하게 되는 경우도 있다.

3) 고정관념이나 편견에 대한 불안

고령자에 대한 사회적 고정관념이나 편견은 상담자의 인식에 영향을 미칠 수 있다. 특히 상담자가 자신도 모르게 이러한 편견을 내재하고 있음을 깨닫게 될 때, 상담자로서의 불안과 부담감은 더욱 커질 수 있다. 상담자로서 고령의 내담자들을 무능력하거나 의존적인 존재로 여기지 않고 그들의 자율성과 능력을 존중해야 함에도 불구하고, 자신의 무의식적인 고정관념이 상담 과정에서 드러나지 않을까 하는 걱정을 하게 되는 것이다.

상담자와 내담자 사이에 세대 차이가 클 경우에도 어려움이 있다. 즉, 이때 상담자는 내담자의 삶의 경험과 가치를 충분히 수용하지 못할 수 있다는 걱정을 할 수 있다. 고령의 내담자는 상담자와 다른 가치관이나 사고방식을 가질 수 있으므로 상담 과정에서 의사소통에 어려움이 생길 때가 있다. 특히 경험이 많지 않은 상담자는 이러한 차이를 효과적으로 다루지 못할 것이라는 두려움을 느끼기 쉽다.

4) 자신의 한계와 윤리적인 것에 대한 불안

고령의 내담자를 상담하는 상담자들이 가지는 가장 큰 불안은 내담자의 문제를 충분히 다룰 수 있는 역량이 자신에게 있는지에 대한 의구심일 것이다. 특히 고령의 내담자가 가지고 오는 복잡한 문제들로 인해 상담자는 자신의 한계를 깨닫게 되고 자신이 배운 상담 기법이 고령의 내담자의 문제에 충분히 효과적인지에 대해 고민하게 될 수 있다. 더 나아가 내담자의 문제가 전문적인 도움이나 지원이 필요하다고 판단되는 경우에는 무력감을 경험할 수도 있다.

고령의 내담자와의 상담에서 윤리적 문제에 대해서도 부담감을 가질 수 있다. 특히 내담자가 스스로 의사결정을 내리기 어려운 상황에서 상담자는 내담자의 자율성을 존중하면서 동시에 그들을 보호해야 하는 책임 사이에서 윤리적 갈등을 경험하게 된다.

이처럼 다양한 불안이나 부담감으로 고령의 내담자를 만나는 것이 주저될 경우, 상담이란 무엇인가에 대한 근본적인 질문을 숙고하는 과정은 상담의 본질을 깊이 이해하고 그 접근 방식을 재정립하는 데 중요한 통찰을 제공할 수 있다. 상담이란 고민이나 불안, 고독과 같은 개인적인 문제에 대하여 개별적 또는 집단적으로 도와서 내담자의 정서의 안정이나 개인이 당면한 어려운 문제의 해소 또는 환경에 적응할 수 있도록 돕는 과정이라고 생각한다. 미국의 인류학자인 클럭혼(Kluckhohn)은 1949년에 발간된 그의 저서 『인간을 위한 거울(Mirror for Man)』에서 "인간은 다른 모든 인간과 같고, 일부는 어떤 다른 인간과 같으며, 그 어떤 인간과도 다르다."라고 주장하였다. 이것은 인간은 모든 사람과 공통적인 부분, 그중 몇 사람과만 같은 부분, 그 어느 누구와도 같지 않은 그 사람만의 독특한 부분을 동시에 가지고 있는 존재라는 점을 강조한 것이다. 여기서 상담자로의 자세에 대해 생각해 볼 수 있다. 인간에 대한 기본적인 관심과 함께 내담자를 돕는 과정에서는 판에 박힌 상투적인 생각이나 어떤 문화가 가진 고정적이며 단일한 사고로 내담자를 이해해서는 안 된다는 것이다. 그와 같은 자세는 특히 고령자와 상담을 할 경우에 더욱 필요하다. 고령의 내담자를 만날 때 상담자와 내담자는 인간으로서 공감할 수 있는 많은 점이 있다는 것을 인식하는 동시에, 고령의 내담자가 가진 독특한 경험과 관점을 인정하고 존중하는 태도를 갖는 것이 중요하다. 그런 자세로 내담자를 만나게 된다면 상담자가 쉽게 수용하기 어렵다고 생각해 온 고령의 내담자가 보이는 특성에만 집착하지 않으면서 있는 그대로의 내담자 모습을 수용할 수 있을 것이다.

2. 상담자의 자세

상담을 성공적으로 이끌기 위한 상담자의 자세에 대해서는 각 접근이나 학자마다 다양한 요소를 언급하고 있다. 예를 들어, 경청이나 공감, 무조건적 수용, 인내, 전문성 유지, 개방적 태도 등을 언급하고 있다. 특히 인간중심의 접근을 강조한 로저스는 상담의 기반으로 상담자의 진실성, 무조건적인 긍정적 존중, 공감적 이해를 강조하였다. 여기서는 저자의 이 같은 경험을 토대로 상담자의 자세를 정리해 보고자 한다.

1) 함께 걷는 사람

일반적으로 상담자의 역할은 교육이나 코칭과는 달리 애매하다. 예를 들어, 특정한 어려운 문제를 가지고 방문한 내담자를 만나는 경우라도 대부분의 상담자는 직접적인 문제 해결의 방법을 제시하지 않는다. 오히려 상담 과정에서 어려움을 포함한 문제에 초점을 맞추기보다는 문제를 보다 다양한 맥락에서 이해하도록 돕거나 때로는 내담자 자신이 그러한 문제에서 벗어날 수 있도록 돕는다. 상담자가 이 같은 태도를 보이는 것은 명확한 해답이나 방향 제시가 내담자의 인격적 성장에 결코 도움이 되지 않다는 점을 이미 알고 있기 때문이다. 비유적으로 언급하면, 상담자는 유적지에서 유물을 발견하는 고고학자와 같다. 고고학자들이 황무지에서 사람들이 무심코 지나쳤던 작은 조각들을 발견한 후에 흩어진 조각들을 모아 선조들이 사용하던 대접이나 호리병 같은 유물을 복원하듯이, 상담자도 비슷한 작업을 하고 있다고 볼 수 있다. 상담자는 내담자가 하는 많은 이야기에서 너무 작고 미미하여 내담자조차도 주목하지 않았던 작은 소리에 주의를 기울인다. 상담 과정이란 내담자가 하이라이트를 치고 있는 문제의 이야기에 가려져서 잘 드러나지 않는 작은 소리를 발견하여 내담자가 그것에 멈출 수 있도록 질문하여 내담자가 그 조각들에 시선이 멈출 수 있도록 돕는다. 내담자와 함께 동행하면서 그런 조각들을 여러 개 찾을 수 있다면 내담자는 그것으로 무엇을 만들어야 하는지 스스로 선택할 것이다.

따라서 상담자로서 바람직한 태도는 내담자가 가지고 온 어떤 어려움에 초점을 맞추고 무언가를 하려고 하기 전에 먼저 거기에 어떤 의미가 있는지 생각하는 마음의 여유가 필요하다. 즉, 문제를 다른 관점에서 바라볼 수 있어야 한다. 사람은 살아가는 동안에 항상 어떤 어려움을 만나게 되고, 그것에서 벗어나려고 애쓴다. 우리가 만나게 되는 내담자는 그들이 지금까지 해 오던 해결의 방법이 잘 작동하지 않았거나, 어려움을 느끼면서 고민에 빠지게 되어 거기에서 벗어나려고 노력해 왔을 것이다. 따라서 이때 필요한 것은 문제를 지금까지와 같은 방식으로 바라보는 것이 아니라, 문제를 다른 관점으로 생각하는 능력이다. 내담자들이 겪는 위기를 성장의 기회로 만들 수 있는 것은 당면한 문제를 해결해 주는 상담자와 함께할 때가 아니다. 위기에 빠져서 불안해하며 보지 못하는 다양한 가능성과 자원을 차분히 바라볼 수 있도록 돕는 안정된 상담자와의 동행이 중요하다. 그런 상담자와 함께 걸을 수 있다면 내담자는 당면한 문제에 허둥대지 않고 그것에 자신이 지금까지 해 온 방식으로 대처해도 좋은 것인가를 생각해 보면서 정면으로 문제에 부딪힐 수 있다. 그리고 자신의 책임으로 해답을 이끌어 낼 수 있다고 생각한다.

이처럼 일정 기간 동안 특정의 상담자와 함께하는 상담 과정은 이러한 삶의 굴곡을 회피하는 것보다 당연한 것으로 받아들이며, 고통을 공유하면서 그것에서부터 앞으로 나갈 길을 함께 개척해 가는 것이라고 생각하다.

2) 안전하게 보호해 주는 사람

상담이란 안전한 공간에서 일어나는 특별한 작업이다. 험한 등반을 할 때 지형에 대해 잘 알고 있어서 안전하게 안내해 주는 산악 가이드가 필요한 것처럼, 상담이라는 익숙하지 않은 길을 가기 위한 상담자라는 가이드가 필요하다. 산악 가이드가 험악한 산길에 대한 전문 지식을 가지고 경로를 안내하거나, 응급 상황이 발생했을 때 응급 처치를 제공하는 기술이 있는 것처럼 상담자도 내담자가 내적 여행을 안전하게 할 수 있도록 도와야 한다. 등산객이 산악 가이드와 함께할 때 가이드의 능력을 의심하는 순간 사고가 발생하기 쉽다고 한다. 상담도 마찬가지로 상담자를 믿을 수 있다는 신뢰가 바탕이 되지 않은 상담 관계는 성공적으로 이루어지기 어렵다. 이와 함께 강조하고 싶은 점은 아무리 훌륭한 안내자와 동행을 하더라도 등산객은 자신의 발로 산을 올라가야 하는 것처럼, 상담에서도 내담자의 의지가 중요하다. 상담자는 어려움이나 위험성을 경험적으로 인식하고 내담자와 보조를 맞추며, 그 순간과 상황에 적합한 도움이 되는 방법을 함께 발견해 가도록 돕는 역할을 한다.

여러 이론이나 다양한 사례를 미루어 볼 때, 내담자에게 여러 가지 조언을 하면서 어떤 행동을 실행하도록 하는 것보다 내담자가 가진 치유의 힘을 존중하면서 기다릴 때, 보다 좋은 결과가 있다. 사람들의 삶은 단순하지 않기 때문에 상담자가 도움이 될 것이라고 판단하고 했던 행동이 결과적으로 바람직하지 않은 결과를 초래하는 경우도 종종 있다. 이런 경험을 하게 되면 상담자는 '무엇이 내담자를 돕는 것인지'에 자신감을 잃게 되기도 한다.

상담에서 잘 듣는 것만큼 효과적인 방법은 없다고 생각한다. 이야기를 열심히 듣는 행위는 겉보기에는 수동적으로 보일 수 있지만 의외의 효과를 가져온다. 내담자의 이야기에 대해 적극적 경청을 하는 것만으로도 내담자는 마음의 공간을 스스로 넓혀 간다. 이를 통해 지금까지 유일하다고 믿어왔던 가치관이나 획일적인 사고방식이 완화되며, 경직된 사고의 틀이 확장되어 현재 당면한 문제를 새로운 관점으로 볼 수 있게 된다.

스스로가 선택할 수 있는 자유를 넓힌다는 것은 어떤 의미에서는 기존의 안정감을 잃고 불안정한 상태로 들어선다는 것과 같을 수 있다. 따라서 내담자는 이러한 변화 과정에서 우울하거나 심리적으로 어려움을 겪을 수도 있다. 이러한 불안정한 상태에 빠져 그것에 압도되기보다는 '그 어려움을 통해 무엇을 배웠는지'를 파악하고, 이를 바탕으로 정신적 성장을 이룰 수 있도록 돕는 것이 상담자의 중요한 역할이다. 다시 말해 '도움이 된다'는 것은 상대방의 성장을 돕는 것과 연결되어야 한다. 이를 위해서는 내담자가 당면한 고민을 깊게 탐구하고, 갈등의 본질을 선명하게 드러내어 그것을 극복할 수 있는 내적인 힘을 향상시키는 것이 중요하다. 즉, 상담의 효과는 내담자의 내재된 힘(가능성)에 좌우되는 것이라는 사실을 잊어서는 안 된다.

3. 고령의 내담자 상담 시 상담자의 자세

고령자들은 오랜 삶의 경험으로 인해 다양한 문제를 가지고 있을 수 있지만, 그들의 의사소통 방식은 대화의 맥락에 따라 즉흥적으로 이야기를 전개하는 특징이 있다. 상담자는 이러한 특징을 이해하고 이를 바탕으로 접근할 필요가 있다. 특히 상담자는 고령의 내담자의 이야기를 수동적으로 경청하면서도 그 내용과 맥락을 정리하는 능동적인 태도를 병행해야 한다. 내담자의 말을 단순히 듣기만 할 경우, 깊은 이해에 도달하기 어려운 딜레마에 빠질 수 있기 때문이다.

저자의 경험에 따르면, 내담자가 자유롭게 발언하는 동안 핵심 단어를 메모하며 경청하는 것이 효과적이었다. 내담자가 충분히 자신의 이야기를 했다고 판단되는 시점에 상담자는 다음과 같은 방식으로 대화를 정리하고 진행할 수 있다. "○○ 님이 지금 말씀하신 이야기를 제가 적으면서 이해했는데요, ~라고 말씀을 하신 것 같네요. 저는 이 내용은 ~와 연결된다고 생각했는데, 제가 제대로 이해했나요?" 등이다. 이런 질문을 통해 내담자는 자신의 이야기를 다시 되짚어 보고 스스로 정리할 수 있는 기회를 가지게 된다. 이는 내담자가 자신의 생각과 감정을 보다 명확히 인식하고 표현하는 데 도움을 준다.

고령의 내담자를 만날 때 도움이 되는 상담자의 자세를 다음과 같이 정리하였다.

1) 내담자에 대해 '알지 못함'의 태도

에릭슨에 의하면, 노년기의 발달 과제는 지금까지의 삶을 되돌아보거나 자신의 삶에 의미 부여를 함으로써 죽음을 받아들이는 통합이다. 상담 장면에서 만나는 대부분의 고령자 역시 스스로가 인생의 마지막 단계에 있다고 생각하면서, 지금까지의 인생을 되돌아보며 남은 인생을 보다 충실히 살아가고 싶다는 욕구를 가지고 있다. 따라서 상담자는 그들이 삶의 보람을 찾을 수 있도록 지지하는 것이 중요하다. 그런데 오랜 세월을 살아온 고령의 내담자와 이야기를 나누다 보면 삶의 의미를 찾도록 상담자가 할 수 있는 것은 사실 그렇게 많지 않다. 저자의 경험에 의하면, '적극적 경청' 만큼 도움이 되는 것은 없었다.

내담자가 지금까지 살아온 이야기를 적극적으로 경청하는 상담자의 수용적 자세를 통해 신뢰 관계를 쌓아 가는 것이 무엇보다 중요하다. 이것은 내담자의 살아온 과정에 대한 정보를 파악하는 데에도 도움이 된다. 그러나 그보다 중요한 것은 상담자가 알고 싶다는 적극적 태도로, 내담자의 여러 번 반복하는 이야기를 경청하며, 그 속에 담긴 의미를 함께 확인해 나가는 것이다. 이는 내담자를 존중하는 것과 연결된다. 상담 과정에서 내담자는 상담자의 적극적 경청 속에서 이야기에 어떤 의미를 부여하며, 그렇게 만들어진 새로운 이야기를 통해 자신의 삶을 이해한다. 상담은 이 같은 '치료적 대화'라고 불리는 것 속에서 일어나는 언어적인 사건이다. 이때 상담자는 치료적인 질문을 하게 되는데, 이것은 내담자의 변화를 의도한 것이 아니라 대화를 위한 공간을 넓혀 가기 위함이다. 대화의 공간을 넓히기 위해서 상담자는 정형화된 질문이나 특정의 대답을 추구하는 질문을 하는 것이 아니라, '알지 못함의 태도(not-knowing posture)'로 질문한다. 이와 같은 대화가 진행됨에 따라 지금까지 말한 적이 없었던 새로운 이야기가 서로의 협력에 의하여 창조된다(김유숙 역, 2023 재인용). 치료적 대화의 이점은 상담자와 내담자가 서로 교류해 가면서 지금까지와는 다른 새로운 의미를 발전시켜 문제를 정면으로 해결하지 않고 '해소하는' 방향으로 향할 수 있다는 것이다. 다양한 문제가 얽혀 있어서 문제를 해결하기 쉽지 않은 고령자 상담의 경우에는, 특히 이와 같이 문제로부터 벗어나 해소하는 기법이 유용하다고 생각한다.

치료적 대화는 상담자의 알지 못함의 태도로부터 이루어진다. 알지 못함의 태도는 상담자의 활발하며 순수한 호기심이 그 표현에서 전해져 오는 듯한 자세를 의미한다. 즉, 상담자의 행위나 태도는 내담자가 이야기하는 내용에 대해 좀 더 깊이 알고 싶다는 욕구를 나타내는 것이다. 이는 내담자나 문제 또는 변화에 대해 미리 준비된 의견이나 기대를 나타내는 것이 아니다. 따라서 상담자는 끊임없이 내담자로부터 '배우는' 자세를 유지한다. 특히 상담자로서 고령의 내담자의 경우에는 그들의 행위에 대한 의도를 가늠하기 어렵기 때문에 그들의 설명에 귀를 기울이지 않을 수 없다. 고령의 내담자에게서 배우고, 내담자에게 호기심을 가지고 그가 말하는 스토리에 진지하게 귀를 기울일 때 상담자는 내담자가 이해한 것이나 경험했던 것을 함께 탐색해 나갈 수 있다. 상담자의 알지 못함이 고령자 입주시설에서 만난 치매 내담자와 상담자 모두에게 어떤 성장을 가지고 오는지를 잘 표현한 전문가의 경험을 소개하고자 한다.

그는 기타 간토 지방 출신으로, 이곳에서 60년이라는 긴 세월 동안 파를 경작해 온 사람이다. 그가 경작해 온 막대한 토지를 이어받을 사람이 없자, 그는 담담하게 하나도 남기지 않고 모두 처분했다. 그리고 얼마 지나지 않아서 모든 사람이 알아차릴 정도의 인지부조화가 시작되었다.

갑자기 떠오른 것처럼 "밭, 볼래?"라고 내게 말을 걸면서 일어섰다. 겨울 해가 들어오도록 커튼을 제쳐 둔 열리지 않는 창문에 이마를 밀어붙이면서 "이거, 전부, 내 밭."이라고 자랑스러운 듯 말했다. 보이는 것은 시든 화단과 직원의 경차가 줄지어 있는 주차장…….

"넓군요."

"넓지? 저 산에서 내려오는 찬 공기가 파에게 좋은 거야."

아련한 저쪽에는 분명히 이 지역에 위치한 산줄기가 희미하게 보였다. 잠시 서서 그것을 같이 바라보니, 왠지 흔들리는 파의 달인이 보이는 것 같은 기분이 들었다.

"토리나베(역자 주: 새고기를 주로 하는 냄비 요리), 갈까?"

아마 이제 우리는 또 다른 어딘가로 발길을 옮긴 것 같다. 여기는 아사쿠사이다.

복도를 따라 걸으면서 성탄 모임의 안내가 붙어 있는 게시판의 그림자를 통해 손으로 어떤 장난을 한다. 천을 말아 올리는 것처럼 무릎까지 손을 움직인다. 스커트를 들어 올리는 흉내를 낸다, 일밖에 모르는 그의 유일한 즐거움은 무도회장이나 스트립 상영관을 돌아다니기 위해 아사쿠사에 가는 것이라는 사실을 그의 장녀로부터 이미 들었다.

멈출 줄 모르는 행동에 지쳐서

"안 돼요, 여기서는."

무희처럼 들리도록 폼을 잡으면서 경박스럽게 말해 봤다. 그러자 그는 자신의 가슴과 엉덩이를 주섬주섬하면서 주머니가 있을 법한 곳을 찾기 시작했다. 아마 팁을 주려고 하는 것 같았다.

"그런 게 아니에요, 이젠 안 돼요. 나이가 있으니까."

불현듯 말했다. 그의 눈은 뭔가 물어보려는 듯이 환해졌다.

"무리예요, 이젠 은퇴이니까."

말하면서 왠지 목이 메고 목소리도 조금 떨렸다. 내 목소리가 나에게 되돌아왔다. 은퇴. 무엇으로부터, 어디에서, 무엇이 무리인가. 나는 어디에 있는가. 어디로 가는가, 울 것 같은 기분이 되었다.

"괜찮아, 걱정 말아, 괜찮아."

어느샌가 제정신을 완전히 찾은 눈초리로, 그리고 자상함이 넘치는 목소리로 그는 나를 위로하고 있었다. 파를 기르느라고 상처투성이가 된 손으로 내 두 팔을 감쌌다. 괜찮다고 생각했다. 걱정 없어, 적어도 지금은이라고.

그는 나와 아사쿠사를 방황하고 있다, 우리는 너무 흔들리지 않으면서 거기에 있었다.

'그'로 지칭된 S 씨는 치매가 진행되어 평소에는 거의 말을 하지 않는 고령자 입주시설에 살고 있는 남성이다. 평소에는 소파의 지정석에서 움직이지 않는 S 씨였지만, 가끔은 어떤 박자에 가볍게 몸을 흔들거나 창문을 통해 주차장을 내려다

보면서 거기가 자신의 밭이라는 환상을 가지고 있고, 때로는 익숙한 아사쿠사 거리를 걸어 다니는 것처럼 시설 여기저기를 돌아다닐 때도 있다. S 씨를 위해서 그가 보고 있는 광경이나 세계에 직원이나 내가 잘 맞춰 주고 있다고 생각해 왔다.

그런데 어느 날, 그에게 맞춰 주면서 연기를 할 요량으로 나 자신의 표현에 동요하고 있는 나를 S 씨가 알아차리고 위로해 주는 사건이 생겼다. 치매를 앓고 있어도 상대방의 기분이나 감정에 대한 감수성을 가지고 있다는 것과 '제대로 된 순간'이 있다는 것은 이미 알고 있었지만, 나는 그런 증거와 같은 이런 장면에 사로잡혀서 병렬차트[주: 카론(Charon)에 의해 고안된 내러티브 의학의 한 방법이다. 임상 현장에서 공식적인 기록으로 남길 수는 없지만, 임상가가 기록해야 한다고 생각하는 것을 적은 문서를 메디컬 차트와 대비하여 병렬차트라고 불렀다.]를 쓰기 시작했다.

그런데 기억을 불러와서 단어를 선택하여 문장으로 정리하고, 다시 읽으면서 거기서 드러난 것은 치매를 앓는 사람의 '제대로의 순간'의 이야기와는 사뭇 달라 있었다. 적어도 그것만은 아니었다. 글쓰기 작업을 통해 농사를 천직으로 여긴 S 씨의 성실한 삶과 실의 그리고 가족, 그 틈에서 빛을 발하고 있는 은밀한 유쾌함, 그것을 다시 맛보는 것 같았다. 그 눈초리나 그의 넉넉함, 익살, 총명함, 따뜻함을 새삼 느낄 수 있었다. 그리고 무엇보다도 그에게 맞춰 주었다고 생각한 시간이 그 역시도 나에게 호응해 주면서 몸을 맡겨 줬다는 어떻게 보면 너무나 당연한 것을 이해할 수 있었다. 늙고 정신 나간 사람들이라고 느낄 때나 어딘가 안정되지 않은 그들에게서 느끼는 마음의 불편함은 늙어 가는 것에 대한 자신의 불안이나 회피가 점유하고 있는 것이라고 생각의 폭을 넓혔다. 거기에 있는 것은 어느 쪽도 다급하게 다그친 인간이며, 그렇기 때문에 함께 방황할 수 있었다고 생각한다.

내가 알고 있는 것을 썼다고 생각했는데, 내가 알지 못하는 것이 쓰여 있다. 그리고 나는 나 자신이 알고 있는 것과 모르는 것을 글쓰기 작업을 하면서 알게 되었다.

– 김유숙 역(2023). 『내러티브 자문』에서 인용 –

이러한 입장에 서게 됨으로써 상담자는 내담자와의 관계적 연속성이 유지되어 내담자의 세계관과 그가 부여하는 의미, 이해가 무엇보다 중요하다는 점을 인정할 수 있게 된다. 이렇게 되면 고령의 내담자는 자신의 생각을 주장하거나 방어하거나 설득하거나 할 필요가 없어지고 자유롭게 대화가 전개되는 공간이 마련된다.

각 개인의 독특성이 중시되는 현대의 상담에서는 기존의 사회적 담론이나 '~해야 한다'는 중심적 사고에 대한 재조명이 이루어지고 있다. 최근에는 내담자가 원하는 해결이 무엇인가에 초점을 두고 있다. 그러므로 상담자는 문제 해결에 집착하기보다는 내담자가 바라는 또는 기대하는 미래가 어떤 것인가를 분명하게 하는 것이 보다 효과적이다. 특히 고령자 상담에서는 고령자의 개인적인 욕구와 상황을 반영한 일종의 맞춤형 상담이 더 효과적이다. 임상 경험에서 의하면, 고령자 상담에서는 그들의 삶의 배경과 경험, 그리고 현재의 욕구에 맞춘 접근 방식이 보다 긍정적인 상담 결과를 가져왔다. 그리고 이 같은 긍정적인 상담 결과는 내담자의 삶의 질도 향상시킬 수 있었다. 이것은 고령자는 지금까지 살아온 자신의 삶의 경험을 통해 스스로 중요한 결정을 내릴 수 있다고 생각하는 경향이 강하다는 것과 관련이 있다. 따라서 고령의 내담자는 자신의 의견과 기대가 존중되며 자율성을 인정받고 있다고 느낄 때 그들의 지혜를 통한 자기 치유력을 발휘할 수 있다.

2) 다양한 측면에서 내담자를 이해

내담자를 다양한 측면에서 이해한다는 것은 내담자의 문제는 신체적·심리적·사회적 고통이 서로 영향을 주면서 한 개인의 고통이 된다는 점을 이해하는 것이다. 이미 언급한 것처럼, 고령의 내담자의 경우에는 다른 발달 단계의 내담자보다 다양한 요소가 서로 복합적으로 연결되어 있다. 특히 신체적 기능 저하가 심리적 · 정신적으로 많은 영향을 주면서 고령자 자신의 일상생활에 영향을 준다. 따라서 상담자는 내담자의 심리적 어려움뿐 아니라 질병이나 장애를 포함한 그들의 생활 전체를 이해하려는 노력이 필요하다. 특히 다음과 같은 점을 이해하려고 노력해야 한다.

첫째, 과거 경험과 역사를 이해한다. 고령의 내담자는 오랜 삶을 살아왔기 때문에 그들의 경험이 복합적일 수 있다. 과거의 성취와 상실 등을 이해하면서 그들의 가치관, 생활 방식, 신념 체계를 존중하는 것이 중요하다. 이 같은 그들의 인생사에 대한 깊은 이해는 상담 과정에서 신뢰를 형성하는 데 도움이 된다.

둘째, 신체적 · 심리적 · 사회적 상황에 대해 이해한다. 고령의 내담자는 신체적 건강의 변화를 겪을 수 있는데, 그들의 심리적 · 사회적 상태에도 영향을 미친다. 예를 들어, 만성질환이나 통증은 우울감이나 불안감과 연관될 수 있으므로 상담할 때 이러한 신체적 문제를 이해하고 수용하는 것이 필요하다. 상담 과정에서도 고령의 내담자의 에너지 수준이나 인지 능력에 따라 대화 속도나 말투 등을 고려하면서 상호작용을 하는 것이 바람직하다.

노년기에 접어들면 정서적 반응이나 감정을 관리하는 능력도 변화한다. 노년기에 흔히 경험할 수 있는 상실에 대한 감정을 적절히 다루지 못하면 우울증, 불안과 같은 정신건강 문제로 이어질 수도 있다. 따라서 상담자는 내담자가 겪는 감정이나 생각을 비판 없이 이해하고, 그들의 정신적 고통을 경청하는 것이 중요하다. 또한 가족 또는 친구를 잃었거나, 은퇴로 인해 사회적 역할이 줄어들면서 사회적 고립감을 느낄 수 있기 때문에 상담자는 내담자의 사회적 지원 네트워크와 상호작용의 질을 탐색하고, 그들이 겪는 외로움을 수용하는 태도를 가질 필요가 있다.

셋째, 정체성이나 영적인 것과 관련된 이해이다. 노년기는 내담자에게 있어서 자기 정체성에 대한 도전의 시기이므로 삶의 의미를 되짚어 보거나 남은 생을 어떻게 보낼 것인지에 대한 고민을 할 수 있다. 이처럼 자신이 살아온 삶을 되돌아보며 회고적 평가를 하는 과정에서 후회, 자부심, 성취감 등의 복합적인 감정을 경험한다. 따라서 상담자는 내담자가 자신의 삶을 긍정적으로 바라보면서 변화 속에서 스스로를 수용하고 새로운 자아를 형성해 가는 심리적 안정감을 제공할 필요가 있다. 고령의 내담자는 때로 상담 중에 죽음에 대한 고민이나 영적인 문제와 같은 비교적 무거운 주제를 꺼내기도 한다. 이 같은 종교적 믿음이나 철학적 질문은 고령의 내담자가 삶의 마지막 단계를 준비하고 수용하는 데 중요한 역할을 한다. 그러므로 상담자는 내담자의 종교적 · 영적 믿음을 존중하고 그에 따른 지지적 대화를 나누는 것이 중요하다.

4. 상담자로서 자기성찰

상담 분야에서 자기성찰(self-reflection)은 자주 언급되지만, 그 용어에 대한 정의는 분명하지 않다. 리처드 등(Richards et al., 2010)은 상담자가 상담 관계의 직접적인 경험에서 감정, 생각, 행동을 인식하는 능력이라고 정의했다. 또한, 이것은 상담자가 자기반성을 통해 자신과 내담자 모두에게 도움이 되는 방법에 대한 통찰력을 얻을 수 있게 하며, 궁극적으로 보다 효과적인 상담을 이끌어 갈 수 있도록 돕는다. 이러한 과정을 통해 상담자는 개인적 또는 전문적 성장으로 이어진다.

상담자의 자기성찰이 상담자로서 자신의 가치관이나 신념, 편견을 인식하고 이해하는 것이라고 본다면, 특히 고령자 상담자로서 고령자에 대한 편견을 탐색함으로써 이런 것이 상담에 미치는 영향을 최소화할 수 있어야 한다. 고령의 내담자를 상담할 때 상담자가 자기성찰을 통해 탐구해야 할 중요한 요소들은 다음과 같다.

1) 자신의 감정과 반응에 대한 인식

상담자는 상담 과정에서 다양한 감정적 반응을 경험할 수 있다. 내담자의 이야기나 상황에 따라 상담자가 느끼는 감정은 상담 과정에 영향을 미칠 수 있으므로 상담자는 자신의 감정을 정확하게 인식하고 그것이 상담에 어떤 영향을 미칠 수 있는지 깨달아야 한다.

상담자는 내담자와 적절한 정서적 거리를 유지하면서 공감하는 것이 필요한데, 고령의 내담자를 만날 경우에 이러한 부분을 주기적으로 점검하는 것이 좋다. 그것은 고령의 내담자를 만나는 경우, 상담자의 미해결된 과제로 인해 지나치게 거리를 두거나 과도하게 감정적으로 개입할 개연성이 크기 때문이다. 상담자는 내담자의 정서적 고통을 이해하면서도 자신의 감정적 반응이 상담 과정에서 장애가 되지 않도록 공감과 객관적 관점을 어떻게 균형 있게 유지할 수 있는지에 대한 성찰이 필요하다.

2) 상담자의 노화에 대한 태도

상담자가 특정 내담자의 성별, 연령, 인종, 사회적 지위 등에 대해 가지는 편견이 상담 과정에 영향을 미칠 수 있으므로, 상담자는 자신의 무의식적인 편견이나 선입견을 인식하는 것이 필요하다. 특히 고령의 내담자를 만날 때는 상담자 자신의 노화에 대한 태도는 상담 과정에 큰 영향을 미칠 수 있다. 따라서 상담자는 자신이 나이 듦과 노화에 대해 어떤 생각과 감정을 가지고 있는지, 또는 노년기에 대한 어떤 고정관념이나 선입견을 가지고 있는지를 성찰할 필요가 있다. 이런 과정을 통해 내담자와의 상호작용에서 무의식적으로 나타날 수 있는 편견이나 고정관념을 파악하면서 객관성을 유지하는 것이 중요하다.

3) 죽음과 상실에 대한 태도

고령의 내담자와의 상담에서 죽음, 상실, 건강 문제 등이 중요한 주제가 될 수 있다. 이때 상담자가 죽음과 상실에 대해 갖는 감정과 태도를 성찰하는 것은 필수적이다. 상담자가 이러한 주제에 대해 불편함을 느낀다면 바람직한 상담 관계를 유지하기가 어렵기 때문에 죽음, 상실에 대한 자신의 감정과 두려움을 탐색하고 그것이 상담 과정에 어떤 영향을 미칠지에 대한 점검을 하는 것이 필요하다. 죽음과 상실을 어떻게 수용하고 있으며, 이를 통해 내담자를 도울 수 있는가에 대한 성찰은 내담자를 도울 뿐만 아니라 상담자 자신의 성장으로도 이어진다.

4) 상담자로서의 역할과 한계에 대한 이해

고령의 내담자는 다양한 정서적 · 신체적 · 사회적 도전에 직면할 수 있다. 상담자는 자신이 어떤 역할을 수행해야 하는지 명확히 하면서 내담자의 상담에 대한 기대를 파악한다. 그리고 상담 과정에서 추구하는 목표가 내담자의 욕구와 일치하는지, 또는 내담자의 자율성을 존중하면서도 적절한 지지와 안내를 제공했는지와 같은 상담 과정에서 자신의 역할을 성찰할 필요가 있다.

상담자는 자신의 한계를 인식하는 것도 중요하다. 특히 고령의 내담자들처럼 전문적인 도움이나 지원이 필요한 경우에는 상담의 한계를 인식하는 것이 더욱 필요하다. 상담자는 내담자의 모든 문제를 해결할 수 없으며, 필요한 경우에는 다른 전문가와 협력하거나 내담자에게 적합한 사회적 자원을 연결해 줄 수 있는 열린 자세가 필요하다.

5) 자신의 스트레스와 소진 관리

상담자는 감정적으로나 정신적으로 소진될 수 있는데, 이것은 상담의 질을 저하시킬 수 있으므로 예방하는 것이 중요하다. 따라서 자기성찰을 통해 자신의 스트레스 수준과 소진 위험을 파악하고, 스스로를 어떻게 돌보면서 스트레스를 관리할 수 있는지에 대한 자기돌봄 전략을 실천하는 것이 필요하다.

특히 고령의 내담자와의 상담은 정서적으로 도전적일 수 있다. 죽음, 상실, 건강 문제와 같은 다소 익숙하지 않은 주제를 자주 다루다 보면 상담자도 정서적으로 소진될 수 있다. 가까운 사람의 상실을 경험하거나 현실적으로 이와 같은 문제를 가진 사람이 가까이에 있는 경우에는 특히 더 정서적 부담을 가지게 된다. 그리고 이러한 정서적 또는 신체적 소진은 상담에 부정적인 영향을 미칠 수 있다. 따라서 자신이 소진 상태에 있는지, 어떻게 자원을 관리하고 있는지에 대해 성찰하는 것이 중요하다.

6) 노년기 상담에 대한 전문성 향상

상담자로서 성찰은 자신의 전문성에 대해 평가하고, 부족한 부분을 보완하며 훈련을 통해 지속적으로 성장하려는 태도를 포함한다. 새로운 상담 이론이나 기법을 통해 상담자는 내담자와 더 나은 상담 관계를 가질 수 있으므로 새로운 상담 이론이나 기법을 받아들일 수 있는 자세를 가지는 것이 필요하다. 노년기의 특성에 대한 이해는 시대와 함께 빠르게 변화하고 있으므로 상담자는 자신의 지식과 기술을 성찰하고, 필요한 경우에 추가적인 훈련을 통해 이를 발전시키는 노력이 필요하다.

이처럼 상담자로서 자기성찰은 자신의 전문성과 감정, 태도, 행동을 지속적으로 점검하고 발전시키는 데 도움이 될 뿐 아니라, 보다 나은 상담 관계를 유지하는 데에도 중요하다.

고령자의 편견을 파악하기 위한 척도로, 그중 하나인 FSA(Fraboni Scale of Ageism, 1990)를 소개하려고 한다. FSA는 노인에 대한 편견, 특히 연령 차별을 측정하기 위해 개발된 심리 측정 도구이다. 이 척도는 사람들이 고령자에 대해 가지고 있는 고정관념이나 차별적 태도를 평가하는 데 사용된다. FSA의 문항은 고령자의 건강 상태 및 신체적 능력에 대한 고정관념, 노인의 지적 능력이나 학습 능력에 대한 편견, 사회에서 노인이 할 수 있는 역할이나 사회적 기여에 대한 견해, 노인에 대한 정서적 반응이나 정서적 거부감으로 구성되어 있다. FSA는 일상생활이나 직장에서의 차별, 사회의 의식 태도 평가, 개인적 행동 및 태도를 평가하는 데 자주 활용된다(Fraboni et al., 1990). 상담자들도 이 척도를 활용하여 고령자에 대한 태도와 행동을 보다 정확하게 파악하는 것이 바람직하다. 평가 결과를 바탕으로 고령자에 대한 부정적 고정관념과 차별을 줄이고, 긍정적 인식을 확산시키는 지속적인 노력을 할 필요가 있다.

또한 상담자로서 자신의 상담 기술과 접근 방식을 지속적으로 평가하고 개선하는 노력이 필요하다. 상담의 본질이 내담자의 성장과 변화라는 점을 생각하면 "무엇이 올바른 상담인가?"라는 근본적인 질문에 직면하게 된다. 이는 상담자로서 현재 사용하고 있는 기법이 실제로 내담자에게 도움이 되고 있는지의 궁금증으로 이어진다. 이처럼 대부분의 상담자는 자신이 가진 전문적 역량으로 내담자가 호소하는 문제에 적절히 대응하고 있는지에 대한 의문을 가지게 된다. 좀 더 구체적으로 보면 상담 과정이나 내담자에 대한 상담자 자신의 다양한 감정이나 반응을 상담 과정에서 어떻게 다룰지에 대한 고민일 것이다. 이와 같은 전문적 역량과 관련된 성찰은 고령자를 대상으로 한 상담에서 더욱 많이 하게 된다. 그러나 상담이 치료와 달리 그 사람에 맞는 방법으로 인격의 성장과 촉진을 돕는 역할을 하는 것이라면, 아동이든 성인이든 노인이든 대상에 따라 바람직한 상담 과정에 차이가 있는 것일까에 대해 의문을 가진다. 어떤 대상의 내담자와 만나고 있는지를 넘어선 상담자로서 어떤 자세를 가지고 상담에 임하는지의 태도가 더욱 중요할 것이다.

상담자의 윤리적 문제를 인식하고 자신의 행동이 윤리적 기준에 어긋나지 않는지 검토할 필요가 있다. 예를 들면, 40대의 상담자가 자신의 부모와의 갈등을 해결하지 않은 채 부모와 동년배의 내담자를 만나는 경우에 미해결된 개인적 감정을 내담자에게 투사하는 역전이 등이 일어날 수 있으므로 이런 부분에 조심해야 한다.

상담 과정에서 상담자가 변화의 주체로서 자기를 인식하는 것이 중요하다. 이러한 자기성찰은 상담 경험의 정도와 상관없이 모든 상담자에게 필요한 과정이다. 불안이나 혼란 속에서 자신에 대해 예민해지는 초보 상담자부터 상담 과정에 익숙해져 지루함을 느끼게 되는 숙련된 상담자까지 모두 해당된다. 자기성찰은 내담자에게도 유익하므로 궁극적으로는 내담자와 상담자 모두가 성장하는 데 큰 기여를 하고 있다.

상담자의 자기인식 과정을 [그림 11-1]에 제시하여 상담자가 자기성찰에 참여함으로써 자신과 내담자에게 유익한 방법에 대한 깊은 통찰을 얻을 수

[그림 11-1] 상담자 자기인식 과정

출처: Jennings et al. (2005).

있도록 돕고자 한다. 또한 이러한 성찰 과정을 보다 잘 이해하기 위해서 최근 상담 관련 대학원을 마치고 현장에서 활동하게 된 40대의 김선희(가명) 씨를 통해 그림에 제시된 과정의 이해를 돕고자 한다.

선희 씨가 최근에 담당하게 된 내담자는 알코올남용과 가족 관계로 어려움을 겪고 있는 60대의 남성인 이철호(가명) 씨이다. 선희 씨는 철호 씨가 알코올 문제에 대응하는 방법이나 가족과 상호작용을 하는 방법을 들을 때마다 좌절하거나 화가 나는 경험을 했다. 사실 철호 씨는 선희 씨의 아버지와 외모는 물론 사고방식도 닮아 있었다. 선희 씨는 청소년기와 청년기 동안에 아버지의 음주나 가족에 대하여 부정적인 태도로 불안정한 관계를 유지했지만, 이에 대한 상담을 받아 본 적은 없었다. 선희 씨는 철호 씨와의 면담 시간이 다가오면 앞으로 듣게 될 그의 변명이나 가족의 비난에 가까운 이야기를 상상하면서 이런 철호 씨를 만나야 한다는 것에 좌절감과 짜증을 느꼈다. 이것은 역전이로 설명될 수도 있는데, 물론 상담 관계에 부정적인 영향을 미친다.

선희 씨의 자기 통찰의 계기가 된 것은 철호 씨에 대한 '좌절감과 조급함'의 감정이다. 이러한 부정적인 감정으로 인해 선희 씨는 철호 씨와의 상담 과정에 부담을 느끼며, 이런 감정은 상담 관계에 부정적인 영향을 미칠 가능성이 높다. 선희 씨는 자신의 감정을 깨닫기는 하지만, 자신이 경험하고 있는 역전이에 대해 자기 반성을 하지 않거나 무시할 수도 있다. 만일 선희 씨가 자신의 감정을 무시하기로 결정한다면 아마도 선희 씨는 내담자인 철호 씨를 비난하면서 '그는 도저히 어떻게 할 수 없는 사람이어서 어떤 상담자라도 좌절할 거야.'라고 생각하며 자기합리화를 할 것이다. 이처럼 상담자가 자신의 감정을 무시하고 자기 반성을 하지 않기로 선택함으로써 선희 씨는 역전이가 상담 과정에 부정적인 영향을 미치도록 허용하면 상담은 어떠한 진전도 없을 것이다.

선희 씨가 자신의 감정을 받아들이기로 선택한다면 자기성찰이 시작된다. 즉,

선희 씨가 '내가 이런 감정을 갖는 것은 옳지 않아. 이건 상담 관계나 철호 씨의 치료적 진전에도 좋지 않으니까, 내가 언제부터 이런 감정을 느끼는지 알아야 해.'라고 생각할 수 있다. 선희 씨는 사례 회의를 통해 다른 상담자에게 철호 씨에 관한 자신의 감정을 언급하기로 결정했다. 이런 결정은 윤리적 관점에서 보면 내담자의 이익을 위한 행동이다. 이것을 계기로 선희 씨는 슈퍼바이저의 도움을 받아 자신의 내면을 들여다보면서 이런 감정에 어떤 개인적 문제가 기여했는지를 살펴보았다. 예를 들어, 선희 씨는 철호 씨를 통해 자신의 아버지를 떠올렸다는 것을 깨닫고, 아직 아버지와의 해결하지 않은 문제가 있다는 것을 알게 되었다. 선희 씨는 자신의 개인적인 감정과 잘못된 경험이 이 내담자를 통해 촉발되어 역전이를 경험하고 있는 것이다.

선희 씨가 자기성찰을 시작했지만, 그것은 그녀에게 힘든 과정이어서 '내게 문제가 있을지 모르겠지만 지금은 시간이 없으니까 좀 더 여유가 생길 때 시작하는 게 맞아.'라면서 도중에 포기할 수도 있다. 이것은 선희 씨가 자기성찰을 멈추고 후퇴를 선택한 것이다.

그러나 선희 씨가 자기성찰을 이어 간다면 그녀는 두 번째 단계인 자기인식 과정으로 진행이 가능하다. 선희 씨는 자신의 개인적 윤리에 근거하여 결정을 내리게 될 것이다. 어쩌면 선희 씨는 교육분석을 받기로 결정할지도 모른다. 이때 동료 상담자나 슈퍼바이저의 지원은 필수적이다. 슈퍼비전과 동료 상담을 통해 자신의 어려움을 공유하면서 선희 씨는 철호 씨와의 관계에 대한 새로운 통찰과 인식을 얻을 수 있다. 선희 씨는 지금까지 알지 못했던 자신에 대한 새로운 가능성과 진실을 받아들여야 할 수도 있지만, 자기성찰을 이어 갈 의지가 중요하다. 예를 들어, 선희 씨는 이전에는 전혀 몰랐던 아버지와의 관계에 대해 어떤 죄책감을 느낀다는 것을 알게 되었고, 그것을 받아들여야 할지를 고민하게 될지도 모른다. 이런 과정을 밟아 가면서 선희 씨는 마지막 단계인 자기성찰에 이르게 되며, 선희 씨의 개인적 성장과 내담자에게도 긍정적인 영향을 미칠 수 있을 것이다. 이 과정을 통해 선희 씨는 철호 씨를 이해하고 공감적 이해를 하면서 그가 개인적 자기통찰을 할 수 있도록 도울 것이다. 그리고 선희 씨의 상담자로서 유능감과도 연결된다. 그러나 이것은 선희 씨가 완벽한 상담자라는 것을 의미하는 것은 아니다. 그녀는 자기반성을 출발점으로 자기성찰을 달성하는 데 과정을 습득하게 되었다는 것을 의미한다.

이처럼 상담자가 자신의 감정, 생각, 행동, 경험을 깊이 이해하고 평가하는 자기성찰은 중요하다. 예를 들면, 정서적 성숙이나 심리적 건강성과 같은 상담자의 개인적 요소는 물론, 고령자에 대한 호감과 존중, 고령자의 긍정적 변화 가능성에 대한 믿음와 같은 가치관과 고령자와 함께했던 경험이 중요하다. 또한 상담자로서 의사소통의 방법, 모호함을 견디는 인내심, 지속적 전문성 등에 대한 필요성을 인식함으로써 상담자는 상담 도구로서 가장 유력한 자신을 최대한 긍정적으로 활용하려고 노력하지 않으면 안 된다고 생각한다.

결론

대상이나 상담을 하는 환경이 달라도 기본적인 상담자의 역할은 내담자의 문제를 돕기 위해 심리적 · 정서적 · 사회적 지원을 제공하는 것이다. 상담자는 내담자가 자신을 자유롭게 표현하면서 스스로 자신의 문제를 해결하고, 더 나은 삶을 살아갈 수 있도록 지지하고, 변화의 과정을 촉진하는 역할을 하게 된다. 상담자는 이 같은 과정을 수행하기 위해서 내담자가 자신의 생각과 감정을 안전하게 표현할 수 있는 공간을 제공하면서 그들의 이야기를 경청하고 지지적인 역할을 한다. 때로는 내담자가 직면한 문제를 해결하거나 긍정적인 변화를 하도록 돕는 촉진자의 역할이 필요할 때도 있다. 경우에 따라서는 내담자에게 필요한 정보를 제공하기도 한다. 이처럼 상담에서 상담자에게 경청자, 지지자, 문제 해결 촉진자 등 여러 역할을 기대하고 있지만, 상담자에게 가장 필요한 것은 자신이 가질 수 있는 개인적인 편견이나 한계를 인식하는 것이라고 생각한다. 상담자는 자신의 감정, 생각, 상담 기법 등을 지속적으로 성찰할 때 상담자로서 성장할 뿐 아니라 내담자가 안전하고 신뢰할 수 있는 환경에서 자신을 탐구할 수 있도록 도울 수 있다고 본다.

실제 고령자와 상담을 진행하다 보면 이러한 상담의 기본 자세를 실천하는 것이 그렇게 쉬운 일이 아니라고 생각하기 쉽다. 공감적 이해에 대해서 생각해 보자. 심리적 문제를 공감적으로 이해하기 위해서는 문제의 본질이나 배경을 함께 느낄 수 있는 능력이 필요하다. 아직 그들의 경험을 경험하지 못한 연령의 상담자들은 이런 문제를 극복하기 위해 많은 고령자를 만나거나 이론적으로 그들을 이해하려는 학습이나 훈련에 힘을 기울인다. 그런데 이 같은 것에 의존하면 객관적인 이해를 할 수 있을지 몰라도 때로는 이것이 오히려 공감적 이해를 하는 데 방해가 될 수 있다. 고령자와 상담을 할 때는 그들을 인격적으로 이해하는 것이 중요하다. 그것은 생애사, 심리적 변화, 신체적 건강, 사회적 관계, 영적 고민 등을 포함한 다차원적 요소를 고려하면서 내담자를 전인적으로 이해하고, 그들의 존엄성을 존중하는 상담 환경을 조성하는 것이라고 생각한다.

제4부

돌봄 제공 가족 상담

제12장

돌봄 제공 가족 상담 과정

우리나라에서는 빠른 속도로 고령화가 진행되고 있으며, 고령자의 신체적 · 인지적 손상으로 인한 돌봄의 필요성이 점점 더 증가하고 있다. 이에 따라 국가가 고령자 돌봄의 영역에 정책적으로 개입하는 것이 필수 과제가 되었다. 우리나라는 노인장기요양보험제도를 중심으로 고령자의 돌봄 문제에 개입하고 있다. 그러나 고령자 돌봄은 여전히 가족의 몫인 경우가 대부분이며, 공적 돌봄 서비스는 가족의 돌봄 부담을 덜어 주는 방식에 그치고 있다. 특히 장기 요양 등급을 받지 못한 고령자는 전적으로 가족의 돌봄에 의지하게 된다.

돌봄의 영역은 신체, 정서, 가사 및 일상생활, 경제 등 삶의 모든 영역을 아우르고 있다. 고령자 돌봄은 자녀 돌봄과 달리 장기적인 경우가 많으므로 돌봄 가족에게 큰 부담과 위협이 되고 있다. 특히 우리 사회에서는 대가족제도가 급격하게 핵가족제도로 변화하였고, 자녀의 수가 줄어든 데다가, 자녀들이 해외 등지에 뿔뿔이 흩어져 사는 경우가 많아서 고령자 돌봄이 더욱 문제가 되고 있다. 주돌봄자는 주로 배우자와 성인 자녀들, 특히 맏아들과 맏며느리인 경우가 많다. 이는 우리 사회에 딸보다는 아들이 부모 돌봄의 책임이 크다는 인식이 아직 남아 있기 때문으로 보인다. 또한 미혼과 이혼의 비율이 높아진 사회현상으로 인해 독신 자녀가 고령자를 돌보는 일도 점차 증가하고 있다.

가족 내의 고령자 돌봄은 주돌봄자 한 명에게 쏠리는 경향이 있기 때문에 주돌봄자는 신체적 · 정서적으로 소진되기 쉬우며, 특히 배우자를 돌보아야 하는 고령의 돌봄 제공자는 건강이 크게 위협받을 수 있다. 고령자를 돌보는 가족의 어려움은 돌봄 가족, 특히 주돌봄자의 정서적 · 신체적 소진 문제, 비용 부담 문제, 가족 간의 갈등 등 다양하고 복잡하다. 고령자 돌봄에는 고령자 상태의 변화에 따라 돌봄 이전 단계부터 사후 단계에 이르기까지 여러 단계가 있으며, 단계마다 새로운 형태의 돌봄이 필요하다. 그러므로 고령자를 돌보는 가족에게는 변화하는 돌봄의 필요를 채울 수 있도록 다양한 도움이 주어져야 한다. 돌봄 제공 가족의 치료 목적은 가족이 고령자를 돌보는 과정에서 겪게 되는 여러 가지 어려움을 다루어 돌봄을 효과적으로 수행할 수 있도록 돕는 데 있다.

[그림 12-1] 고령자 돌봄의 단계

출처: Qualls et al. (2013), p. 522.

1. 돌봄 제공 가족 상담 모델

돌봄 제공 가족치료(Caregiver Family Therapy: CFT)는 노인을 돌보는 가족의 필요를 채우기 위해 미국에서 개발된 상담 치료 모델이다. CFT 치료자는 가족으로 하여금 돌봄 대상자의 필요를 정확하게 이해하고, 그 필요를 채울 수 있도록 가족의 역할을 조직하고 조정하도록 돕는다. 치료는 가족 중 한 사람 또는 여러 사람을 포함하며, 치료에 참여할 능력과 동기가 있다면 고령자인 돌봄 대상자도 포함할 수 있다.

CFT는 가장 힘든 3가지 과정에 초점을 맞춘다. 첫째는 '돌봄 대상자의 문제를 명명'하는 것이고, 둘째는 가족 내에서 '돌봄의 역할을 조직'하는 것이며, 셋째는 돌봄 제공자가 '자기 자신을 돌보는 것'이다. 첫째에서 둘째로 이행되는 과정에서는 문제 해결 방법을 통해 돌봄 대상자에게 필요한 '돌봄을 조직'하며, 둘째에서 셋째로 이행되는 과정에서는 가족 안에서 조직된 역할이 주돌봄자와 다른 가족에게 어떤 영향을 주는지 점검하고('역할의 점검'), 셋째 과정에 이어 '시야를 넓히기' 과정에서는 돌봄 제공자의 더 넓은 가족 체계와 그 구성원들에 관련된 주제를 다룬다. 여기서는 CFT를 기초로 하여 우리나라의 상황에 적용한 돌봄 제공 가족 상담 모델을 제시하려고 한다.

2. 돌봄 제공 가족 상담의 과정

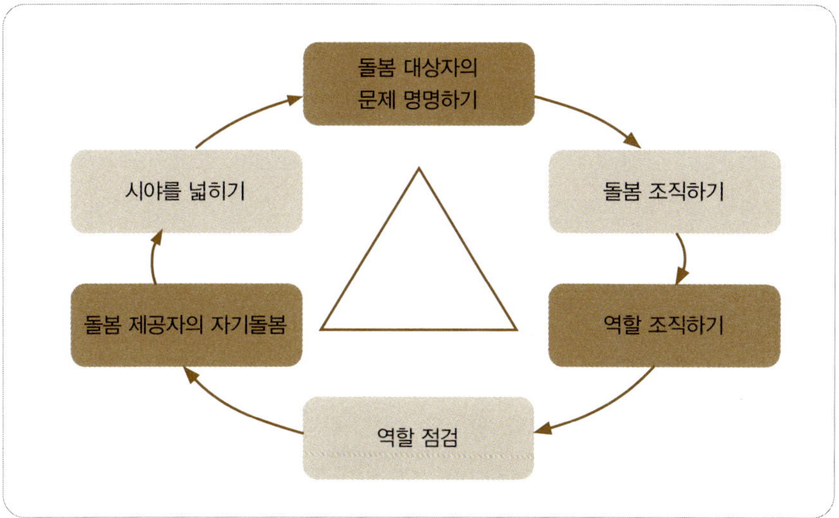

[그림 12-2] 돌봄 제공 가족 상담의 과정

출처: Qualls et al. (2013), p. 151.

1) 돌봄 대상자의 문제 명명하기

돌봄 제공 가족을 돕는 첫걸음은 돌봄 대상자의 필요를 정확하게 이해하는 것이다. 상담자는 먼저 가족이 호소하는 돌봄 대상자의 문제와 더불어 돌봄 대상자의 객관적인 평가에 근거한 건강 상태와 일상 기능에 대한 정보를 확보해야 한다. 건강이란 질병(진단명, 병의 원인, 치료법), 현재의 상태(근력, 균형감, 이동성) 및 그로 인한 기능의 문제를 포함한다.

가족은 돌봄 대상자의 문제가 노화로 인한 정상적인 변화라고 여기며 원인을 자세하게 알아보려고 하지 않을 수 있다. 기억력 등 인지 기능의 문제는 더욱 간과되기 쉽다. 돌봄 대상자 자신이나 가족이 문제를 노화 때문이라고 생각하거나, 노력하지 않는 본인의 성격 탓으로 돌린다면 적절한 대처가 어렵다. 그러므로 상담자는 '어머니가 예전만큼 활력이 없다.' 또는 '아버지가 요즈음 친구도 안 만나고 외출을 전혀 하지 않는다.' 등의 보고에 대해서 신체적 · 심리적 · 인지적 문제를 의심해 보고 건강 전문가에게 의뢰해야 한다.

돌봄 대상자의 건강 문제에 대한 진단이 나온 경우에도 예후나 치료에 대한 정확한 이해가 없다면 적절한 돌봄이 어려울 뿐만 아니라 돌봄에 대한 의견 차이로 인해 가족 갈등이 발생할 수 있다. 예를 들어, 돌봄 대상자가 알츠하이머 치매 등 인지 손상에 관련된 진단을 받은 경우에 아직은 초기 단계임에도 갑자기 어린아이 취급을 하거나 일상의 안전이 위협을 받는 상황임에도 불구하고 이를 인지하지 못할 수 있다. 또한 필요한 돌봄에 대한 가족의 의견 차이로 서로 다투게 될 수 있다. 적절한 돌봄의 수준을 결정하기 위해서는 질병의 유형과 진행 단계에 대한 객관적인 데이터가 필요하다.

돌봄 대상자의 기능 수준을 평가하는 것도 중요하다. 기능 수준을 결정하는 방법은 혼자서 일상생활 활동을 어느 정도 수행할 수 있는지 평가하는 것이다. 일상생활 활동(Activities of Daily Living: ADL) 평가는 규칙적이며 반복적인 행동인 식사하기, 목욕하기, 옷 입기 등의 신체적 자기 관리 능력을 평가하는 것이다(이 책의 뒷부분에 있는 부록 참조). 수단적 일상생활 활동(Intrumental Activities of Daily Living: IADL) 평가는 좀 더 고도의 인지 능력이 필요한 돈 관리, 가사일, 전화 사용 등 사회생활에 필요한 기술과 행동으로 이루어져 있다(이 책의 뒷부분에 있는 부록 참조).

또한 상담자는 돌봄 대상자가 스스로 자신의 건강을 돌볼 수 있는지를 평가한다. 예를 들어, 당뇨 환자의 경우에 건강을 돌보기 위해 혈당 수치의 조절뿐 아니라 장을 봐 당뇨에 좋은 음식을 조리하는 등의 일이 필요하다. 그러므로 돌봄 대상자의 자기돌봄이 어느 정도 가능한지, 어떤 부분을 가족이 담당해야 하는지를 결정해야 한다.

돌봄 대상자의 심리 평가도 필요하다. 고령자에게는 우울, 불안, 약물남용 등의 문제가 나타날 수 있으며, 이러한 심리적 문제는 고령자의 건강 또한 악화시킬 수 있다. 돌봄 대상자가 문제 행동을 보일 때는 그 행동이 최근에 나타났는지, 수년에 걸쳐 서서히 나타났는지, 평생 지속되었는지 알아보아야 한다. 모두에게 필요한 것은 아니지만, 신경심리학 평가는 돌봄 대상자의 인지 기능에 대해 분명한 이해를 제공하여 적절한 치료 계획을 수립하도록 돕는다. 신경심리학 평가는 인지 기능을 측정하기 위해 개인에게 제공되는 일련의 행동적·인지적 검사로서 척도화한 표준화검사를 사용하며, CT나 MRI 등 최첨단 영상학적 검사 결과만으로 얻을 수 없는 정보를 제공해 줄 수 있다. 이는 수검자가 보이는 행동 문제가 뇌 손상이나 대뇌와 관련된 신경학적 문제 때문인지, 정신장애로 인한 것인지를 감별해 준다. 예를 들어, 고령의 환자가 호소하는 기억 문제가 치매나 인지장애의 양상인지, 아니면 우울증으로 인한 정보처리 효율성의 저하로 인한 것인지 신경심리학 평가를 통해 확인이 가능하다. 신경심리학 평가를 통해 경도 인지장애, 알츠하이머병, 전두측두엽 치매, 혈관성 치매, 섬망, 물질 남용, 알코올성 치매, 파킨슨병, 발작 장애, 뇌졸중, 두부 손상, 정신장애, 우울증, 불안 등을 진단할 수 있다.

고령자의 인지 문제의 진단은 늦어지기 쉽다. 가족은 처음 문제를 인식한 후에 대체로 일 년이 넘어서야 병원을 찾는다. 그 이유는 무언가 잘못된 것 같기는 하지만 확실하지 않기 때문일 수 있고, 사랑하는 사람에게 심각한 인지 문제가 있다는 현실을 마주하고 싶지 않기 때문일 수도 있다. 그러나 인지장애를 조기에 발견하면 좀 더 오래도록 독립적으로 생활할 수 있으며, 나중에 시설 입소가 필요해진다고 해도 그 시기를 좀 더 늦출 수 있다. 돌봄 제공 가족은 돌봄 대상자의 실제 진단명, 그에 관련된 증상, 질병이 진행됨에 따라 주의해야 할 점들을 알게 되면 돌봄과 치료에 관해 적절한 결정을 내릴 수 있다.

상담자는 가족과 함께 평가 결과를 검토하면서 돌봄 가족이 진단 결과를 완전하게 파악했는지, 그것의 의미를 잘 이해했는지를 확인한다. 예를 들어, 알츠하이머 치매 진단의 경우에 일반적으로 질병이 어떻게 진행이 되며, 진행 단계에 따라 어떤 돌봄이 필요한지에 대해 돌봄 가족과 이야기를 나누게 된다. 암 진단의 경우에는 가족이 치료 옵션을 이해했는지, 어떤 유형의 치료를 원하는지, 그 치료가 가족과 당사자에게 어떤 의미인지, 시간이 지남에 따라 돌봄 대상자의 기능이 어떻게 변화하리라고 보는지 등에 초점을 맞추게 될 것이다.

또한 상담자는 돌봄 가족과 함께 돌봄 대상자의 평가 결과를 가족 중 누구에게, 어떤 방식으로 알릴지를 의논해야 한다. 가족 전체가 참여하는 회기를 마련하고 세부적인 결과를 포함하여 종합적인 결과에 대한 설명을 제공할 수도 있다. 온 가족이 참석하는 회기는 돌봄 대상자의 상태에 대한 정확한 정보에 근거해서 돌봄 계획을 수립하고, 이후 더 많은 돌봄이 필요하게 될 전환기를 대비하며, 가족 사이에 발생하기 쉬운 논쟁을 방지하는 데 도움이 된다.

2) 필요한 돌봄 조직하기

돌봄과 지원은 돌봄 대상자 개인의 필요에 맞게 조직되어야 한다. 상담자는 돌봄 제공 가족이 문제의 명명 과정을 통해 수집된 정보를 바탕으로 돌봄 대상자에게 필요한 돌봄과 지원을 조직하도록 안내한다. 돌봄 제공자는 돌봄을 조직하는 데 있어서 다양한 문제에 맞닥뜨리게 된다. 상담자는 돌봄 제공자가 긍정적 관점에서 문제를 해결하도록 지원한다. 자신에게 상황을 변화시킬 힘이 있다고 믿는 돌봄 제공자는 해결책을 고안하고 이를 성공적으로 실행할 가능성이 더 높다. 또한 상담자는 돌봄 제공자에게 합리적 문제 해결 전략을 가르치고 연습하도록 돕는다. 문제 해결 전략의 첫 번째 단계는 문제를 정의하는 것이다. 돌봄 대상자가 진단 결과를 정확히 알면 문제를 정의하고, 가능한 해결책을 고안하는 데 도움이 된다. 두 번째 단계는 대안을 브레인스토밍하는 것이다. 대안을 만드는 과정에서 의사를 비롯하여 여러 전문가나 유사한 경험을 했던 사람들, 또는 서적이나 인터넷을 활용할 수 있다. 창의적인 대안들을 많이 만들어 낸다면 최선의 해결책을 발견할 가능성이 크다. 세 번째 단계는 각 대안의 장단점을 비교하면서 돌봄 대상자와 돌봄 제공자에게 현실적으로 가장 바람직한 결과를 가져올 수 있는 해결책을 선택하는 것이다. 이때 돌봄 제공자를 고려하지 않은 결정은 돌봄 제공자에게 소진을 가져다주며, 심지어 고령자 학대까지 초래할 수 있다. 네 번째 단계는 선택의 결과를 평가하는 것이다. 결과가 성공적이면 돌봄 제공자는 문제 해결에 대한 자신감을 얻는다. 결과가 좋지 않다면 상담자는 돌봄 제공자와 함께 성공하지 못한 원인을 찾아보아야 한다. 누군가를 돌보는 일도 배워 가는 과정이다.

합리적인 문제 해결 전략은 설명, 기술 훈련, 역할 연기, 과제 등을 통해 가르칠 수 있다. 문제 해결의 경험은 자기효능감을 강화하여 문제가 발생할 때 회피하거나 충동적으로 결정하는 것이 아니라, 문제를 도전으로 받아들이며 성공적으로 해결할 수 있게 해 준다. 성공적인 경험을 하면 할수록 자신의 돌봄 능력에 대한 자신감이 점점 더 커질 것이다. 상담자는 문제 해결 전략을 가르칠 뿐 아니라 돌봄 제공자의 강점을 알아차려서 부각시키며, 공감을 제공하고, 문제 해결을 방해하는 부정적 자기 진술과 감정에 도전함으로써 긍정적 관점의 형성을 도울 수 있다.

가족은 고유의 규칙과 관계 패턴을 유지하려는 성향(항상성)이 있으며, 그것이 창의적인 문제 해결을 방해하기도 한다. 그런 경우에 상담자는 적응적인 새로운 패턴이 나타날 수 있도록 친숙한 패턴을 흔들어 놓아야 한다. 이를 위해 가족 안에서 바람직한 행동이나 결과가 발생했던 과거의 사례들을 찾아보게 할 수 있다. 또한 상담자는 의사소통의 변화를 촉진할 수 있다. 가족은 늘 하던 방식으로 말하고 행동하며 그것과 다르게 하는 방법을 모른다. 상담자는 역할극 등을 통해서 가족에게 새로운 표현을 가르치고 연습시킬 수 있다.

고령자를 돌보는 가족과 작업하는 상담자는 가족이 직면한 도전들이 얼마나 힘든 것인지를 충분히 알아주고, 그들이 해결책을 찾는 데 도움이 되는 실제적인 정보를 제공하며, 도움을 받을 수 있는 기관에 의뢰하기도 한다. 우리나라의 노인장기요양보험제도는 질병이나 고령 등의 이유로 일상생활이 힘든 노인들에게 보험 급여 및 사회적 서비스를 제공하는 사회보험제도이므로 상담자는 돌봄 제공 가족이 이 제도를 잘 활용할 수 있도록 안내하는 것이 필요하다. 그 밖에도 정부와 지방자치단체에서 제공하는 다양한 노인 맞춤 돌봄 서비스에 대한 정보를 제공해야 한다. 상담자의 지식과 전문성의 범위를 벗어나는 문제는 사회복지 또는 법률, 세무 등 지역사회의 전문 서비스 자원을 사용하도록 권할 수 있다.

돌봄 대상자의 기능이 점점 더 쇠퇴함에 따라 새로운 돌봄이 필요하게 될 때는 앞서 설명한 합리적 문제 해결 전략에 따라 돌봄을 다시 조직해야 한다. 돌봄 대상자가 치매 진단을 받았어도 초기 단계라면 자신이 원하는 것을 표현하고 선택에 참여할 수 있다. 돌봄 대상자의 치매가 진행되어 의사결정을 할 수 없는 경우에는 돌봄 제공자가 법원에 성년 후견 신청을 해야 한다. 성년 후견인으로 지정받은 사람은 피후견인의 법정 대리인으로서 다양한 결정을 내리게 된다. 돌봄 제공자가 미리 돌봄 대상자의 기호나 가치관을 알아둔다면(부록에 수록된 '소원을 말해 봐' 카드 활용 가능) 나중에 중요한 사안을 결정해야 할 때 도움이 될 것이다.

3) 가족의 돌봄 역할 조직하기

가족 안에서 고령자 돌봄이 필요해지면 가족은 돌봄의 역할로 전환하는데 어려움을 겪는 경우가 많다. 고령자를 돌보는 일 자체도 버겁지만, 가족은 정서적 · 관계적 문제로 고심하게 된다. 고령자 돌봄은 가족의 역할 변화를 수반하며, 가족의 역할 변화는 돌봄 대상자의 필요에 따라 결정된다. 시간이 흐름에 따라서 변화하는 돌봄 대상자의 필요와 그것을 채우기 위한 돌봄 제공자의 역량 간의 조율이 가장 중요하다. 가족이 역할을 조직하도록 돕기 위해서는 가족 구조 및 가족 발달의 역사 등 광범위한 정보가 필요하지만, 짧은 만남으로 제한된 가족 상담 환경에서는 몇몇의 배경 정보를 사용하여 가족 구조의 문제를 추정하게 된다. 가족 주기 중에서 고령자가 포함된 후기 가족은 다른 어떤 단계보다 더욱 복잡한 양상을 보이기 마련이다. 가족 구조의 오랜 역사 가운데서 가족은 반복적으로 갈등과 고통을 겪어 왔다. 이렇듯 복잡한 가족의 역사 위에 고령자 돌봄이라는 커다란 도전이 놓이게 된 것이다.

어떤 돌봄 방안이 있는지 알기 위해서는 가족 구성원 중에는 누가 있으며, 어떤 관계이며, 시간이 지남에 따라 가족 구조에는 어떤 변화가 있는지에 대한 정보가 필요하다. 상담자는 가족 구조를 파악하기 위해서 종종 가계도를 사용한다. 가계도를 통해 실제 법적 관계(결혼, 이혼, 출생, 사망)

와 유대, 동맹, 갈등, 관계 단절 등의 정서적 관계 패턴을 볼 수 있다. 가족 중에 누가 어디에 거주하고 있는지는 어떤 유형의 돌봄을 제공할 수 있는지를 판단할 수 있는 중요한 요소이므로 가계도에 기록해 놓는 것이 좋다. 또한 개인의 신체 건강, 정신건강 문제, 기질적 특성 등을 가계도에 기록하는 것도 돌봄 역할을 조직하는 데 도움이 된다.

상담자는 초기 면접에서 현재 돌봄 제공 상황에 대해 질문하고, 그 배경이 되는 가족 구조에 관련된 정보를 다만 얼마라도 요청해야 한다. 또한 가족 같은 이웃, 동료, 친지가 있는지 물어보고, 가계도에 표시해 놓는 것이 좋다. 가계도를 만들고 가족의 역사를 분석함으로써 누가 어떤 방식으로 돌봄에 참여할 것인가를 결정하는 데 필요한 맥락적 정보를 얻을 수 있다.

돌봄 제공 가족 구조는 일반적으로 주돌봄자와 보조 돌봄자(들)로 구성이 된다. 주돌봄자는 돌봄을 감독하고 중요한 결정을 내리는 일차적 책임을 지며, 보조 돌봄자(들)는 주돌봄자의 주도적인 위치를 인정하고 정서적으로, 또는 실질적으로 지원한다. 주돌봄자는 특별한 절차에 의해서가 아니라 종종 이전의 역할에 따라 암묵적으로 결정된다. 예를 들어, 배우자는 능력만 된다면 거의 항상 주돌봄자의 역할을 맡는다. 만약 배우자가 없거나 돌봄을 감당할 능력이 안 되면 성인 자녀 또는 며느리가 돌보게 되며, 형제자매, 조카, 또는 친한 친구가 돌보는 경우도 간혹 있다. 보조 돌봄자(들)는 주돌봄자를 지원하며 잠시 주돌봄자의 일을 대신 해 주기도 하는 등 주돌봄자를 지탱해 주는 결정적인 역할을 한다. 한 명의 주돌봄자가 보조 돌봄자(들)의 지원을 받는 형태의 돌봄 구조가 돌봄의 성공률을 높인다고 알려져 있다. 그러나 형제자매가 돌아가며 돌봄 대상자를 방문하고, 각기 다른 역할을 맡아 수행하며, 중요한 결정은 함께 의논하는 등 가족 구성원이 거의 균등한 수준의 돌봄을 수행할 수도 있다.

상담자는 주돌봄자로 하여금 돌봄 대상자를 돌볼 수 있는 모든 사람(역할의 비중이 크든 작든)의 목록을 작성하게 한 후에 각 사람을 여러 개의 동심원으로 분류하게 한다. 이것은 개인의 사회적 네트워크 구성원의 친밀도를 분석하는 데 사용되는 '동심원 작업'을 이용한 것이다. 이 작업은 제공되는 돌봄의 강도에 초점을 맞춘다. 가장 가운데 원에는 돌봄 대상자, 그리고 그 다음 원에는 주돌봄자의 이름이 있을 것이고, 바깥쪽으로 갈수록 이차 · 삼차 돌봄자의 이름이 적힐 것이다. 돌봄 대상자를 위해 각 사람이 실제로 무엇을 하는지를 적어 보게 한다. 예를 들어 보겠다. 주돌봄자인 선희 씨는 장녀로서 어머니와 함께 산다. 미혼이며 프리랜서로 일하고 있다. 장남, 며느리, 손자, 차녀는 보조 돌봄자이다. 주요 조력자 원에 주돌봄자와 보조 돌봄자의 이름을 적고, 각자가 맡고 있는 돌봄 업무를 적는다(장녀: 가사일, 식사 준비, 복약 지원, 병원 진료, 일주일에 세 번 산보 / 장남: 일주일에 한 번 방문, 모시고 나가 식사, 병원비 지원 / 며느리: 장녀가 일로 집을 비울 때 돌봄 지원, 병원 진료 시 동행, 반찬 지원 / 손자: 일주일에 한 번 방문, 안마와 말동무 / 차녀: 장보기, 목욕 지원). 이차 조력자 원에는 가까이 거주하는 친척(어머니의 조카), 교회 식구들 몇 명, 오랜 이웃인 옆집 할머니의 이름을 적고 어머니를 위해 하는 일을 적는다(조카: 미용 기술이 있음, 약 한 달에 한 번 방문, 머리를 다듬어 줌 / 교회 식구들: 차량으로 교회 모임에 모셔 감, 말동무, 기도 / 옆집 할머니: 자주 들러 화투 놀이, 반찬을 나눠 줌). 돌봄 네트워크 안에 누가 있으며, 그가 어떻게 기여하고 있는지를 정확하게 파악하는 것이 필요하다. 돌봄에 필요한 일들은 각 사람에게 골고루 나누어야 하며, 자기 자신이나 자신의 다른 책임들을 과도하게 희생하는 사람이 있어서는 안 된다. 주돌봄자에게 할당된 일이 정상적인 생활 방식으로는 수행하기 어려울 정도라면 즉시 개입하여 다른 사람의 지원을 받도록 해야 한다. 또한 업무들이 책임자가 분명히 정해지지 않고 대충 나뉘어 있는 경우에는 보다 조직적인 구조가 필요하다.

가족 사이에 돌봄 전략에 대한 의견 갈등이 있다면 양쪽이 돌봄 대상자의 문제에 대하여 어떤 정보를 가지고 있는지 살펴볼 필요가 있다. 갈등

[그림 12-3] 돌봄 네트워크

출처: Qualls et al. (2013), pp. 25–29.

은 문제에 대한 이해 차이에서 비롯되는 경우가 많기 때문이다. 자신이 가지고 있는 정보에 대해 이야기를 나누고 문제를 좀 더 분명히 파악한 후에 문제 해결 기술을 사용한다면 대부분 갈등이 잘 해결된다.

때로 가족은 해결되지 못한 상처로 인해 돌봄 방식을 두고 돈 문제나 성격 문제를 들먹이며 서로 비난하기도 한다. 형제자매 간의 다툼이나 부모-자녀 관계의 갈등은 뿌리가 깊으며, 특히 긴장과 불안이 높은 시기에는 회복되기 어려우므로 돌봄 제공 가족 상담에서 다루는 것은 적절하지 못하다. 상담자는 비난을 멈추게 하고 갈등을 돌봄 방안 선택의 문제로 재구성해야 한다. 또 다른 갈등의 원인은 개인의 기질과 가치관의 차이이다. 많은 가족 갈등은 '자율성 대 안전' '개인주의 대 집단주의' '혼자 있는 것 대 함께 있는 것' 중 어디에 가치를 두고 있는가의 문제에서 비롯된다. 즉, 양극단에 있는 가치로 인한 것이다. 가족으로 하여금 사랑하는 사람을 돌보는 것과 관련된 가치들에 대하여 서로 이야기를 나누게 하고, 돌봄 대상자에게 바로 지금 필요한 것이 정확하게 무엇인지에 초점을 맞추는 것이 필요하다.

4) 역할 점검

상담자는 돌봄이 실행된 후에 돌봄 제공자가 필요한 지식과 기술을 확보하여 맡은 업무를 잘 수행하는지, 역할은 조직한 대로 계속 잘 유지되는지를 점검한다. 돌봄 제공자는 생전 처음으로 접하게 되는 일들이 많다. 어디에서 검사, 또는 진료를 받아야 할 것인지 결정해야 하고, 재정 등의 지원을 받는 방법이 있는지를 알아보아야 하며, 복잡한 약물이나 식이요법 등을 관리해야 한다. 돌봄 제공자는 처음에는 자신이 무엇을 모르는지조차 모른다. 상담자는 주택, 의료, 사회복지 등 돌봄 제공 시스템, 다양한 서비스에 드는 비용 및 많은 다른 자원에 대한 정보를 제공해야 한다. 우리나라에서는 정부와 지방자치단체가 다양한 노인 맞춤 돌봄 서비스를 제공하고 있다. 서비스가 필요한 고령자 또는 그 가족 등이 읍 · 면 · 동 주민센터를 방문하여 서비스를 신청하면 신청인의 자격 여부를 확인하여 그에 따라 해당 고령자에게 서비스를 제공한다. 복지로 홈페이지(m.bokjiro.go.kr)에서도 신청이 가능하다. 서비스의 종류나 이용 시간에 따라 비용이 발생할 수 있으며 일부 서비스는 정부 보조금 지원을 받을 수 있어 무료 이용이 가능하다. 서울시에서는 홀로 지내는 노인의 건강과 안전을 지켜 주는 '반려로봇'과 '안전관리기기'를 무료로 보급하고 있으며, 인공지능을 이용한 노인돌봄 서비스는 경기도 등으로 확대되고 있다. 반려로봇은 노인의 말벗이 되어 주고 투약을 안내하며, 긴급 상황이 발생하면 119로 자동 연락한다. 안전관리기기는 움직임, 온도, 습도 등 6가지 정보를 실시간 모니터링해서 2시간 이상 노인의 움직임이 없는 등 이상 신호가 감지되면 생활지원사에게 자동으로 알림이 발송되는 방식으로 되어 있다. 앞으로 디지털 기술을 활용한 다양한 노인 돌봄이 실행될 것으로 기대된다.

돌봄 제공을 위해서는 다양한 전문가의 도움이 필요하다. 돌봄 제공자는 카테터(인체에 삽입하는 의료용 기구) 갈기, 돌봄 대상자를 침대에서 의자로 이동시키기, 복잡한 약 관리, 특정 요구 사항에 따라 식사 준비하기, 상처 소독, 진료 예약 관리하기 등 높은 수준의 기술적 건강 돌봄 서비스를 제공해야 한다. 재택 간호에서 매일 사용하는 산소통, 목욕 의자, 특수 스타킹, 휠체어, 보행기 등의 조작 기술도 익혀야 한다. 돌봄 제공 가족은 질문할 것이 많지만 충분한 도움을 받을 수 없는 경우가 많다. 상담자는 역할 업무를 익히는 힘든 과정 중에 있는 돌봄 가족을 위해 정보, 자원, 지침 등을 제공해야 한다. 예를 들어, 어머니를 돌보는 딸이 어머니의 상태에 대해서 의사나 간호사에게 하고 싶은 이야기가 있는 경우에 상담자는 딸이 우려하고 있는 문제와 관찰한 자료 그리고 요청 사항을 구체적으로 적어서 의사나 간호사에게 전달하도록 도울 수 있다.

상담자는 돌봄 업무가 돌봄 제공자의 삶과 안녕에 미치는 영향을 살펴야 한다. 때로는 돌봄 제공자가 애초에 계획했던 대로 일을 감당하기 어려울 수가 있다. 또한 돌봄의 기간이 길어짐에 따라 돌봄 제공자의 건강에 문제가 생기기도 한다. 상담자는 면밀하게 관찰하여 돌봄 제공자의 과부하를 막기 위해 역할을 재조직하거나 유료 도우미 채용을 고려하게 해야 한다. 돌봄 제공자는 덫에 걸려 빠져나갈 길이 없는 것처럼 느끼기도 한다. 그럴 때는 그 일이 자신이 선택한 일이라는 사실을 상기시키고 또 다른 선택을 할 수 있다는 점을 알려 준다. 또 다른 선택이란 돌봄 업무의 일부를 다른 사람에게 나눠 주는 것이다. 주돌봄자가 한두 시간, 하루, 또는 일주일 동안 쉴 수 있도록 보조 돌봄자에게 도움을 청하거나 돌봄 업무나 가사일 등을 도와줄 사람을 고용할 수 있다. 이 밖에도 주간보호시설(스스로 일상생활을 유지하기 어려운 노인을 대상으로 주간 동안에 보호와 맞춤 요양 서비스를 제공), 단기보호센터(당분간 사정이 어렵거나 돌봄 제공자가 입원 또는 출장으로 집을 비우게 된 경우에 단기적, 즉 월 9일 이내로 고령자를 보호해 주는 기관으로 장기 요양 등급이 있으면 국민건강보험공단에서 80~100%까지 비용을 지원받을 수 있음), 치매 환자 쉼터(경증 치매 환자를 낮시간 동안 보호하면서 치매 악화

예방을 위해 전문적인 프로그램과 돌봄을 제공함. 대상은 치매안심센터에 등록된 치매 환자로 장기 요양 등급 미신청자, 장기 요양 서비스 이용 대기자 또는 미이용자, 인지 지원 등급자이며 기간은 최대 1년임. 치매안심센터에 문의할 수 있음), 재가 노인복지 서비스(신체적 · 정신적 장애로 일상생활을 영위하는 데 도움이 필요한 노인을 방문하여 목욕, 세탁, 반찬 등을 제공하는 서비스. 대상은 관할 지역 읍면동 행정복지센터에서 추천받은 가정) 등의 이용을 고려해 볼 수 있다.

돌봄 제공자에게는 자신의 돌봄이 필요한 다른 가족이 있거나 직장 등에서 맡은 책임이 있을 수 있다. 고령자 돌봄의 역할을 수행하기 위해서는 어쩔 수 없이 다른 역할의 일부 측면을 변경해야 한다. 돌봄 제공자에게 자신의 역할 목록을 작성하게 하고 파이 차트를 그려 보게 하면 현재 그들이 각 역할에 얼마나 시간을 할애하고 있는지 볼 수 있다. 또한 자신의 시간을 각 역할에 어떻게 할당하기를 원하는지 묘사하는 또 다른 차트 및 각 역할의 가치 또는 중요도를 묘사하는 차트를 그려 보게 하여 현 상황과 비교하게 하는 작업을 해 볼 수 있다.

또한 상담자는 돌봄 제공자가 노인 돌봄에 어떤 의미를 부여하는지 탐색할 필요가 있다. 돌봄 제공이 자신의 삶과 주요 역할의 희생이며 신체적 · 심리적 탈진을 초래할 수 있는 고통스러운 일이기도 하지만, 어떤 이들에게는 사랑하는 사람을 돌보는 소중한 기회이며 상처를 치유하고 관계를 회복하는 감사의 시간이기도 하다. 상담자는 돌봄 중에 나타나는 스트레스와 탈진 및 절망뿐 아니라 사랑과 헌신, 기쁨과 감사 등을 놓치지 말아야 한다.

조직된 돌봄이 실행될 때 발생하는 관계 갈등은 주돌봄자와 돌봄 대상자 모두에게 파괴적일 수 있다. 가족으로 하여금 갈등이 발생하기 전에 어떤 어려움이 있을지 미리 예상해 보게 하고, 가족 갈등은 불가피하며 정상적인 과정임을 알려 주는 것이 도움이 된다. 돌봄 시스템이 실제로 실행이 되면 때로 실망한 가족이 계획을 세운 사람에게 불만을 표시할 수 있다. 일단 가족 안에 갈등이 생기면 비밀에 부치려고 하여도 결국 돌봄 대상자가 알게 된다. 돌봄 대상자는 자신이 자녀들을 힘들게 해서 갈등이 생겼다고 생각하고 괴로워한다. 그런 경우에 돌봄 대상자를 위한 개인 상담 회기를 통해 그의 죄책감과 염려를 다루는 것이 필요하다. 또한 돌봄 대상자를 다른 가족과 함께하는 회기에 초대하여 불화한 가족으로 하여금 자신들이 잘 돌보고 싶어 하는 대상에게 그들 사이의 갈등이 어떤 영향을 미치는지 인식하게 할 수 있다.

가족 갈등이 불거졌을 때 돌봄 대상자 다음으로 주돌봄자가 상처를 받기 쉽다. 가족의 불만은 종종 매우 거칠고 감정적인 방식으로 표현된다. 주돌봄자는 돌봄 계획에 대한 다른 가족의 불만을 개인적인 비난으로 받아들이고 마음이 상하기 쉽다. 상담자는 주돌봄자와 의논하여 가족을 불러 모아 오염되지 않은 방식으로 대화를 나누면서 돌봄이 진행되는 상황을 점검하도록 도울 수 있다. 주돌봄자는 가족에게 먼저 고마움을 표현하고, 그동안 그들이 보고 느낀 점이나 개선할 점 등에 대해 의논하자고 말하거나 갈등에 대하여 직접 언급하며("네가…… 그 일 때문에 나에게 몹시 화가 났다는 얘기를 듣고 솔직히 내가 좀 힘들었어. 쉽지는 않겠지만, 너의 이야기를 듣고 가족이 함께 의논하면 좋겠어."), 상담 회기에 그들을 초대할 수 있다. 상담자가 가족에게 돌봄이라는 여행이 순조롭기만 한 것은 아니며, 모든 돌봄 계획은 실행해 본 후에 수정되고 보완될 수 있다고 이야기해 준다면 갈등을 다루기가 훨씬 수월해질 것이다. 상담자는 가족으로 하여금 이전 단계(문제 파악하기, 돌봄 조직하기, 역할 조직하기)로 돌아가 다시 한번 검토해 보게 함으로써 문제 해결을 위한 가족 내의 자원과 한계를 점검하고 돌봄을 재조직하기 위한 선택지들을 검토하는 기회로 삼을 수 있다. 또한 합리적인 문제 해결 기술을 활용하여 돌봄의 역할과 전략을 재조직할 수 있다.

5) 돌봄 제공자의 자기돌봄

고령자를 돌보는 돌봄 제공자들은 정서적·신체적 질환에 취약하다. 그들은 우울, 사회적 고립감 등 정신건강 문제가 나타날 확률이 비돌봄 제공자에 비해 높으며, 돌봄 제공 가족의 우울과 스트레스는 자살 생각이나 자살 시도로 이어지기도 한다. 돌봄 활동은 기본적으로 다양한 신체 활동을 수반하므로 신체 건강의 악화를 초래할 가능성도 매우 크다. 돌봄 가족이 겪는 어려움은 돌봄 제공 기간이 길어지기 때문이기도 하지만, 주로 중년기 또는 노년기인 돌봄 제공자의 연령과도 관계가 있다. 특히 고령의 배우자가 주돌봄자인 경우에는 건강 문제가 심각해질 수 있다. 돌봄 가족은 비돌봄 가족에 비해 자기 자신을 돌보기가 당연히 어렵다. 돌봄 제공자는 고령자 돌봄뿐 아니라 여러 다른 책임으로 인해 수면이 부족하고 운동 등의 건강 증진 활동이나 여가 활동은 엄두도 낼 수 없는 경우가 많다. 돌봄 제공자들은 자기돌봄이 중요하다는 것을 알고는 있지만 실천하는 데에는 실패한다. 다른 사람의 필요를 자신의 필요보다 우선시하기 때문이다. 상담자는 돌봄 제공자에게 자기돌봄은 돌봄이 필요한 고령자나 다른 사람들의 안녕과 직결되어 있다는 것을 강조해야 한다.

자기돌봄이란 돌봄 제공자가 자신의 신체적·심리적·사회적 필요를 인정하고 이에 주의를 기울이는 것을 의미한다. 자기돌봄에는 독서나 영화관람, 친구 만나기 같은 다양한 즐거운 활동과 적절한 수면이나 적절한 운동과 같은 건강 증진 활동이 포함된다. 사회적 지지는 돌봄 제공으로 인한 소진과 건강 문제들을 중재한다. 자기돌봄은 신체적·심리적·사회적 안녕을 포함하므로 돌봄 제공자의 자기돌봄 문제를 파악하기 위해서는 각 영역의 안녕을 탐색해 보아야 한다.

(1) 신체적 안녕

신체적 안녕은 건강 증진 활동과 질병의 관리를 의미한다. 상담자는 돌봄 제공자의 정기적인 건강검진, 영양 섭취, 운동, 약 복용, 수면 등을 다루어야 한다. 만성질환이 있는 경우에는 증상 변화에 대한 정보를 수집하고, 제때 진료를 받지 않고 있다면 속히 의사를 만날 것을 권하며, 진료를 받은 후에 상담자에게 보고하라고 하는 것이 좋다. 돌봄 제공자가 진료를 위해 시간을 내기를 주저한다면 돌봄 제공자에게 기존의 질병이 악화될 수 있다는 것과 새로운 건강 문제가 생겼는데 발견하지 못한다면 회복이 더욱 어려워질 수 있다는 것을 알려 주고 경각심을 일깨운다. 또한 돌봄 대상자를 돌보는 신체적 부담을 탐색해야 한다. 돌봄 제공자는 돌봄 대상자를 침대에서 의자로 옮기거나 휠체어를 밀다가 허리나 어깨에 문제가 생길 수 있다. 상담자는 돌봄 제공에 의해 초래된 신체 증상을 점검하고 치료를 결정하도록 도와야 한다.

(2) 심리적 안녕

심리적 안녕을 위해서는 돌봄과 관련된 스트레스와 부담을 다루고, 대처 기술을 향상시키도록 돕는다. 돌봄의 업무로 인한 스트레스와 긴장은 신체적·심리적 건강 문제를 초래할 수 있다. 돌봄에 관련된 부담감은 스트레스, 긴장, 불안을 포함하며, 직장 업무, 재정 문제, 관계 갈등은 돌봄 부담감을 가중시킨다. 그러나 앞서도 언급했던 것처럼 사랑하는 사람을 돌보는 것에 대한 의미, 목적, 만족을 포함하여 긍정적인 경험을 하는 사람들도 있다. 어떤 이들은 돌봄을 수행하는 과정에서 유능감을 경험했다거나 자존감이 증진되었다고 보고하기도 한다.

돌봄 제공자의 돌봄 대상자에 대한 감정은 사랑, 미움, 원망, 후회, 죄책감, 미안함, 안쓰러움 등 매우 복합적이다. 자신은 돌봄 대상자의 기능을 어떻게든 유지시켜 보려고 애를 쓰는데 협조하지 않는 돌봄 대상자가 실망스럽고 미워지기도 하고, 어린 시절의 상처가 되살아나기도 하며, 돌봄 대상자의 기능 수준이 저하되고 증상이 악화되는 것을 지켜보면서 연민과 슬픔을 느끼며, 자신도 그와 같은 과정을 거치게 될 것을 예상하고 두려워하기도 한다. 주요 기념일에는 어쩌면 그것이 돌봄 대상자와 함께하는 마지막 기념일이 될 수 있다는 생각에 슬퍼질 수 있다. 나중에 후회하게 될 것이 두려워서 힘에 부치게 잘 돌보려고 하거나, 주변 사람들의 시선을 의식하거나, 돌봄 대상자에게 인정받고자 하는 욕구 때문에 또는 자기 정체성이 과도하게 타인 돌봄에 의존되어 있기 때문에 무리한 돌봄으로 소진을 경험하게 될 수도 있다. 돌봄 제공자에게 기존에 정신건강 문제가 있었던 경우에는 증세가 악화될 수 있다.

상담자는 돌봄 제공자의 심리를 평가하기 위해 먼저 그들이 돌봄 제공에 대해 어떻게 느끼는지, 어떤 것이 힘든지, 다른 가족의 도움을 충분히 받고 있는지에 대해 질문한다. 또한 돌봄 제공자의 일상에 대해 질문하여 정서적 필요를 어떻게 돌보고 있는지, 예전에는 어떠했는지 등을 점검한다. 상담자는 돌봄 제공자의 심리적 문제가 돌봄 제공 이후에 나타났는지 아니면 그 전부터 존재했는지 탐색해 보아야 한다. 돌봄 제공자 중에는 오래전에 기분장애나 성격장애 등 진단을 받은 사람들도 있다. 필요한 경우에는 우울, 불안, 외로움 등을 측정하는 도구를 사용할 수 있다. 이러한 도구들은 심리 문제의 내용과 강도에 대한 정보를 주므로 돌봄 제공자가 돌봄의 일을 지속할 수 있을지 아니면 변화가 필요한지를 결정하는 데 도움이 된다.

또한 돌봄 제공자가 어떤 때에 즐거운지, 그리고 충분히 이완하고 쉴 수 있는지도 점검한다. 즐기는 방법은 사람마다 다르므로 어떤 활동을 하는지는 중요하지 않으며, 약간의 시간을 내어 무언가 즐거운 일을 할 수 있으면 된다. 상담자와 함께 자신이 좋아하는 활동을 브레인스토밍하고, 그러한 활동 시간을 조금씩 늘려 나가는 것이 중요하다. 또한 상담자는 돌봄 제공자에게 스트레스와 불안을 낮출 수 있는 호흡법이나 명상 등 이완 기술을 가르칠 수 있다. 마음챙김 기법을 사용하여 판단하지 말고 현재의 순간에 발생하는 경험에 주의를 기울이게 하는 것도 도움이 된다. 상담 회기마다 잠시 시간을 내어 이완 기술을 연습하게 하면 돌봄 제공자는 회기 밖에서도 활용할 수 있게 된다.

(3) 사회적 안녕

신체적 자기돌봄과 심리적 자기돌봄 외에도 돌봄 제공자의 사회적 안녕을 증진시키는 것이 필요하다. 긍정적이고 만족스러운 사회적 상호작용은 자기돌봄의 핵심이 되는 수단이기 때문이다. 상담자는 가족 맥락과 사회적 지지에 관한 정보를 수집하여 돌봄 제공자가 다른 사람들로부터 지원을 받을 수 있는 다양한 방법을 탐색한다. 가족은 돌봄 제공자의 자기돌봄을 위해 가장 중요하다. 가족이 없거나, 관계를 단절했거나, 지리적으로 멀리 떨어져 있는 경우에는 가족의 지원을 얻기가 어렵다. 돌봄 제공자는 가까이 살고 있으며, 시간적 여유가 있는 가족에게도 도움을 요청하기를 주저할 수 있다. 그런 경우에는 그 이유가 무엇인지 탐색하고, 돌봄 과정에 그 가족을 참여시키는 것의 현실성을 결정해야 한다.

돌봄 제공자는 자기돌봄의 필요와 돌봄에 필요한 업무들 사이의 균형을 위해 가족 내에서 활용할 수 있는 도움을 받아들이는 법을 배워야 한다. 가족 유대가 약하거나 긴장감이 있는 경우에는 도움을 요청했다가 실망하고 좌절할 수 있다. 장기간의 쓰라린 갈등의 역사를 가진 가족 관계는 돌봄의 기간 중 지지적인 지원을 제공하기 어렵게 만든다. 그러나 따뜻한 마음에서 우러난 것이 아니더라도 특정 지원을 제공받을 수는 있다. 감정적인 소통이 어렵고, 때로 마음이 상하는 대화가 오고 가더라도 그 가족의 지원은 자기돌봄에 도움이 될 수 있다.

돌봄 제공자는 사실에 근거하여 도움을 요청해야 하며, 상대방의 여러 가지 반응을 예상하고 대처할 준비를 해야 한다. 상담자는 돌봄 제공자가 가족의 역사를 고려하여 현실적으로 가능한 수준으로 기대를 낮추도록 돕는다. 대화를 시도할 때는 가능한 한 부드럽게 시작하고 감정이 실린 말투를 삼가며 '나' 전달법을 사용하여 상대방이 죄책감을 느끼지 않게 하는 것이 중요하다. 상담자는 역할연기 등을 활용하여 돌봄 제공자를 도울 수 있다. 먼 곳에 거주하는 가족이라도 관계가 나쁘지 않다면 돌봄 대상자에 대한 정보를 공유하고 도움을 요청할 수 있으며, 단절된 관계인 가족과의 관계 회복도 고려해 볼 수 있다. 때로 돌봄 제공자는 가족의 도움이 기대에 미치지 못하여 실망할 수 있다. 그럴 때는 '그가 할 수 있는데도 안 해 준다.'라고 생각하는 것이 아니라 자신이 힘든 시기에 도움을 받을 수 있다는 것에 초점을 맞추도록 하는 것이 좋다.

상담자는 돌봄 제공자가 기존의 사회적 네트워크와의 연결을 유지하고 있는지 확인한다. 사회적 네트워크에는 친구, 이웃, 성직자 등이 포함될 수 있다. 돌봄 제공자가 지역사회의 종교 기관에 속해 있다면 그 공동체로부터 지원을 받을 수 있다. 같은 아파트 주민이라든지, 가까운 곳에 살고 있는 친구나 친지의 지원을 받을 수도 있다. 찾아보면 기꺼이 돕고자 하는 사람들이 생각 외로 많다는 것을 알게 될 것이다. 운전, 장보기, 함께 있어 주고 이야기 들어 주기, 어린 자녀 돌봐 주기, 산책 친구가 되어 주기, 돌봄 대상자의 병원 진료 시 동행하기 등 다양한 사람으로부터 다양한 형태의 도움을 제공받을 수 있다. 돌봄 대상자가 혼자 살고 있는 경우에는 그의 이웃들이 돌봄 과정에서 매우 중요한 도움을 줄 수 있다. 정부나 지방자치단체에서 제공하는 공식적인 지원도 최대한 활용해야 한다. 돌봄의 단계가 진행될수록 돌봄 부담이 증가하기 때문에 더 많은 사회적 지원을 받을 수 있어야 자기돌봄을 유지할 수 있다.

간혹 다른 사람에게 무엇을 부탁하기를 어려워하는 성격 문제가 도움 요청을 가로막기도 한다. 그 기저에는 거절을 받는 것에 대한 두려움이 있거나, 다른 사람에게 피해를 주는 것이 싫다거나, 도움을 주는 건 괜찮지만 도움을 받는 위치에 서는 것은 싫다는 생각이 깔려 있을 수 있다. 또한 도움이 필요하다는 것은 자신이 유능하지 못하다는 의미라고 받아들일 수도 있으며, 순교자 같은 삶을 통해 자기가치를 증명하려고 하는 경우도 있다. 돌봄 제공자가 자기돌봄에 필요한 지원을 요청하려고 하지 않는다면 그가 가지고 있는 신념과 그 근원을 탐색하고 인지행동치료 기법을 사용하여 낮은 자존감, 자기가치감의 결핍, 또는 자기파괴 성향을 다루어야 한다.

돌봄 제공자들은 종종 그들의 경험을 이해할 수 있는 다른 사람들과 교제하기를 원한다. 자신과 유사한 상황에 있는 사람들과 이야기를 나눌 수 있다면 그것만으로도 자기돌봄에 도움이 되지만, 다른 돌봄 제공자로부터 돌봄에 관한 지식과 정보를 얻을 수 있다는 이점도 있다.

(4) 자기돌봄의 계획 및 실행

상담자는 돌봄 제공자의 안녕, 돌봄 대상자의 필요, 가족 맥락, 그리고 돌봄의 단계에 대한 정보를 수집하고, 그 정보를 통합하여 돌봄 제공자와 함께 자기돌봄 계획을 수립한다. 그리고 그 계획이 현실성이 있는지, 또 다른 부담으로 느껴지지는 않는지 점검한다. 명확한 계획이 없으면 실행으로 이어지기가 어렵기 때문에 목표를 최대한 구체화하는 것이 필요하다. 자기돌봄을 위해서는 시간 관리가 중요하다. 돌봄 제공자로 하여금 자기돌봄을 우선순위에 놓고 그것의 주위에 자잘한 고령자 돌봄 업무들을 배치하도록 권할 수 있다. 항아리에 돌을 많이 넣으려면 큰 돌을 먼저 넣은 다음에 작은 돌을 넣어야 하는 것과 같은 원리이다.

건강 증진 활동에는 다음과 같은 것들이 있다. 적절한 식습관 유지, 충분한 수면, 운동, 정기적인 건강검진이다. 즐거운 활동의 예는 다음과 같다. 독서, 퍼즐 맞추기, 영화관이나 박물관 방문, 친구 만나기, 그 밖의 개인적인 취미 활동이다. 자기돌봄에는 신체적이고 활동적인 것뿐 아니라 일기쓰기, 명상, 기도와 같은 집중하는 시간도 포함된다. 한꺼번에 모든 계획을 실행하기는 어려우므로 우선순위를 정하는 것이 필요하다. 즉, 돌봄 제공자의 가장 시급한 필요에 우선순위를 두어야 한다. 예를 들어, 건강 문제가 있다면 건강을 돌보는 것이 여행을 떠나는 등 즐거움을 추구하는 활동보다 우선시되어야 한다. 또한 자기돌봄을 지원하는 친구를 두는 것이 큰 도움이 될 수 있다. 그러한 친구는 돌봄 제공자를 지지하고 활동의 즐거움을 더해 주며 자기돌봄에 헌신하도록 독려한다.

자기돌봄을 방해하는 요소들이 있다. 돌봄 대상자를 버려두고 자신을 위한 활동을 할 때 죄책감이 든다고 보고하는 사람이 많다. 특히 배우자를 돌보는 남편이나 아내는 이전에는 두 사람이 함께하던 활동을 혼자만 하기 위해 시간을 내는 것에 대해 죄책감을 가지며 쇠약해진 배우자를 두고 자기만 즐기는 것을 부끄럽게 느낄 수 있다. 주변 사람들이 자신을 이기적이라고 비난할 것을 두려워하기도 한다. 이런 경우에 돌봄 제공자의 죄책감, 두려움, 부끄러움 등을 다루는 것이 필요하다.

또한 자기 자신을 잘 돌봐야 돌봄 대상자를 잘 돌볼 수 있다는 것을 상기시켜 주어야 한다. 자기 자신을 돌보지 않는다면 돌봄 제공과 관련된 스트레스 수준이 높아지고, 쉽게 지치며, 신체 질병에 취약해진다. 반면에 자기돌봄은 삶에 충족감과 활력을 주고 돌봄의 일을 효과적으로 감당할 수 있게 한다. 자신을 돌보는 것은 돌봄 제공자와 돌봄 대상자 두 사람 모두에게 결정적으로 중요하다. 자기돌봄을 거부하는 사람에게 다음과 같은 이야기를 해 줄 수 있다. 비행기에 탑승하면 비상시에 보호자가 먼저 산소마스크를 착용한 후 어린 자녀의 착용을 도와주라는 안내를 받는다. 자신을 돌보지 않으면 다른 사람을 돌볼 수 없다. 재정적으로 자기돌봄에 투자할 여력이 없다는 돌봄 제공자도 있다. 그럴 때는 무료이거나 저렴한 가격으로 이용할 수 있는 활동들을 찾아보고 그중에서 선택하게 한다.

목표를 실행해 본 후에는 결과를 평가한다. 어떤 전략이 효과가 있었는지, 또는 성공적이지 못했는지, 전반적인 변화 과정이 어떻게 느껴졌는지에 대해 돌봄 제공자와 논의할 수 있다. 시간이 지남에 따라 노인 돌봄에 요구되는 시간과 돌봄 제공자의 복잡한 일상에 맞추어 자기돌봄 목표를 재배치해야 한다. 상담자가 (돌봄 제공자가 잘 알아차리지 못하는) 작은 변화를 알아차려서 그로 인한 유익을 강조한다면 작은 발걸음이 지속되어 결국은 돌봄 제공자의 전반적인 안녕 수준을 높일 수 있을 것이다. 돌봄 제공의 여정 중에서 자기돌봄 활동은 늘어나거나 줄어들 수 있다. 돌봄 대상의 필요가 증가하는 시기에는 자기 자신을 위한 시간을 줄이고, 압박감이 줄어들면 자기돌봄 활동을 재개할 수 있다. 상담자는 돌봄 제공자가 다시 예전으로 되돌아갈 수도 있다는 것을 알려 주어야 하며, 다른 책임들로 인해 자기돌봄이 뒷전이 될 때 어떻게 하면 다시 자기돌봄의 위치를 회복할 수 있을지 생각하도록 요청해야 한다.

6) 시야 넓히기

우리가 돌봄 대상자를 돌보는 일에 헌신하게 되면 배우자 또는 자녀 등 우리의 도움이 필요한 다른 가족에게 이전처럼 시간과 에너지를 사용하기가 어려워진다. 결혼 생활에서는 부부가 함께하는 시간이 있어야 각자가 겪는 일상적 스트레스를 견딜 수 있다. 청소년은 여러 측면에서 독립적이기는 하지만 그래도 부모와의 시간이 필요하다. 부모는 청소년 자녀의 숙제, 진로 계획, 학원 등원 등을 돕고, 그들의 미숙한 자아가 잘 발달하도록 지원해야 한다. 최근에 첫아기를 낳은 딸은 새로운 역할에 도전하는 힘든 시기에 부모의 지원이 필요하다. 고령자 돌봄 업무로 인해 다른 가족의 이와 같은 발달적 필요를 채울 수 없게 되는 일이 발생한다.

시야를 넓히는 작업을 하게 되면 돌봄 제공자는 자신이 새로운 역할을 맡게 되었기 때문에 가족 누군가가 고통을 받게 된 것에 대해 놀라고 죄책감과 무력감을 느낀다. 시간, 에너지, 재정 등의 자원은 한정되어 있다. 한 사람에게 특별한 보살핌을 제공한다는 것은 거의 항상 다른 사람이 덜 보살핌을 받는다는 것을 의미한다. 고령자 돌봄으로 인해 가족이 어려움을 겪는 것은 불가피한 일이지만, 가족 중 누구도 심각한 피해를 입게 해서는 안 된다.

상담자는 돌봄 제공자에게 가족 안에서 돌봄 제공자의 역할이 어떻게 달라졌는지, 가족 구성원은 각각 어떤 영향을 받고 있는지(가계도를 이용할 수 있음), 변화한 것 중에서 좋은 것은 무엇이고 싫은 것은 무엇인지 등의 질문을 할 수 있다. 또한 상담자는 가족 대화를 제안하여 가족이 염려하는 문제들을 털어놓고 이야기하도록 도울 수 있다.

돌봄 제공자가 다른 가족의 발달을 지원하는 일에 구멍이 생겼다면 그 구멍을 메꾸기 위해 문제 해결 기술을 사용하도록 돕는다. 즉, 돌봄 제공자의 부담을 줄이는 방법이나 다른 가족의 필요를 돌보는 다른 전략을 함께 고안해 볼 수 있다. 돌봄 제공자가 돌봄 업무 때문에 자녀의 공연에 참석할 수 없는 경우에 가까운 친척이나 친구에게 대신 가 달라고 부탁할 수 있으며, 돌봄 업무로 아내가 집을 비울 때 남편이 요리와 청소를 맡아 가족의 일상이 유지되게 할 수 있다. 부모를 돌보느라 딸과의 대화 시간이 줄어든 것이 걱정스러운 엄마는 일주일에 한 번 정도 딸이 조부모를 방문하게 하여 일을 돕게 하고, 함께 집에 돌아오는 길에 이야기를 나눌 수 있다.

가족에게 꼭 필요한 지원을 제공하기 어려울 때는 추가적인 자원을 동원해야 한다. 1가지 방안은 집안일이나 자녀 돌봄을 도와줄 사람을 고용하거나 친척, 친구, 이웃 등에게 도움을 요청하는 것이다. 다른 방안은 고령자 돌봄 업무를 줄이는 것인데, 이 역시 주변 사람들의 도움을 받거나 유료 도우미를 고용할 수 있다.

가족 체계를 그대로 유지하려는 항상성의 범위를 넘어서는 정보로 인해 가족 체계는 규칙을 바꾸는 등 체계 자체의 변화를 시도한다. 즉, 기존의 체계가 가지고 있던 규칙이나 신념들을 전반적으로 검토하고 수정하거나 바꾸는 작업을 하게 된다(변형성). 이러한 기회는 가족이 배우고 성장하는 기회를 열어 줄 수 있다. 상담자는 문제를 탐색하는 것과 더불어 가족 구성원에게 나타난 적응력과 탄력성을 살펴볼 필요가 있다. 자녀들은 자신의 엄마나 아빠가 조부모를 돌보는 동안에 자신이 책임져야 할 일들이 많아지면 도덕적인 책임감을 배우고 자신감과 유능감을 얻게 되기도 한다. 10대 자녀는 가족과의 시간이 줄면 친구들과 더 많은 시간을 보내는 것을 선호하게 될 것이고, 때로 위험 행동에 빠질 수 있다. 그러나 돌봄 제공자가 돌봄 역할을 통해 성장한다면 자신감을 가지고 보다 생산적인 방식으로 다른 가족을 변화에 참여시킬 수 있다. 가족은 새로운 구조와 목표를 갖게 되고 새로운 가치관을 확립하여 변형성이 완성된다.

시야를 넓히는 것은 돌봄 역할이 돌봄 제공자에게 가져다준 이득, 즉 자신감, 기술, 지식의 증진 등을 검토할 기회도 제공한다. 돌봄 제공 과정은 역할의 유능감을 높이고 가족과의 관계를 확장시키기도 한다. 노쇠한 아버지를 돌보는 아들은 자신 안의 양육적 자아를 발견하고 다른 관계에서도 더 많은 양육을 제공할 수 있게 된다. 배우자를 돌보는 남편 또는 아내나 부모를 돌보는 자녀는 돌봄 대상자의 과거의 잘못을 용서하고 그로부터 인정을 얻기 위해 끝없이 기울였던 헛된 노력을 끝낼 수 있게 될 수도 있다. 상처를 주었던 돌봄 대상자가 자신의 잘못을 바로잡지 못하더라도 돌봄 제공자의 오래된 상처는 치유될 수 있다. 그 상처로 인해 가족을 사랑하고 수용하는 데 어려움이 있었던 돌봄 제공자의 치유는 가족 체계 전체의 치유를 가져올 수 있다. 부모의 지나친 관심으로 발달이 저해될 뻔했던 자녀에게는 돌봄 제공자의 관심의 방향이 돌봄 대상으로 향하게 된 것이 오히려 좋은 일이 된다. 또한 돌보는 능력에 대한 자신감을 얻은 돌봄 제공자는 새로운 진로를 선택하기도 한다. 즉, 사람을 돌보는 직업에 종사하게 되거나 누군가를 돕는 봉사의 일을 시작할 수 있다.

또한 돌봄 제공자는 수년 또는 수개월 동안 노쇠와 죽음의 과정을 지켜

보면서 자신도 죽기 전에 의존의 기간을 거치며 같은 경험을 하게 되리라는 것을 실감하게 된다. 돌봄 대상자를 돌보는 일은 우리에게 이 시기에 대해서 가르쳐 주고, 자신에게 그 시기가 닥쳤을 때 어떻게 해야 할 것인지에 대해 많은 생각을 하게 만든다.

돌봄 제공 가족 상담의 과정을 〈표 12-1〉에 요약 · 정리하였다.

〈표 12-1〉 돌봄 제공 가족 상담의 과정

돌봄 대상자의 문제 명명하기	1. 평가[건강, 일상 기능 수준(ADL, IADL), 심리, 인지 기능] 2. 평가 결과 검토 3. 평가 결과의 공유(누구에게 어떻게 알릴 것인가?)
필요한 돌봄 조직하기	1. 돌봄 대상자에게 어떤 돌봄이 필요하며, 그 문제를 어떻게 해결할 것인가? 2. 돌봄 제공을 위한 다양한 문제의 해결에는 긍정적 관점이 중요/인지적 왜곡의 재구성/ 합리적 문제 해결 전략을 가르치고 연습하게 하기: 문제 정의 → 대안을 브레인스토밍 → 해결책 선택 결과 검토(성공 시 자신감 ↑, 실패 시에는 실패의 원인을 찾아봄) 3. 공감과 더불어 문제 해결에 도움이 되는 실제적인 정보를 제공(지역사회자원 등)
가족의 돌봄 역할 조직하기	1. 가족 구조 파악(가계도) 및 역할 분담 2. 돌봄 네트워트 목록 작성(동심원 작업) 및 역할 분담 3. 돌봄 관련 가족 갈등의 해결(돌봄 대상자의 문제에 대한 이해 차이 검토/합리적 문제 해결 기술 활용/묵은 가족 갈등은 해결이 어려움, 갈등을 돌봄 방안 선택의 문제로 재구성, 기질과 가치관 차이에 대한 이해)
실행 후 역할 점검	1. 업무가 잘 수행되고 있는지, 역할은 잘 유지되는지를 점검 2. 필요한 지식과 기술을 위해 의사, 간호사 등 다양한 전문가의 도움받기 3. 돌봄 제공자의 과부하 → 역할 재조직(보조 돌봄자의 도움 받기/유료 도우미 채용/데이케어센터 등의 서비스 활용 등) 4. 돌봄 제공자가 돌봄에 부여하는 의미 탐색(고통과 절망뿐 아니라 사랑과 헌신, 기쁨과 감사를 포함) 5. 가족의 불만 및 갈등의 해결: 가족 대화/이전 단계(문제 명명하기, 돌봄 조직하기, 역할 조직하기)로 돌아가서 재건토/가족 내의 자원과 한계를 점검/합리적인 문제 해결 기술을 활용하여 돌봄의 역할과 전략을 재조직

돌봄 제공자의 자기돌봄	1. 돌봄 제공자가 자신의 필요를 인정하고 이에 주의를 기울이도록 독려. 자기돌봄은 돌봄이 필요한 대상자의 안녕과 직결되어 있음을 주지시킴 2. 자기돌봄의 3가지 영역 a.신체적 안녕: 건강 증진 활동과 질병의 관리(적절한 식습관 유지/ 충분한 수면/운동/정기적인 건강검진/돌봄 관련 신체 증상 점검 및 치료) b. 심리적 안녕: 스트레스, 긴장, 불안 및 돌봄 대상자에 대한 긍정적 · 부정적 정서를 다룸/대처 기술의 향상/즐거운 활동/호흡법, 명상 등 이완 기술 교육 c. 사회적 안녕: 가족, 기존의 사회적 네트워크, 이웃 등의 지원 활용/ 유사한 처지의 사람들과 교제/정부나 지방자치단체의 공식적 지원 활용 3. 자기돌봄의 계획 및 실행(구체적인 목표. 우선순위 결정. 유연성 필요) 4. 자기돌봄의 방해 요인 다루기(죄책감 및 성격 문제)
시야를 넓히기	돌봄 제공자의 다른 가족의 필요 다루기, 가족 대화, 추가적인 지원 동원하기, 불가피한 가족 구조의 변화(가족 규칙이나 신념의 검토 및 수정), 가족이 배우고 성장하는 기회로 삼음, 돌봄을 통해 얻는 이득을 검토(유능감, 관계 치유, 노화와 죽음에 대한 교훈 등)

3. 상담의 종결

돌봄 제공 가족을 위한 상담은 대체로 단기 상담이며 시급한 문제가 해결되고 돌봄의 역할이 어느 정도 안정이 되면, 즉 문제를 명명하고, 돌봄의 역할을 조직하고, 자기 자신을 돌볼 수 있게 되면 일단 종결하게 된다. 돌봄 제공자들은 기존의 역할과 새로운 역할을 병행하는 것만으로도 바쁘기 때문에 상담에 많은 시간을 내기는 어렵다. 상담자와 돌봄 가족은 종결에 대해 함께 논의한다. 부담을 줄이기 위해서 될 수 있는 대로 빨리 종결하기를 원하는 내담자가 있는가 하면, 진정한 지지의 원천을 놓치고 싶지 않아 종결을 주저하는 내담자도 있다.

상담자는 종결에 앞서 돌봄 제공자가 처음 상담을 찾았을 때 호소했던 문제로 되돌아가서 돌봄 대상자의 필요, 돌봄 조직의 적절성과 안정성, 주돌봄자의 안녕을 확인하고 시야를 넓혀 주돌봄자의 가족 문제를 점검한다. 상담자가 보기에는 돌봄 업무가 아직 안정되지 않았음에도 돌봄 제공자가 종결을 원하는 경우가 드물지 않다. 그렇다고 하더라도 상담자는 돌봄 가족이 앞으로 헤쳐 나갈 수 있으리라는 어느 정도의 희망과 신뢰를 갖는 법을 배워야 한다. 또한 상담자는 잘못된 방향을 향하고 있는 것처럼 보이는 가족이라도 놓아줄 수 있어야 한다.

상담자와 내담자는 상담을 통해 무엇을 성취하고 무엇을 얻었는지 검토하고, 돌봄 제공자가 이루어 낸 성장을 축하할 뿐 아니라 아직 달성하지 못한 부분과 아쉬운 점들을 다룬 후에 종결한다. 상담자는 내담자에게 도움이 필요할 때 다시 찾아오라고 초청할 필요가 있다. 이어지는 돌봄 제공의 과정 중에 상담을 다시 찾는 가족이 종종 있다. 종결에 앞서 상담자는 돌봄 제공자가 미래를 예측하도록, 즉 진행되는 돌봄 대상자의 노화와 죽음에 대비하도록 도울 필요가 있다. 이때 돌봄 제공자나 돌봄 대상자 모두 앞으로 닥쳐올 쇠퇴와 죽음의 과정에 대해 생각하고 싶어 하지 않을 수 있으므로 상담자의 조심성 있는 접근이 필요하다.

결론

가족으로서 노쇠해 가는 부모나 다른 가족을 곁에서 지켜보며 돌보는 일은 심리적·신체적·재정적으로 힘들고 지치는 일이다. 돌봄 제공자들 역시 나이가 많고 건강이 좋지 않거나 경제적인 어려움이 있는 등 여러 가지 힘든 상황에 처하게 되는 경우가 많다. 국가가 고령자 돌봄에 더욱 적극적으로 개입하는 것이 필요할 것으로 보인다. 그러나 그렇게 되더라도 가족은 어쨌든 고령자 돌봄의 일정 부분을 계속해서 감당해야 한다. 돌봄 제공자들은 돌봄 대상자의 노화의 과정 가운데서 예측하지 못했던 상황에 맞닥뜨리기 일쑤이다. 돌봄 가족은 무엇을 어떻게 해야 할지 몰라 압도되기 쉬우며, 돌보는 과정에서 소진을 경험할 수 있다. 돌봄 제공 가족 상담은 그들이 고령자들을 적절하게 돌보도록 도움을 제공하기 위한 것이다. 돌봄의 과정은 돌봄 대상자의 문제 명명하기, 필요한 돌봄 조직하기, 가족의 돌봄 역할 조직하기, 돌봄을 실행 후에 계획대로 진행되고 있는지 확인하고 필요한 경우에 재조직하기, 돌봄 제공자의 자기돌봄, 시야 넓히기(돌봄 제공으로 인해 어려움을 겪게 된 다른 가족 돌보기)로 나눌 수 있다. 그 과정에서 상담자는 돌봄 가족을 지지하며 문제 해결에 필요한 전략과 다양한 정보를 제공한다. 가족마다 다양한 문제뿐 아니라 자원과 강점도 지니고 있으므로 그것에 주목하고 창의적으로 문제를 해결하도록 돕는 것이 필요하다.

제13장

돌봄과 관련된 문제

1. 돌봄과 관련된 문제 다루기

고령자를 돌보는 과정에서 돌봄 가족은 다양한 문제 상황에 맞닥뜨리게 된다. 상담자는 돌봄 가족에게 각 문제들을 다루는 방법에 대해 가르쳐 주고 연습하도록 도울 필요가 있다.

1) 돌봄 대상자의 자율성과 안전 문제

돌봄 제공 가족이 고민하는 중요한 문제 중 하나는 돌봄 대상자의 '자율성 대 안전'에 관한 것이다. 돌봄 대상자가 가능한 한 독립성을 계속 유지하도록 하는 것이 중요하지만, 개입하지 않으면 돌봄 대상자의 안전에 문제가 발생하는 경우도 있다. 돌봄 제공 가족은 종종 돌봄 대상자에게 안전 문제에 대한 우려를 전하고 행동 변화를 제안해야 하는 어려운 과제에 직면한다. 상담자는 이 과정에서 가족의 대화를 코치하고, 역할극을 통해 도움을 주거나, 주치의나 다른 권위의 인물로 하여금 그 이야기를 전하게 하도록 권할 수 있다.

돌봄 제공 가족은 새로운 돌봄이 필요해지는 시기가 다가올 것을 예상하고 돌봄 대상자를 계속해서 관찰해야 한다. 변화 단계에서는 의료적 도움의 적절성 확인을 위하여 의사와의 소통을 늘리고 가사와 관련된 지원도 늘려 가야 한다. 모든 단계에서 돌봄 대상자가 자신의 돌봄에 관한 결정에 최대한 참여할 수 있도록 지원하는 것이 중요하다. 인지 기능이 상당히 제한적인 경우에도 인간의 기본 권리인 자기주도적인 삶을 보장받을 수 있어야 한다. 인지 기능이 쇠퇴해 가는 사람들도 자신들이 가치 있게 여기는 것과 선호하는 것을 표현할 수 있으며, 어떤 주거시설을 원하는지 또는 누가 돌봐 주기를 원하는지에 대해 의사를 밝힐 수 있다. 그러나 돌봄 대상자가 자신의 생활 방식에 대한 통제권을 그대로 유지하려고 하고 위험을 인지하지 못하며 가족의 말을 전혀 듣지 않는 경우에 가족은 힘든 줄다리기를 해야 한다. 가족은 고령자의 '자율성'과 '안전' 사이에서 수도 없이 갈등하며 고민할 수밖에 없다.

2) 돌봄과 관련된 가족 갈등

고령자의 '자율성'과 '안전'에 관련하여 가족 간에 갈등이 발생할 수 있다. 어떤 가족은 안전의 확보를 중시하는 반면, 다른 가족은 자율성 및 독립성을 중시한다. 예를 들어, 아버지가 낙상 등의 위험에 처할 수 있지만 여생을 집에서 보내게 할 것인가, 아니면 아버지가 원하는 독립성이 다소 제한을 받더라도 안전을 위해 요양시설에서 지내게 할 것인가의 문제를 놓고 두 자매가 한 치의 양보도 없이 다투는 상황이 생길 수 있다.

이때 상담자는 자매에게 아버지가 어떻게 살다 가기를 원하는지에 대한 대화를 나누도록 하는 것이 필요하다. 두 자매는 강조점이 조금 다르기는 하지만, 모두 아버지가 가능한 한 오래 사고 없이 독립적으로 사는 것과 시설에 가지 않고 평화로운 죽음을 맞이하기를 원한다고 말할 것이다. 그러면 상담자는 다음과 같이 이야기할 수 있다. "두 분은 똑같이 아버지가 끝까지 안전하면서도 최대한 자율적이고 독립적이기를 바라시네요. 그런데 개인의 기질이나 삶의 경험에 따라 두 가지 중 하나에 좀 더 민감할 수 있어요. 둘 다 매우 중요하므로, 두 분이 협력하면 자율성과 안전 사이의 균형을 맞추어 아버지를 돌볼 계획을 잘 세울 수 있을 거예요."

이러한 대화는 관계 갈등을 줄일 수 있다. 차이를 해로운 것으로 보기보다 가치 있게 여기고 격려하는 것은 '묵은 갈등을 해결해야 한다'는 가족의 부담을 줄여 준다. 지금은 고령자 돌봄에 집중하기 위해 오래된 가족 갈등의 역사는 가능한 한 미루어 놓는 것이 필요하다.

3) 돌봄 대상자의 저항

돌봄 제공 가족의 위기감을 고취시켜야 할 때가 있다. 돌봄 대상자가 전문가의 평가(의학적, 심리학적, 운전 기능 등)가 필요한데도 불구하고 완강히 저항할 때, 돌봄 제공 가족은 "어머니께서 절대로 안 가셔요. 도저히 어떻게 해 볼 도리가 없어요."라고 말하곤 한다. 상담자는 가족으로 하여금 '가족의 임무는 어머니를 설득하는 것이고, 가족은 그렇게 할 수 있다.'로 생각을 바꾸도록 도와야 한다. 상담자는 긴박감을 고조시키기 위해서 가족에게 집에서 쓰러져 움직이지 못하고 있는 어머니를 발견하게 될 때의 상황을 상상해 보게 할 수도 있다. 특히 매우 위험한 상황에서는 신속한 결정이 필요하므로 돌봄 대상자의 의사에 반하는 결정을 내려야 할 때도 있다. 지나친 두려움과 염려로 돌봄 대상자에게 과도한 안전 조치를 취하는 돌봄 제공 가족에게도 역시 직면이 필요하다.

때로 자신이 고령임에도 불구하고, 또 다른 고령의 배우자를 돌보는 경우에 자신의 건강이 위협받을 때를 대비하여 계획을 세우고 돌봄의 안전망을 마련할 필요가 있다. 고령의 돌봄 제공자가 위기에 빠지면 돌봄 대상자도 위험해지기 때문이다. 돌봄 배우자는 대신 돌볼 수 있는 인력을 중복 배치하고 자신은 모든 일을 지휘하고 관리하는 역할을 하는 것이 바람직하다.

4) 돌봄 대상자의 사회적 철수

고령자의 사회적 접촉이 감소하는 것은 자연스러운 일이다. 신체 에너지 수준이 낮아지고, 거동이 불편해지며, 청각, 시각의 기능이 저하되고, 관계의 폭이 줄어들기 때문이다. 특히 귀가 안 들리면 의사소통이 원활하지 않기 때문에 사람들 만나는 것을 꺼리게 될 수 있다. 청력은 치매와도 관계가 있다고 알려져 있으므로 이비인후과 검진을 통해 의사의 지시에 따라 보청기를 사용하게 하는 것이 좋다. 고령자의 경우에 보청기 구매 시 자격 요건에 따라 국가보조금을 지원받을 수 있다.

사회적 접촉의 감소는 우울증 때문일 수도 있지만 사회적 철수가 우울증을 악화시키기도 한다. 사회적 접촉 감소의 또 다른 원인은 인지 손상이다. 명절이나 기념일에 온 가족이 모여서 시끌벅적하면 치매나 우울증이 있거나 청각이 소실된 고령자는 힘들어하겠지만, 신체적인 제약 때문에 이동에 어려움이 있는 고령자는 매우 즐거워한다. 청력 문제가 있는 사람은 조용한 구석 자리에 앉아 있게 하고 소수의 인원이 교대로 찾아가서 이야기를 나누는 게 좋다. 우울한 사람을 모임에 참석하게 하는 것은 물론 좋지만, 그의 에너지를 끌어올리기 위해 치어리더처럼 밀어붙이는 것은 바람직하지 않다. 돌봄 대상자가 사회적 상황에서 어떤 어려움이 있는지 알게 된다면 그의 필요에 따라 적절하게 문제를 해결할 수 있다.

5) 재정 관리의 전환

송달된 미납 청구서, 전기 공급 중단 통지서 등은 열악한 재정 관리의 초기 징후이다. 재정 관리의 전환을 위해서는, 먼저 자신이 재정을 제대로 관리할 수 없게 된다면 누가 도와주면 좋을 것인가에 대해 돌봄 대상자와 미리 이야기를 나누어야 한다. 돌봄 대상자가 자기 삶에 대한 통제권을 유지하기 위해서는 인지 기능이 감소하기 전에 가능한 한 빨리 자신이 원하는 것을 밝혀 두는 것이 좋다. 언젠가는 돌봄 제공자가 돌봄 대상자의 예금통장이나 정기적인 지출을 모니터링하고 관리를 도와주어야 할 시기가 온다. 그렇게 되더라도 돌봄 대상자가 통제감을 최대한 유지할 수 있도록 돌봄 대상자에게 재정 상태를 알려 주면서 중요한 사안에 대해 상의해야 한다.

6) 약 복용

약 복용에 대한 지원도 중요하다. 돌봄 가족은 돌봄 대상자의 약 처방전을 잘 보관하고, 새로운 약을 처방받을 때 혹시 충돌되는 성분이 있는지 확인해야 한다. 고령자는 약을 잘 삼킬 수 없게 될 수 있으며, 기억력의 문제로 약 복용을 잊거나, 중복해서 복용하기도 하고, 임의로 약을 끊거나 복용 시기를 늦추기도 한다. 어느 시기까지는 약 복용 시간을 알려 주는 알람과 약 달력을 사용하는 것이 도움이 될 수 있다. 약 달력을 사용하면 돌봄 대상자가 처방된 약을 제대로 복용했는지 점검할 수 있다. 지방자치단체에서 제공하는 반려로봇의 활용도 고려해 볼 수 있다. 가장 확실한 방법은 돌봄 제공자나 주변의 누군가가 약을 직접 챙겨 주는 것이다.

7) 영양 섭취

돌봄 제공자는 돌봄 대상자의 식사 패턴을 살펴보고, 신선하고 균형 잡힌 영양을 섭취하도록 지원해야 한다. 반찬을 직접 만들어서 가져다주거나 도시락 배달 서비스를 이용할 수 있다. 근처에 고령자들이 모여 함께 식사하는 시설이 있다면 그곳에서 식사하면서 교제를 나누도록 할 수 있다. 기억력에 문제가 있는 돌봄 대상자가 직접 요리할 때는 가스 타이머 차단기를 설치하거나 전자레인지만 사용하게 하는 것이 좋다. 물론 돌봄 제공자나 다른 누군가와 함께 요리하는 것이 가장 안전하다. 함께 요리하게 되면 돌봄 대상자를 관찰할 기회도 가질 수 있다. 돌봄 대상자가 장을 보기 어려울 때는 필요한 물건을 돌봄 제공자가 대신 사다 주거나 인터넷 배송을 이용할 수 있다.

8) 낙상

노화는 시력 저하, 근육 손실, 균형 감각의 저하를 가져오므로 낙상으로 인한 골절이나 뇌출혈이 초래될 수 있다. 고령자들은 늘 해 오던 활동을 계속해서 하려고 하지만, 안전하게 수행할 수 없게 되는 시기가 온다. 화장실에서 미끄러지거나, 계단에서 굴러떨어지거나, 높은 선반 위에서 물건을 꺼내려다가 딛고 섰던 발판에서 떨어질 수 있다. 돌봄 제공자는 돌봄 대상자에게 그런 일들은 직접 하려고 하지 말고 도움을 요청하라고 미리 말해 두어야 한다. 메모장을 준비해서 필요한 일의 목록을 그때그때 적어 놓으라고 하면 좋다. 고령자들은 바쁜 자녀를 귀찮게 하기를 원치 않으며, 자녀에게 도움을 요청하기를 꺼린다. 그러므로 정기적으로 가사도우미를 이용하게 하는 것도 하나의 방법이다.

또한 화장실을 비롯하여 집 안 곳곳에 안전 손잡이를 설치하고, 미끄럼 방지 매트를 깔고, 미끄럼 방지 양말을 착용하게 하는 것이 필요하다. 취침 중 낙상을 방지하는 침대 난간과 침대에서 일어날 때 붙잡을 수 있는 손잡이의 설치도 필요하다. 어느 순간부터는 집 안에서 이동할 때에도 보행 보조기를 사용해야 할 수도 있다. 집 안에서 보행 보조기나 휠체어를 사용하려면 문턱을 제거해야 한다. 중요한 것은 돌봄 대상자의 위험 수준을 주의 깊게 평가하는 것이다. 정확하지 못한 평가로 인해 돌봄 대상자가 아직은 감당할 수 있는 일을 금지당한다면 그는 위축되고 자율성에 손상을 입을 것이다. 반대로, 지원이 필요한 상황을 알아차리지 못한다면 돌봄 대상자를 위험에 빠트릴 수 있다.

9) 운전 문제

고령자는 운전 중 사고 위험이 높아질 수 있다. 노화로 인해 반응 속도가 느려지고, 시력 및 청력이 저하되며, 페달을 밟는 데 필요한 근육이나 관절에 문제가 생길 수 있기 때문이다. 또한 여러 가지 약물복용에 따르는 부작용이나 심혈관질환으로 인해 운전 중에 정신을 잃게 되는 경우도 있다. 우리나라에서는 65세부터 운전면허 갱신 기간 주기가 짧아지는데, 그 주기가 65세 미만까지는 10년이지만 65세 이상에서 75세 미만까지는 5년, 75세 이상부터는 3년이다. 또한 70세 이상인 사람은 운전면허 갱신을 위해 적성검사를 받아야 하고, 75세 이상부터는 적성검사에 더하여 교통안전교육과 치매 진단검사를 받아야 한다. 고령 운전자의 사고 위험을 낮추기 위해서 65~70세 이상의 운전자가 자발적으로 운전면허를 반납하면 정부나 지방자치단체에서 일정한 혜택을 제공하는 제도가 운영되고 있다. 그러나 자발적인 운전면허 반납자는 많지 않으며, 반납 후에 불편을 호소하면서 후회하는 이들도 있다. 정부는 65세 이상 고령자의 실질적인 운전 능력을 평가하여 그에 따라 야간이나 고속도로 운전을 금지하는 등 운전 허용의 범위를 달리하는 고령자 조건부 운전면허 도입을 검토하고 있다. 그러나 고령자들은 이에 반발하고 있다. 사실상 운전이 생계의 수단인 고령자들도 있으며, 운전을 못 하게 되면 사회적으로 고립되기 쉽고 노화가 급격히 진행될 수도 있다.

먼저, 돌봄 대상자의 운전 능력에 대한 정확한 평가가 필요하다. 돌봄 대상자의 인지 또는 신체 능력의 평가를 통해 문제가 발견된다면 교정과 보완이 가능한지 살펴보아야 한다. 돌봄 대상자의 필요에 따라 안경, 보청기 등 보완책을 마련하고, 몇 가지 주의 사항을 알려 주면 고령자라도 좀 더 오랜 기간 안전하게 운전할 수 있다. 주의 사항이란 가까운 거리는 걸어 다니기, 근력 운동하기, 먼 거리는 버스나 열차를 이용하기, 운전 중 주의집중을 흐트러뜨리는 행동 하지 않기, 목적지까지의 경로를 미리 확인하기, 앞차와의 안전거리를 이전보다 더 넉넉하게 확보하기, 컨디션이 좋지 않거나 궂은 날씨에는 운전하지 않기, 의사와 자주 만나 건강 상태를 확인하기 등이다.

운전하면 위험하다는 평가가 내려진 경우에는 운전면허를 반납하게 할 뿐 아니라 대안적 이동 수단을 제공하는 방안을 마련해야 한다. 지하철이나 버스 이용의 편리성과 장점을 부각하고, 택시 앱을 스마트폰에 설치하여 사용법을 알려 주면 도움이 된다. 종교시설이나 각종 단체에 정기적으로 참석하는 경우에는 다른 회원의 도움을 받는 방법도 있다. 가까운 장소로의 독립적인 이동을 위해서 노인 전동차의 이용도 고려해 볼 수 있다. 하지 쪽에 장애 등급이 있고, 병원에서 보장구 처방전을 발급받으면 대부분의 경우에는 국가에서 보조금을 지원해 준다. 노인 전동차는 운전면허증이 필요 없지만, 과속 금지, 보호 장구 착용 등의 안전 수칙을 숙지하고 있어야 한다. 고령자의 병원 진료를 위해서 지방자치단체나 사설 기관에서 제공하는 병원 동행 서비스를 이용할 수 있다. 병원 동행 서비스는 보호자가 동행할 수 없는 경우에 고령자의 이동 및 진료에 관련된 도움을 제공하는 서비스이다. 택시나 대중교통 또는 기관에서 준비한 차량으로 이동하며, 유료 또는 무료로 이용이 가능하다. 돌봄 대상자가 장기 요양 보험 수급자(1~3등급)에 해당한다면 지방자치단체에서 제공하는 교통약자 차량 이동 지원 서비스를 이용할 수 있다(휠체어를 탄 채로 탑승할 수 있음).

10) 인지 기능 저하로 인한 문제 행동 다루기

돌봄 대상자의 인지 기능이 저하됨에 따라서 돌봄 제공자는 돌봄 과정에서 여러 가지 문제 행동을 만나게 된다. 즉, 남편이 목욕을 도와주는 아내를 구타하거나 어머니가 절대로 옷을 갈아입지 않는다거나 하는 문제가 발생할 수 있다. 상담자는 돌봄 제공자에게 문제 상황에서의 대처 요령을 구체적으로 알려 주는 코치의 역할을 할 필요가 있다.

(1) 목욕

욕실에 안전 손잡이를 설치하여 미끄럼을 방지한다. 목욕에 앞서 무엇을 할 것인지 미리 이야기한다. 겨울에는 욕실용 전기 히터를 사용하여 목욕 전에 욕실을 따뜻하게 한다. 추운 욕실은 고령자들의 목욕 거부 이유가 된다. 목욕 의자를 미끄럼 방지 매트 위에 올려놓는다. 핸드 샤워기를 이용하여 앉아 있는 상태에서 씻긴다. 부드러운 목소리를 유지하면서 가능한 한 빨리 목욕을 끝낸다.

(2) 영양 공급

칼로리와 단백질 함량이 높은 음식을 권한다. 부담을 줄이기 위해 조금씩 자주(2시간마다) 작은 접시에 간식을 제공한다. 세 끼 식사에만 영양을 신경 쓸 것이 아니라 치즈, 견과류, 요거트 등 영양이 풍부한 간식을 제공한다. 유동식 영양 식품을 제공한다. 계속해서 자주 따뜻한 물이나 음료를 마시게 하여 수분을 공급한다.

(3) 수면 문제

낮에는 운동을 권장하면서 되도록 낮잠을 자지 않게 한다. 밖에 나가 햇빛을 보며 걷게 하는 것이 좋지만, 날씨가 나쁠 때 집에서도 운동을 할 수 있도록 실내 자전거 등 운동기구를 마련한다. 밤에는 카페인 섭취를 제한한다. 밤이 되면 잠이 잘 오도록 조용하고 편안한 분위기를 조성한다. 매일 일정한 시간에 잠자리에 들게 한다. 돌봄 대상자가 밤에 깨서 돌아다닐 수도 있으므로 집 안에 위험한 것은 없는지 확인한다.

(4) 옷 입기

옷을 2~3개 꺼내 놓고 그중에서 자신이 원하는 것을 선택하게 한다. 입어야 할 순서대로 옷을 배열한다. 언어적 또는 시각적 신호를 주면서 할 수 있는 만큼 스스로 옷을 입게 한다. 시간에 쫓기지 않도록 여유를 두고 옷 입기를 시작한다.

(5) 병원 진료

돌봄 대상자가 가장 상태가 좋은 시간에 예약을 잡는다. 가능하면 병원에 사람들이 덜 붐비는 시간을 선택한다. 돌봄 대상자가 약속에 대해 신경을 많이 쓰는 사람이라면 병원 방문 날, 또는 떠나기 직전에 알려 준다. 병원에 가야 할 시간이라는 것을 긍정적으로, 또한 사실적으로 이야기한다. 만일의 경우를 위해 갈아입을 여벌의 옷을 준비한다. 돌봄 대상자가 불안해할 때를 대비하여 주의를 돌릴 수 있는 것을 준비한다. 예를 들어, 스마트폰으로 게임을 하거나 그들이 좋아하는 영상을 시청하게 할 수도 있다. 상담자는 때로 돌봄 제공자에게 '치료적 거짓말'의 기술을 가르쳐 준다. 인지 손상이 있는 돌봄 대상자가 병원 진료를 거부할 때 아이스크림이라든지 돌봄 대상자가 좋아하는 것을 먹으러 가자고 하고 차에 태워 데리고 가면 소동을 피할 수 있다. 그리고 진료가 끝난 후에 함께 진짜로 아이스크림을 먹으러 간다.

11) 치매가 있는 고령자와 소통하기

쇼우스(Shouse)와 그녀의 남편 론(Ron)은 그들의 네 명의 부모 중 세 명의 부모와 함께 치매라는 정글을 헤쳐 나가며 힘든 순간뿐 아니라 깊은 경이의 순간을 경험했다. 그리고 창의성과 상상의 힘을 배웠다. 또한 더 이상 외출도 못하고 손주들의 이름을 기억하지 못해도 여전히 풍성한 삶을 살 수 있다는 것도 배웠다. 사실 치매로 인해 제어 기능이 약해지고 좀 더 솔직해지면 창의성은 더욱 잘 드러난다. 쇼우스는 자신의 경험과 더불어 다양한 자료를 모아 『치매의 나라에서 연결하기(Connecting in the Land of Dementia)』(Shouse, 2016)라는 책을 저술하였다. 그 책은 가족이나 요양시설 관계자가 치매가 있는 고령자와 소통하며 연결할 수 있는 다양한 방법을 제시하고 있다. 여기서는 그것들을 참고하여 돌봄 제공자가 치매가 있는 고령자를 돌보며 그들과 소통하고 연결할 수 있는 방법들을 소개하려고 한다.

사람들은 대체로 치매 증상과 치매로 인해 잃어버리는 것들에 초점을 맞추고 치매 뒤에 숨어 있는 사람을 보지 못하는 경향이 있다. 우리는 존중받고 인정받아야 할 인격체로서의 그들과 그들이 가지고 있는 것, 그리고 할 수 있는 것에 초점을 맞추는 것이 필요하다. 그런 의미에서 여기서는 치매가 있는 돌봄 대상자를 '치매 환자' 대신에 관계를 나타내는 단어인 남편, 아내, 어머니, 아버지 또는 치매 대상자라고 부르겠다.

(1) 돌봄 대상자의 개인적 취향에 초점을 맞추라

그들이 무엇에 가치를 두고 흥미를 느끼며, 잘하는 것은 무엇인지에 따라 의미 있는 활동을 선택하고 적용한다.

(2) 초대하라

참여를 유도하기 위해 "그림을 한번 그려 볼까요?"라고 말하면 "난 그림 못 그려요. 그런 건 애들이나 하는 거죠."라는 반응이 나올 수 있다. 그러므로 "저를 좀 도와주시겠어요?" "저를 잠깐 도와줄 시간이 있으세요?"라는 말로 초대하는 것이 좋다.

(3) 선택권을 주라

다음과 같이 말하며 2~3가지 중에서 선택하게 한다. "파랑, 노랑, 빨강 중에서 어떤 색으로 시작하면 좋을까요?" 속도를 늦추고 대상자가 할 때까지 시간을 준다. 도와주기에 앞서서 대상자가 조금이라도 혼자 해 볼 수 있는 기회를 제공한다. 가능한 한 여러 번 반복해서 말하고 몸짓하며 시범을 보인다. 대상자의 손을 자기 손 위에 얹어 놓고 그림을 그릴 수도 있다. 끝마칠 때는 부드러운 전환이 필요하다. 다음과 같이 말할 수 있다. "도와줘서 고마워요. 이제는 정리하고 저녁 식사를 준비해야 해요. 같이하시겠어요?"

(4) '예'라고 대답하고 '실패가 없는 영역'을 만들라

돌봄 가족에게는 돌봄 대상자의 안전과 자존감이나 독립성 사이에서 균형을 맞추는 일이 매우 어렵다. 그러나 줄곧 "안 돼."라는 말을 듣게 되면 자신이 틀리고 잘못되었다고 믿는다. 어머니가 자신이 가꾸던 작은 텃밭에 가서 고추가 익었는지 보고 싶어 현관문을 향한다. 딸은 어머니를 보고 눈을 크게 뜨며 "왜? 어디 가려고?"하며 앞을 가로막는다. 어머니는 치매로 인해 말을 잘하지 못한다. 딸은 "나가면 안 돼. 들어가서 TV나 봐요."라며 어머니의 손을 잡아끈다. 이 순간 어머니에게는 "안 돼."가 아니라 "예."와 '실패가 없는 영역'이 필요하다. 여러 가지 의미 있는 활동에 초대하고, "예."라고 말해 줌으로써 자유로운 자기표현을 촉진할 수 있다. 이렇게 하면 어머니는 당황하지 않아도 되고, 실수에 대한 두려움이 줄며, 자신이 창의적이고 유능하며 사랑받고 있다고 느낄 수 있다.

(5) '도움'을 재정의하라

아버지는 퍼즐 맞추기를 좋아한다. 그런데 요즘 아무리 해도 조각들이 제대로 맞춰지지 않는다. 아들은 "아버지, 걱정 마세요. 제가 도와드리죠."라고 말하면서 순식간에 퍼즐을 완성한다. 아버지는 안 그래도 자신이 점점 더 바보가 되어 가고 있다고 생각했는데, 이제 그것이 증명되었으므로 더 이상 퍼즐을 하고 싶지 않다. 돕는다는 것은 대신 해 주는 것이 아니라 선택권을 제공하는 것이다. 아들이 아버지 앞으로 2~3개의 퍼즐 조각을 슬쩍 밀어 주면 아버지는 그것을 하나씩 맞춰 보고 제대로 된 조각을 찾아낼 수 있다. 그렇게 할 때 아버지의 독립감과 통제감을 증진시킬 수 있다.

(6) 흐름에 따르라

딸은 오늘 어머니와 함께 사진첩을 보면서 옛 기억을 되살려 볼 계획이다. 어머니가 좋아하는 시루떡과 동치미도 준비했다. 그러나 어머니는 창밖만 바라보고 있다. 그럴 때는 실망스럽지만, 흐름에 따르면서 어머니의 기분에 맞는 활동을 하는 것이 좋다. 가능하면 어머니를 데리고 나가서 잠시 바깥 구경을 시켜 드리거나 바깥 경치 동영상 또는 녹음된 새소리 등 자연의 소리를 함께 즐길 수 있다.

(7) 당신 자신을 고려하라

돌봄 대상자뿐 아니라 돌봄 제공자의 에너지와 취향을 고려하여 시간과 활동을 선택해야 한다. 돌봄 제공자가 지쳤으면 일단 중단하고 나중에 다시 하는 것이 낫다. 그렇지 않으면 소진되어 좌절감이 커질 수 있다.

(8) 치매 대상자가 '할 수 없는 것'에 초점을 두기보다는 도와주면 '할 수 있는 것'을 찾으라

사실 그들이 할 수 있는 것들이 아주 많다. 가능하면 책임과 역할을 나눠주고 그 일을 수행하도록 도와준다. 콩나물 등의 야채 다듬기, 빨래 개기, 커피 내리기, 교사였던 할머니가 손주의 받아쓰기 돕기, 손재주가 좋은 할아버지가 집 안의 고장난 물건 수리하기, 배터리 교체하기 등 인지 능력과 신체 능력에 따라 다양한 역할을 맡길 수 있다.

(9) 치매 대상자가 즐기던 취미와 의식을 유지하라

골프를 즐기던 할아버지가 더 이상 골프를 칠 수 없게 되면 골프 코스를 따라 걸으면서 친구들과 즐거운 시간을 갖게 한다. 할아버지가 걸을 수 없게 되면 코스를 따라 드라이브를 시켜 주고 갓 깎은 잔디 냄새와 구불구불한 녹색 잔디밭 풍경, 잘 맞은 골프공의 '딱' 소리를 즐기게 한다. 집에서는 실내 퍼팅 그린을 설치하고 TV로 골프 토너먼트를 함께 지켜볼 수 있다. 돌봄 대상자가 좋아하는 활동에서 무엇을 가장 중요하게 여기는지 파악하는 것이 필요하다. 텃밭 가꾸기가 취미인 경우에는 그가 좋아하는 것이 흙을 만지는 것인지, 채소를 수확하는 것인지, 무언가를 돌보는 것인지를 안다면 활동의 구성 요소를 분류하여 점점 그의 능력이 쇠퇴함에 따라 어떤 활동을 할 수 있을지 결정할 수 있다.

(10) 장난스러움을 활용하여 대화를 시작하라

남편은 하루 종일 꼼짝하지 않고 굳은 표정으로 TV만 응시하고 있다. 아내는 TV를 끄고 남편 옆에 앉아서 방 안을 둘러보며 "당신이 이 방에서 제일 잘생긴 남자인 것 같아요."라고 말한다. 남편은 껄껄 웃는다. 아내는 같이 나가서 꽃 구경하며 좀 걷자고 말한다. 남편은 아내를 따라나선다. 딸은 어머니에게 오늘 왜 이렇게 예쁘냐고 하면서 남자를 만나러 가야 하겠다고 말한다. 아내는 남편이 혼란스러운 표정으로 부엌에 들어오자 "마침내 왕이 도착하셨습니다!"라고 크게 외치며 소리 내어 웃는다. 남편도 따라 웃는다.

(11) 침묵을 환영하라

간혹 무엇을 어떻게 해야 할지 모를 때가 있다. 꽉 막힌 느낌이 들 때는 그냥 "지금은 뭐라고 말해야 할지 모르겠군. 생각 좀 해 보자."라고 하면 된다. 몇 분 동안 조용히 있다 보면 머리가 맑아지고 통찰이 생긴다.

(12) 대화에 흥을 돋우라

아내가 남편에게 '오늘 밤 당신을 새로운 TV 프로 관람에 초대합니다. 팝콘이 준비되어 있음'이라고 쓴 카드를 전달한다. 카드에는 부부가 좋아하던 문구나 특별한 경험에 대해 써 넣을 수도 있다. 남편은 아내에게 '내일 오후에 올림픽 공원에서 배드민턴 경기가 열립니다. 경기 후 낙지볶음을 먹으러 갑니다.'라고 카드에 써서 주고 두 사람이 거기서 자주 배드민턴을 쳤고, 그런 다음에 낙지볶음을 먹으러 갔다는 이야기를 시작할 수 있다. 아내가 기억하지 못해도 남편은 아내가 듣는 앞에서 함께했던 일들을 추억하며 이야기할 수 있다. 그러나 아내에게 그런 것들이 기억나는지 물어보는 것은 피해야 한다.

(13) 꿈과 좋아하는 것들에 대해 함께 이야기를 나누라

우리는 치매 대상자에게 다음과 같은 것들에 대해 질문할 수 있다. 당신이 좋아하는 노래, 가수, 음식, 취미는 무엇인가? 어렸을 때 어떤 일이 있었고 무엇을 했으며, 친구 관계는 어떠했는가? 일상에서 중요하게 여기던 것은 무엇인가(예: 설탕이 들어간 모닝커피, 오후의 산책, 독서)?

(14) 노래와 연주를 활용하라

〈그 노래를 기억하세요?(Alive Inside: A Story of Music & Memory?)〉는 2014년 미국에서 만들어진 영화로, 사회복지사 댄이 요양원의 치매를 가진 고령자들을 찾아가 그들이 젊은 시절에 즐겨 듣던 음악을 들려주는 이야기를 담고 있다. 말없이 고개를 떨구고 있다가 헤드셋을 통해 옛 음악을 접하게 된 고령자들은 눈을 번쩍 뜨고, 노래를 흥얼거리고, 리듬을 타고, 어깨를 들썩이기도 하며, 관련된 기억을 되살린다. 음악은 사람들의 주요 생활사와 관련이 있다. 어떤 노래와 관련된 기억과 감정이 보존되어 있다가 그 노래를 들을 때 되살아난다. 또한 공유된 음악은 사람들 사이의 유대감을 형성할 수 있다. 말이 없어도 음악은 깊은 결속의 순간으로 이끌 수 있고 소속감을 조성할 수 있다. 치매 대상자가 좋아하는 노래의 목록을 만들고 그 노래를 통해 그들과 연결될 수 있는 가족과 친구의 목록도 만들어 본다. 예를 들어, 손주가 치매가 있는 할머니를 방문하면 할머니가 예전에 어린 손주를 영화관에 데려가서 보여 주었던 디즈니 영화의 주제곡을 틀어 주고 노래를 함께 부를 수 있다. 음악에 맞춰 춤을 출 수도 있다. 음악은 불안을 낮출 수 있으므로 목욕이나 잠자리 준비 등의 일정에 맞춰 적절한 음악을 사용할 수 있다.

(15) 웃음을 활용하라

웃음은 누구나 배울 수 있는 기술이고, 웃음 요가는 치매 대상자에게 매우 효과적이다. 웃음은 혈액 순환을 개선하고 신체와 뇌에 공급되는 산소량을 증가시켜서 더 건강하고 활력이 넘치게 한다. 우리가 웃으면 턱이 움직여져 좋은 기분에 관련된 화학물질을 분비하라는 메시지를 뇌에 보낸다. 또한 웃음은 사람들과 함께 보냈던 행복한 시간의 기억을 소환한다. 재미있는 농담이나 웃기는 이야기가 꼭 필요한 것은 아니다. 우리가 의도적으로 웃을 때 우리의 신체는 가짜 웃음과 진짜 웃음을 구별하지 못한다. 웃기 프로그램은 신체적 움직임과 몸짓, 호흡, 어린아이 같은 장난기, 웃음 연습의 4가지 요소로 이루어진다. 샌드백을 치는 척하면서 주먹을 휘두를 때마다 '호호호' '하하하' 소리를 내도 되고, 〈학교 종이 땡땡땡〉의 노랫말 대신에 '하하하'를 넣어 노래를 부를 수도 있다. 이렇게 하다 보면 진짜로 웃게 된다. 옷속에 벌레가 들어갔을 때처럼 몸을 비틀고 흔들며 웃기도 하고, 시계를 보면서 30초 동안 계속해서 웃을 수 있는지 보자고 하며 게임처럼 진행할 수도 있다. 인터넷 동영상을 이용하여 웃음 요가를 익히고 따라 하는 것도 좋다.

(16) 동작치료(movement therapy)로 두뇌를 깨우라

우리의 몸과 마음은 서로 연결되어 있으며, 몸동작은 힘을 불어넣는다. 강한 리듬의 음악은 종종 치매에 효과적이다. 치매 대상자가 잘 아는 음악이면 더욱 좋다. 음악을 들으면 손뼉을 치거나 손이나 발을 움직이게 된다. 작은 동작이라도 칭찬하고, 아무 반응이 없는 치매 대상자는 리듬에 맞춰 어깨나 손을 톡톡 두드려 움직이도록 격려한다. 주먹을 쥐었다 폈다 하거나 팔을 머리 위로 뻗는 등의 간단한 동작을 하게 할 수도 있다. 입을 오물거리거나 흥얼거린다면 "이 노래를 아시네요."라고 말해 준다. 때로는 상상력을 사용한 동작을 하게 할 수 있다. 낚시하는 동작을 하게 한 다음에 무슨 물고기를 잡았는지 물어보고, 예전에 낚시하러 갔을 때 어땠는지 이야기를 나눈다. 스케이트 타는 동작이나 야구 배트를 휘두르는 동작을 하게 한다. 이불 빨래를 하자며 같이 손을 잡고 발을 굴러 본다. 보자기나 스카프를 주고 원하는 동작을 하게 한 다음에 무엇을 한 건지 물어본다. 자기 마음대로 몸을 움직여 보라고 할 수도 있다. 때로는 음악에 맞춰 춤을 추게 할 수 있다. 휠체어에 앉아 있는 사람이라도 손을 잡고 이끌어 주면 어깨를 들썩이거나 상체를 흔들며 춤을 출 수 있다. 어떤 종류의 동작이라도 기억과 창의성을 자극할 수 있다. 바구니에 담긴 귤을 꺼내어 만져 보고 향을 맡게 하는 등 감각을 활용하게 할 수도 있다. 끝마칠 때는 좋아하는 향의 로션을 손 등에 발라 주며 조용히 마무리한다.

(17) 음식을 통하여 의미 있는 순간을 만들라

치매 대상자와 함께 요리를 하면서 부엌에서 서로 연결되는 경험을 할 수 있다. 치매 대상자는 요리를 하면서 오래된 기억을 되살리기도 한다. 단, 요리 과정이 그의 기억력 수준에 적합해야 하고 가족이 늘 즐기던 요리를 선택하는 것이 좋으며 안전에 유의해야 한다. 또한 그가 오랫동안 사용하던 조리 기구를 사용하는 것이 좋다. 때로는 그가 할 수 있는 일이 콩나물 다듬기 정도일 수도 있고, 요리를 돕지 못하고 식탁 의자에 앉아 있기만 할 수도 있지만, 그렇다고 하더라도 요리를 매개로 예전 기억을 되살려서 함께 이야기를 나눌 수 있다. 이러한 경험은 음식을 먹는 것보다 더 큰 만족감을 줄 수 있다.

(18) 자연을 통해 함께 성장하라

식물을 키우고 돌보는 것 같은 자연 지향적 활동은 뇌의 신경 가소성을 촉진하여 꿈꾸고 실험하고 배우고 창조하도록 돕는다. 기르기 쉽고 그들에게 의미가 있는 화초나 채소를 선택한다. 정원이 없고 실내에서 생활한다면 실내에서도 잘 자라는 식물을 고른다. 물을 주거나 잎에 스프레이를 뿌려 주거나 누렇게 시든 잎을 따 주는 등의 일을 맡길 수 있다. 채소를 기르게 되면 수확하여 요리해서 먹거나 이웃과 나눌 수 있다. 식물을 돌보며 함께 노래를 부르고 식물 키우는 것에 관련된 이야기를 나눈다. 밖에 나갈 수 있으면 집 주변의 공원을 함께 걷거나 돌봄 대상자가 걸을 수 없다면 그를 휠체어에 태우고 이동한다. 날아가는 새를 바라보고 새소리를 들으며 꽃향기를 맡는다. 어떤 꽃을 좋아하는지 물어본다. 벤치에 앉아 주변에서 뛰어노는 어린아이들을 바라보며 그들의 웃음소리를 듣는다. 돌아오는 길에 들꽃을 모아 꽃다발을 만든다. 함께 떨어진 단풍잎이나 도토리 등의 열매를 주워서 집에 가져와 예쁜 그릇에 담아 놓는다. 밖에 나가기 어려우면 창밖을 내다볼 수 있는 자리에 의자를 놓아 준다. 바깥 날씨만 보고 있어도 사람들은 자연을 느낄 수 있다. 창문에 풍경을 달아매어 놓고 문을 여닫거나 바람이 불 때 쨍그랑거리는 풍경 소리를 듣는다. 바람개비를 달아 놓을 수도 있다. 작은 실내 분수를 설치하여 보글보글 물소리를 듣는다. 계절마다 예쁜 색깔의 꽃이 피는 작은 화분을 창가에 올려놓는다.

(19) 상상력을 동원하라

딸을 알아보지 못하는 어머니가 하루 종일 아기 인형을 안고 흔들며 인형에게 말을 걸기도 한다. 인형은 치매가 있는 사람과 연결할 수 있는 훌륭한 도구가 된다. 인형에게는 뭐든지 하고 싶은 말을 해도 된다. 게다가 인형은 실제 사람은 할 수 없는 말도 한다. 조용히 앉아만 있던 사람도 인형이 말을 시키면 대답하고 그의 동작을 따라 하기도 한다. 의사 인형은 기분이 좋지 않은 아버지에게 오늘 기분이 어떠냐고 물어보고 하루에 세 번 큰 소리로 웃으라는 처방을 내려 줄 수 있다. 인형을 만들거나 사서 사용한다. 어머니가 강아지를 좋아하면 강아지 인형을 준비한다. 인형의 입을 빌어 어머니에게 말을 건다. 말을 특별히 잘할 필요는 없다. 주의를 끌 수 있으면 성공이다. 말을 하고 싶지 않으면 음악을 틀어 놓고 인형을 리듬에 맞춰 움직이게 한다. 반응이 없으면 다른 것을 시도한다. 인형을 통해 어머니가 좋아하던 노래를 부르거나, 웃기는 농담을 하거나, 장난을 치거나, 열린 질문을 할 수도 있다.

(20) 살아온 인생을 기리다

자신이 누구인지, 어디에 있는지 모르고 불안하게 방 한가운데에 서 있는데, 누군가가 웃으며 다가와서 부드럽게 손을 잡으며 "당신은 세 딸을 훌륭하게 길러 낸 좋은 엄마였어요!"라고 말한다면 그러한 기억이 남아 있지 않더라도 인정받고 연결되는 순간을 경험하게 된다. 인정과 감사는 기분을 고양시키고 활력을 북돋아 준다. 어머니의 인생에서 중요한 사진을 2~3장 골라서 어머니에게 보여 주며 그것에 대해 이야기해 달라고 말한다. 초등학교 교사였던 어머니에게 학교 운동장 미끄럼틀 앞에서 어린 학생들과 함께 찍은 사진을 보여 주자 어머니는 그 사진을 뚫어지게 들여다보더니 교사로서 아이들을 가르치고 형편이 어려운 아이들을 도와주던 이야기를 꺼낸다. 카드에 '당신은 훌륭한 교사로서 수많은 아이를 사랑으로 가르쳤습니다. 감사합니다.'라고 써서 식탁이나 거울, 또는 방문에 붙여 놓는다. 그 밖에도 '당신은 맛있는 요리로 가족을 즐겁게 해 주었습니다. 감사합니다.' '당신은 보일러공으로서 많은 사람을 따뜻한 방에서 살 수 있게 했습니다. 감사합니다.' 등의 문구를 넣은 감사 카드를 만들 수 있다. 어머니가 스스로 자신이 살아온 이야기를 할 수 없을 때 딸이 어머니에게 들었던 내용을 어머니 대신 이야기할 수도 있다.

이야기를 좀 더 풍성하게 모아서 사진이 포함된 작은 책자를 만들어도 좋다. 인지 기능이 심하게 쇠퇴한 경우에는 가족의 기억에 의지할 수밖에 없겠지만 본인에게 질문하여 짧게라도 대답을 듣거나 사진을 고르게 하는 등 치매 대상자를 책 만드는 작업에 참여하게 할 수 있다. 제7장의 '좋은 죽음을 위한 개입'에 수록된 존엄치료나 내러티브 존엄치료의 질문 문항들을 사용할 수도 있다. 일단 글이 완성되면 본인에게 읽어 주고 필요한 만큼 인쇄하여 친척, 친구 등 지인들에게 나눠 준다. 혹시 요양시설에 입소하게 된다면 돌봄 제공자들에게 그것을 읽어 보게 한다. 치매 대상자를 이해하게 되면 더욱 질 높은 돌봄을 제공할 수 있다.

(21) 그림으로 자신을 표현하게 하라

그림을 그리는 행위는 기억의 자물쇠를 열고 생각을 자극하며 사회적 상호작용을 촉진한다. 인지 기능이 손상되었더라도 창작 능력은 계속 유지될 수 있다. 창의력은 뇌의 감정을 처리하는 부분에서 솟아나며, 두려움, 사랑, 애착, 아름다움에 대한 감탄 등의 감정은 그 안에 계속 살아 있다. 그림에 재능이 없어도, 이전에 그림에 관심을 가져 본 적이 없어도 얼마든지 그림 관련 활동을 할 수 있다. 미술관이나 박물관을 방문하여 작품을 보면서 이야기를 나눌 수 있다. 열린 질문을 사용하여 그림 안의 사람이나 물체 또는 색상에 대하여 질문하고 대화를 나눈다. “이것을 보니 무슨 생각이 나나요?” “이 그림에서 무엇을 발견했나요?” “그림 속의 사람들은 무슨 생각을 하고 있을까요?” 정답은 없다. 함께 감상하고 이야기하며 연결의 느낌을 즐긴다. 미술관 방문 후에 근처의 카페에서 함께 맛있는 것을 먹는다.

크레파스나 물감을 준비 한 후에 옆에 앉아서 그가 그리기를 시작하도록 돕는다. 그가 머뭇거리면 그냥 “무슨 색으로 그리고 싶으세요? 보라색 아니면 노랑색?” 하고 물어본다. 그가 그릴 수 있도록 계속해서 격려한다. 그가 주저한다면 그다음에는 어떤 색이나 모양을 시도하고 싶은지 물어본다. 그가 작업하는 동안에 당신은 자신의 그림을 그린다.

도화지에 접시를 올려놓고 그 주위를 따라 원을 그리게 한다. 처음에는 그와 당신이 교대로 한 번씩 그리다가 당신은 조용히 물러난다. 카드를 만들어 누군가에게 선물하게 하거나 성탄 장식을 만들어 트리에 걸게 할 수도 있다. 유명한 작가의 그림을 보고 그리거나 컬러링 북에 색칠한다. 물감을 도화지 위에 흘려 놓고 입으로 불거나 스펀지로 찍기, 잡지를 찢어 붙이기, 구슬 꿰기, 색종이 접기, 플레이 도우 놀이 등 다양한 시도를 한다. 이때 감정을 표현하게 하고 서로 이야기 나누며 기억을 되살림으로써 연결되는 경험을 하는 것이 중요하다. 완성하면 수고했다고 말해 주고, 돌봄 제공자인 자신에게도 수고했다고 말해 준다. 정리한 후에 맛있는 과자나 과일을 함께 먹는다.

기대를 내려놓고 재미있게 놀면 된다. 그가 처음에는 저항할 수 있지만 반복해서 시도해 본다. 인내심을 가지고 기다리는 것이 중요하다. 때로는 간단한 모양을 그리는 데에도 시간이 한참 걸릴 수 있다. 될 수 있는 대로 꽃, 나무, 하트 등 쉽게 알아볼 수 있는 모양을 만들고, 화려하고 예쁜 색을 사용하는 것이 좋다.

(22) 놀이에 빠져 보라

치매는 어린아이 같은 장난스러움을 일깨우기도 한다. 놀이는 몸과 마음을 자유롭게 풀어놓는 기능이 있다. 즉, 몸에 활력을 주고 마음을 넓히고 정신을 상쾌하게 해 준다. 그들과 함께 얼마든지 쉽고 재미있는 활동을 즐길 수 있다. "아침 바람 찬 바람에~" "푸른 하늘 은하수~" "매미 동무는 마음도 좋다~" 등의 노래에 맞춰 손뼉치기를 하거나, 눈싸움(서로의 눈을 바라보다가 먼저 눈을 깜빡이는 사람이 지는 게임)을 할 수도 있고, 이상한 표정을 지어 서로를 웃기는 놀이도 할 수도 있다. 젠가 놀이, 컵 쌓기, 할리갈리 게임 후에 이긴 사람이 진 사람의 손목을 때리기 등 다양한 놀이를 하며 깔깔 웃고 소리도 지르며 돌봄 제공자도 함께 즐길 수 있다. 이 밖에도 할 수 있는 놀이는 무궁무진하다.

(23) 가족, 친지와 영상통화를 하라

만나기 어려운 가족이나 지인들과 영상을 통해 만나고 대화를 나누게 할 수 있다. 예를 들어, 생일이나 성탄 등 특별한 날에 외국에 사는 가족이 함께 모여 있을 때나 개인적으로 영상통화를 통해 반갑게 얼굴을 보고 이야기를 나눈다면 다시 연결될 수 있고 고립감을 완화시킬 수 있다.

결론

돌봄 제공자들이 고령자를 돌보는 과정에서 만나게 되는 여러 가지 문제를 다루는 방법에 대하여 소개하였다. 상담자는 이러한 방법에 대하여 잘 알고 있어야 한다. 그래야만 돌봄 가족에게 실질적인 정보를 주고 코치하는 등 효과적으로 도울 수 있다. 특히 치매가 있는 고령자를 돌보는 가족은 신체적으로 소진이 될 뿐 아니라, 고령자와 소통할 수 없다는 좌절감과 무력감 그리고 슬픔을 느끼게 된다. 여기에 치매 대상자와 소통하는 몇 가지 방법을 제시하였다. 돌봄 가족은 잠시 쉴 틈도 없고 스트레스도 많은데, 치매 대상자가 기억도 못할 활동을 왜 해야 하는지 의문을 품기도 한다. 그러나 그러한 활동들은 인지 저하의 위험을 낮추고 신체와 뇌의 기능을 강화하는 효과가 있다. 치매 대상자의 상태나 취향뿐 아니라 돌봄 제공자의 상태나 취향을 고려한 활동을 선택한다면 함께 소통하며 즐길 수 있다. 그러한 시간은 돌봄 가족에게도 쉼과 즐거움의 시간이 될 수 있다.

제14장 임종기 돌봄 가족 상담

좋은 돌봄은 돌봄 대상자의 상태가 더 이상 나빠지지 않게 안정시키고, 질환을 예방하거나 치료하는 등 돌봄 대상자에게 더 나은 삶을 가져다준다. 그러나 좋은 돌봄이 그를 이전의 상태로 되돌릴 수는 없다. 고령자는 노화의 단계를 거쳐 결국 죽음에 이르게 된다. 돌봄 가족은 노화부터 죽음에 이르는 단계들을 이해하고, 앞으로 다가올 일을 예상할 수 있어야 하며, 새로운 단계로 전환될 때마다 신속하게 중요한 결정을 내리고, 각 단계에 맞춰 적절한 돌봄을 제공해야 한다. 예를 들어, 돌봄 대상자가 당뇨 초기일 때 돌봄 가족은 식단과 운동에 신경을 쓰는 정도이지만 나중에 고령자가 자신을 스스로 돌보기 어려워지게 되면 인슐린 주사를 투여해야 할 수 있고, 심장과 신장 질환 등 합병증으로 인한 입원 및 수술을 대비해야 할 수도 있다. 또한 치매 환자의 경우에는 기억력 및 실행 기능 저하로 인해 수단적 일상생활 수행 능력이 손상되는데, 중등도 치매부터는 옷 입기나 목욕하기 등 보다 기본적인 일상생활 활동이 어려워진다. 돌봄 가족은 치매의 진행 단계에 따른 돌봄을 준비할 필요가 있다.

돌봄 대상자는 시간이 흐름에 따라 의사, 간호사, 사회복지사, 요양시설 직원 등 다양한 외부 전문가의 지원을 받게 된다. 이들의 돌봄은 단기적이며 단편적이다. 돌봄 대상자가 다른 전문가에게 의뢰될 때 전달되는 정보는 진단명, 약물 목록, 각종 검사 결과 정도이다. 그의 오랜 기간에 걸친 다양한 유형의 정보를 가지고 있는 역사가는 돌봄 가족뿐이다. 돌봄 가족은 외부의 지원 시스템 전반에 걸쳐 중재의 일관성을 유지하는 데 있어서 결정적인 역할을 한다. 그러므로 돌봄 가족은 고령자의 각종 검사 기록과 약물 목록을 보관해 둘 필요가 있다. 고령자 돌봄에 있어서 가장 중요한 가족에게 상담자는 정서적인 지원과 더불어 돌봄에 필요한 정보들을 제공하고 다양한 상황을 고려하여 최선의 의사결정을 하도록 돕는다.

1. 죽어 감의 과정에 따른 돌봄

의료 기술의 발달로 인해 현대인은 수명이 연장되었고, 죽어 감의 과정도 다양해졌다. 늙고 병들어 죽음에 이르게 되는 과정은 일반적으로, ① 신체 노화기, ② 질병 발생기, ③ 병원 입원기, ④ 요양 생활기, ⑤ 임종기로 나뉜다(권석만, 2019). 신체 노화기로부터 임종기에 이르는 과정은 매우 다양하다. 치명적인 급성질환은 신체 노화기에서 곧바로 임종기에 이르게 하지만 만성 질병은 5단계를 모두 거치게 한다.

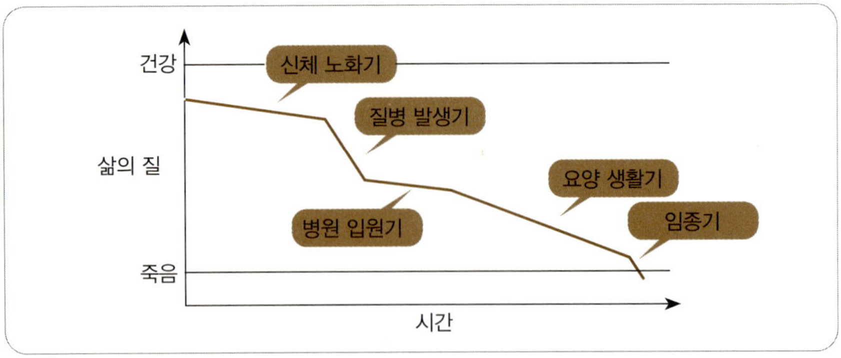

[그림 14-1] 노년기에서 죽음에 이르는 일반적 과정

출처: 권석만(2019), p. 109.

신체 노화 속도는 사람에 따라 차이가 있다. 노년기에도 건강을 유지하면서 계속해서 활발하게 사회적인 활동을 하는 경우가 있다. 그러나 아무리 건강한 고령자라도 어떤 시점에 이르면 크고 작은 질병이 발생할 수 있다. 질병 발생기에는 일상생활을 독립적으로 영위할 수 있지만 점차 신체 기능의 저하가 나타난다. 고령자의 신체 기능의 저하가 가속화되고, 치매가 의심되는 인지 저하가 나타나며, 넘어져서 다치기라도 하면 독립성이 급속하게 위축되기 시작한다. 가족은 고령자에게 어떤 지원이 필요한지를 파악하고 고민하면서 지원을 늘려 가게 된다.

신체질환으로 인해 점차 병원을 방문하는 횟수가 늘어나고 고령자가 혼자 병원에 가기 어려워지는 시기가 오면, 가족이 고령자의 병원 진료에 동행하며 건강 문제에 더욱 깊이 개입하게 된다. 고령자가 병원에 입원하여 수술을 받거나 집중적인 치료를 받아야 할 때, 온 가족은 위기 상황에 돌입한다. 입원 후 질환이 급격하게 악화하여 임종에 이르게 될 수도 있다. 수술이 성공적이고 치료가 잘 되었다고 하더라도 고령자는 입원 이전보다 쇠약한 상태가 될 수밖에 없으며, 만성 질병에 시달리게 되기도 한다. 만성 질병의 단계에 진입하면 가족은 치료비 부담을 비롯하여 돌봄에 관련된 여러 가지 현실적인 문제에 직면하게 된다.

어떤 시점이 되면 고령자는 자율적인 생활이 불가능하게 되고, 일상생활을 다른 사람에게 의존해야 하는 요양 생활기에 진입한다. 식사하기, 목욕하기, 옷 입기, 화장실 가기 등의 일상생활 활동을 스스로 하지 못하면 기본적인 신체적 독립성이 결여된 것으로 평가된다. 돈 관리, 가사일, 전화 사용 등 수단적 일상생활 활동을 할 수 없다면 독립적으로 안전하게 살 능력이 없는 것으로 평가된다.

요양 생활에는 3가지 유형이 있다.

첫 번째는 가정에서 배우자나 자녀의 돌봄을 받으며 생활하는 것이다. 이 경우에는 돌봄 가족이 전적으로 고령자의 일상생활과 병원 방문 등의 외출을 도와야 하므로 큰 부담을 지게 된다. 질병이 장기화하고 증세가 더욱 악화함에 따라 가족의 신체적 · 정신적 고통이 증가한다. 가족이 더 이상 고령자를 돌볼 수 없는 상태가 되면 고령자 돌봄을 위해 다양한 서비스를 찾게 되고, 노인요양시설 입소를 고려하게 될 수도 있다.

두 번째는 재가 상태에서 요양보호사의 방문을 통해 도움을 받는 것이다. 고령자가 장기요양 등급을 받으면 건강보험공단으로부터 장기요양 급여를 제공받아 요양보호사를 채용할 수 있다. 이때 요양보호사의 재가급여의 일부를 이용자가 부담해야 한다. 요양보호사는 정기적으로 방문하여 식사, 청소, 세탁, 목욕 등 일상적 활동을 도와준다. 요양보호사의 방문 시간은 한정되어 있으며, 요양 등급에 따라 달리 책정되어 있다. 가족이 요양보호사 자격증을 취득하여 건강보험공단으로부터 돌봄비를 지급받으며 장기요양 등급을 받은 고령자를 돌보는 가족 요양 제도도 있다. 돌봄 대상자가 야간이나 주말에 혼자 있기 어려운 상황이 되면 거주형 돌봄이 필요하다. 입주 요양보호사는 스스로 움직일 수 없고 건강 상태가 악화되어 재가 상태에서 전적인 신체적 지원과 특별 간호가 필요한 고령자를 위한 유일한 선택일 수 있다. 그러나 이 경우에는 요양 등급에 따라 책정된 시간 외의 비용은 자비로 부담해야 하므로 재정적인 부담이 커진다.

돌봄 가족은 돌봄 대상자의 자산이 어느 정도인지 파악할 수 있어야 어떻게 돌봄을 조직할 수 있을지 결정할 수 있다. 돌봄 가족이 아직 돌봄 대상자의 재정에 관여하지 않고 있다면 상담자는 돌봄 가족이 돌봄 대상자에게 재정과 관련된 이야기를 솔직하게 하도록 도와야 한다.

이 시기에 돌봄 가족은 돌봄 대상자의 상태를 지속적으로 모니터링하고, 장기 요양 등급을 받기 전이라면, 시간제 가사도우미나 입주 도우미 구하기, 장기 요양 등급 관련 정보를 파악하고 신청하기, 장기 요양 등급을 받았다면 시간제 또는 입주 요양보호사 구하기, 도우미 또는 요양보호사를 관리하고 감독하기, 건강 전문가와 소통하기 등 여러 가지 역할을 해야 한다. 도우미 또는 요양보호사와 좋은 관계를 맺기 위해서 신경을 써야 하고, 돌봄 대상자의 인지 기능의 손상이 심각한 경우에는 혹시라도 학대의 흔적이 있는지 살피는 것도 필요하다. 또한 돌봄 대상자의 안전을 확보하기 위해 지팡이, 보행 보조기, 미끄럼 방지 양말, 미끄럼 방지 매트, 안전 바, 휠체어 등 각종 도구를 구입하고 설치해야 할 수도 있다. 그리고 돌봄 대상자의 병원 진료에 동행하여 의사와 상의하며 그에게 필요한 의료를 지원해야 한다. 돌봄 대상자가 거동이 점점 더 불편해지면 돌봄 가족 혼자서 병원 동행을 감당하기 어려워질 수 있다. 그런 경우에는 도우미나 요양보호사 또는 다른 가족의 도움을 받거나 병원 동행 서비스를 이용해야 한다. 돌봄 가족이 병원에 동행할 수 없는 경우에는 훈련받고 자격을 갖춘 병원 동행 매니저를 부를 수 있다.

2. 노인 주거복지시설

요양 생활 유형 중 세 번째는 돌봄 대상자를 노인 주거복지시설에 입소하게 하는 것이다.

한국의 노인 주거복지시설은 전액 자기 부담인 실버타운으로 불리는 노인복지주택과 무료 또는 장기 요양 등급에 따라 입소비 일부를 지원받을 수 있는 양로시설과 노인요양공동생활가정으로 구분된다.

노인복지주택은 독립된 주거 세대로서 어느 정도 독립적인 생활이 가능하고 경제적 여유가 있는 노년층을 위한 시설이며, 식사와 다양한 여가 활동 및 의료 서비스를 제공한다. 양로시설과 노인요양공동생활가정은 입소하여 공동생활을 하는 시설이라는 점은 동일하지만, 소수의 인원을 입소시켜서 가정과 같은 주거 여건을 제공한다면 노인요양공동생활가정, 다수의 인원을 입소시켜 규모가 있는 시설로 운영한다면 양로시설로 구분된다. 보

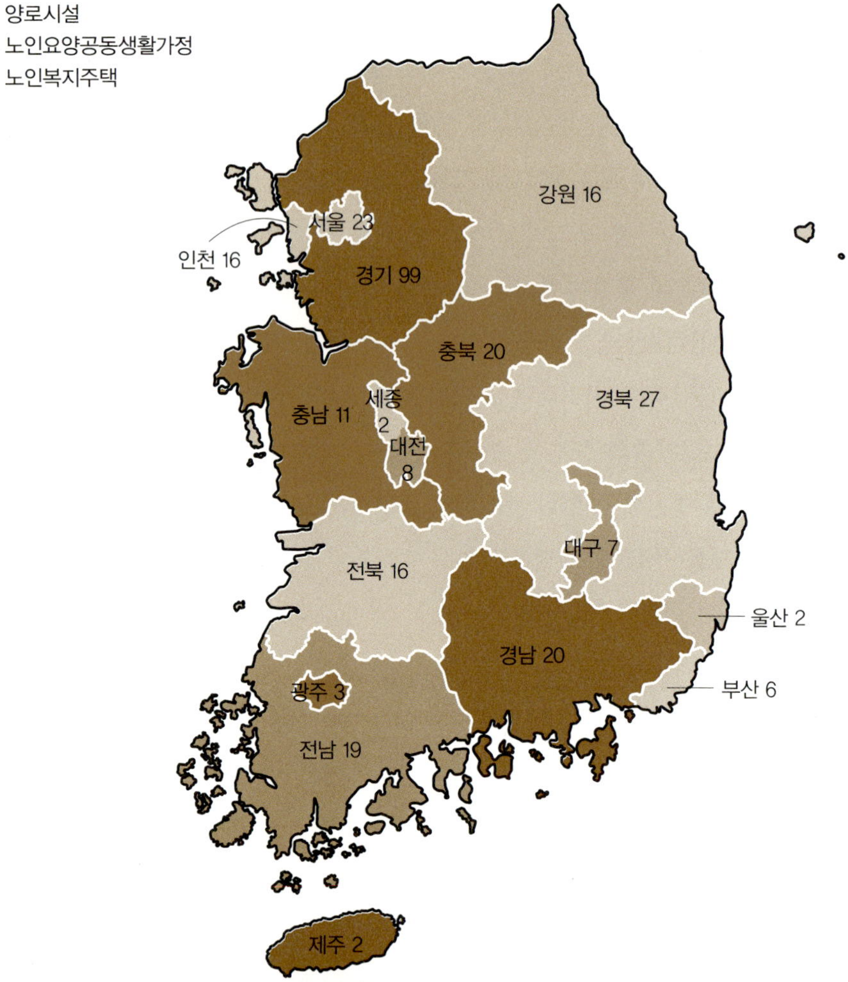

노인 주거복지시설

	시설	2023년	
		시설 수	입소 정원
노인 주거 복지시설	합계	297개	1만 9,369명
	양로시설	175개	9,653명
	노인요양공동생활가정	82개	710명
	노인복지주택	40개	9,006명

[그림 14-2] 2023년 전국 노인 주거복지시설 현황

출처: 동아일보(2024).

건복지부는 2024년 7월부터 '유니트케어' 시범사업을 추진하기로 했다. 유니트케어는 9인 이하의 소규모 인원에게 하나의 유니트(시설 내 거주 단위)를 제공하여 1인실 생활공간과 공용공간을 함께 갖추어 개인의 사생활을 최대한 존중하면서 돌봄을 받을 수 있는 시스템이다. 비용은 기존의 요양시설과 동일한 수준이고, 장기 요양 등급자는 입소비를 지원받을 수 있다.

요양시설에 입소하면 식사, 목욕, 약 복용 및 혈압 체크 등의 서비스를 24시간 받을 수 있다. 치매를 비롯하여 만성질병 등으로 독립적인 생활이 불가능한 많은 고령자가 인생의 마지막을 이러한 시설에서 보내고 있다. 대부분의 요양시설에서는 고령자의 신체적 · 인지적 · 사회적 필요에 따라 다양한 프로그램을 제공하고 있으며, 건축, 설비 및 돌봄의 질이 높은 고가의 시설도 있다. 최근에는 고령자 자신이나 가족의 인식이 많이 바뀌어 요양시설에 대한 거부감이 점차 줄고 있기는 하지만 노인요양시설 입소는 본인이나 가족 모두에게 기꺼이 하는 선택은 아니다. 요양시설에 입소한 고령자는 자기 집이라는 익숙한 공간을 떠나 낯선 장소에서 새로운 방식의 삶에 적응해야 한다. 일인실을 제외하고는 다른 고령자와 같은 방에서 커튼을 사이에 두고 생활해야 하는 고령자들은 소음, 악취, 서로 다른 생활습관이나 선호 환경(예: 각자가 원하는 실내 온도가 다름) 등의 문제로 인해 여러 가지 불편을 감수해야 한다. 시설에서는 고령자의 자율성과 사생활을 보호받을 수 없다. 고령자의 신체적 · 인지적 한계로 인한 위험 때문에 시설에서는 보호자의 동행 없이 고령자 혼자 시설 밖으로 나가는 것이 금지되어 있다.

또한 고령자는 청력 문제나 인지 기능의 감소로 인해 다른 고령자와 관계를 맺기가 쉽지 않기 때문에 사회적 관계를 통한 고립감의 해소를 기대하기는 어렵다. 물론 혼자 지내다가 사람들이 있는 시설에 들어오니 혼자 있을 때보다 좋다고 말하는 사람도 있다. 그러나 입소자들 사이에서는 여러 가지 이유로 관계 갈등이 발생하기도 한다. 시설에서 제공하는 다양한 프로그램은 고령자들에게 신체적 · 인지적 유익을 가져다준다. 그러나 신체적 · 인지적 한계로 인해 좋은 프로그램을 충분히 활용하지 못하는 경우도 있다. 예를 들어, 그림 그리기 프로그램의 경우에 손이 떨리고 눈이 잘 보이지 않아서 자신이 원하는 그림을 그릴 수 없는 고령자는 좌절감을 느끼기도 하고 자신의 신체적 한계를 남들에게 보이는 것을 부끄럽게 여기기도 한다.

가족의 돌봄을 받다가 요양시설에 입소한 고령자는 다른 가족의 눈치를 보지 않아도 된다는 점을 시설 생활의 장점으로 꼽는다. 그러나 고령자들은 가족의 방문을 항상 기다린다. 가족이 자주 방문하지 않는 경우에 고령자의 우울과 고립감은 심화될 수 있다. 돌봄 가족은 정기적으로 고령자를 방문하고, 시설의 허가를 받아 함께 외출하고, 명절에는 집으로 와서 하루 이틀 함께 지내다가 다시 시설로 보내드리는 등의 돌봄이 필요하다. 또한 고령자가 시설에서 어떻게 지내는지 지속적으로 살피고, 시설 관계자와 소통하며, 필요한 물품이나 원하는 음식을 공급하고, 정서적으로 지원해야 한다. 고령자가 시설 생활에 대한 불만을 호소하고 우울해하면 돌봄 가족은 스트레스를 받고 죄책감을 느낄 수 있다. 고령자의 건강이 갑자기 악화하여 시설의 연락을 받고 급히 응급실로 달려가거나 병원에 입원하는 일도 발생한다. 이때 돌봄 가족은 고령자를 병원에 입원시키고 돌보는 책임을 지게 되며 치료에 관한 중요한 결정을 해야 할 수도 있다.

3. 임종기와 돌봄

임종기는 죽음이 임박한 시기를 말한다. 만성질환이 악화되거나 새롭게 말기 질환이 발견되어 임종기에 접어들게 된다. 환자(돌봄 대상자)의 질병 증상과 통증이 심해지면 응급실을 통해 입원하거나 중환자실로 옮겨지는 데, 이때 치료를 포기하고 호스피스 등에서 죽음을 맞이하기도 하고 연명치료에 의존하다가 중환자실에서 사망하는 경우도 있다. 임종기는 매우 급하게 진행이 될 수 있다. 임종기는 환자와 가족 모두에게 매우 힘든 시기로서 미리 준비하지 않으면 적절한 대처가 어려우며 후회를 남길 수 있다.

과거에는 죽음이 갑자기 들이닥치는 경우가 많았으나, 오늘날에는 의학의 발달로 요양 생활기가 길어지고 오랜 투병을 거쳐 죽음을 맞이하게 되는 일이 흔하다. 노년기에는 '어떻게 죽을 것인가?'가 중요한 화두이다. 당사자가 자신의 죽음에 대해 미리 생각을 정리해 두지 않는다면 후에 돌봄 가족이 대신 선택하고 결정해야 할 상황에 놓이게 될 수 있다. 이런 경우에 가족은 선택의 어려움을 느끼게 되고, 서로 간의 의견 차이로 인한 갈등이 발생할 수 있다.

우리나라에서 가장 흔한 죽음은 어떤 모습일까? 말년에 이르러 요양시설과 종합병원 응급실, 중환자실을 떠돌다가 병원에서 기계 장치를 매달고 죽음을 맞게 되는 경우가 가장 많다. 대부분의 사람은 자신의 집에서 가족에게 둘러싸여 죽기를 원하지만, 2020년 통계에 의하면 국민 4명 중 3명이 병원에서 삶을 마감하고 있다(박중철, 2022).

우리나라에서는 「연명의료결정법」이 2016년에 국회 본회의를 통과하여 2018년부터 시행되고 있다. 이로써 임종 과정에서 무의미한 연명치료를 중단할 수 있는 제도적 장치가 마련되었으며, 이와 더불어 '사전연명의료의향서'의 효력을 법으로 보장받게 되어 환자의 자기 결정권이 중요해졌다. 만일 환자가 사전연명의료의향서를 작성하지 못한 상황에서 의식을 잃은 경우에는 가족이 그 뜻을 확인하여 대신 결정을 내리게 되어 있다. 국가생명윤리정책원에서 밝힌 「연명의료결정법」 시행 3년 8개월 동안의 통계를 보면, 환자 스스로 사전의료의향서를 작성하고 죽음을 맞이한 경우(41.8%)보다 가족의 의견이나 합의에 의해 연명의료 결정이 내려진 경우(58%)가 더 많았다(박중철, 2022). 그러므로 노인에게 의식이 명료할 때 「연명의료결정법」과 사전의료의향서에 대한 정보를 제공하고, 어디서 어떻게 죽음을 맞고 싶은지를 미리 확인하는 것이 필요하다. 이 일은 가족이 하기가 어려울 수 있으므로 주치의나 다른 건강 전문가가 대신해 주는 것이 더 나을 수 있다.

연명치료란 환자의 생명을 연장하는 것을 목적으로 하는 의료 행위를 말하며, 심폐소생술, 혈액투석, 항암제 투여, 인공호흡기 착용이 포함된다. 안타깝게도 인공영양은 연명치료에 해당하지 않는다. 그러므로 병원에서는 환자의 삼킴 기능이 퇴화하여 흡인성 폐렴의 위험이 있는 경우에 법에 따라 코를 통해 위까지 급식관을 삽입하여 인공적으로 영양을 공급할 수밖에 없다. 환자가 고통스러운 나머지 급식관을 잡아당겨서 빼 버릴 것을 우려하여 억제대로 환자의 사지를 묶거나 손을 사용할 수 없도록 고안된 두꺼운 장갑을 끼운다. 환자는 급식관 삽입 시에 "사람을 살리려는 건지, 죽이려는 건지 모르겠다."라며 고통을 호소한다. 가족은 급식관이나 억제대 사용 여부를 선택할 수 없어서 환자의 고통을 안타까워하며 지켜보게 된다. 만일 환자가 급식관 삽입에 동의하지 않는다면 병원에 머무를 수 없으며 퇴원해야 한다.

「연명의료결정법」에는 말기 환자의 호스피스 이용에 대한 내용도 포함되어 있다. 호스피스 이용은 말기 환자의 고통을 완화하고 삶의 질을 높이기 위해 국가가 제시한 대안이다. 호스피스 완화 의료는 법령에 의해 국가적 지원과 관리를 받게 되었으며, 보험이 적용된다. 완화 의료 전문 기관이 늘어나기는 했지만, 아직 그 수가 부족하고, 국가 관리를 받게 되면서 서비스 대상을 제한하게 되었기 때문에 접근성이 떨어지는 문제가 생겼다. 서비스 대상은 암, 후천성면역결핍증(AIDS), 만성폐쇄성 호흡기질환(COPD), 만성간경화로 제한되어 있다. 호스피스시설의 가장 대표적인 특징은 생애 말기의 고통을 줄여 주고 연명치료를 시행하지 않으면서 자연스러운 임종을 돕는다는 것이다. 호스피스시설에서는 가족이 합의하면 인공영양도 거부하거나 중단할 수 있다. 호스피스를 이용하고 싶다면 미리 이용이 가능한 시설을 찾아보고 대기 명단에 올려놓는 것이 좋다.

가정에서 임종하는 것에는 많은 어려움이 따른다. 갑작스러운 통증으로 신음하거나, 호흡 곤란이 심해지거나, 이유를 알 수 없는 고열이 날 때 가족은 공포를 느낀다. 또한 말기 환자는 밤에 잠을 잘 이루지 못하고 통증이 더 심해지는 경향이 있어서 돌봄 가족을 지치게 한다. 돌봄 가족이 직장인인 경우에는 휴직을 하고 간병을 전담하기도 하고, 생계 때문에 직장을 다니면서 돌봄의 역할도 감당해야 하는 어려움을 겪기도 한다.

집에서도 의학적 돌봄을 받을 수 있도록 가정간호, 방문진료 및 가정형 호스피스 제도가 만들어지기는 했으나 모든 지역에서 이용할 수 있는 것은 아니다. 가정간호, 방문진료 및 가정형 호스피스는 '건강보험심사평가원'을 통해 이용이 가능한 지 알아보고 신청할 수 있다.

집에서의 임종은 환자의 상태, 가족의 경제적 여건 및 돌봄의 의지에 달려 있다. 돌봄의 기간이 너무 길어지면 돌봄 가족의 일상에 파괴적인 영향을 줄 수 있다. 가능하면 환자가 계속 거주하던 집에서 임종을 맞게 하는 것이 환자나 돌봄 가족을 위한 최선의 선택이라고 할 수 있다. 환자가 자신이 살던 집을 떠나 돌봄 가족의 집으로 옮겨 오게 되면 환자 자신도 익숙하지 않은 환경으로 인해 스트레스를 받게 된다. 현대사회에서 가족이 말기 환자를 집에서 돌보는 일은 매우 어려운 일이므로 이 같은 결정을 할 경우에는 가족이 충분히 상의하는 것과 더불어 환자 돌봄을 지원하는 서비스를 탐색해 보는 등 신중한 접근이 필요하다. 그렇지만 가정형 호스피스, 방문진료, 방문간호 등 다양한 서비스 및 자원을 이용할 수 있다면 환자의 통증이나 호흡 곤란 등의 어려움에도 대비할 수 있으므로 집에서의 임종이 완전히 불가능한 것은 아니다.

사랑하는 사람이 시한부 판정을 받는 등 임종이 가까워졌음을 알게 되면 돌봄 가족은 그런 날이 조만간 닥쳐올 것을 알고 있었다고 할지라도 충격과 혼란에 빠진다. 의사는 주로 이 사실을 환자가 아니라 가족에게 알리기 때문에 돌봄 가족은 당사자에게 알릴 것인지 말 것인지를 먼저 결정해야 한다. 가족은 사랑하는 사람이 죽음이 임박했음을 알고 심리적 충격으로 인해 상태가 더 빨리 악화할 것을 염려한다. 환자는 자신이 죽을 것을 알게 되면 심한 심리적 고통을 느낄 수 있고, 품위를 잃은 모습으로 죽어 갈 위험성이 있기는 하지만, 만일 알지 못한다면 죽음을 준비할 기회를 갖지 못하게 될 것이다. 가족은 환자의 상태를 고려하면서 환자에게 정직하면서도 지혜롭게 상황을 전달할 필요가 있다.

환자가 자신의 죽음을 알게 되면 퀴블러 로스의 심리적 죽음의 단계, 또는 그 외의 다양한 단계를 거치며 죽음을 받아들이고 성장을 이루기도 하고 가족과 열린 마음으로 대화하며 정서적 · 실제적 문제를 해결할 수도 있다. 또한 환자가 죽기 전에 무엇을 하고 싶은지, 어디에서 어떻게 죽고 싶은지에 대해 분명한 의사 표현을 할 수 있기 때문에 가족이 환자가 원하는 돌봄을 제공할 수 있다. 중요한 것은 효과적인 의사소통이다.

돌봄 가족은 환자에게 어떤 치료 또는 돌봄이 필요한지를 결정해야 한다. 이를 결정하기 위해서 중요한 것은 의사로부터 정확한 정보를 얻는 것이다. 제12장 '돌봄 대상자의 문제 명명하기'에서도 언급하였듯이, 상담자는 돌봄 제공자가 의사로부터 환자의 질병과 치료 선택지에 대한 정확하고 완전한 정보를 얻도록 도와야 한다. 돌봄 제공자는 의사와의 면담에 앞서서 미리 두세 개의 질문을 적은 종이를 준비해 두었다가 만날 때 직접 전달하고, 질문에 대한 의사의 답변을 들으면서 메모하며, 면담을 마칠 때 메모한 것이 정확한지 의사에게 확인하는 것이 좋다. 의사와의 면담 시에 가족이나 다른 누군가를 함께 데려가면 돌봄 가족이 놓친 부분을 질문해 줄 수도 있고, 돌봄 가족이 의사의 이야기를 좀 더 잘 이해할 수 있도록 도울 수도 있다. 그 밖에도 인터넷이나 같은 경험을 했던 친구나 지인들을 통해 여러 가지 정보를 얻을 수 있다.

상담자는 돌봄 가족이 얻은 정보들을 추려서 최선의 결정을 내리도록 돕는다. 이때 돌봄 가족은 환자의 의학적 문제에 치중한 나머지 그보다 더 중요한 환자의 심리사회적 요인들을 놓칠 수 있다. 가치에 초점을 맞추는 것은 가족이 의학적으로도 가장 좋은 결정을 내릴 수 있게 해 준다. 고려해야 할 가치 중에는 종교적 가치, 집과 가족의 가치, 의학적 돌봄의 가치 등이 있다. 상담자는 가족이, 특히 환자가 죽음 앞에서 중요하게 여기는 가치가 무엇인지 대화를 통해 확인하도록 돕는다. 환자가 인지 손상으로 인해 자신이 가지고 있는 가치에 대해 이야기할 수 없는 경우에는 가족으로 하여금 환자가 평소에 하던 말이나 행동을 통해 무엇을 중요하게 생각했는지 찾아보게 하는 것이 필요하다. 가장 중요한 것은 환자 자신의 가치라는 사실을 늘 강조해야 한다. 가치를 확인하게 되면 가장 적절한 돌봄의 방식을 선택할 수 있다.

돌봄 가족은 죽음을 앞둔 환자를 어떻게 대해야 할지 몰라 당황스러운 나머지 환자와 함께 있는 시간을 피하기도 한다. 다코프와 테일러(Dakof & Taylor, 1990)의 보고에 의하면, 암환자들에게 가족이나 다른 사람들의 행동 중에서 도움이 되는 것과 그렇지 않은 것에 대해 질문했을 때 가족의 관심 표현, 함께 있어 주기, 질병에 대한 차분한 수용, 신체적 지원이 도움이 된다고 대답했다. 돌봄 가족은 특별히 어떤 행동을 해야 할 필요는 없다. 무엇보다 환자와 함께 있어 주는 것이 중요하다. 또한 암환자들은 도움이 되지 않는 행동으로 돌봄 제공자가 질병에 대한 환자의 반응을 비판하는 것을 꼽았다(Dakof & Taylor, 1990). 환자가 자신의 병이나 죽음에 대해 이야기할 때 돌봄 가족은 "부정적인 말은 하지 마세요." 또는 "좀 더 긍정적으로 생각하세요."라고 말하곤 한다. 이는 환자를 격려하기 위한 것이기는 하지만 환자는 비판으로 받아들일 수 있다. 도움이 되지 않는 행동에는 질병의 영향을 축소하는 것, 지나치게 염려하는 것, 공감이나 관심을 표현하지 않는 것도 포함되었다(Dakof & Taylor, 1990). 상담자는 돌봄 가족에게 이러한 정보를 주고 그들이 좀 더 도움이 되는 행동을 하도록 격려할 수 있다.

돌봄 가족은 임종기의 환자와 대화를 나누는 것을 어려워한다. 죽음에 대해 이야기하면 환자에 대한 희망을 포기했다는 뜻으로 들려서 환자가 상처를 받게 될까 봐 염려한다. 이와 반대로 평상시에 하던 이야기를 하면 환자는 자신의 죽음이 심각하게 받아들여지지 않는다고 느껴 상처를 받을 수 있다고 생각한다. 또한 함께 있을 때의 침묵은 몹시 견디기 어려울 것이라고 믿고 있다. 상담자는 관계의 질에 부정적인 영향을 미치는 왜곡된 신념들을 평가하고 도전하며, 대화할 수 있는 몇몇 주제를 제시해 주고 대화 방법을 교육해야 한다.

우리는 가족이나 친구들과 가벼운 이야기들을 하면서 대부분의 시간을 보낸다. 이러한 대화들은 관계의 핵심 기반을 구성하는데, 이는 생애 마지막 시기에도 마찬가지이다. 최근 있었던 축구 경기, 날씨, 가족에게 일어난 작은 일들에 대해 환자와 이야기 나누는 것은 서로 간의 정서적 연결을 돕는다. 또한 환자의 감정에 대해 이야기할 수 있다. 많은 말기 환자들은 가족마저도 자신을 이해할 수 없다고 생각하며 외로움을 느낀다. 돌봄 가족이 용기를 내어 환자의 감정에 대해 질문한다면 환자는 신체적 · 정서적 고통뿐 아니라 사랑이나 기쁨 또는 즐거움에 대해 이야기할 기회를 얻게 된다. 이때 환자에게 가족이 어떻게 도와주기를 원하는지 물어본다면 그 대답에 따라 가족은 더욱 좋은 돌봄을 제공할 수 있게 된다.

상담자는 돌봄 가족에게 환자와 어떤 대화를 나누었는지, 돌봄 가족은 어떤 말을 했으며 그런 말을 왜 했는지 탐색한다. 가족은 환자를 보호하려는 의도로 대화 중에 감정적인 주제가 나오면 감정을 축소하고 감정이 격해지지 않도록 막아 버리기 쉽다. 그러나 그렇게 한다면 의미 있는 대화가 이어지지 못하고 가족 간의 정서적 연결이 방해받을 수 있다. 돌봄 가족이 이런 식으로 대화하고 있다면, 상담자는 대화를 중단시키는 것이 아니라

〈표 14-1〉 대화를 중단시키는 말과 이어 가게 하는 말

대화를 중단시키는 말	대화를 이어 가게 하는 말
부정적인 말은 하지 마세요	힘들면 힘들다고 말씀하세요.
겁내지 말고 마음 단단히 먹어야 해요.	당연히 겁이 나겠죠. 나라도 겁이 날 거예요.
긍정적으로 생각하세요.	사람이 항상 긍정적일 수는 없어요. 지금 어떤 생각이 드세요?
걱정 마세요. 다 잘될 거예요.	무슨 일이 있어도 내가 옆에 있어 드릴게요.
낙심하지 마세요.	낙심할 만한 일이죠.
난 이런 이야기하기 싫어요.	지금 이런 이야기를 나누는 것이 힘들기는 하지만 중요한 이야기라는 걸 알아요. 조금 있다가 이야기하면 어떨까요?
힘내세요!	너무 애쓰지 않아도 돼요. 내가 무엇을 도와드리면 좋을지 말씀해 주세요.

출처: Qualls et al. (2011), p. 77.

이어 가도록 격려할 수 있는 대화를 돌봄 가족에게 가르쳐 주어야 한다. 또한 역할극을 통해 돌봄 가족이 그러한 대화를 연습하도록 도울 수 있다.

돌봄 가족은 환자가 자신이 살아온 인생을 되돌아보도록 격려할 수 있다. 환자는 생애 회고를 통해 과거의 갈등을 해결하고 삶의 의미를 통합하는 기회를 갖는다. 돌봄 가족은 몇 가지 질문을 준비하여 환자의 회상 작업을 도울 수 있다. 환자의 동의를 얻어 녹음을 하거나 영상을 만들어 기록으로 남기는 방법도 있다. 또한 사진이 포함된 회고 책자를 만드는 등 창의적인 방식으로 환자의 회고를 도울 수 있다. 앞서 존엄치료와 내러티브 존엄치료를 소개하였다. 이들 개입법의 질문과 실시 방법을 참고하여 작업한다면 환자의 존엄을 지키고 가족도 위안을 받으며 서로 연결되는 경험을 할 수 있다.

종교적 · 영적 대화도 일부 말기 환자들에게 매우 중요하다. 가족은 때로 환자에게 자신의 종교를 받아들이도록 압박함으로써 환자에게 고통을 안

겨 줄 수 있다. 돌봄 가족은 환자에게 자신의 종교에 대해 이야기할 수 있지만 동의를 강요해서는 안 된다. 종교 및 영성에 관련된 민감하고 적절한 대화는 환자와 가족 모두에게 큰 위로를 줄 수 있다.

돌봄 가족은 사랑하는 사람의 죽음을 앞두고 슬픔, 죄책감, 분노, 안도감 등 다양한 감정을 경험한다. 예기 슬픔은 사후 슬픔 못지않게 고통스럽다. 돌봄 가족은 환자 앞에서는 씩씩하게 행동하다가 혼자 있을 때 슬픔의 눈물을 흘리기도 한다. 환자가 조금이라도 더 자기 곁에 머물러 주기를 원하면서도, 돌봄이 힘든 나머지 그 기간이 너무 길어질까 봐 염려하기도 하고, 환자의 임종이 가까워지면 안도감을 느끼게 될 수 있다. 죽음은 환자의 고통과 돌봄 가족의 길고 힘들었던 돌봄 과정의 종말을 의미하므로 안도감을 느끼는 것은 정상이다. 그러나 돌봄 가족은 그런 감정을 느끼는 것에 대해 죄책감을 갖는다. 상담자는 그 모든 감정이 상실의 과정에서 자연스럽게 경험하는 것임을 확인해 주어야 한다.

앞서 언급했던 돌봄 가족의 자기돌봄은 이 단계에서도 중요하다. 돌봄 가족은 다른 가족이나 친구 등에게 도움을 요청할 수 있어야 하며, 자기 자신을 위한 활동을 위해 시간을 내야 한다. 상담자는 돌봄 가족이 도움받을 수 있는 사람들의 목록을 작성하고, 필요시 접촉하도록 격려할 수 있다. 또한 미리 계획하여 일주일에 적어도 2시간 정도는 자신을 돌보는 활동을 하도록 도울 수 있다. 자기 자신을 돌볼 수 있어야 환자를 잘 돌볼 수 있다는 것과 환자도 돌봄 가족이 자기 자신을 잘 돌보기를 원한다는 것을 상기시켜 주는 것이 필요하다.

돌봄 대상자의 사후에는 돌봄 가족이 돌봄의 역할을 잘 종료하고 새로운 생활로 전환하는 데 중점을 둔다. 돌봄 가족은 돌봄 대상자의 예상치 못한 죽음을 맞게 되는 경우도 있다. 돌봄 대상자가 돌봄 가족의 상담 도중에 사망하면 그들은 상담이 더 이상 필요하지 않다고 여겨서 종결을 요청할 수 있다. 상담자는 그들에게 최소한 마지막 회기에 참여하도록 권하여 종결 작업을 해야 한다. 사망 직후에는 처리해야 할 일이 많고 슬픔이 너무 크기 때문에 마지막 회기는 사망 한두 달 후에 갖는 것이 좋다. 그때쯤이면 돌봄 가족은 돌봄 대상자 사망 후의 자신의 반응에 대해서 보고할 수 있다.

돌봄 가족은 돌봄이 끝난 후의 스트레스 때문에 다시 상담을 찾기도 한다. 돌봄의 역할은 오랜 기간 지속되는 경우가 많으므로 돌봄 대상자의 죽음은 사랑하는 사람의 상실뿐 아니라 돌봄 역할의 상실로 인한 슬픔을 초래할 수 있다. 돌봄 가족은 사랑하는 사람을 돌보기 위해 상당한 시간과 에너지를 쏟아 왔으며, 종종 매일, 매 주일 또는 매달 정기적으로 해야 할 일들이 있었다. 이제 그 시간이 자신만의 시간이 되자, 돌봄 가족은 고인을 잃은 슬픔에 다시 잠기게 될 뿐 아니라 어떻게 그 시간을 보내야 할지 몰라 당황스러울 수 있다. 상담자는 돌봄 제공자의 고인에 대한 애도 작업뿐 아니라 역할 상실 문제도 주의 깊게 다루어야 한다. 또한 돌봄 제공자가 돌봄 역할에서 벗어나는 전환기 동안에 나타날 수 있는 슬픔, 분노, 죄책감, 절망감을 잘 다루도록 도와야 한다. 애도 상담에 대해서는 제7장의 '상실과 애도' 부분에서 구체적으로 설명하였다.

결론

고령자는 아무리 좋은 돌봄을 받는다고 하더라도 노화의 단계를 거쳐 결국은 죽음에 이르게 된다. 돌봄 가족은 노화부터 죽음에 이르는 단계들을 이해하고 각 단계에 맞춰 적절한 돌봄을 제공해야 한다. 돌봄 가족은 그 과정에서 많은 스트레스와 감정적 어려움을 겪는다. 상담자는 그들에게 정서적 지지와 더불어 다양한 정보를 제공하고 최선의 선택을 하도록 돕는다. 특히 돌봄 대상자가 임종기에 이르면 돌봄 가족은 여러 가지 중요한 결정을 내려야 하므로 스트레스가 더욱 커질 수 있다. 상담자는 돌봄 가족이 의학적 치료뿐 아니라 환자의 가치에 초점을 맞추도록 돕는 것이 필요하다. 환자가 죽음 앞에서 무엇을 중요하게 여기는지 확인하는 것은 의학적 치료와 다양한 돌봄을 결정하는 데에도 도움이 된다. 또한 상담자는 돌봄 가족이 환자와 대화하도록 도와야 한다. 환자가 자신의 생각과 감정을 충분히 표현하도록 돕는 방식의 대화를 돌봄 가족에게 가르치고 연습하게 할 수 있다. 아울러 가족이 환자가 자신의 삶을 회고하며 의미를 부여하는 작업을 하도록 돕는 것도 필요하다. 이 시기에 돌봄 가족은 강렬하고도 복합적인 감정을 느끼게 된다. 상담자는 모든 감정이 자연스러운 것임을 확인해 주어야 한다.

돌봄 가족이 노화부터 죽음에 이르는 과정에서 적절한 돌봄을 제공한다면, 돌봄 대상자의 삶의 질을 높일 수 있을 뿐 아니라 돌봄 가족의 자기효능감과 만족감을 증진시킬 수 있다.

부록

소원을 말해 봐(go wish)의 항목

- 내가 이룬 성취를 기억하는 것
- 청결을 유지하는 것
- 나의 인생이 완성되었다고 느끼는 것
- 신과 화평한 것
- 사람의 손길에 닿을 수 있는 것
- 몸에 기계 장치를 매달지 않는 것
- 재산을 잘 정리하는 것
- 기도하는 것
- 가족이나 친구와의 미해결 과제를 해결하는 것
- 다른 사람을 도울 수 있는 것
- 가족에게 짐이 되지 않는 것
- 통증이 없는 것
- 나에게 소중한 사람에게 작별 인사하는 것
- 나를 인격적으로 대해 주는 의사를 만나는 것
- 내 이야기를 들어 주는 사람이 곁에 있는 것
- 가족이 나와 함께 있는 것
- 유머 감각을 잃지 않는 것

- 불안해하지 않는 것
- 가족이 내가 바라는 것을 알고 있어서 서로 싸우지 않는 것
- 좋은 간병인을 만나는 것
- 장례 절차를 미리 준비하는 것
- 내 몸 상태가 어떻게 될지 아는 것
- 숨쉬기가 힘들어지지 않는 것
- 가족이 나의 죽음에 준비가 되어 있는 것
- 내가 원하는 방식의 돌봄을 받는 것
- 죽을 때까지 정신이 말짱한 것
- 죽음의 의미에 대해 이야기할 수 있는 것
- 혼자 죽음을 맞이하지 않는 것
- 내가 중요하게 여기는 가치와 우선순위를 옹호해 주는 사람이 있는 것
- 내가 무엇이 두려운지 이야기할 수 있는 것
- 종교 지도자(목사님, 스님 등)를 만나는 것
- 가까운 친구가 곁에 있는 것
- 의사를 신뢰할 수 있는 것
- 나의 위엄을 유지하는 것
- 집에서 죽는 것
- 와일드 카드

고령자를 위한 즐거운 활동 목록

*** 빅데이터를 통해 분석된 한국 노인들의 선호 활동**

1. 건강관리 관련 활동

- 걷기 운동(특히 공원, 강변 등에서 산책)
- 등산
- 헬스장 이용
- 수영
- 요가 및 필라테스
- 건강 관련 강좌 수강(예: 혈당 관리, 건강식 등)

2. 사회적 교류 및 취미 활동

- 노인정 및 경로당에서 친구들과 모임
- 동호회 활동(바둑, 장기, 그림, 노래 교실 등)
- 가족 및 친구들과의 식사 및 모임
- 봉사 활동(지역사회봉사, 자원봉사 등)
- 온라인 커뮤니티 활동(SNS 사용 증가)
- 손주 돌보기 및 가족과 함께 시간 보내기

3. 여가 및 취미 활동

- 여행(국내 여행 선호, 자연 경관 지역 탐방)
- 문화 행사 참여(연극, 음악회, 영화 감상 등)
- 전통 문화 체험(사찰 방문, 역사 탐방 등)
- 전통 놀이(윷놀이, 제기차기 등)
- 텃밭 가꾸기 및 원예 활동
- 낚시

- 바느질 및 뜨개질
- 요리 및 제빵 배우기

4. 디지털 기술 및 학습

- 스마트폰 사용법 배우기(카카오톡, 유튜브 등)
- 온라인 쇼핑 및 인터넷 강의 수강
- 디지털 기기 활용 교육(컴퓨터, 태블릿 사용법)
- 주식 및 금융 정보 학습

5. 문화 및 학습 활동

- 노인대학 수강(문학, 철학, 역사 등 다양한 과목)
- 독서(특히 건강, 자기계발, 종교 관련 서적)
- 미술 및 공예(그림 그리기, 도예 등)
- 음악 감상 및 악기 연주
- 종교 활동(교회, 성당, 절 방문)

*** 한국의 노인들이 선호하는 활동 50가지**

1. 걷기 운동
2. 등산
3. 요가
4. 명상
5. 자전거 타기
6. 수영
7. 바둑 두기
8. 장기 두기
9. 독서

10. 신문 읽기
11. 손주 돌보기
12. 영화 감상
13. 텔레비전 시청
14. 음악 감상
15. 악기 연주
16. 노래 교실 참여
17. 춤 동호회 활동
18. 여행(국내 및 해외)
19. 사찰 방문
20. 전통 시장 방문
21. 텃밭 가꾸기
22. 꽃 가꾸기
23. 가벼운 집안일(정리 정돈)
24. 봉사 활동
25. 문화센터 프로그램 참여
26. 노인정 활동
27. 사회복지관 프로그램
28. 경로당에서 친구와 교류
29. 노인대학 수강
30. 동네 카페 방문
31. 산책하기
32. 공원에서 운동기구 사용
33. 낚시
34. 바느질
35. 뜨개질

36. 목공예
37. 요리 배우기
38. 도예 교실
39. 사진 촬영
40. 스마트폰 활용법 배우기
41. 그림 그리기
42. 글쓰기
43. 회화 수업 참여
44. 온라인 강의 수강
45. 건강관리 프로그램 참여
46. 노인 스포츠 대회 참여
47. 가족과의 식사
48. 친구와 모임
49. 종교 활동 (교회, 성당, 절 등)
50. 전통 놀이 (윷놀이, 제기차기 등)

이 밖에도 자연의 소리(물소리, 바람 소리, 새소리) 듣기, 풀 향기나 꽃향기 맡기, 공원 벤치에 앉아 있기, 저녁노을 보기, 구름 보기, 달 보기, 맨발 걷기, 욕조 목욕, 족욕, 색종이 접기, 스도쿠 풀기, 퍼즐 맞추기, 손톱 손질 받기, 착한 일 하기 등, 작고 평범하지만, 내담자가 좋아하는 활동을 찾아 목록에 추가할 수 있다.

죽음불안척도(Death Anxiety Scale: DAS)

번호	설문 내용	전혀 그렇지 않다	그렇지 않다	보통이다	그렇다	매우 그렇다
1	나는 죽음이 전혀 두렵지 않다.	①	②	③	④	⑤
2	나는 죽음에 대한 생각을 전혀 하지 않는다.	①	②	③	④	⑤
3	사람들이 죽음에 대해 말해도 별로 신경 쓰이지 않는다.	①	②	③	④	⑤
4	수술을 받아야 하는 것을 생각만 해도 두렵다.	①	②	③	④	⑤
5	죽는 것이 전혀 두렵지 않다.	①	②	③	④	⑤
6	나는 암에 걸릴까 봐 걱정하지 않는다.	①	②	③	④	⑤
7	죽음에 대한 생각 때문에 심란하지는 않다.	①	②	③	④	⑤
8	시간이 너무 빨리 흘러간다는 사실에 심란할 때가 있다.	①	②	③	④	⑤
9	나는 고통스럽게 죽을까 봐 두렵다.	①	②	③	④	⑤
10	죽음 이후에 무슨 일이 있을지 사후에 대한 이야기가 나오면 마음이 불편하다.	①	②	③	④	⑤
11	심장마비가 일어날까 봐 겁이 난다.	①	②	③	④	⑤
12	인생이 정말 짧다는 생각이 자주 든다.	①	②	③	④	⑤
13	전쟁 또는 전쟁이 일어날 것에 대해 말하는 것만 들어도 겁이 난다.	①	②	③	④	⑤
14	죽은 사람의 몸을 보면 소름이 끼친다.	①	②	③	④	⑤
15	지금 죽는다고 해도 별 미련이 없다.	①	②	③	④	⑤

* Templer(1970)가 개발한 척도를 고효진, 최지욱, 이흥표(2006)가 번안.
* 1, 2, 3, 5, 6, 7, 15은 역채점 문항임.
* 점수가 높을수록 죽음 불안이 높음을 의미.

출처: 권석만(2019).

연대기 기록지

나이	연도	역사적 사건	개인적 사건
1~10			
11~20			
21~30			
31~40			
41~50			
51~60			
61~70			
71~80			
81~90			

한국형 일상생활 수행 능력 척도(Korean Activities of Daily Living: K-ADL)

다음의 각 기능 영역에 대하여 어르신께 해당되는 보기에 ✓표 해 주세요.
(최근 1주간의 활동을 기준으로 함)

항목	문항
1. 옷 입기	질문: 어르신께서는 옷을 챙겨 입을 때 다른 사람의 도움 없이 혼자서 하십니까? □ 1. 도움 없이 혼자서 옷을 옷장에서 꺼내어 입을 수 있다. □ 2. 부분적으로 다른 사람의 도움을 받아 옷을 입을 수 있다. □ 3. 전적으로 다른 사람의 도움에 의존한다.
2. 세수하기	질문: 어르신께서는 세수나 양치질을 하고 머리를 감을 때 다른 사람의 도움 없이 혼자서 하십니까? □ 1. 3가지 모두 도움 없이 혼자서 할 수 있다. □ 2. 세수와 양치질은 혼자 하지만 머리 감기는 도움이 필요하다. □ 3. 다른 사람의 도움을 받지 않고는 머리 감기뿐 아니라 세수나 양치질을 할 수 없다.
3. 목욕하기	질문: 어르신께서는 목욕을 하실 때 다른 사람의 도움을 받지 않고 혼자서 하십니까? □ 1. 도움 없이 혼자서 때 밀기와 샤워를 한다. □ 2. 샤워는 혼자 하나, 때는 혼자 밀지 못한다. 또는 몸의 일부 부위(등 제외)를 닦을 때만 도움을 받는다. □ 3. 전적으로 다른 사람의 도움에 의존한다.
4. 식사하기	질문: 어르신께서는 음식을 차려 주면 남의 도움 없이 혼자서 식사를 하십니까? □ 1. 도움 없이 식사할 수 있다. □ 2. 생선을 발라 먹거나 음식을 잘라 먹을 때는 도움이 필요하다. □ 3. 식사를 할 때 다른 사람의 도움이 항상 필요하거나, 튜브나 경정맥 수액을 통해 부분적으로 혹은 전적으로 영양분을 공급받는다.
5. 이동	질문: 어르신께서는 이부자리에 누웠다가 일어나 방문 밖으로 나올 때 다른 사람의 도움 없이 혼자서 하십니까? □ 1. 도운 없이 혼자서 방 밖으로 나올 수 있다. □ 2. 방 밖으로 나오는 데 다른 사람의 도움이나 부축이 필요하다. □ 3. 들것에 실리거나 업혀야 방 밖으로 나올 수 있다.

6. 화장실 사용	질문: 어르신께서는 대소변을 보기 위해 화장실 출입할 때 남의 도움 없이 혼자서 하십니까? □ 1. 도움 없이 혼자서 화장실에 가고 대소변 후에 닦고 옷을 입는다. □ 2. 화장실에 가거나 변기 위에 앉는 일, 대소변 후에 닦는 일이나 대소변 후에 옷을 입는 일 또는 실내용 변기(혹은 요강)를 사용하고 비우는 일에 다른 사람의 도움을 받는다. □ 3. 다른 사람의 도움을 받아도 화장실 출입을 못하거나 실내용 변기(혹은 요강)를 이용해 대소변을 볼 수 없다.
7. 대소변	질문: 어르신께서는 대변이나 소변을 지리거나 흘리지 않고 잘 보십니까? □ 1. 대변과 소변을 본인 스스로 조절한다. □ 2. 대변이나 소변 조절을 가끔 실패할 때가 있다. □ 3. 대변이나 소변을 전혀 조절하지 못한다.

* Katz(1963)가 개발한 척도를 원장원(2002)이 번안. 박선애(2016)의 연구에서 사용됨.
* 완전독립 1점, 부분의존 2점, 완전의존 3점. 총점이 높을수록 의존성이 높음을 의미.

출처: 박선애(2016).

한국형 수단적 일상생활 수행 능력 척도(Korean Instrumental Activities of Daily Living: K-IADL)

다음의 각 기능 영역에 대하여 어르신께 해당되는 보기에 ✓표 해 주세요.
(최근 1주간의 활동을 기준으로 함)

항목	문항
1. 몸단장	질문: 어르신께서는 머리 빗질이나 손/발톱 깎는 것, 화장(여자), 면도(남자)를 남의 도움 없이 혼자서 하십니까? □ 1. (기구만 준비되어 있으면) 다른 사람의 도움 없이 혼자서 빗질, 화장 혹은 면도, 손/발톱 깎기를 혼자서 한다. □ 2. (기구가 준비되어 있더라도) 빗질, 화장 혹은 면도, 손/발톱 깎기 중 한 2가지는 다른 사람의 도움을 받아야 한다. □ 3. (기구가 준비되어 있더라도) 다른 사람의 도움을 받지 않고는 빗질, 화장 혹은 면도, 손/발톱 깎기 등을 모두 하지 못한다.
2. 집안일	질문: 어르신께서는 집안의 일상적인 청소나 정리정돈, 침구정리, 설거지 등을 다른 사람의 도움 없이 혼자서 하십니까? □ 1. 도움 없이 혼자서 집안일을 한다. □ 2. 집안일을 할 때 부분적으로 다른 사람의 도움을 받는다. □ 3. 집안일을 할 수 없어서 다른 사람의 도움에 전적으로 의존한다.
3. 식사 준비	질문: 어르신께서는 식사 준비(음식 재료를 준비하고 요리를 하고 밥상을 차리는 일)를 다른 사람의 도움 없이 혼자서 하십니까? □ 1. 도움 없이 혼자서 밥과 반찬을 하고 상을 차린다. □ 2. 식사 준비에 부분적으로 다른 사람의 도움을 받는다. □ 3. 식사 준비를 할 수 없어서 전적으로 다른 사람의 도움에 의존한다.
4. 빨래하기	질문: 어르신께서는 빨래(손으로 빨든 세탁기를 이용하든 상관 없이)를 다른 사람의 도움 없이 혼자서 하십니까? □ 1. 도움 없이 혼자서 빨래를 한다. □ 2. 빨래를 할 때 부분적으로 다른 사람의 도움을 받는다. □ 3. 빨래를 할 수 없어서 전적으로 다른 사람의 도움에 의존한다.
5. 근거리 외출	질문: 어르신께서는 걸어서 갔다 올 수 있는 상점이나 이웃, 병원, 관공서 같은 가까운 곳의 외출을 다른 사람의 도움 없이 혼자서 하십니까? □ 1. 도움 없이 혼자서 근거리 외출을 한다. □ 2. 혼자서는 외출을 못하지만 도움을 받아 외출을 한다. □ 3. 도움을 받아도 외출을 전혀 하지 못한다.

6. 교통수단 이용	질문: 어르신께서는 버스나 택시 혹은 승용차 등을 타고 외출을 할 때 남의 도움 없이 혼자서 하십니까? 또는 직접 운전을 하고 다니십니까? □ 1. 도움 없이 혼자서 모든 교통수단을 이용하거나 직접 차를 운전한다. □ 2. 다른 사람의 도움을 받으면 버스나 전철은 이용할 수 있다. □ 3. 다른 사람의 도움을 받아야 택시나 승용차를 이용할 수 있다. □ 4. 다른 사람의 도움을 받아도 교통수단을 전혀 이용할 수 없다.
7. 물건 사기 (쇼핑)	질문: 어르신께서는 사고 싶은 물건을 사려고 상점에 갔을 때 다른 사람의 도움 없이 혼자서 구입 하십니까? □ 1. 도움 없이 혼자서 필요한 물건을 모두 구입한다. □ 2. 1~2가지 물건은 혼자서 구입할 수 있으나, 여러 가지 물건을 살 때는 다른 사람의 도움이 필요하다. □ 3. 어떠한 물건을 사든지 다른 사람이 동행해 주어야 한다. □ 4. 혼자서 쇼핑을 전혀 할 수 없으며, 다른 사람이 필요한 물건을 대신 사다 주어야 한다.
8. 금전 관리	질문: 어르신께서는 용돈이나 통장, 재산 관리 같은 금전 관리를 남의 도움 없이 혼자서 하십니까? □ 1. 도움 없이 혼자서 모든 금전 관리를 한다. □ 2. 돈 정도의 금전 관리는 할 수 있으나, 큰 돈 관리는 다른 사람의 도움을 받는다. □ 3. 금전 관리를 할 수 없어서 전적으로 다른 사람의 도움에 의존한다.
9. 전화 사용	질문: 어르신께서는 전화를 걸고 받는 일을 다른 사람의 도움 없이 혼자서 하십니까? □ 1. 혼자서 전화번호를 찾고 또 전화를 걸 수 있다. □ 2. 알고 있는 전화번호 몇 개만 걸 수 있다. □ 3. 전화는 받을 수 있지만 걸지는 못한다. □ 4. 전화를 걸지도 받지도 못한다.
10. 약 챙겨 먹기	질문: 어르신께서는 약을 다른 사람의 도움 없이 혼자서 잘 챙겨 드십니까? □ 1. 제 시간에 필요한 용량을 혼자서 챙겨 먹을 수 있다. □ 2. 필요한 양의 약이 먹을 수 있게 준비되어 있다면, 제 시간에 혼자 먹을 수 있다. □ 3. 약을 먹을 때마다 다른 사람이 항상 챙겨 주어야 한다.

* Lawton과 Brody(1969)가 개발한 척도를 원장원(2002)이 번안. 박선애(2016)의 연구에서 사용됨.

* 7문항(몸단장, 집안일, 식사 준비, 빨래하기, 근거리 외출, 금전 관리, 약 챙겨 먹기)은 완전자립 1점, 부분의존 2점, 완전의존 3점. 3문항(교통수단 이용, 물건 사기(쇼핑), 전화 사용)은 완전자립 1점, 부분의존 2점과 3점, 완전의존 4점. 총점이 높을수록 의존성이 높음을 의미.

출처: 박선애(2016).

한국판 노화태도척도(AAQ-21)

전혀 아니다 = 1, 아니다 = 2, 모르겠다 = 3, 그렇다 = 4, 매우 그렇다 = 5

번호	설문 내용	점수
1	사람들은 늙어감에 따라 삶을 더 잘 이겨낸다.	
2	노년기는 외로움의 시기이다.	
3	지혜는 나이와 더불어 온다.	
4	나이가 들어감에 따라 즐거운 일들이 많다.	
5	노년기는 인생의 우울한 시기이다.	
6	늙어가는 것은 내가 생각했던 것보다 쉬웠던 것 같다.	
7	늙어감에 따라 나의 감정을 표현하기가 더 어렵다.	
8	늙어감에 따라 나는 나 자신을 더 받아들인다.	
9	나는 늙었다고 느끼지 않는다.	
10	나는 노년기를 주로 상실의 시기로 본다.	
11	나의 주체성은 내 나이에 의해 제한받지 않는다.	
12	나는 내 나이에 기대했던 것보다 더 많은 에너지를 가지고 있다.	
13	나는 늙어감에 따라 신체적 독립성을 잃어간다.	
14	나의 신체적 건강 문제는 내가 원하는 일을 하는 것을 방해하지 못한다.	
15	나이가 들어감에 따라 새로운 친구를 사귀는 것이 더욱 어렵다.	
16	나의 경험을 젊은 사람들에게 전수하는 것은 매우 중요하다.	
17	나는 나의 인생이 세상의 변화를 가져왔다고 믿는다.	
18	나는 늙어서 이제는 사회의 일원이라는 느낌이 안 든다.	
19	나는 젊은 사람들에게 좋은 모델이 되기를 원한다.	
20	나는 나이 때문에 일상에서 제외되는 느낌이다.	
21	나의 건강은 내 나이대에 기대했던 것보다 좋다.	

* Laidlaw 등(2006)이 24개 문항으로 개발한 노화태도척도(AAQ)를 한국 문화에 맞게 번역 및 타당화를 하여 한국판 노화태도척도(AAQ-21)로 재구성함.

* AAQ-21은 총 21문항으로 구성되어 있으며, 세 가지 하위 요인으로 구성됨.

- 심리적 상실: 노화로 인한 정서적 손실을 평가(2, 5, 7, 10, 13)
- 사회적 상실: 노화로 인한 사회적 관계의 감소나 고립감을 측정(14, 15, 18, 20)
- 심신의 변화와 성장: 노화로 인한 신체적 · 정신적 변화와 그로 인한 성장을 평가(1, 3, 4, 6, 8, 9, 11, 12, 16, 17, 19, 21)

* 총점이 높을수록 긍정적인 노화 태도를 나타냄.

출처: 김정현, 김욱(2012).

참고문헌

건강보험심사평가원(2022). wwww.hira.or.kr

고미영(2019). 이야기치료의 애도 상담에 대한 사례연구. 교육문화연구, 25(3), 727-747.

고정은(2016). 우울감을 경험하고 있는 노인들의 이야기치료 집단 상담. 가족과 가족치료, 24(1) 27-46.

고효진, 최지욱, 이홍표(2006). Templer 죽음불안 척도의 요인구조와 신뢰도, 한국심리학회지: 건강, 11(2), 315-328.

국가정신건강 정보포털(2023). 보건복지부. www.mentalhealth.go.kr

국민건강영양조사(2020). 국민건강통계. 질병관리청.

권명순, 노기영, 장지혜(2013), 대학생의 노인이미지, 지식과 고정관념 및 인식. 한국보건간호학회지, 27(3), 633-646.

권석만(2019). 삶을 위한 죽음의 심리학. 학지사.

권향숙(2010). 암 환자의 죽음 준비와 죽음 불안. 전북대학교 대학원 석사학위 논문.

김동배(2008). 한국 노인의 성공적인 노화 척도 개발을 위한 연구. 한국사회복지학, 60(1), 211-231.

김문영(2003). 인지-행동적 집단 상담과 지지적 집단 상담이 노인의 정신건강에 미치는 효과. 계명대학교 대학원 박사학위 논문.

김미혜, 권금주, 임연옥(2004). 노인이 인지하는 '좋은 죽음 의미 연구-복(福) 있는 죽음'. 한국사회복지학, 56(2), 195-213.

김보미, 김지현(2022). 사회복지전공 대학생의 치매노인에 대한 사회적 거리감의 영향요인. 디지털융복합연구, 320(4), 667-677. 한국디지털정책학회.

김석영, 김성균(2023). 신 치매치료제 개발과 치매보험 시장. KIRI 리포트.

김동수(2017). 노인에서 성별에 따른 알코올 사용 장애와 인지 기능의 관계. 아주대학교 석사학위 논문.

김유숙 역(2011). 존엄치료(小森康永, Chochinov, M. ディグニティセラピ-) 학지사.

김유숙 역(2023). 내러티브 자문(*Narrative consultation*). 학지사.

김유숙 저(2022). 가족 상담(4판). 학지사.
김은영(2006). 재가노인의 우울 감소를 위한 게슈탈트 집단치료 프로그램 개발 및 효과. 성신여자대학교 석사학위 논문.
김은정(2024). 조손가정 조부모 전담양육 경험의 특징에 대한 질적 연구. 학부모연구, 11(1), 81-106.
김은주, 육성필, 조윤정(2016). 독거노인의 우울과 자살생각에 대한 대인 관계치료 기반 집단 상담(IPT-G)의 효과. 한국노년학, 36(2), 233-257.
김정은, 최해경(2017). 기능손상 노인을 돌보는 주보호자의 자기돌봄 활동이 자신의 신체 · 정신 건강에 미치는 영향. 한국가족복지학, 55, 157-186.
김정현, 김욱(2012). 노화태도척도(AAQ)의 한국 노인 적용을 위한 타당성 연구. 한국노년학, 32(4), 1181-1197.
나은영, 김현숙(2018). 청소년의 노인부양의식에 미치는 영향 요인 분석. 한국학교보건학회지, 31(3), 203-213.
남향자, 박중규, 김정모(2011). 일반노인 대상 회상치료 활동의 자아 통합 및 우울, 죽음 불안의 개선효과. 한국노년학, 31, 49-61.
동아일보(2024). 전국 노인 주거복지 시설 현황. www.donga.com
박미노(2007). 조손가정 손자녀들의 학교 적응에 관한 연구. 고려대학교 인문정보대학원 석사학위 논문.
박선애(2016). 노인의 기능적 능력과 우울이 삶의 만족도에 미치는 영향: 영성의 매개 효과를 중심으로. 숭실대학교 박사학위 논문.
박중철(2022). 나는 친절한 죽음을 원한다. 홍익출판미디어그룹.
박채리, 정순둘, 안순태(2018). 노인에 대한 낙인에 영향을 미치는 요인: 연령집단별 비교. 노인복지연구, 73(1), 385-416.
박혜옥, 육성필(2013). 부부친밀감에 따른 배우자 사별 노인의 사별스트레스가 우울 및 자살 생각에 미치는 영향: 중재-매개 모형. 한국심리학회지: 상담 및 심리치료, 25(4), 933-951
배강대(2003). 회상기법 집단 상담이 노인의 우울과 자아존중감에 미치는 효과. 영남대학교 대학원 석사학위 논문.
보건복지부(2023). 2022년 노인학대 현황 보고서. https://www.mohw.go.kr/react/jb/sjb030301vw.jsp
여인숙, 김춘경(2006). 생애회고적 이야기치료 집단프로그램이 노인의 자아 통합감 증진에 미치는 효과. 대한가정학회지, 44(5), 157-169.
오경자 외 공역(2023). 이상심리학-제10판(*abnormal psychology-10th ed.*). 시그

마프레스.
옥경희(2005). 조부모-손자녀가족 아동의 학교생활 적응. 한국가정관리학회지, 23(4), 55-65.
윤현숙, 이강, 차민호, 권종희(2011). 노년기 우울증에 대한 구조적 인생 회고(structured life review) 활동의 효과성 연구. 노인복지연구, 53(단일호), 96-121.
이경욱(2009). 치매노인과의 관계개선을 위한 중풍노인 이야기치료 집단 상담 사례 연구. 한국 노년학, 29(3), 1123-1140.
이명숙, 김윤정(2013). 노인이 인식하는 좋은 죽음. 한국콘텐츠학회논문지, 13(6), 283-299.
이미경(2022). 효과적인 애도상담 개입방안에 대한 사례연구. 대구교육대학원 석사학위 논문.
이영숙(2011). 조모의 손자녀 돌봄 의도에 미치는 돌봄 경험의 영향: 동거여부에 따른 비교. 한국생활과학회지, 20(1), 91-100.
이윤경(2021). 노인의 생활환경과 삶의 만족도. 보건복지포럼, 300, 58-70.
이지원(2020). 배우자 사별 여성 노인을 위한 상실 치유 프로그램 효과성 검증. 한림대학교 대학원 박사학위 논문.
이진행(2010). 이야기치료 집단 상담 프로그램이 기독노인의 신앙성숙과 심리적 안녕감에 미치는 효과. 계명대학교 교육대학원 석사학위 논문.
이현림, 배강대(2004). 회상기법 집단 상담이 노인의 우울과 자아존중감에 미치는 효과. 상담학연구, 5(2), 409-421.
이현서, 정영숙(2021). 노년기 사회적 지지 제공과 지지받기가 자기 존중감에 미치는 차별적 영향: 삶의 의미 매개효과를 중심으로. 한국심리학회지: 문화 및 사회문제, 27(4), 505-528.
이현숙(2016). 이야기치료적 존엄치료를 통한 생애회고 경험에 대한 질적 사례연구. 서울여자대학교 일반대학원 박사학위 논문
임정기, 노혜진(2020). 노인 돌봄가족은 무엇을 경험하고 필요로 하는가. 한국사회복지학, 72(4), 151-179.
장세철, 김경민(2018). 한국과 일본 대학생의 노인 편견에 관한 연구. 일어일문학 80, 207-226.
정가원, 김영란, 홍승아, 배호중, 김수진, 김보영.(2021). 가족 내 노인돌봄 현황과 지역사회 통합돌봄 지원방안. 한국여성정책연구원 연구보고서, 53, 1-300.
정미경, 김주후(2008). 노년기 부부 관계 향상을 위한 집단 상담프로그램 적용 사례연구. 한국노년학, 28(3), 603-618.

정선남(2005). 인생 회고활동이 노인의 죽음불안도에 미치는 영향. 미간행 숙명여자대학교 원격대학원 석사학위 청구논문.

정옥분(2019). 성인 · 노인심리학(3판). 학지사.

최유석, 오유진, 문유진(2015). 대학생의 노인세대 인식: 세대갈등, 노인의 기여, 노인복지정책 인식을 중심으로. 한국콘텐츠학회논문지, 15(5), 228-241.

최은희(2023). 집단미술치료가 치매노인의 자기표현력과 자기효능감에 미치는 효과: 경증치매 노인 중심으로. 한세대학교 심리 상담대학원 석사학위 논문.

한국가정법률상담소(2024). 2023년도 상담 통계. https://www.lawhome.or.kr/m/sub07/list.asp?code=2

한국보건사회연구원(2023). 2023 치매역학조사 및 실태조사 결과. 보건복지부. www.kihasa.re.kr

홍정화, 이영순(2020). 노년기 부부 관계 증진 프로그램이 부부친밀감과 자아 통합감에 미치는 영향. 부부가족 상담연구, 1(1), 1-15.

황정은(2018). 치매노인을 위한 음악치료 사례에 관한 질적 연구. 성결대학교 신학전문대학원 박사학위 논문.

APA. (2013). 정신질환의 진단 및 통계편람-제5판(*Diagnostic and statistical manual of mental disorders-5th ed*. 권준수, 김재진, 남궁기, 박원명, 신민섭, 유범희, 윤진상, 이상익, 이승환, 이영식, 이헌정, 임효덕 공역). 학지사. (원서는 2013년에 출판).

Ah-Young Kim, Moon Sil Seo & Hye-Young Kang (2022). Childhood adversity and suicidal ideation in older Korean adults: Unraveling the mediating mechanisms of mental health, physical health, and social relationships. *BMC Geriatrics* 22, Article number: 999, BioMed Central.

Anderson, E., Fredman, F., & Stott, J. (2010). *Being with older people*. Routledge.

Blando, J. A. (2010). *Counseling older adults*. Routledge.

Butler, R. N. (1975). *Why survive?: Being old in America*. Harper & Row.

Capuzzi, D., Gossman, L., Whiston, S., & Surdam, J. (1979). Group counseling for aged women. *Personnel and Guidance Journal, 57*, 306-309.

Coleman, M. L. (1958). *Theory of psychoanalytic technique*. Basic Books, Inc.

Compton. W. C. (2007). 긍정심리학 입문(*Positive psychology*. 서은국, 성민선, 김진주 역). 박학사. (원서는 2005년에 출판).

Crowther, M. R., Parker, M. W., Achenbaum, A. W., Larimore, W. L., & Koenig, H. G. (2002). Ro we and Kahn's model of successful aging revisited. *The Gerontologist, 42*, 613-620.

Dakof, G. A., & Taylor, E. (1990). Victims' perceptions of social support: What is helpful from whom?. *Journal of Personality and Sockal Psychology, 58*, 80−89.

Daniel, S. (1975). *Counseling older persons: Careers, retirement, dying*. Human Sciences Press.

Florsheim, M. J., & Herr, J. J. (1990). Family counseling with elders. *Generations: Journal of American Society on Aging, 14*(1), 40−42.

Fraboni, M., Saltstone, R., & Hughes, S. (1990). The Fraboni Scale of Ageism(FSA): An attempt at a more precise measure of ageism. *Canadian Journal on Aging, 9*(1), 56−66.

Friemel, T. N. (2016). The digital divide has grown old: Determinants of a digital divide among seniors. *New Media & Society, 18*(2).

Gawande, A. (2015). 어떻게 죽을 것인가(*Being Mortal*. 김희정 역). 부키. (원서는 2014 출판)

Gazda, G. M. (1970). *Basic approaches to group psychotherapy and group counseling*. Charles C. Thomas.

Gerstorf, D., & Ram, N. (2013). Inquiry into terminal decline: Five objectives for future. *The Gerontologist, 53*(5), 727−737. https://doi.org/10.1093/geront/gnt046

Hill, R. (1958). Generic features of families under stress. *Social Casework, 39*(2-3), 139−150.

Jennings, L., Sovereign, A., Bottorff, N., Mussell, M. P., & Vye, C. (2005). Nine ethical values of master therapists. *Journal of Mental Health Counseling, 27*, 32−47.

Karen, A. K. (2006). Moving toward peace: An analysis of the concept of a good death. *American Journal of Hospice and Palliative Medicine 23*(4), 277−286.

Kalish, R. A. (1979). The new ageism and the failure models: A polemic. *The Gerontologist, 19*(4), 398−402. https://doi.org/10.1093/geront/19.4.398

Klass, D., Silverman, P. R., & Nickman, S. L. (Eds.). (1996). *Continuing bonds:*

New understanding of grief. Taylor & Francis.

Kluckhohn, C. (1959). *Mirror for man: The relation of the anthropology to modern life.* McGraw–Hill Inc.

Kroof. N. P., & Tandy, C. (1998). Narrative therapy with older clients: The use of a meaning–making–Approach. *Clinical Gerontologist, 18*(4), 3–16.

Labarge, E. (1981). Counseling patients with senior dementia of the Alzheimer type and their families. *Personnel and Guidance Journal, 60*, 139–143.

Laidlaw, K., Power, M. J., & Schmidt, S. (2007). The attitudes to ageing questionnaire(AAQ): development and psychometric properties. *International Journal of Geriatric Psychiatry: A journal of the psychiatry of late life and allied sciences, 22*(4), 367-379.

Lederman, S., & Shefler, G. (2023). Psychotherapy with older adults: Ageism and the therapeutic process. *Psychotherpy Research, 33*(3), 350–361. www.tandfonline.com/doi/full/10.1080/10503307.2022.2094298

Merck & Co., Inc. (2024). MSD 매뉴얼(일반인용). www.msdmanuals.com.

Milewski-Hertlein, K. A. (2001). The use of a socially constructed Genogram in clinical practice. *The American Journal of Family Therapy, 29*, 34.

Mohamadhasan, H., Smith, D. C., & Maher, M. F. (1991). Healthy death. *Counseling and Values, 36*(1), 42–48.

Morgan, A. (2000). *What is narrative therapy?* Adelaide: Dulwich Center Publications.

Orbach, A. (2003). *Counseling older clients*. Sage Publications.

Palmore, E. B. (1999). *Ageism: Negative and positive* (2nd ed.). Springer Publishing Company.

Palmore, E. B. (2007). Healthy behaviors or age denials?. *Educational Gerontology, 33*(12), 1087–1097. https://doi.org/10.1080/03601270701700706

Patterson, J., Williams, E., Chamow, L., & Grauf-Grounds, C. (2021). 가족치료의 기술(*Essential Skills in Family Therapy* (3rd ed.). 김유숙, 박주은, 천희선, 이현숙 공역). 학지사. (원서는 2018년에 출판).

Peck, R. C. (1968). Psychological developments in the second half of life. In B. L. Neugarten (Ed.), *Middle age and aging*. Chicago: University of Chicago Press.

Qualls, S. H., & Kasl-Godley, J. E. (2011) *End–of–life issues, grief, and bereavement*. John Wiley & Sons, Inc.

Qualls, S. H., & Williams, A. A. (2013). *Caregiver family therapy*. American Psychological Association.

Richards, K. C., Campenni, C. E., & Muse-Burke, J. L. (2010). Self-care and well-being in mental health professionals: The mediating effects of self-awareness and mindfulness. *Journal of Mental Health Counseling, 32*, 247−264.

Richardson, V. E. (2008). 은퇴상담(*Retirement Counseling*. 이장호, 김연진, 김현주, 여정숙, 오경민, 윤석주, 이은경, 이장호, 김연진, 김현주, 여정숙, 오경민, 윤석주, 이은경, 이회란, 정선화, 조성자 공역). 학지사. (원서는 1993년에 출판).

Rowe, J. W., & Kahn, R. L. (1987). Human aging: Usual and successful. *Science, 237*, 143−149.

Shouse, D. (2016). *Connecting in the land of dementia: creative activities to explore together*. Central Recovery Press, LLC.

Tavel, P. (2008). Successful ageing a survey of the most important theories. *Human Affairs, 18*(2), 183-196.

Taylor, P., & Walker, A. (1998). Employers and older workers: Attitudes and employment practices. *Ageing and Society*. online by Cambridge University Press.

Thompson, (2015). *Alcoholism: Practice essentials, background, pathophysiology*. http://emedicine. medscape.com/article

Weiss, M. G, Ramakrishna, J. & Somma, D. (2006). Health-related stigma: Rethinking concepts and interventions. *Psychol Health Med, 11*(3), 277−287. doi: 10.1080/13548500600595053

Worden, J. W. (2002). *Grief counseling and grief therapy: A handbook for the mental health practitioner* (3rd ed.). Springer.

Young, E. (2008). Narrative therapy and elders with memory loss. *Clinical Social Work Journal, 38*(2), 193−202.

東京大学高齢社会総合研究機構編(2017). 東大がつくった高齢社会の教科書. 東京大学出版会.

秋山弘子(2010). 新老年学 第3版. 東京大学出版会.

https://codaalliance.org/go.wish/

찾아보기

인명

내용

저자 소개

김유숙(Kim Yoo Sook): 제1장, 제2장, 제4장, 제5장, 제8장, 제10장, 제11장
일본 도쿄대학교 의학부 보건학 박사(임상심리 전공)
일본 국립정신건강연구소 가족치료실 객원 연구원
현 서울여자대학교 교육심리학과 명예교수
한스카운셀링센터 책임 슈퍼바이저

〈저서〉
가족 상담(4판, 학지사, 2022)
가족도 치료가 필요한가요?(지식프레임, 2021) 외 다수

〈역서〉
내러티브 자문(학지사, 2023)
가족치료의 기술(공역, 학지사, 2021) 외 다수

이현숙(Lee Hyun Sook): 제3장, 제6장, 제7장, 제8장, 제12장, 제13장, 제14장
서울여자대학교 대학원 교육심리학 박사(상담 및 임상심리 전공)
현 휴먼다이나믹아시아퍼시픽 협력 치료사

〈역서〉
가족치료의 기술(공역, 학지사, 2021)
부부 관계 패러다임(공역, 학지사, 2011)

노년기 상담

Counseling Older People

2025년 7월 25일 1판 1쇄 인쇄
2025년 7월 30일 1판 1쇄 발행

지은이 • 김유숙 · 이현숙
펴낸이 • 김진환
펴낸곳 • (주) 학지사
04031 서울특별시 마포구 양화로 15길 20 마인드월드빌딩
대표전화 • 02)330-5114 팩스 • 02)324-2345
등록번호 • 제313-2006-000265호

홈페이지 • http://www.hakjisa.co.kr
인스타그램 • https://www.instagram.com/hakjisabook

ISBN 978-89-997-3474-8 93180

정가 25,000원